曹林 —— 著

时评写作
——十六讲

北京大学出版社
PEKING UNIVERSITY PRESS

图书在版编目（CIP）数据

时评写作十六讲/曹林著. —北京：北京大学出版社，2020.1
ISBN 978-7-301-30289-7

Ⅰ.①时… Ⅱ.①曹… Ⅲ.①时事评论－新闻写作 Ⅳ.① G212.2

中国版本图书馆 CIP 数据核字（2019）第 034664 号

书　　名	时评写作十六讲
	SHIPING XIEZUO SHILIUJIANG
著作责任者	曹　林　著
责任编辑	张丽娉
标准书号	ISBN 978-7-301-30289-7
出版发行	北京大学出版社
地　　址	北京市海淀区成府路 205 号　100871
网　　址	http://www.pup.cn　新浪微博：@ 北京大学出版社 @ 阅读培文
电子邮箱	编辑部 pkupw@pup.cn　总编室 zpup@pup.cn
电　　话	邮购部 010-62752015　发行部 010-62750672　编辑部 010-62750883
印刷者	河北吉祥印务有限公司
经销者	新华书店
	787 毫米 × 1092 毫米　16 开本　30.5 印张　410 千字
	2020 年 1 月第 1 版　2024 年 8 月第 8 次印刷
定　　价	72.00 元

未经许可，不得以任何方式复制或抄袭本书之部分或全部内容。
版权所有，侵权必究
举报电话：010-62752024　电子邮箱：fd@pup.cn
图书如有印装质量问题，请与出版部联系，电话：010-62756370

目 录

自序　评论写作不仅是新闻职业的核心资本　　001

第一讲　评论写作的知识准备

让自己知识积累的"金字塔基"足够坚固和厚重，进入社会后才有抗压抗虐的能力，这对学新闻的学生尤其重要。大学时，尽可能把根基打好，因为你不知道将来自己能长多高，不能到了那个位置后才产生"学不配位"的知识恐慌，遇到机会你根本抓不住。

一、评论员需要养成自虐的习惯　　011

二、请在精神上做好进入评论课的准备　　013

三、寻找简单并怀疑它，寻找复杂并使之有序　　019

四、随时记下碎片想法并培养专注力、深思力　　023

五、养成建立自己资料库的习惯　　024

六、习惯去跟人对话，而不是独自冥想　　026

七、给自己创造公开表达的机会　　027

八、培养"有证据"的质疑精神　　029

九、慢一拍的能力　　030

十、培养看数据来源的习惯　　033

十一、别只寻找认同，兼听相反观点　　035

十二、意识到局限性，避免走向极端　　037

十三、对微妙变化的敏感　　　　　　　　　　　　041

附：我和"求稳心态"的战斗　李菡　　　　　　　043

第二讲　跨越评论写作的心理障碍

要想打破评论写作的心理障碍，首先要敢于去想，让自己成为一个有想法的人。如今很多年轻人，被社交媒体所毁掉的，就是失去了想法，陷于碎片化浅阅读——"我接受和掌握了很多信息"的幻觉中。想法太少而刷手机太多，每天在手机中浏览很多信息，被喂养了很多新闻，却很少在一个问题上有超过十分钟的"想法"。

一、评论写作心理障碍的几种症状　　　　　　　　049

二、如何打破心理障碍，培养"想"的习惯　　　　053

三、想法不是瞎想——思想中的"他者想象"　　　056

四、想法多了，评论自然就有了——评论的"养题意识"　059

五、在别人停止思考的地方多思考一步　　　　　　063

六、学会看新闻后面的网友评论　　　　　　　　　066

七、一定要把想法写出来——跨越从"想"到"写"的障碍　068

八、在开放的平台上自由驰骋　　　　　　　　　　070

第三讲　评论专业主义的内涵

谈到评论的专业主义内涵，在我看来，对评论员最首要的一种专业主义精神是：要有强大的内心。在当下的舆论场中，没有强大的内心，就很难有保持独立判断的勇气。在这个"说什么都会被喷"的舆论环境中，如果没有"习惯被骂"的素养，如果有一颗一碰就碎的玻璃心，如果脸皮不够厚，就不敢有自己的观点，没法保持恒定的立场和判断。

一、同学们对评论的感性直观描述　　　　　　　　076

二、评论专业主义之一：强大的内心　　　　　　　082

三、评论专业主义之二：对专业问题的敬畏　　086

四、评论专业主义之三：历史主义意识　　089

五、评论专业主义之四：程序主义意识　　091

六、评论专业主义之五：超越泛道德化本能　　094

第四讲　评论写作的表达效率

所谓表达效率，就是用尽可能少的文字表达尽可能丰富的信息，把复杂的事情用简单和清晰的文字，以让人感兴趣的方式表达出来，尽可能地让读者的阅读和理解"不费力"。在新媒体时代的观点信息海洋中，表达效率比传统媒体时代更加重要。

一、直话直说，不要绕来绕去　　104

二、用收敛思维避免读者阅读"走神"　　110

三、宁要片面的深刻，也不要肤浅的全面　　111

四、亮点和论点体现在标题上　　112

五、要有标题意识，但不可成为"标题党"　　116

六、有冲突性的开头　　118

七、结尾需要首尾呼应　　121

八、事与理融合，不能"两张皮"　　123

九、尽可能简短和直接的逻辑线　　126

十、论点偏离由头，会让人感觉"扯远了"　　128

第五讲　评论写作的抓手与钩子

如何在最短时间内抓住受众的注意力，需要抓手"抓"住他的眼球，用钩子"钩"住他的思绪。纲举目张，找到了评论的抓手，标题、结构、观点，就是水到渠成的事了。因此，构思的过程，也是找到观点抓手的过程。我在构思的时候经常在纸上画，画着画着，画出一个词，然后围绕这个词，思维就找开了。

一、评论的抓手 　　　　　　　　　　　　　　133

二、构思的过程要学会做减法 　　　　　　　137

三、养成"先有标题再下笔写作"的习惯 　　139

四、标题要有感性的钩子 　　　　　　　　　140

五、结构要简单清楚，别绕来绕去 　　　　　141

六、开头不能只是由头和叙事 　　　　　　　143

七、评论写作需要会讲故事 　　　　　　　　145

八、结尾不需要硬装建议性 　　　　　　　　152

九、应试评论的写作注意事项 　　　　　　　153

第六讲　评论写作的语言和语态

评论是表达的实用文体，需要简单和清晰的语言。复杂的概念和模糊的表达，会对读者造成阅读障碍。当然，在简单和清晰之外，又能"精彩"就更好了，就好像对"信、达、雅"翻译的要求。这里的"精彩"，是指干净利索没有废话、生动直观有趣、让人眼前一亮且一针见血。

一、警惕"政治八股"，避免空话 　　　　　　160

二、破除"罐头思维"，远离套话 　　　　　　162

三、别让正确的废话浪费评论资源 　　　　　166

四、拒绝卖弄，拒绝掉书袋 　　　　　　　　169

五、好好说人话，别硬凑排比句 　　　　　　171

六、网络脏语言污染的不仅仅是语言 　　　　172

七、没文化却总爱装的标志就是满口金句 　　175

八、请文艺腔离评论远一点 　　　　　　　　176

九、避免战斗式战争式文风 　　　　　　　　178

十、"最美、最帅、最牛"之类的词语省着点用　180

十一、慎用标签化全称词语 181

十二、不知所云的翻译体请从汉语中走开 182

十三、评论文采可以这样加持 183

第七讲　评论写作的构思

评论的构思，就像画图纸的过程。如果盖房子不画图纸，就像写作时脑子里没有一个清晰的论点和逻辑线，使写作过程很痛苦，一个字一个字、一句话一句话地憋，写出来的会是那种句与句之间缺乏黏合关系、大而空的"字儿话"，语言不流畅，没有结构感。

一、构思不是胡思乱想，要有信息和观点综述 190

二、从既有评论中寻找灵感和问题意识 192

三、在"专业增量"中寻找评论的附加值 195

四、如何把自己调整进入最佳写作状态 199

五、找到一个靶子，用辩论姿态激活评论细胞 200

六、跳出评论的"性冷淡状态" 201

七、学会寻找评论的基准线 202

第八讲　评论写作的选题

选什么题目去评论，不仅是一个技术活，更体现着一个人的价值观。需要通过自己独特、有洞察力的判断，把隐藏的新闻挖掘出来，引领舆论对某个话题的关注，设置了议题，而不是被每天舆论空间中那些如过眼云烟、"今天是热点明天就被其他热点取代"的新闻牵着鼻子走。

一、跳出互联网依赖，看到选题盲区 209

二、选题要精准，抓住评论点 212

三、跳出伪问题陷阱，死磕真问题 215

四、有些热点忍着不评论就是理性　　　　　　　　220
五、别无聊到从炮轰脑残言论中找快感　　　　　　222
六、对极端个案不要过度阐释　　　　　　　　　　224
七、评论选题要有大关怀和大格局　　　　　　　　228
八、日常生活中获得选题的本能嗅觉　　　　　　　230

第九讲　评论写作的论点与角度

"横看成岭侧成峰，远近高低各不同"，看待一个问题需要不同的角度，不同的角度能见到不同的景象和问题，不同的角度会呈现出不同的问题，不同角度的分析会呈现出不同的表达和传播效果。所以，评论的角度不是迷信，而是一种真实存在，对一篇评论非常重要。

一、先定位角度再构思论点　　　　　　　　　　　243
二、在缺席和盲区中找到角度　　　　　　　　　　244
三、好的角度在于多问一句"为什么"　　　　　　　246
四、在新闻的联系中寻找靓亮的论点　　　　　　　247
五、从自己习惯代入的身份中跳出来——让脑袋质疑屁股　249
六、看到别人的框架，构思自己的框架　　　　　　250
七、逆向思维是需要训练的　　　　　　　　　　　253
八、钉住一个专业的视角并死磕　　　　　　　　　255
九、评论要防范"天使角度"和"圣母角度"　　　　256
十、评论写偏，多是违反了批评的次序　　　　　　260
　　附：你最缺的是失意时的那个吻　曹林　　　　265
　　　　在耳光与亲吻中与孩子渐行渐远　曹林　　267
　　　　白天不懂夜的黑　王昱　　　　　　　　　269
　　　　别让孩子在喜怒两极中战战兢兢　王昱　　270

第十讲　评论写作中的事实

评论写作常被简化为"摆事实，讲道理"，事实是评论判断的基础，可谓评论的根基；事实也是评论的由头，如果由头有问题，评了一条假新闻，评论员就被打脸了。判断需要基于事实，如果评论的论据并不存在，引用了被证伪的事实，那么评论就毫无说服力。评论完全站在云端，停留于抽象层面，脱离鲜活的事实，文章自然缺乏感染力。

一、把事实从抽象事物中解放出来　　276

二、你看云时热切，你看我时眼盲　　279

三、如果纯粹从理论推导，狗屎都可以吃　　282

四、评论永远不能跑在新闻事实的前面　　284

五、别给"假新闻"找"真问题"的台阶　　286

六、一事当前先问真假——辨别假新闻的几个技巧　　288

七、学会质疑新闻的判断，多问一句"为什么"　　291

八、直观事实与法律事实　　294

九、准确的报道本身是它自己的最佳社论　　296

第十一讲　评论写作的论证与论据

论证，不仅是新闻评论的核心，也是日常交流中说服的核心。我们要让别人接受一个道理，是需要论证的，要以事实和逻辑去论证，要有论证的过程。而论证上的偷懒，有意无意地忽略论证的过程，只有结论而无论证过程，或者论证过程完全是狡辩，是这个时代最大的病。

一、不要把论辩对象简化为傻子　　304

二、避免"强为一方说话"的硬论证　　308

三、论证不能脱离评论的基准线　　311

四、告别"官宣"语言，不要直接奔向结论　　314

五、警惕漂亮的修辞，克制巧言令色　　317

六、远离教条思维——总有一个教条让你停止思考　　319

七、充分的论据——有一分论据说一分理　　321

八、论证的一些基本原则　　325

附：以屠呦呦贬低黄晓明是脑子进了多少水　曹林　　327

第十二讲　评论写作的论证与结构

很多评论初学者都认为，评论没啥话可说，找到一个论点之后，几句话就能讲完，然后呢？就没啥好说了，接着就是憋、编和挤，翻来覆去就那么几句话。问题出在哪里呢？——"之所以一两段就把全篇意思都说完了，就是因为他们在头两段文字里下判断太多了，以至于后面也就没什么可说了。"

一、跳出道德判断陷阱，让评论有话可说　　333

二、善用案例，避免一条新闻杠到底　　336

三、吸取俞敏洪教训，避免案例中的反向论证　　338

四、论证需要学会呼应，用呼应提高论证黏度　　341

五、论证不能扯得太远，善用典型论据　　343

六、在抽象与形象的阶梯上游刃有余　　345

七、逻辑链条千万不能超过三个层次　　349

第十三讲　评论写作的理性与思维

评论从业者的思维是什么呢？评论思维应该是一种怎样的思维？我想，最重要的应该是批判性思维——不满足于某个标准结论，多问几个"为什么"，敢于去挑战权威，敢于对主流观点说不。当自己站在主流一边时，能宽容少数派声音；当自己是少数派时，有坚持的勇气和韧性。

一、从"全面看问题"的思维巫术中跳出来　　354

二、尊重真相，抵制简单化思维的诱惑　　357

三、标签化思维泛滥与评论的退化　　359

四、脑残病因在于脑补思维　　363

五、评论要有"同情的理解"的思维　　365

六、带毒新闻大行其道，评论要有杀毒思维　　369

七、克制正义感的"静静思维"　　371

八、时评写作中常用的几种思维　　374

九、警惕闭合思维　　380

第十四讲　评论写作中的因果判断

评论最简捷最常用最直观的分析工具，就是因果判断。虽然简单直接，但最容易出问题的就是因果判断，因为很多人对因果判断的思维都存在着一种单向、单一、线性的认知模式，而看不到问题的多元性、复杂性、条件性和矛盾性，看不到两个事物之间双向、多元、耦合、非线性的复杂关系。

一、防范假性因果的新闻诱惑　　387

二、简单的单一归因，粗暴却无力　　389

三、原因的原因的原因，不是原因　　392

四、相关性与因果性　　396

五、避免过度阐释特殊个案中的因果关联　　398

六、跳出逻辑上的"幸存者偏差"　　400

七、关于因果的一些错觉　　403

附：关于性侵，几种不要脸的逻辑　曹林　　406

老虎咬人事件归因中种种喷子逻辑　曹林　　408

第十五讲 评论写作的逻辑

很多人一听到"逻辑"就头疼，觉得纠结于逻辑问题很"烧脑"，这是对逻辑的误解。其实日常说理所需要的逻辑并不复杂，不像数理逻辑那样需要通过复杂的算式和符号进行演算和推理。评论是一种公共表达文体，面对大众讲理，言说常识常理常情，所需要的逻辑是最低限度的常识逻辑。

一、流氓逻辑　　　　　　　　　　　　417

二、站队逻辑　　　　　　　　　　　　417

三、"脑残粉"逻辑　　　　　　　　　418

四、意图伦理逻辑　　　　　　　　　　418

五、个案统计　　　　　　　　　　　　419

六、不当类比　　　　　　　　　　　　421

七、以喻代证　　　　　　　　　　　　424

八、滑坡谬误　　　　　　　　　　　　425

九、偷换概念　　　　　　　　　　　　427

十、诉诸权威　　　　　　　　　　　　431

十一、虚假两难　　　　　　　　　　　431

十二、以人为据的谬误　　　　　　　　434

十三、复杂问题谬误　　　　　　　　　435

十四、稻草人谬误　　　　　　　　　　436

十五、"鸡汤"逻辑　　　　　　　　　437

十六、话题漂移　　　　　　　　　　　438

十七、同义反复　　　　　　　　　　　438

十八、俗语谬误　　　　　　　　　　　439

十九、诉诸无知的谬误　　　　　　　　441

第十六讲　融媒体时代坚守评论的传统基因

传播的方式、读者阅读习惯的改变，使传统媒体面临挑战。但这个社会总得有一些东西是不能变的，也是不应该变的，评论作为一种讲理的文体，一种凝聚社会价值观的文体，一种推进时事进程的文体，在媒介环境发生变化和价值观摇摆的语境中，不要随波逐流，不要被一些时代病所感染，不要被信息海洋所干扰，应该坚守评论的本性。

一、时效压迫下守住事实这个评论生命　　　　　　　446

二、避免被网痞和爆款逻辑干扰　　　　　　　　　　447

三、教育的"蓝翔化"和新闻的"民工化"　　　　　　450

四、警惕"一句一段"带节奏的新媒体评论文风　　　454

五、没有交互性，则没有融媒体评论　　　　　　　　456

六、理想能让我走得更远更出类拔萃　　　　　　　　460

七、到传统评论岗位完成自己的代表作　　　　　　　463

后记　笛卡儿在怀疑前心里装着一个大千世界　　　　　　467

自序

评论写作不仅是新闻职业的核心资本

你觉得新闻这个行业最核心的职业资本是什么？或者说，你觉得相比其他专业，一个学新闻的最大专业优势是什么？我经常拿这个问题问学新闻的孩子和新闻学界业界的朋友，答案主要集中在这些方面：掌握一套客观报道的专业方法，用新闻报道去影响社会，负责任地报道一切，拥有叙述的能力、更多的话语权，更善于设置议题和带节奏，更会说话，更有新闻理想。

这些回答，要么太"帕森斯"，过于宏大；要么太"拉扎斯菲尔德"，停留于技术和方法崇拜的"抽象经验主义"中，都没有切中新闻这个专业的关键。我喜欢米尔斯和默顿式答案——在抽象阶梯的中层视角去理解一个学科。一位学者曾如此概括新闻专业的特点："很少有哪个专业比新闻更加需要多学科的知识结构和深刻的思维训练，很少有哪个职业比干好新闻更需要健全的人格和多方面的能力素质。"虽然说得很精彩，但还是比较凌空蹈虚，不着边际，无从把握。

在我看来，相比其他专业，经过新闻专业训练的人应该具备这两种能力，从而凸显相比于其他专业的优势：一是快速流畅的写作，无须太多酝酿的写作能力，写得快又写得好；一是敏锐开放的思维，思想结构上有一个宽厚的金字塔基，知识视野开阔，没有被某个单一的学科视角固化思维，能在丰富的人文社科资源中汲取知识能量，从而形成报道和评论复杂事实所需要的客观视角和人文触角。

跟好几个主流大报总编辑聊天时，他们都提到了这两种职业资本。前几年有媒体更爱招非新闻专业的学生，甚至直言"不要学新闻的"，因为"新闻无学"，不需要专门学，而其他专业背景则能给新闻提供深度的附加值。这几位总编辑都谈到，他们还是更爱招学新闻的学生，因为一般学新闻的学生的写作能力都会比其他专业的强一些，文字清爽，上手快。具有一个强专业的背景，如法学、经济学、科技、医学背景当然好，但是，多数新闻并不是按这种"专业划分"发生的，背后纠缠着复杂的问题——法律问题背后有其他社会因素，看似经济问题却隐藏着社会学背景。新闻需要客观的呈现，而某个单一的强专业往往容易形成思维盲区。学法律的更有法律敏感，学经济的长于代价收益分析，思维框架很容易固化和偏狭。然而，学新闻的倒没有这些框架壁垒，不会被某个"专业"框住，对身边发生的很多微妙变化会更敏感，这正是一名记者最需要的。

当然还有成本问题，对一个媒体来说，每个领域和行业养一名专业的"跑口记者"，成本非常贵。所以，媒体更需要的是"多面手"，可以利用自己宽阔的知识面跑多个行业和领域。爱泼斯坦讲过这样一件事情，美国司法部曾给全国广播公司的新闻主管提建议，希望他派对贫民区问题有专门研究的记者报道城市骚乱，但是该新闻主管回应说："任何一个好记者都应该能够在不熟悉的环境下报道骚乱，在这种情况下卖弄学识可能比什么都不会还糟糕。"[1] 一条新闻往往纠缠着很多社会因素，所以记者往往被训练成"多面手"，准备面对任何话题的稿件。

---

[1] ［美］W. 兰斯·班尼特：《新闻：幻象的政治》，杨晓红、王家全译，北京：中国人民大学出版社，2018年，第254页。

由此可见,"快思手"(Fast thinker)和"多面手"(Versatile)、流畅快速的写作能力,还有开放的知识结构所形成的开放思维,是新闻专业最核心也是最低限度的职业优势。读了新闻系,你起码应该具备这两种能力,才有资格说自己是学新闻的,也才会被看作是一个合格的新闻专业毕业生,具备了成为一个优秀媒体人的潜质。

怎么训练才能让自己成为"快思手"和"多面手"呢?在我看来,评论写作是训练这两种核心的新闻职业资本最佳、最便捷的文体形式。

新闻采访可能需要专业资质,新闻写作也需要机构平台,还有特稿、通讯、编辑,都需要与新闻机构的合作,在正规实习中完成,而评论写作是唯一一个不需要依赖机构平台的文体类别。评论是人的本能,你天生就是一个评论员,你随时可以观察,把任何人、任何机构、任何时事当成你的观察和评论对象;你动脑动手就行,把想法写出来,就完成了一篇评论。网络和社交媒体这么发达,你甚至不必走出大学校园,只要勤于动脑思考动笔写作就行,最低限度地依赖外在工具,最大程度地挖掘和盘活你的所学所思所感。评论写作,综合地体现着一个人的写作能力和思维素养;写作的过程,就是把自己所积累的思想资源和表达能力都激发出来。

有什么比评论写作更能训练我们的流畅表达和批判性思考呢?一篇评论,全方位且立体地调动着"看、想、写、说"的综合能力,考查着你的知识积累和思考问题的方法,逼着你去关注一个问题的多个方面,强化着你"与人交流"的媒介素养(评论要介入时事,要说服别人,写作过程会有一种强烈的说服欲望)。一个进入状态的评论者,他的身体总是前倾的,而不是后仰的,前倾表现了一种积极投入的姿态。所以我一直觉得,评论写作课不仅应该成为新闻学院的专业必修课,而且还应该加大重视程度和训练强度。评论常被称为一家媒体的灵魂和旗帜;从学科训练来看，评论也是新闻专业这个皇冠上的明珠，一个新闻评论写得好的学生，新闻敏感和新闻写作肯定不会差。

当然，评论写作绝不只是新闻职业的核心资本，在社交媒体和大众传播语境中，更善于表达自己观点的人，总是更有优势。评论能力是一个人的职业红利，无论你从事什么职业，评论总会成为你的竞争优势。

功利地说，诸多与职业晋升相关的考试，可能都涉及评论写作。高考作文是写一篇评论（议论文，属于任务驱动型写作），研究生考试要写评论，公务员考试需要写评论，很多单位的招聘考题往往都是评论，因为评论最能考查一个人的综合素养。在一个单位，如果你的文章写得好，便是一种不可替代的优势。评论写作也能养活自己，当下自媒体的内容创业和变现方式，基本上都集中在评论写作，因为评论这种文体最低限度地借助外在工具，不需要什么成本，你有思考能力，还能写，在自媒体时代就不会饿死，还可以活得很好。

我从 2002 年开始写评论，至今已快二十年了，我一直以为受我评论影响最大的应该是学新闻的孩子，很多听过我讲座的孩子都说是看了我的评论后选择新闻这个行业并进入媒体的。没想到，比新闻专业学生关注我评论更多的，竟然是高中生。我的微信公众号"吐槽青年：曹林的时政观察"评论区里，常有一些留言，让我觉得很骄傲。比如一名叫"子夜雪花"的家长留言说："曹老师，今天我是专门来感谢你的。闺女是 2018 届的高考考生，高三第一学期接触到您的公众号，我每天打印出来给她看，她的议论文进步很快，今年高考语文 121 分，考上福州大学建筑学专业，真心感谢。"

还有一名叫"豆芽汤"的家长说："'子夜雪花'的孩子是 2018 年高考生，考上福州大学，我的孩子也是，考上了福州大学电气工程与自动化专业。我的孩子听了老师的建议关注曹老师，关注时事，分析写作结构，今年高考语文131分，我也要感谢曹老师。"[2]

大连一所最好的中学，几位语文老师也在向学生推荐阅读我写的那些评论，我还专门去做过几次讲座，感受到了高中生学习评论写作的热情。我听一位在行业内很有声望的语文特级老师讲，她所在的语文组专门做过对比试验，让高一一个班级的学生读我的评论，跟高二一个没读过的班级作比较，读过的那个班级，作文和语文成绩有明显的提高；而在同题作文下，读过的高一班，水平明显高于没有读过的高二班。

我知道，我的评论没有那么神，对写作无法起到那种立竿见影的效果，但有一些对学生是有帮助的——其一，刺激他们多训练，很多话题激活着他们的表达冲动，活络着他们的思维，从而能主动去训练写作。其二，开阔着他们的视野，让他们的眼睛从应试课本中抬起，多关注时事和社会，训练观察同一时事的不同视角。高考作文，无他，考查的正是这两种能力——快速流畅的写作和开放敏锐的思维，能不能在短时间内用流畅的文字把独到角度的观点表达出来。

这本书，是我在北京大学和中国人民大学近十年评论教学的一个梳理，各章节基本按一个学期16节课的内容安排，在结构和内容上与2012年出版的《时评写作十讲》都有很大的不同。经过近十年的沉淀，我对新闻评论写作的一些想法更加系统和成熟，特别是我在经历博士研究生的学术训练后，更注重对理论的梳理和写作规律的提炼，比如我在这本书里针对构思提炼了"抓手论""身材论"和"写作的基准线理论"；同时，把一些学术理论应用到写作过程中，比如布尔迪厄的"误论理论"、阐释学中的"陌生化理论"、社会学的"框架理论"，借助这些理论工具去发掘评论的不同角度，让作为缄默知识"不可言传"的评论经验成为一种

---

[2] 以上两段读者评论引自我的微信公众号"吐槽青年：曹林的时政观察"文章后的留言，见2018年10月的公众号评论。

可以教、可以学习、可以积累的显学，成为一种经过训练可以得到提升的学问。

这本书虽然针对的是新闻专业学生，但我在授课内容安排上有意识地平衡专业和通识，更注重学生在写作和思维方法上的训练，非新闻专业的学生也能从本书中获得写作方法论和论证技巧，提升逻辑思维能力。

李普曼曾说："如果一个社群缺乏揭穿谎言的信息，他们就没有自由。"李普曼强调的是掌握信息对一个人的重要，我所看重的可能比李普曼"卑微"很多，我更看重说话的能力，如何好好说话，善于讲理，有逻辑地表达，不当哑巴和喷子。一个人如果缺乏评论的能力，无法把自己所想以清晰的方式明确地表达出来，他可能就不是自由的。

"原谅我这一生不羁放纵爱自由"，这也是我想在这本书中奉献给读者的。

2019 年 3 月 9 日于北大未名湖畔

第一讲

评论写作的知识准备

让自己知识积累的「金字塔基」足够坚固和厚重，进入社会后才有抗压抗虐的能力，这对学新闻的学生尤其重要。大学时，尽可能把根基打好，因为你不知道将来自己能长多高，不能到了那个位置后才产生「学不配位」的知识恐慌，遇到机会你根本抓不住。

每次写论文都是这样一个过程：定下选题的时候，有一种改写整个学术史的幻觉和冲动；开始写的时候，有一种困难重重、在所不惜的坚韧；写到一半的时候，有一种"求生不能求死不得"的痛苦。写完了之后，终于明白自己就是一个学渣。

——网络段子

听有些学生说，新闻评论课是一门"虐课"，担心会投入太多的精力，担心老师给的分数低从而拉低平均成绩并影响"绩点"，影响自己的保研。所以一些学生会到大四时才修这门课，反正保研的已经保研了，找工作的已经找到了，分数不重要了，不用担心被"虐"。

这是一门"虐课"吗？如果你觉得上新闻评论课需要写三四篇评论，这叫"虐"的话，这就是"虐课"；如果你觉得上新闻评论课需要积极参与课堂讨论，这叫"虐"的话，这就是"虐课"；如果你觉得评论写得不好被老师打了低分，这叫"虐"的话，这就是"虐课"。然而，这真的是"虐"吗？这难道不是学生的本分？这难道不是一个学生修一门课应有的投入吗？我不懂的是，本应是学生的本分，在今天的大学中怎么成了好像是很高的苛刻要求。

很多学生把分数看得太重，担心影响自己的保研，选课的时候真变成了"精致的利己主义者"，不是考虑能不能学到什么，而是怎么能少投入一些却能拿到高分，于是就集中选那些"水课"。这是短视和不负责任的，纵然成功保研又有什么用？优秀的学子，应该目光长远一些，有自己的学业和职业规划，而不要太在意眼前一城一池的得失。

一些学生总喜欢评价老师，总在问这个老师能教给自己什么。我想说的是，老师的责任当然是提高自己的课堂知识含量，让学生学有所得，但一门课程要让学生有所收获，不只靠老师，还需要学生的投入和参与。尤其像新闻评论课这样的实践课，如果学生自己不积极地去思考和写作，不参与到课堂和舆论场中，老师讲得再多再好也没有用。关注在哪里，结果就在哪里。我们得扪心自问，一门课程中，自己积极投入了多少精力？在老师布置的作业之外，有没有写过评论？有没有思考过老师提的问题之外的问题？有没有在走出课堂之后想过与课程相关的问题？

网上曾流传一篇文章《请保持随时离开体制的能力》，很多媒体人都转发过，因为这篇文章很大程度上针对的是媒体人，媒体行业应该是离体制比较近，同时又面临极大危机的行业，存在"生存还是死亡"的问题。如何才能保持随时离开体制的能力？你必须具备不可替代的资本，而不是一个可以被替代的人手，要成为新闻人才，成为独当一面的人物，保持随时可以离开体制的资本。这需要你在大学时在专业学习上的自虐，不仅学好专业，多听其他专业的课，而且多读各种杂书，在自虐中积累专业资本。

当我们身处某一个阶段时，应该做那个阶段要求你做的事情。在大学就是做好自己学生的本分，努力学习，多读书，不要总想着去实践。新闻行业的那些活儿，实习一两月就全熟悉了，不必那么早进行实习，让自己沾一身的江湖气，不如好好安静地在学校里读书。很多人的悲剧是，大学时不好好读书，急于参加各种实践，工作后又不好好工作，回大学去充电，参加各种培训。

让自己知识积累的"金字塔基"足够坚固和厚重，进入社会后才有抗压抗虐的能力，这对学新闻的学生尤其重要（新闻传播学本身缺乏坚固的学科基础）。大学时，尽可能把根基打好，因为你不知道将来自己能长多高，不能到了那个位置后才产生"学不配位"的知识恐慌，遇到机会你根本抓不住。有一句话说得好："我们总是喜欢拿'顺其自然'来敷衍人生道路上的荆棘坎坷，却很少承认，真正的'顺其自然'，其实是竭尽所能之后的不强求，而非两手一摊的不作为。"努力之后，你才能真正淡定地"顺其自然"，而不是将自己的命运交给别人，在被虐中无奈地"顺其自然"。

投资大师查理·芒格曾说过："要得到你想要的某件东西，最可靠的办法是让你自己配得上它。"另一句话也很经典："所谓门槛，能力够了就是门，能力不够就是槛。"这不是"鸡汤"，而是现实。

一、评论员需要养成自虐的习惯

虽然我的这门新闻评论课不是一门"虐课"，但我还是想倡导一种新闻系学生应该有的自虐精神。我一直说，没被虐过的大学，是白读的大学。因为有了被虐的过程，你才能真正有所积累，在积累中沉淀，在沉淀中收获知识和思想。

不虐的大学，是无法提高的大学。为什么很多同学都喜欢选那种又可以逃课，又没有作业，最后又特别好通过的课呢？这是对自己惰性的妥协。通过了这门课，你只是拿到了两个学分，但是你没获得实际的知识。人如果欺骗别人，还有点儿难度，但骗自己太好骗了，所以人总爱自己骗自己。我们很容易给自己的惰性找到一个冠冕堂皇的借口——"这个老师讲得不好"，"这门课根本不值得去学"，"我把剩下来的空余时间做更有价值的事，比如去图书馆看书"。但大多数人往往逃课后，并没有真正利用时间做更有价值的事。

我们不能听从于自己的惰性和所谓的兴趣去选课，即便是难啃难读的书，也得读，因为容易的课和书，很难给你的思想留下有价值的节点。

特别是新闻系的学生,更应该有自虐的精神。我在新闻行业做了十年,经常听人抱怨这个行业的艰辛和血泪——"我今天流的汗和泪,就是当年选专业的时候脑子里面进的水。"甚至很多学者觉得,新闻系应该被取消,很多发达国家大学的本科根本就没有新闻系。而现在的媒体在招聘的时候,不再优先考虑新闻系的学生了,他们强调要有法律、经济、国际、社会学等各方面的背景,觉得"新闻无学",新闻系没有内在知识体系的支撑,纯粹是实践,到社会上实习两个月,甚至一个月,就可以把所有的技艺学会。

我不太同意这个观点,将在之后的教学中给大家树立专业的自信。我曾经写过一篇文章《新闻系不能取消的N个理由》,其实这也挺悲哀的,新闻系已经到了要证明自己存在正当性的程度,恰恰说明专业遇到了存在的危机、被驱逐出学科序列的危险、毕业后找不到工作的威胁。

这更需要新闻系学生有自虐精神,因为我们跟其他专业学生竞争的时候可能会有一定劣势。怎么树立自身的专业优势?就得有自虐精神,得涉猎各种学科。并不是说学法律的学生就一定比学新闻的学生能更好地做法律方面的新闻,每个学科都有自己知识的局限,比如说,学经济的总喜欢用"成本、代价"之类的概念去分析,带着经济人的视野,这便是其专业的局限。而做新闻最重要的是客观,是突破狭隘的视野。新闻教育正是培养大家客观理性看待社会的思维,这是我们专业核心的知识和内涵。它的优势恰恰在于,不是一套知识体系,而是一套客观看社会问题的思维。

在社会分工中,记者和评论员提供的服务就是"客观报道和分析",这是其他专业无法替代的。

有些同学是这么想的,今后不打算从事新闻或评论工作,上这门课只是想混个学分。言下之意是,别对我要求太高,别指望我每节课都来,别指望我好好写评论作业,别指望我在课堂上积极发言,我只想要两学分，并不想学好新闻评论。

人各有志，我能理解这种想法。但我还是想劝有这种想法的同学，即使你对新闻和评论不感兴趣，但学好新闻评论对你肯定是有很多好处的，会让你受益终生。新闻评论学习不只是为了当评论员，从事其他行业，如果有新闻评论的积累，会更有竞争优势。

当记者的，做调查报道的，如果还能写评论，给自己写的新闻配一篇评论，会更有利于新闻点的传播，有利于表达自己在新闻中不便于表达的想法。毕竟，没有哪个评论员比记者对事情了解得更多，由采访到事件和当事人的记者来写评论，会更有深度，更能发掘出新闻背后的问题。

如果你毕业后想进媒体，一般媒体招聘的考题中都会有一道占比很重的评论题，比如有一年《中国青年报》的招聘考试就有两道评论题，一是评冤假错案，一是评短命建筑。媒体考题，一般不会考写新闻，因为新闻写作需要采访，而评论写作不需要采访，却能考验你对新闻的判断和综合素养的积累。

如果你对进媒体不感兴趣，考研、考博、考公务员——这些晋升性的考试，都会有一道很重要的考题——评论写作。有评论学习的底子的人，知道如何开头、结尾，如何起标题、立结构、立论，如何论证、找角度，写起来会更有把握。

除此之外，日常工作和生活中也离不开评论——辩论，讲理，写公文，经营新媒体，指导孩子写高考作文，等等，都免不了要接触评论。有评论写作底子的人，讲话会更有条理，讲理会更有说服力。

二、请在精神上做好进入评论课的准备

上好这门新闻评论课要做好哪些准备呢？

第一，对写作不要有心理障碍。可能很多人觉得评论难写，这是一

个普遍的共识。大家都认为，有积累才能写好评论。当然这话没错，评论是难写，但假如你不去动笔写，就更不会写。并不是说通过上这门课，老师渐渐地教会我，突破了心理障碍，然后我才动笔去写，才能写。必须在写作过程中突破心理障碍，而不是说等克服了心理障碍再去写。当有一个点子、一个想法时，就要把它变成文字，千万不能偷懒。

我们不能把自己对一个问题的判断停留在网友跟帖的水平。我们平常在看问题的时候，在浏览网站、看微信朋友圈的时候，经常会有这样的感觉——这事太让人愤怒了，这事太扯淡了，这事太可笑了——这是一种直观的、情绪化的、本能的认知。新闻系的学生要突破这种直观的、本能化的网友认知层面。你得思考，为什么让你觉得可笑，为什么觉得那么扯淡，得为你的判断找依据，学会分析，而这个分析的过程就是一篇评论。让你愤怒、让你觉得扯淡，这只是情绪，不是理性。只有推理的过程才能提升你的认知，才能提高你的判断。

千万要珍惜自己的那些思考的冲动、表达的冲动，很多思维火花其实是特别好的。我们经常羡慕那些能写文章的人，觉得他们文章写得妙笔生花。其实那些写得非常好的文章，一开始也只是一个火花，但是人家有毅力，有表达的习惯，珍惜火花，才把它变成了一篇很好的文章。我们要养成这样的习惯。

第二，要克服自己的惰性。我们身上的惰性太多，很容易为自己不写、不读、不看，找到冠冕堂皇的理由——"这个观点想想就算了"，"别人大概都会这么想"，"今天太忙了"，或者"反正我不是评论员，没什么压力，不用去写"。我们可以找到无数个让自己选择懒惰的理由。为什么一开始就谈新闻系的学生得有自虐的精神，就是要反抗骨子里的惰性。特别是在新媒体时代、网络时代，惰性更容易发酵——习惯于浅阅读，看的信息太多，以至于我们根本不去进行深入的思考。这个新闻点击一下，那个新闻点击一下，都知道发生了哪些新闻，但是无法说出自己的看法，因为压根就没有思考过，只是浅尝辄止、浮光掠影。

不仅要克服惰性，而且要给自己的写作创造机会和条件。每天多做一点和每天少做一点，它之间的差别是非常大的。这个差别可以从下面的公式中看出。

$$1.01^{365}=37.8$$
$$0.99^{365}=0.03$$

每天多做一点——0.01，积累 365 天，最后是 37.8；而每天少做一点——0.99，积累 365 天，最后是 0.03。可能这就是学霸跟学渣的差别。他可能每天比你多做一点，而你就少做了那么一点，但是 365 天的积累，使这种差距非常大。在大学里就很赏识李普曼的哲学家威廉·詹姆斯，当年曾这么教育李普曼："对自己要有所强制，那就是一个作家每日至少要写一千字的东西，不管他是否愿意，甚至不管他有无东西可写。[1]"

第三，一定要多看新闻。这里所说的看新闻，不是简单地完成作业，而是要培养你的思维，扩大你的视野，要从宿舍、学生、校园这类舆论场走向社会。很多人写评论为什么带着学生腔，因为思维总是停留于学生的那点事、宿舍的那点事。有一句话说得非常好，"乞丐不一定会嫉妒百万富翁，但他一定会嫉妒比他收入更高的乞丐"。这便是思维层次。如果停留于这个层次，只会跟这个层次的人去比，而不会看到更高的层次。我们看新闻，是为了培养大时代的语境，让自己的思维走进这个大时代，走进大时代的大改革，从而对当下的社会基本问题有整体的判断。

---

[1] [美]罗纳德·斯蒂尔:《李普曼传》，于滨、陈小平、谈锋译，北京：中信出版社，2008年，第 17 页。

第四，我们要多读书。多读书是为了积累自己的问题意识。写评论不是光靠那些冥思苦想的点子，也不是光靠一个个火花，靠的是有没有相关方面的积累。网络上有一个关于写论文的段子，我觉得很有代表性，我过去写论文的时候也曾有这样的心态——"每次写论文都是这样一个过程：定下选题的时候，有一种改写整个学术史的幻觉和冲动；开始写的时候，有一种困难重重、在所不惜的坚韧；写到一半的时候，有一种'求生不能求死不得'的痛苦。写完了之后，终于明白自己就是一个学渣。"

为什么会有这样的心态呢？因为缺乏积累。当不了解研究现状和前人的研究成果时，很容易浮躁地觉得前人的观点算什么东西，我的想法多牛。至于为什么越写越难写，是因为写作的过程是一个掏空自己的过程，是把自己的知识积累释放出来的过程，也是论证原初论点的过程。但是由于缺乏积累，仅凭一个空洞的火花和想法，就以为自己能征服整个学术界。

同样，写评论也经常会有这样的幻觉。刚开始有个点子觉得特别好，角度太牛了，但才写了一点，到网上搜一下，这个论点十年前就有人写过了。这也是缺乏知识积累，缺乏阅历。我们经常会把那种天真误认为是纯真。你见了世面，你还保持着这种想法，那叫纯真，但如果你什么世面都没见过，那叫幼稚。所以需要知识积累，需要读书。

多读书才能在思想资源的积累上，摆脱对网络的过度依赖。评论写作需要知识的资本积累，有一个健全、完整的知识结构，才能写出好的评论。那么，这种积累从哪里来呢？让人担心的是，现在很多学生基本不怎么看书，而是满足于从互联网上获得信息，把互联网上获得的那些碎片化和野鸡化的信息当成知识和理论。把自己的知识体系和结构建立在这种网络根基上，这是很成问题的。厚积才能薄发，有完善的知识体系才能有健全的判断，碎片化的网络知识带来的只会是肤浅同质和情绪化的思考，既无法给读者带来附加值，也无法在写作中提升自己，只会越写越空。

徐贲在《阅读经典》中提到，互联网上获得的巨量信息造成了拉里·桑格所忧虑的"知识贬值"现象——"全世界互联网服务积累的信息越多，信息越是容易获得，比较而言的知识就越不稀奇，越无吸引力，我担心互联网已经大大削弱了人们对知识独特性和知识为何值得追求的感受。"[2]在桑格看来，信息的超级丰富，其实让获得知识变得更困难了。确实，这也是我一直强调"互联网－"的原因所在，做减法，不要养成对网络的依赖。

胡适曾狠狠地批评同时代的一些评论家："天天打牌吃花酒，从来不做学问的研究，也不会社会的考察，只靠一个真滑的头脑。[3]"评论学界和业界曾有关于"评论写作可不可以教"的讨论，评论当然是可教的，一方面可教的是写作规范，另一方面可教的则是怎么把阅读中内化的"缄默知识"[4]激发出来，即首先得储存着这些"缄默知识"，肚里没货，光靠"一个真滑的头脑"，写出来的只能是抖机灵的大路货。

我在好几所大学讲座的时候都曾强调读书的重要性，虽然看上去是一句空空的口号。每位老师都在强调读书的重要性，但学生很少会因为老师的强调就把它当成习惯。杨绛先生说过这样一句话："你的问题主要在于读书不多而想得太多。"现在很多的年轻人都是这样，有很多的想法，甚至有很多奇怪的、偏执的想法。想法很多，但没有想得深，因为自己读书太少，无法驯服自己的想法。如果你具有知识积累，当有了想法之

---

[2] 徐贲：《阅读经典》，北京：北京大学出版社，2015年，第9页。
[3] 胡适：《胡适文集》第11卷《时论集》，北京：北京大学出版社，1998年，第12页。
[4] "缄默知识"由英国思想家波兰尼提出，他认为人类的知识有两种，通常所说的知识是用书面文字或地图、数学公式来表达的，这只是知识的一种形式；还有一种知识是不能系统表述的，例如我们有关自己行为的某种知识。评论写作所依赖的知识，很多时候是看不见的，只有当使用时才能意识到它的存在。

后，你或者是论证了它，或者是推翻了它，总之是可以驯服它的。

在如今社会，怪论为什么那么多呢？因为真正认真读书的人太少了，大家都流于浅层，浮于表面，在奇怪的问题上钻牛角尖。

曾有学生看过我的书后夸我："曹老师，你的那本《不与流行为伍》写得太好了。看了你的书后，我的人生观、价值观都发生了很大的改变。"作为一个作者，听到这样的话非常开心，但是其实这样对你非常不好，因为你轻易地被一本书改变，说明平时读书太少了。当自己对一个问题没有看法时，就很容易被别人的任何一种看法所说服，别人说什么你都觉得太好了、太棒了。只有自己有阅历和积累时，你才会去怀疑，有真正的判断，而不会随波逐流。

我曾经发过一条微博，引起了很多人的同感——"现在很多人的悲剧都是，在大学里用四年时间感慨大学过得太慢了，走出大学后，再用剩下来的五十多年怀念大学，感慨大学过得太快了。"我们不要再陷入这样的无奈，就像之前说的，在每个阶段就做每个阶段应该做的事。我们经常抱怨，这个时代限制了我们的思想和表达。但是有多少人真正有过思想？又有多少人真正尝试过表达？

"读书越少的人对环境越不满意，读书越多的人对自己越不满意。"我们轻易就把问题推给别人，推给社会、体制，这恰恰是一种浅薄的表现。我们看到一些文章貌似深刻地高谈阔论——这个问题的根源在体制，那个问题的根源在体制——动不动就把问题推向体制，这实际上是一种惰性的体现，好像推向体制就无解了，体制问题就是一个终审判决，这其实是最浅薄的结论。体制难道不是由一个个具体的人组成的吗？体制难道不是由一个个具体而细小的制度组成的吗？我们需要的有洞见的解释，恰恰是能指出人的问题在哪里，那些魔鬼的细节问题在哪里，而不是推向一个抽象的、宏大的体制。只有当我们深入了解一个事物，才会不做出这种非常浅薄，但自以为非常深刻的判断。

读书，有必要读一些有挑战性的书，不能在舒服区和温暖区徘徊。有一句话说得很好："如果一辈子只读你读得懂的书，那你其实没读过书。如果永远只看合乎你想法的书，你永远只会知道你已经知道的事。"

分享几句关于读书的经典格言：

当你的能力还驾驭不了你的目标，那你就沉下心来历练；当你的才华还撑不起你的梦想，那就静下心来读书。

健身和读书，是世界上成本最低的升值方式。

读书越多，就越明白该如何抵抗寂寞。

多读书挺好的。你无法从中得到标准答案，但却可以通过不断的思考与追问，剔除掉大部分由于填鸭教育而根植于脑海中的"理所当然"。

养成读书的习惯，就给你自己建造了一座逃避人生几乎所有不幸的避难所。

年轻的时候以为不读书不足以了解人生，直到后来才发现如果不了解人生，是读不懂书的。读书的意义大概就是用生活所感去读书，用读书所得去生活吧。

三、寻找简单并怀疑它，寻找复杂并使之有序

人人都有自己的想法，人人都有麦克风。既然如此，为什么还需要新闻评论和评论员呢？因为人们很容易停止思考，很容易满足一个看起来"差不多就这样"的结论和答案，这些貌似"差不多就这样"的判断形成了一种庸常的大众认知。大众有了这些认知，便容易停止思考。评论的价值或者说评论员的思考起点，就在于这些大众停止思考的地方。

评论员通过在大众停止思考的地方做进一步的思考，引导大众看到被忽略的事实，看到完整的真相，看到不同立场不同角度不同身份的思考，从而在此起彼伏的热点变换中，用多元的思考为一个社会强化它的价值观，增进大众的智识。

人有偷懒的天性，所以容易拖延，容易寻找脑子里方便实用、简单现成的答案，容易停止思考。比如，看到高铁霸座男，大家可能都会产生一个判断——这人太无耻太不要脸了——多数人的思考可能就停留在这一道德批判层次，然后在道德层面狠狠骂一顿，比谁骂得狠。如果不停止思考，再进一步，可能会追问，这人怎么没人管啊？然后会把矛头指向铁路部门，为什么不狠狠管这种人呢？会想到管理层面。从道德层面到管理层面，思考就进了一个层次。

追问到管理层面，便会发现，其实铁路部门也无力，因为不是什么事情都可以管，他们的权力是有限的。于是，便会有人呼吁，要立法惩治"座霸"。接着继续思考，为什么飞机上不敢有这种"座霸"呢？因为航空业有专门的立法来管这类人。这就从管理层面进一步上升到了法律层面，用法律思维去思考，道德层面的批判对不讲道德的人并没有什么用。

再接着进一步思考，法律拿这种人就有办法了吗？依法惩罚了他，列入黑名单，一段时间内不能乘坐高铁；可这个"座霸"不仅不以为耻，反而以此为荣，觉得火了，成网红了，还在网上继续得瑟。怎么办？继续思考，你就会发现，即便恨得咬牙切齿，但拿这种人没有办法，这就是法治啊。"拿他没办法"说明一个社会遵守着法的限度，保守着规则的局限。任何规则和法律都是有限度的，法律之内，除恶务尽；法律之外，只能容忍而不能残忍。法律上并没有"无耻罪"，法律只能惩罚法条之内的罪恶，不能逾越这一边界。社会的一大进步就在于，消除了那种"以道德的名义随意剥夺一个人权利"的道德专制，把每个人置于法律保护之下，让人们对权利有一个稳定的预期，不必害怕任性的无限之罚。享受这种法治利益，就不得不接受它在惩恶上的限度，忍受其"甚至保护坏人权利"的品性。

不满足于某个结论，不停止思考，不断追问，便会看到问题的另一面，看到我们思维的盲区，从浅层的道德层面看到深层的法律层面。这样来思考问题，大众就不会被小丑牵着鼻子走，能够严肃地思考问题，在多元思考中增进社会智识，而不是在泛道德化的愤怒批判中被拉低智商。

怎么去深入思考，怎么避免停止思考，我觉得起码有两种方法。一种方法是英国数学家怀特海所说的——寻找简单并怀疑它。从一些貌似简单的结论中寻找问题，以那些"简单结论"作为质疑对象，从简单中发掘问题意识。不要轻易觉得一件事是"理所当然"的，社会的很多问题，正存在于那种"理所当然"中。"理所当然"是一个历史过程，这过程中可能正潜伏着社会的问题密码。比如，提起"知情权"，我们都觉得这是公民的一种"理所当然天经地义的权利"，觉得自古以来就是如此。美国媒介社会学家迈克尔·舒德森分析了"知情权"的由来——一开始公众并没有这种权利概念，它是随着社会的进步和公众权利诉求的强化而出现的。看起来一个很简单的词，其背后却是一种权利的进化史。

当然，还可以从"知情权"想到"不知情权"——信息爆炸中，想逃离一些信息，大数据算法却无休止地给我们推送，侵犯了我们的"不知情权"。从"公民的知情权"想到"官员的知情权"——不仅"公民的知情权"被剥夺，"官员的知情权"也常被截留，被蒙蔽，被欺骗。评论员需要具备这种对简单概念的复杂思辨能力，不是把简单问题复杂化，而是看到简单背后被隐藏的多元性、条件性、复杂性和矛盾性。

另一种方法与"寻找简单并怀疑它"相对，是格尔兹所说的"寻找复杂并使之有序"[5]。怎么面对一种复杂的事物和事件，普通人容易被复杂事物弄晕了头脑，然后做出误判；阴谋家喜欢利用这种复杂把常识逻辑弄晕，把水搅浑，从而牵着大众的鼻子走，误导大众得出错误的判断。因此，评论员要有一种处理复杂事实的能力，从复杂中归纳出逻辑和顺序，从而引导大众得出理性的判断——一归一，二归二；道德的归道德，法律的归法律；不能用政治逻辑去分析法律问题，也不能用道德问题去侵略法律问题。日裔美籍语言学家塞缪尔·早川先生曾说过："一个伟大的小说家、戏剧家或诗人，就是一个将许多广泛的人生经验完美地综合起来使它们有一种秩序的人。"[6]

比如，面对《气愤！中国游客遭瑞典警方粗暴对待，一家三口竟被扔坟场》这样一篇网帖，人们很容易被带节奏。这件事其实挺复杂，发生在国外，法律和习俗与国内不一样，算错了时间从而导致少订了一天房间，存在语言和文化交流的障碍，事实又不对称。这时候，那种轻易做出某种简单判断和归咎的评论，都是带节奏的，有必要"寻找复杂并使之有序"，呈现复杂的事实，消除信息的不对称。我在《靠信息不对称搅动舆论仇恨那套不灵了》一文中，曾想努力让大众去面对复杂的事实，而不是简单地用"那样对老人就是不对""赖在人家酒店大堂不走就是不行""晚订了一天就是你的错"这样的判断去煽动情绪。

寻找简单并怀疑它，寻找复杂并使之有序，这都需要评论员始终保持着一种动态思考的思想活跃度，不迷信权威，不盲从大众，不轻易下结论。而形成这种思维方式，需要养成下面的一些习惯。

---

[5] ［美］克利福德·格尔茨，《文化的解释》，韩莉译，南京：译林出版社，2014年，第44页。
[6] ［美］塞缪尔·早川、［美］艾伦·早川：《语言学的邀请》，柳之元译，北京：北京大学出版社，2015年。

四、随时记下碎片想法并培养专注力、深思力

随身带着一支笔和一个小本,方便随时把自己的灵感和想法记下来。无论是开会、出差还是游玩,我身上都会带着纸和笔,不要以为带着手机或笔记本电脑更方便记录——手机上的记事本真不比传统的笔和纸更方便,手机是培养与迎合人的惰性,而不是激发勤奋。"好记性不如烂笔头",纸和笔可以随时记下自己的发现和思想火花,而不至于成为稍纵即逝、没有认真思考的碎片化灵感。

现在的年轻人"读书太少而想法太多",其实"想法太多"未必都是坏事,但问题在于,很多想法只是随时、偶然的灵光一闪——一看就想到,一想到就说出口,一转瞬就忘记,并没有经过深思熟虑。在信息的海洋中,层出不穷的信息和此起彼伏的热点会激发很多想法,但来得快去得也快,时效的节奏让一个人很难停下来对某个问题认真地多花几分钟去想一想。还没来得及仔细思考,注意力很快被另一个新闻热点吸引了。

如今很多人过度依赖手机,依赖社交平台,比如不看书不看报纸了,把看报纸当成传统老派的落后行为。其实,看新闻还得在报纸上看,虽然手机上也能看新闻,但很难"专注",来了短信,来了电话,弹出一条新闻,QQ或微信闪烁了一下,注意力很容易就转移了。社交工具对现代人最大的冲击是,毁掉了他们的专注。没有专注,就没有深入的思考。在缺失专注之下,虽然获得很多信息,有了灵感火花,却没有了思考。

同样,在纸上写字也是如此。随身带着纸和笔,把突然冒出来的某个想法记下来,这是在社交工具冲击下培养专注力和深思力的一种方式。其实,并不是灵光一闪的想法都有价值(或是很肤浅,或是根本站不住脚的片面想法),我的一个习惯是,经常会翻自己的记事本,看看哪些想法在灵光一闪、经过时间的沉淀后还有思考的价值。对于觉得有价值的

想法，会继续深入思考，但并不急于写出来，等想清楚了，碰到一个契合的新闻由头，或有了更多的论据积累后，再把这种想法变成一篇文章。把想法记下来，就是留着"深思熟虑"的。《美联社新闻报道手册》也提到："很显然你不可能收集到每一个细节，但你一旦注意到某件事，就要把它记录下来；只因为它引起了你的注意，就说明其本身具有重要性，否则的话，你也不会注意到它，倒不见得它对你有多重要。在任何场合、任何你正在做的事情中，都会有成百上千的细节会被注意到，你已经对其中之一产生注意就说明这件事已经脱颖而出，本身有潜在的利用价值。"[7]

现代人的阅读和思考都是碎片化的，因此需要养成收拢想法和集中注意力的习惯，把碎片化的"想想"变成深思熟虑的观点。这不仅仅是培养深思考的方式，也是积累选题的方式，我的很多评论选题都不是来自新闻热点，而是来自记事本上的"想法"，等想法思考成熟了，再写出来变成一篇评论。这种选题习惯比每天盯着新闻热点找选题要好很多，既避免跟其他评论写手扎堆，也能够写得深入且有附加值，不至于盯着某个热点没话找话挤评论。

五、养成建立自己资料库的习惯

新媒体改变了大多数人很多的好习惯。过去大家有读报剪报的习惯，看到好的文章就剪下来作为资料；还有读书做卡片的习惯，把有用的资料做成卡片分类保存。比如研究中国新闻史的泰斗方汉奇教授就有做卡片的习惯，是当年他的教师曹聚仁教他的。这个习惯让方汉奇教授终身受用，至今方教授做的卡片已累计达 10 万张，他常在讲座上向学生展示

---

[7] [美]杰里·施瓦茨：《美联社新闻报道手册》，曹俊、王蕊译，北京：中央编译出版社，2014 年，第 55 页。

这些卡片，教学生养成积累资料的习惯。

著名数学家马丁·加德纳也有自己的资料库——"我的资料库是我的头号商业秘密，我在大学时就开始搜集资料，把335张卡片都放在了女鞋盒里。在有复印机之前，我有毁书的习惯，从书上剪下我需要的段落，把它们贴在卡片上。当我挣钱后，把卡片放进了金属档案箱，并开始把完整的文章、大幅剪报和书信归入折叠式文件夹。这些文件现在放在二十多个铁柜里，每个柜子有四五个抽屉。我还有一个很大的工具书库，省去了我去图书馆。"

有了电脑和手机后，保存资料越来越方便，但养成这个习惯的人反而变少了。人们现在检索资料基本依赖网络，想了解相关信息，百度一下，好像很方便。实际上，只会用百度查资料的媒体人，是不合格的媒体人。网络上的信息虽然是海量的，却有很大的局限性。

百度获得的很多数据和信息都是错误的，以讹传讹。某个专家说了什么，你以为是权威的，其实他引用的是媒体报道，而媒体引用的是网上的信息。当专家引用媒体所引用的不明来源的网络说法，就把一个错误说法"洗白"为权威说法了。

百度上的信息，谁都可以搜索到，属于大路货的信息，没有附加值。网络资料虽然海量，但很多权威期刊和经典著作的信息是搜索不到的。我们常有这样的写作经历，当需要某个资料时，想起在哪里看到过，但就是想不起来在哪本书或哪期的杂志上，网上搜索根本找不到。

不要小看建立资料库的这个习惯，日积月累的力量是很强大的，把碎片化的阅读和日常发现的资料进行积累，形成资料库，就变成了一个专属于自己的资料信息库。

积累可以使自己成为某方面的专家。都说要成为专家型的记者和评论员，"专"在哪里？一方面就表现为，在某个专业领域和方向上有更多的资料积累。

积累资料的过程，其实是一个积累选题的过程，资料就是选题。拥有自己独立于网络的资料库，也就拥有了一个评论选题库。这些资料既可以成为选题的来源，也可以成为评论的论据，经常翻翻想想，对比今天的信息，可以激发很多联想。你之所以选择留存成为"资料"，是觉得"有用"，但也不知道具体的用处，当某一天突然看到某个新闻由头时，便会想到这则相关资料，"用处"随之被发掘出来。

六、习惯去跟人对话，而不是独自冥想

20世纪90年代上大学时，电话还没有普及，更不用说手机。宿舍刚装上电话，家里有钱的同学会在腰间别一台BP机。要想用电脑只能到系里的机房去上286[8]，更别谈什么互联网了。虽然缺乏社交平台，但社交反而更丰富，都是面对面地跟人交流，而不是低着头通过机器用比特字节跟人交流。有人说，社交工具实际上在扼杀着社交，这话一点儿都没错，当人们都习惯低着头跟手机那端千里之外的头像进行交流，而不愿抬头与对面的人说话，现实的社交能力在弱化、退化。

因此，我与大学生交流的时候常劝他们，习惯去跟现实中的人对话，而不是活中手机里。当对一个问题有想法时，不能独自冥想，而是要表达出来，这样做既是与别人分享，也是在分享的过程中去说服别人——表达和评论能力便能在这种交流语境中提升。

很多人当对一个问题有"想法"时，大多只是在自己脑子里想，而不愿说出来。其实"想的逻辑"和"说出来的逻辑"并不相同。有些问题，说出来跟想的时候会很不一样。想的时候，只要说服自己就可以了；但

---

[8] 英特尔公司的一款x86系列CPU，被广泛应用在1980年代至1990年代的IBM电脑中。这些电脑被称为"286电脑"。——编注

跟人对话说出来的时候，就必须讲逻辑——因为要说服别人接受，就要以别人认同的事实和逻辑，才有说服力。一个想法刚冒出，因为思维的局限，自己乍一想认为有道理，可仔细想想并把这种想法表达出来时，会觉得有很多问题。

把观点说出来，才会有"说服意识"和"论证意识"，而如果停留在脑子里，只会是很不成熟的、散乱的、不合逻辑的粗糙想法。另外，在对话中，别人的质疑、不同的视角，也会帮着你完善自身的逻辑。不要担心自己的观点幼稚可笑，大胆地说出来，一个喜欢跟人交流的人，逻辑不会差到哪里去；而一个喜欢冥想的人，常常陷在自闭的逻辑中不能自拔。

17世纪英国诗人弥尔顿在《论出版自由》中曾认为，在没有对手的情况下说理，是没有意义的，因为这时候的说理充其量也只不过是一种"逃避的、自我封闭的、得不到运用、毫无生机的美德"。[9]

七、给自己创造公开表达的机会

养成大声站起来表达自己观点的习惯，将会终身受益无穷。尤其对有志于以新闻为业的人来说，这个习惯更为重要。

新闻记者和评论员不仅需要文字表达能力，也需要口头表达力。文字与口才是不一样的，很多文章写得一流的人，口才非常一般，习惯用笔表达而不习惯用嘴表达。当然也有一些人，文章写得不怎么样，却说得很好。文章写得好却"说不出来"，是因为经常动笔却很少动嘴。这个世界上的天才是很少的，要想有好的口才，必须给自己创造公开表达的机会。说多了，就能够打破当众表达的心理障碍，面对很多人时便不会

---

[9] 徐贲：《明亮的对话：公共说理十八讲》，北京：中信出版社，2014年，第31页。

怯场了；说多了，就能够很有效率地把自己"想到的"有逻辑条理、准确、清楚、没有遗漏地"说出来"，不会出现对一个问题想得很好、说出来却跟想的完全不一样的状况。

记者和评论员需要从纸上走出来，更多地面对受众去说，特别是在全媒体时代，需要媒体人全天候的表达素养，拿起笔能写——能写出倚马可待的文章；面对话筒能说——能用滔滔不绝的辩才征服听众。首先要突破心理障碍——敢说；其次是掌握表达技巧——把观点表达准确和清楚；最后是说得精彩。那些能够"出口成章"的人，都在台下做了充分的准备。

怎么创造公开表达的机会呢？第一，敢于在课堂上提问，在课堂上争取回答老师提问的机会。第二，多参加辩论赛、演讲比赛之类的活动，积累公开表达的经验。第三，多面对镜头训练，镜头是很欺生的，越是害怕镜头，越会紧张。第四，多接触陌生人，有研究表明，熟人之间彼此都很了解，不会特别注意说话的方式和技巧，而陌生人之间的交往是从零开始，需要有意识地用沟通技巧来建立关系。多次下来，人际沟通能力和口才就会得到提高。

总结了以下锻炼口才和消除紧张心理的方法：

生活中锻炼口才的方法：

1. 朗读朗诵。2. 对着镜子训练。3. 自我录音。4. 速读训练。5. 即兴朗读。6. 背诵法。7. 复述法。8. 模仿法。9. 描述法。10. 角色扮演法。11. 讲故事法。12. 写日记。13. 多翻字典。14. 找机会上台。

消除交谈中紧张心理的四个小方法：

1. 自我暗示法（与陌生人交谈，暗示自己敢说话）。2. 自我信任法（相信自己会说话）。3. 警句启迪法（牢记一些帮助你战胜胆怯、鼓足勇气的警句)。4.紧张情绪转移法(将紧张情绪转移到别的事物上,紧张的心情自然就消释了,交谈便能较轻松地进行)。

八、培养"有证据"的质疑精神

媒体人需要质疑的能力,敢于质疑官方的说法,敢于质疑流行的说法,敢于质疑教科书中的教条和经典,敢于质疑所谓的专家观点。没有什么事物可以享受免受质疑的豁免权而被全盘接受。思考的过程,就是质疑的过程,特别是在"肯定式新闻"泛滥的时候,尤其需要质疑精神。"肯定式新闻"不追求确证事实,而是肯定与迎合公众已有的观念。这种"肯定式新闻"使一切变得简单,它能够在令人困惑的世界里发现秩序,不需要太多筛选和提升,它令人感到舒适。此外,还有"聚合式新闻",这种模式不负责区分流言、事实和猜想,去伪存真的工作完全依靠使用者完成。[10] 面对"肯定式新闻"和"聚合式新闻",尤其需要评论员的质疑精神。

不过,这个时代最缺的不是质疑,而是审慎的、有原则的、提供证据的质疑。现在不是缺少质疑,而是毫无原则的质疑泛滥成灾。网络上流行一种怀疑一切的思维,我称之为条件反射般的"一看到就想到",比如,一看到"官员自杀"就想到"畏罪自杀";一看到"官员抑郁自杀"就想到"官方掩盖真相";一看到女官员就想到权色交易;一看到临时工就想到替罪羊;一看到年轻干部就想到官二代;一看到"宝马肇事"就想到富二代;一看到"点赞"就想到"五毛";一看到美女就想到干爹;一看到干爹就想到淫乱;一看到辟谣就想到说谎;一看到"名人嫖娼"

---

[10] [美]比尔·科瓦、汤姆·罗森斯蒂尔:《新闻的十大基本原则:新闻从业者须知和公众的期待》,刘海龙、连晓东译,北京:北京大学出版社,2014年。

就想到"肯定是被迫害"。

这些怀疑，都属于无根据的怀疑。舆论场的一大浮躁表现是，人们轻易地把某种本能的怀疑抛出来，任性地说"我就怀疑""我就更相信谁"，而根本没有做好提供证据和论证这种怀疑的准备。评论员评说一件事，需要自己先想清楚怎么论证，不能自己还没想清楚就"急于说几句"，结果只会把自己的"不清楚"传递给大众，从而带来更大的混乱。有的时候，静默等待比夸夸其谈可贵多了。看到某个说法，你可能会习惯性地去怀疑，但作为一个媒体人，每表达一个怀疑时，要提供怀疑的理由，也就是要论证自己为什么怀疑，这才能成为一种倒逼真相的有力质疑，否则，传递的只是情绪。

比如，某个官员跳楼自杀，官方称此人是"抑郁自杀"。很多人肯定是不相信的，就像听到"临时工"之后的反应。普通网友可以凭空和任性怀疑，但评论员不能不给出怀疑的理由。评论员要想表达怀疑，得有证据支撑，比如，有证据显示这个官员在自杀前几天接受过纪委的调查，或者，从这个官员的体验报告看，精神并无问题，等等。

所以，质疑是需要能力的，张口就来的质疑，说什么都不信，这不是质疑，而是"网愤"一样的情绪。正像轻信一样，轻疑也是一种病，没有主见的相信与没有论据的质疑，是同质同构的，实质都是轻浮。谨慎和节制永远是美德，尤其是在这个以快为美的时代。

九、慢一拍的能力

在好几所大学，我都曾做过相同题目的演讲——在快得窒息的时代，如何让思考慢下来。

当下的审美以快为美，传媒圈也感染着这种快速消费和传播的追求——一张图让你了解什么，一条微博让你明白什么，一个图表让你理解什么，一条微信让你看清什么——这些吸引眼球的信息促销术，迎合的是人们对快的追求，大家根本没有耐心看一篇完整的文章，听一场完整的讲座，了解事件完整的真相，而是需要以最快的方式了解。追第一时间的独家报道，发第一时效的评论，做第一反应的表态——传统媒体在新媒体时代的冲击下，失去了自己的坚守，而与网络比快，进入了自己陌生的节奏，拿自己的短处跟人家的长处比，不死才怪。

传统媒体当下的发展困境，不是"他杀"所导致的，而是"自杀"的结果——放弃了自己作为传统的优势，盲目地顺应新媒体的节奏。传统媒体的优势在于慢，慢下来核实信源仔细把关，慢下来做深度报道，慢下来做深入的追踪和深刻的评论。现代人追求快节奏的生活，对热点时事缺乏深度的思考，对此，媒体应该提供有思考和信息附加值的新闻产品。

事件的呈现需要一个过程，不可能一发生就呈现真相，需要慢下来去发掘真相，否则很容易被反转的事实所打脸。现在大逆转的新闻之所以那么多，原因就在于太追求快，快节奏之下，一天事实两个样。不断自我否定，媒体的公信力会受到损害。事故的原因需要深入调查，追切归因归咎的后果是，只能被表象误导，停留于肤浅的表层。舆论是肤浅并浮躁的，很多时候只是追逐热点，而不是关注问题，然而媒体在这个社会最核心的功能，就是在关注具体问题中推动社会的点滴进步。在热点此起彼伏的消费中，留下的只是一堆口水。

崔永元曾如此夸奖记者柴静："我接触的柴静，她特别在乎事件的真相，这是我非常欣赏的。你看她做的选题，很多选题是尘埃落定的，前面大家已经轰了两拨了，都不感兴趣了，她去重新调查。然后非常理智地告诉你真实的情况是什么样，让你把这个事件看得更全面，或者听到另一种声音。这个非常了不起，她一直在做这样的事。你看她采访的新闻事件基本上都是滞后的，都不是第一轮的。她要整理自己的思想，要理性下来才去面对这个事情。"[11]这里所说的，就是"慢下来静静思考的能力"。

在某个媒体上看到一件让你感到很荒唐的事件时，慢下来，看看另一家媒体的报道。在网络上看到一个让你感觉愤怒的"雷人雷语"时，慢下来，看看当事人是不是说了这句话，说这句话的语境是什么。在新闻中看到某个当事人让人感动、温暖或流泪的悲情叙述时，慢下来，看看当事另一方的叙述。在微博上看到一篇让你热血沸腾无比激动的文章时，慢下来，仔细想想，过十分钟再想想，看还会不会热血沸腾；人在热血沸腾的时候，其实是最脑残、最不动脑子、被别人的情绪所操纵的时候，需要慢下来，才能与情绪、冲动和操纵保持距离感。

对，慢下来，就是与那些试图操纵你的大脑、让你停止思考的元素保持距离，距离才能产生理性。一旦快了，条件反射般地做出判断，就容易不分青红皂白，就容易不由分说，掉进了别人设置的情绪陷阱，表现出别人所期待你扮演的角色和需要的观点，成为别人操纵的木偶。

伟大的评论，很少是第一时间的快速判断，都是在深思熟虑、与热点有了一定的时间距离、远离了热点舆论场的喧嚣后，所做出的深入调查和独到评论。也只有这样慢下来的报道和评论，才能在新闻史中留下自己的位置，成为历史的底稿。

网络有句流行语："我想静静，别问我静静是谁，我就是静静。"俏皮之外，其实是浮躁舆论场中的人们，厌倦了喧闹，而寻求静静思考的空间，需要一块安静不受干扰的空间。媒体就应该提供这样的报道，不是让人看了之后热血沸腾不能自已，而是让人能静静地思考几分钟；不光传播正能量，也传播静能量，使人在一片喧闹之中能拿着一份报纸、对着一篇评论安静地想想。

---

[11] 崔永元：《我有一事，生死与之》，《人物》杂志，2012年第6期。

米兰·昆德拉在《慢》中曾讲述过一个场景:"当一个人在路上走的时候,如果这时他突然要回想起什么事情,就会机械地放慢脚步。反之,如果他想要忘记刚刚碰到的倒霉事儿,就会不知不觉地加快走路的步伐,仿佛要快快躲开在时间上还离他很近的东西。"昆德拉的结论是:慢的程度与记忆的强度直接成正比,快的程度与遗忘的强度直接成正比。因此,慢下来思考,能提升记忆的能力。[12] 在被快所绑架的时代,慢是一种专业资本。

十、培养看数据来源的习惯

新闻中数据很多,普通人看到数据,走一眼就略过了;专业的媒体人不能这样,得多问一句:这数据是从哪里来的?

数据是最有力的说服工具,具备"强论证"的功能,但数据又最具有欺骗性和迷惑性,新闻中很多数据都属来源不明的"野鸡"数据——有的是随便从网上搜索,找到一组数据拿来冒充"据权威统计机构统计显示";有的干脆编造子虚乌有的调查和不存在的数据干扰视听;有的是从某个调查中截取对自己有用的、能论证结论的数据,而丢弃和屏蔽掉不利于自己结论的数据;有的则使用媒体报道的三手四手甚至五手数据;还有的是在一堆真数据中埋几个关键性的假数据。

要避免被"野鸡"数据所欺骗,有必要通过看数据来源来辨真伪。普通读者在数字面前缺乏判断力,很容易产生数字疲劳,或者叫数字惰性,看到一堆数字,懒得去算一下,轻易就顺着数字的逻辑得出相应的

---

[12] 周濂:《你永远都无法叫醒一个装睡的人》,北京:中国人民大学出版社,2012年,第179页。

结论。而专业的媒体人需要克服这种数字惰性，替读者进行筛选和辨别，让"野鸡"数据无处藏身。

以下这三个好习惯是结合在一起的：第一，问数据来源；第二，看原始的完整数据；第三，不要依赖类似百度这些搜索引擎来寻找数据。尤其是最后一点，写作者有个习惯，需要某个数据时，随手百度一下，非常方便。为什么这是一个坏习惯呢？为什么百度不可信赖呢？因为当你从百度上搜索数字时，一般都会设定关键词，比如寻找"喝咖啡有害身体健康的研究"，会搜出来一堆证明喝咖啡有害健康的"科学数据"；可如果换个问法——"喝咖啡对身体有益"——立刻能从百度上得到一堆能证明喝咖啡对身体有益的数据。只要你想要，百度上什么数据都有，然而它们既不权威，也不靠谱。

一些数字之所以是"野鸡"数据，因为没有靠谱来源。专家想当然地估算出一个数据，对媒体来说就成了权威来源；而当下一次另一个专家引用媒体来源后，就进一步将这种"野鸡"数据"洗白"成权威数据了。在无数次传播之后——"专家—主流媒体—网络—另一个专家—更多主流媒体引用"——已经分辨不清谁是来源了。追问数据来源，可以戳穿很多谎言，让那些披着权威面孔的数据现出"野鸡"的原形。

因此，别信什么"权威调查表明"，一定要问是哪个机构调查的，这个机构是不是权威的，这个机构的调查方法、取样是不是科学的，设计的问卷如何。养成看数据来源的习惯，就不会成为被理科生鄙视的"文傻"，同时也具备了数据判断力。

2002年，《洛杉矶时报》刊登的《恩里克的旅程》获得了普利策奖，这部由六篇系列报道组成的报道描述了一个洪都拉斯少年赴美国寻找母亲的经历。在发表这些报道时，《洛杉矶时报》通过脚注的方式，详细地回答了引语、事实、场景和其他信息的来源问题。超过七千字的脚注使这篇报道不仅避免了过于武断的可能，而且向读者提供了详细的信源信息。[13]

十一、别只寻找认同，兼听相反观点

听一些相反的观点，绝没有坏处，会让自己的思维更加开阔，逻辑更加严密，观点更有包容力，论证也更有说服力。《报纸的良知：新闻事业的原则和问题案例讲义》一书中提到："在文明人崇拜的所有愚蠢对象中，一致性和作为它的双胞胎兄弟的永远正确是最荒谬的。"[14] 政治学者冯克利也曾认为，现代知识理论中的一个重要原理是，差异是人类合作从而促进知识进步的一个必要条件。[15]

人的一个缺点是，求同厌异，听不得不同观点，一听相反观点就觉得别人是跟自己作对。所以，一些人写文章时有这样的习惯，到网上寻找与自己差不多的认同，搜索能够证明自己论点的材料；而平常也喜欢看那些符合自己判断、跟自己价值观差不多的学者的书。这样的习惯，其实营造了一个虚假的观念世界，生活在自欺欺人、自我强化之中。

一些人之所以变得越来越偏执，是因为偏执观点的自我强化。本来他们的观点有一定的合理性，但只跟符合自己观点的人交流，只看跟自己一样的观点，久而久之就形成一种自我强化，越来越偏执地认为只有自己才掌握着真理，其他都是扯淡。这种习惯打造了一个自我封闭的世界，否认了这个世界认知的多元，以人为方式屏蔽不同的观点，看不到自身的局限和漏洞。因此，李欧梵曾认为，中国人相处，往往是先求同，

---

[13] [美]比尔·科瓦、汤姆·罗森斯蒂尔：《新闻的十大基本原则：新闻从业者须知和公众的期待》，刘海龙、连晓东译，北京：北京大学出版社，2014年。

[14] [美]利昂·纳尔逊·弗林特：《报纸的良知：新闻事业的原则和问题案例讲义》，萧严译，李青藜、展江校，北京：中国人民大学出版社，2005年。

[15] 冯克利：《尤利西斯的自缚：政治思想笔记》，南京：江苏人民出版社，2004年，第27页。

总是要异中求同，或者说从同开始，但最后又吵得一塌糊涂，而没有想到怎样从尊重异点开始，越是不同，我们越要了解。[16]

马少华在回忆"青年话题"开辟"不同观点"栏目时，兴奋地看到："（这个栏目）打开了读者的价值的大门——它们像喷泉一样奔涌出来，往往一个观点引发的'不同'能够延续一个多月刊登，弄得总编辑也不得不喊停，而我还觉得意犹未尽。'不同'真好啊，它们使我看到了自己脑袋里从来不曾出现过的东西——它们都藏在别人的脑袋里。"[17]

专栏作家侯虹斌在文章《胖一点的花木兰又伤害了谁?》中，讲过一个故事："曾参加一次讲座，谈的是三国里的真实人物。有一位嘉宾谈到，据史料记载，关羽也好色，建安三年（198），刘备与曹操合力攻打吕布时，关羽向曹操要求说等攻下城后，想要得到士人秦宜禄的妻子杜氏。但当下邳城破以后，曹操命令捉了杜氏，先送来让他自己瞧瞧，结果曹操忘了对关羽的承诺，自己留下了这妇人。自此之后，关羽和曹操便有了间隙。这个故事在《华阳国志·卷六·刘先主志》、《〈三国志〉注》引《蜀记》和《魏氏春秋》中都有记载。结果，在场有观众很不高兴地站起来提问：你怎么可以这么抹黑关羽？这跟我们学的完全不一样，你让我们怎么能接受这样的关羽？听了多难受！

这位嘉宾很有修养地回答了这个问题：'如果你看的书，都和你已有的知识一模一样，你还有必要再读吗？'同样的道理，如果你看到的所有新事物，都和你已知的经典一模一样，让你躺在熟悉的认知里舒舒坦坦，这个世界还有存在的必要吗？"

人有一种思维的惰性，寻找认同和熟悉，看到熟悉的事物和道理才会有一种安全感，不需要论证，不需要思考，可以安全地使用。面对一

---

[16] 李欧梵：《徘徊在现代和后现代之间》，上海：上海三联书店，2000年，第81页。
[17] 摘引自马少华在搜狐网的教学博客上回忆"青年话题"创刊时的文章。

个不同的观点，会颠覆以前的认知，会打破知识的平衡，会带来重新思考的负担。久而久之，天天接受那些不经思考的"免检信息"，思维在封闭中不断僵化，逻辑的思辨能力越来越退化，结果就变成了墨守成规的保守者。

我有一个写作习惯，在写评论前，先把自己的观点放到微博上求"板砖"，微博和微信朋友圈不一样，朋友圈都是点赞叫好的，微博可不给面了，人们喜欢在微博上通过否定和打击别人、找别人观点的碴儿来寻找优越感。把观点亮出来后，各种不同角度的思考会喷涌而来，对此，不必生气，这是一个让自己的逻辑更加完善和自洽的机会——听取那些有价值的不同观点，把不同的视角融入评论之中，再去动笔写文章，逻辑便会严密很多。如果只是自己坐在电脑前写文章，很容易陷入自闭之中，孤芳自赏，漏洞百出，因此需要不同的视角来帮你完善自己的有限理性。

所谓僵化，是指排斥新鲜事物。最新鲜的事物是什么，就是跟你以前的认同所不一样的东西。如果有足够的观点自信，根本不会拒斥相反的观点。经常接受不同观点的挑战，自己的某种信念才会更有生命力；经常看不同领域不同专业不同视角不同立场的书，丰富自己的阅读世界，才能锻炼在不同观点的冲突中如何判断是非的能力。

十二、意识到局限性，避免走向极端

评论员的一个缺点是，很容易把某种在一定约束条件下具有一定合理性的道理，无限放大为排斥其他道理的"绝对真理"，即自己绝对正确，其他观点都是扯淡。科学与迷信的界限就在于这句话——我错了！梁漱溟的一句话说得好："不要在人格上轻易怀疑人家，不要在识见上过于相信自己。"而罗素则说得更透彻："我绝不会为我的信仰献身，因为我可能是错的。"

这个世界上有客观的存在，但客观并不存在于某个人身上，而是承认偏见的结果。客观最大的敌人并不是偏见和成见，而是每个带着成见的人都自诩客观，自以为是地垄断着客观的阐释者，以真理和真相的垄断者自居，讳言自己的偏见。只有承认自己的偏见，审慎地下判断，谦逊地接受别人提供的事实，才会有开放和宽容，才会有客观的可能。梁文道曾说过："我写东西的方法是和读者商量一件事，我常常会有一种自我怀疑，不太敢百分百肯定自己说的是对的，所以通常写东西出来，我会准备好接受别人的回应或者指出我的问题，我觉得这是好事。"[18]

我曾在微博上批评某评论员："此人喜欢将某种可能有一定合理性的观点以绝对不容置疑的口吻说出来，爱标新立异爱唱反调，却不顾显然的逻辑谬误。他热衷于挑战常情常理，常从一个极端走向另一个极端，享受着站在这个极端俯视另一个极端的智力优越感和常理颠覆感。笑别人屁股上破了个洞，却浑然不顾自己裤子拉链没拉。太偏执，喜欢将一丁点儿合理性放大到以为发现了宇宙真理。"

理性的评论员，总是首先能意识到自己"理性"的局限，对道理适用的条件进行约束，避免扩大到放之四海而皆准、适用任何情况的"真理"。一篇评论的逻辑出现大漏洞，往往都因为"没有限定适用条件"，一个反例就可以被归谬。

人们的思维很容易走极端，《北京青年报》评论部主任张天蔚曾批评这种取向："昨天有人说，李娜的最大价值不在于获得澳网冠军，而是得了冠军之后没说感谢祖国。虽然我很反感强迫别人感谢祖国，但对这种'以不感谢祖国为荣，以感谢祖国为耻'的两分法，很不理解。昨天的亚军齐布尔科娃也感谢了她的祖国斯洛伐克，而且笑容很灿烂。怎么在'咱

---

[18] 梁文道:《知识分子是志业》,《华商报》, 2009 年 3 月 30 日。

们这儿'，连要不要感谢祖国也变得这么纠结？"

开口就是"感谢祖国"，如果冠军感言不说句"感谢祖国"，就被当成忘恩负义、不爱国，这是一种极端。发自内心地想说句"感谢祖国"，却被认为是"五毛"，这是另外一种极端。网络上的很多问题常被这两种极端取向所纠缠。

《楚天都市报》曾报道过一条新闻——《心疼儿子停车难，母亲每天骑车占车位》。新闻配发了一张照片，照片中的大妈，每天早上赶在儿子出门前，先骑车到（杭州余杭区）临平西大街替儿子找车位。她的儿子在附近教书，总为了找车位而发愁。这位母亲每天提早一个小时来找车位，她说交警一罚就是150元，太不值了。这条新闻引发了争议，其实很让人纠结，如果指责这位母亲有溺爱之嫌，有些不近情理；如果指责儿子的少爷做派，可城市停车难也是客观存在。需要一种基于现实和常情的评论，可网络评论基本集中于两个极端：一边把矛头指向母亲，批评母亲太溺爱孩子；一边指向儿子，批评儿子永远长不大，还让母亲给自己占车位，自己为何不能早一点儿起床。

很多网络议题最终都走向了两个极端，呈现出尖锐对立的两个阵营，变得越来越对立化、尖锐化和极端化，要么是强烈支持某个观点，要么是坚决反对；要么是敌要么是友；不可讨论不可调和，不允许有中间状态和中立观点的存在。这些便是极端化，它挤压着网络正常言论的空间，使理性、中立、客观、温和被驱逐，迫使每个人去站队，不站队的话只能保持沉默。

只有抗拒走向极端的诱惑，评论在逻辑上才会更有包容力和说服力。一个学生曾评论《男子制造坠车身亡假象骗保，妻子携一儿一女投湖自尽》这条新闻，她是从贫穷角度入手，认为是"穷病"导致了这起悲剧——因为穷，才去骗保；因为穷，有知识鸿沟，不懂法；而妻子也因为穷，脆弱得经不起这种打击。——这样的判断有一定的道理，但全部归于穷，逻辑上留下了很大的漏洞。我建议她在结尾进行下面的修改，会更有包容性：

> 我知道，将这样一起个案归于"穷病"，看起来似乎有些牵强，有些愤世嫉俗。毕竟，这起个案太极端了，有骗保，有殉情，有网贷，有无知，有重病，众多极端因素叠加在一起，压垮了一个家庭。但仔细看，这些因素多多少少都与穷有一定的关系，穷并不一定会导致这样的悲剧，但穷导致的脆弱，穷导致的无知，穷导致的铤而走险，穷导致的种种鸿沟，会叠加成一种生存中无法承受之重。我也知道，谈论贫穷，很无力，因为这不是一个立刻能解决的问题，但不能因为无力或"不能立刻解决"，就去回避这个根本问题。我们的扶贫努力，一个都不能少，一个都不能落下，当然也包括这个本来平淡生活的一家人。

周濂在《最可欲的与最相关的：今日语境下如何做政治哲学》一文里，引用了亚里士多德在《尼各马可伦理学》中对政治学的判断："年轻人不适合学习政治学，因为他们缺少人生经验，而生活经验恰恰是进行论证的主题和前提。一个性格上稚嫩的人也不适合学习政治学，因为他们在生活中和研究中太过任性。"周濂评论说："由此可见，学习政治学必须要懂得生活的复杂性和人类的局限性，而不能一味援引书本知识或者诉诸性情理想，妄图在人世建立一个空想的至善。"[19]我倒不认为"年轻人不应该写评论"，但我觉得，"懂得生活的复杂性和人类的局限性"是在公共事务上运用自己的理性的时候所必需的认知。

---

[19] 周濂：《你永远都无法叫醒一个装睡的人》，北京：中国人民大学出版社，2012年，第250页。

十三、对微妙变化的敏感

狗咬人不是新闻,人咬狗才是新闻。其实不仅是人咬狗,人咬人,狗咬狗,一群狗咬人,都是新闻。新闻和评论的敏感,就是对冲突性和变化的敏感。只有当社会发生明显的、看得见的变化时,普通人才能意识到变化。然而,在变化变得明显之前,其已经以细微的、不易察觉的方式发生了,新闻和评论的附加值就在于,能不能及时发现这种微妙的变化并将之告诉公众。

接下来,看一篇题为《清华北大频换校长,如何建设一流大学》的评论:"在陈吉宁升任环保部部长之后,清华大学校长一职空缺了两个月。3月26日,中组部副部长潘立刚宣布,由邱勇接任清华大学校长。陈吉宁缺席了这一大会,但作为蒋南翔以来清华大学历史上任期最短——只有37个月——的校长,陈吉宁留下的一个问题却并没有缺席:大学校长任期太短,调动过于频繁。清华的邻居、北京大学前任校长王恩哥的任期更短,只有22个月,成为1978年以来任期最短的北大校长。"

对于这种大学人事变更的新闻,每个人都能看到的是"北大清华的校长换了",而作者却能看到"北大清华的校长又换了",看到了"又",并从"又换了"中敏锐地发现了问题。

这体现了评论员对社会问题的洞察力。公众至多只是注意到一些大学在换校长,而看不到"频繁换校长"这个问题。但评论员一旦指出来,能立刻引起你的共鸣——是啊,确实是个问题啊,我怎么没注意到呢?评论的附加值,很多时候就在于这种对社会变化的敏感洞察,发现别人看不到的社会问题,说出来后会让人恍然大悟,进而提起一个新闻议题。社会中的很多变化是细微和潜在的,但评论敏感能感知到这种细微变化,并把潜在的变化告诉公众。

还有一种变化是代表着历史趋势的渐进变化,只有从长时段角度看,才能把握这种变化,这需要评论员具有一种长时段的宏观视野,对一个领域进行长期关注,才能看到变化。经济学家凯恩斯便具有这种敏锐的洞察力,他曾说:"历史上的重大事件常常是由像人口增长或者其他根本性经济因素的长期变动所引起的,但是由于这些变动具有渐进性,所以容易被同时代的人所忽视,而被归罪于统治者的愚蠢或者无神论者的狂热。"凯恩斯对《凡尔赛和约》的激烈批评,正是基于这种长时段的判断,他清醒地看到了时代之变,可志得意满却短视的战胜国政客是听不进去的,进而埋下了"二战"的祸根。[20]

---

[20] 程亚文:《新知识短缺的历史与今天》,《读书》杂志,2018年12月。

附：

我和"求稳心态"的战斗[21]

李菡（北大新闻与传播学院学生）

"你确定你真的要选新闻评论课吗？"

在我的印象里，新闻评论课一直被盖着"虐课"的大红戳。至今还记得大一的时候，看到几个当时在我心里呼风唤雨、无所不知的大三师兄，抓耳挠腮地写新闻评论课作业时的情景。这份"薪火相传"的心理阴影导致我的几个新闻专业的战友集体举了白旗，凝重地劝诫我，这门课"必须要留到大四去"，让对前途很重要的大三成绩"求稳"。

说实话，我对评论课也实在打怵。虽说专业课成绩一直不差，但很长时间以来，我都悲哀地觉得自己是个没观点、没思想的人，也很容易看到别人的话就"不明觉厉"，甚至轻易地随波逐流。

这种"只知从众而不知从己"或"思想太过肤浅"的自我认知，曾经让我痛苦。这种自卑没什么契机，只是在某一学期的某个平常的晚上，突然开始怀疑自己的大学生活的意义。在新闻与传播学院这种课程设置自由度很强的文科院系，"求稳"心态不知何时开始大行其道。和很多同学一样，我学会了在选课时瞻前顾后，猛翻BBS寻找前人经验，反复衡量课程的考核方式是否简单易行，能否消耗最短的时间、最少的脑力得到最漂亮的分数；学会了扎堆投意愿，选择"给分好的课"，而课程内容本身吸引我的程度反而退居其次；学会了要耍小聪明来迎合老师的口味，搜"知网"逐渐成为拿到论文题目的潜意识反应，"攒"一篇好看规整的论文越来越手到擒来……在这一次次避重就轻的选择中，我逐渐丧失了独立思考的能力，成为几年前自己最不屑的功利主义者。

---

[21] 李菡同学在上完第一节新闻评论课后所写的感受。

曹老师上第一节课时提到了惰性的可怕。在包括我在内的很多人的习惯里，这种逃避和懒惰好像已经被中性化，成为"求稳"这个听起来并不坏的词。"我原定的论文题目没找到前人的相关论文，操作起来太麻烦了，还是用那几篇硕士论文里的观点，求稳吧。""我最后还是退了这门课，听这个老师的意思是学生期末考试要有自己的想法，为了绩点不悲剧，还是求稳吧。"我们习惯以双学位、社团活动来提醒自己精力不足，最好求稳；并把保研、出国需要好成绩悬在头顶，时刻警示自己为了将来，必须求稳。在象牙塔的庇护下，以成绩为量表的我们仍然嗅不到危机。直到穿着黑袍的身影在毕业照里定格，当我们不再被当作某个学校的学生，而成为单独的、不再由别人负责的自己——站在制度性学习终点的我们，真的有能力开启自主性学习的起点吗？

我个人认为，自己丧失独立思考的能力有几个原因。首先，大学的氛围让我习惯了群体生活。我贪恋被朋友簇拥的温暖热闹，在思想上也时常需要多数人的肯定才感到安全。其次，面对大量唾手可得的信息诱惑，我在无人时刻督促的情况下，很容易在一个问题被提出时首先求助网络。此外，被各种各样的课程和五花八门的社团活动塞满的时间表，也让我没有了安静独处的时间。

对门大学的一位前校长曾经说过："人生不能离群，而自修不能无独。"只有给自己和自己对话的机会，才有可能安静地观察，冷静地判断，沉静地反思。拜读了《不与流行为伍》，曹老师在书中提到在喧哗浮躁的新媒体时代，负责任的媒体更应该"有一种直抵人心叩击灵魂的静默力量"。而独思的修行，更应该在大学时代就开始，才能在将来无论从事什么行业，都能在群体的喧嚣中保持相对的清醒。

曹老师在2012年期末写给新闻评论课同学的信里说："评论，其实并不是哪个老师可以教出来的，老师起到的作用，只是启发和激发。"激发对新闻评论的热情，对介入时事的表达习惯，"提供一种认知的方法"。

我渐渐意识到，自己观点的贫瘠和习惯性的应和，也许正是懒于思考、疲于阅读的结果。这种习惯正在像雾霾天戴的口罩上的滤片，不知不觉越来越黑，直到有一天因为不自知而无药可救。

我对新闻评论课的期待，也许只是很简单的"推动"，推动我去阅读、去观察、去思考；就像有人从背后搡了我一把，让我摔掉了一直紧紧抱在怀里寻求安全感的"求稳心态"毛绒玩具，被迫一个人努力向前走。也许我会走得跟跟跄跄，也许进步远比想象中来得缓慢，但我已全然做好了被"虐"的心理准备。结课之后，不管一学期的修行是否理想，更大的收获兴许是被"点燃"，让我在以后的日子里也能有热情去阅读，有责任去观察，有冲动去思考。

第二讲 跨越评论写作的心理障碍

要想打破评论写作的心理障碍,首先要敢于去想,让自己成为一个有想法的人。如今很多年轻人,被社交媒体所毁掉的,就是失去了想法,陷于碎片化浅阅读——"我接受和掌握了很多信息"的幻觉中。想法太少而刷手机太多,每天在手机中浏览很多信息,被喂养了很多新闻,却很少在一个问题上有超过十分钟的"想法"。

不断联系个人关怀与公共议题，而且任何重大问题都必然放在历史（时间）的视野和全球（空间）的架构中考察。

——C. 赖特·米尔斯

一、评论写作心理障碍的几种症状

很多人都对新闻评论有一种敬畏心理，能写散文、新闻，就是不敢动笔写评论，对这种文体畏而远之。我把这种现象称为评论写作的心理障碍。很多同学都或多或少存在这种心理障碍，比如一个北大学生说：

> 我一般不写新闻评论。为什么？因为我太年轻，没有完善的知识体系作支撑，没有漫长的人生经验来讲述，没有足够的身份地位去影响。说实话，在北大新闻与传播学院待了两年半，消息、调查、通讯、特稿，成熟的不成熟的，写了一篇又一篇，唯独对新闻评论没有涉猎。正因为如此，校媒之中，我也极其轻视其中的新闻评论板块，不相信一个学生，年纪轻轻的，能写出什么像模像样的评论。
>
> 我想起曾经参加过的辩论赛。赛前熬夜准备，拟好了一切可能被问到的问题。然而，就在对方提出质疑、被否定的那一刻，我开始紧张得说不出话来，失去了思考的能力，失去了辩驳的勇气。周五的课上也是如此，当一个又一个的问题被抛出时，即便已思考出

属于自己的答案，我终究还是没有站起身来高声回答。我不知道再被辩驳时，自己会做何反应。

进入北京大学之前的十八年，我一直在努力当一个听话的乖学生，和许许多多甘愿被驯服或不得已被驯服的同龄人一起，学习如何在高考中写下令阅卷人满意的标准答案，无论这个答案多么荒唐、多么前后矛盾。

这个同学给出了对评论写作有心理障碍的三个理由：太年轻，缺乏经验积累；害怕观点经不起质疑和推敲；害怕自己的评论不是标准答案。

显然，这三个理由都不成立。第一，年轻也许是评论员的劣势，但换个角度看，也可以看成是优势。年轻，更能突破常规的框架，敢于有所不同，有锐气和朝气。"很多人二十多岁就死了，只不过八十岁才被埋葬。"这句话听起来比较偏激，却道出了一个事实——很多人三十岁之后就没有了个性，锐气早早被磨平，平庸，保守，热衷于说正确的废话。而年轻人的锐气正是评论写作最需要的，"天才评论员"梁启超和李普曼，都是从年轻时开始写评论，巅峰时期也是在年轻时。知识体系是在评论写作的过程中建立的，而不是等形成知识体系后再去写评论。

第二，别人一提出质疑，自己就紧张得说不出话，这恰恰说明观点缺乏强大的逻辑。评论构思的过程，是一个建构强大的逻辑以至于能面对各种质疑的过程。评论观点不是"中看不中辩"的摆设和口号，在构思时需要想象到各种角度的质疑，当具有观点防守意识时，文章才会有说服力。论证，就是在想象"对方辩友"攻击的过程中，构建一个坚固的观点堡垒。有了充分的构思和论证，面对质疑，自然不会紧张和失语了，而会从容应"辩"。

第三，评论没有标准答案，只有自圆其说的观点。**很多时候，评论**

捍卫的不是一种真理，而是一种合理性。真理也许只有一个，但合理性可以有无数种，评论的过程，就是一个论证自身合理性并包容他者合理性的过程。

理解了这三个方面，在评论写作上就可能会跨出一小步，起码对评论写作不会那么畏惧了。

下面，再来看看其他同学关于评论写作的心理障碍的描述：

> 之所以称之为难题，是因为于我而言，评论比编辑、采访和写作都要棘手得多，是考验一个人的知识容量和思维方式的一项技能。看到报纸上、网站上妙语连珠、洞见深刻的评论，我总会在惊叹的同时望而却步。我总认为我无法透过一个事件看出本质，阐述出那么多发人深省的道理。一直以来，我都觉得也许我并不那么适合学新闻。

之所以望而却步，是因为写得少，习惯看别人的评论。人们对自己缺少练习的东西都充满神秘感，如果习惯了，学会了，就没有那种神秘感了。自己尝试动笔写，多写几篇，便能够透过现象看到本质，阐述出发人深省的道理。其实人人都有评论的本能，一位著名的时评作家曾说过："时评是一种正常的呼吸。"

有一个同学对自己进行了一番吐槽：

> 我的确是一个极其不自信的人，常常容易否定自己。新闻评论需要独立的思考，而我恰恰缺乏独立思考，说得好听一点，那便是我对"中庸"思想的运用炉火纯青。大家都说好的东西，我肯定不敢说不好；大家都说不好的东西，我肯定不敢说好；有人说好有人说不好的东西，那我肯定会说这玩意儿有好也有不好。我不知道这

二十几年来养成的令我痛恨又导致我自卑的心态的存在，是不是真的没办法超越。我还缺乏逻辑，但这又是新闻评论必备的素养。我缺乏逻辑到什么程度呢？大概可以跟经常上微博热搜的郑爽妹子的异次元相比高下。我还习惯性地失声，从不敢言，如果能当和事佬，绝不去针锋相对。这么下来，我还一点儿都不积极，因为胆怯，上课很少跟老师交流，听说这样的人都拿不到好的分数。

容易否定自己，这还是说明没有强大的逻辑，没有主见，轻易盲从，也就是缺乏观点的肌肉。《全球新闻记者》中曾提到，要多写，光看是没有用的，一定要动笔去写，你写得越多，便会越流畅。写作就像是肌肉，如果你每天锻炼，它就会越来越强。当思维中有了"观点的肌肉"，才能耐"撕"，敢于形成自己的主见；同时，会自信，有让别人信服的感染力，而不是被别人带节奏。

还有一个同学说得很有意思：

> 目前最特别的身份是时下某流量明星的"妈粉"。自认"三观"构建完整且较符合主旋律，但认清了"粉丝"圈内狂热且口无遮拦的"小学生"确实众多的现状后，成为"夏虫不可语冰"理论的践行者，即遇事有自己的想法和态度，但不与他人争论，到现在发展为不在公开场合发表自己的意见。偶有实在憋不住之时，也只会打开只有三个新浪赠送的僵尸粉的微博小号，长篇阔论地抒发一下情感。而此点应与以传播意见性信息为目的的新闻评论理念相悖，故而我十分好奇本学期的新闻理论课程会不会有让我转变观念的神奇效果。

"夏虫不可语冰"，表达了一种在舆论场中无法交流的消极感。既然各说各话，彼此不可说服，那评论还有什么价值呢？价值还是有的，评论能影响社会，这是一个潜移默化的过程，也许说服不了某个持不同观点者，但只要你的观点有道理，总能说服一些公正的旁观者。说服是一件艰难的事，你永远都不可能叫醒一个装睡的人，很多时候，我们说服的不是"对手"，而是很多的旁观者。

还有的同学觉得评论写作缺乏学养，理论太碎片化，如果积累不够，无法支撑起一篇文章的观点，他们认为写作是一种"知识消耗"，有足够的积累才能支撑这种消耗。其实，这是对评论写作的一种误解，写作恰恰不是消耗，而是一种知识生产方式。在写作中梳理学过的那些知识，用理论和知识去解读新闻，在解读中生产出来的是新知识。通过写作，既激活了脑子里沉睡的知识，又把学到的理论变成活的思想。学过的理论，如果没有在写作中变成自己的东西，那永远是别人的理论。只有经由写作这种"输出"，才能变成自己的积累，所以，评论写作其实是一种很好的知识积累方式。

只读书，不写作，只有"输入"而没有"输出"，那么，那种"输入"无法沉淀到一个人的思想结构中去。就好像一个人，只拼命吃，而不运动，营养只会变成肥肉，而不是肌肉。

二、如何打破心理障碍，培养"想"的习惯

马少华在《新闻评论写作与教学：开放的评论课堂》中也谈到了如何跨越写作的心理障碍，他说："就写评论本身，我们不可能先克服了评论的心理障碍，再来投入写评论的行为。"[1] 在我看来，要想打破评论

---

[1] 马少华：《新闻评论写作与教学：开放的评论课堂》，北京：高等教育出版社，2015年，第3页。

写作的心理障碍，首先要敢于去想，让自己成为一个有想法的人。如今很多年轻人，被社交媒体所毁掉的，就是失去了想法，陷于碎片化浅阅读——"我接受和掌握了很多信息"的幻觉中。想法太少而刷手机太多，每天在手机中浏览很多信息，被喂养了很多新闻，却很少在一个问题上有超过十分钟的"想法"。

如果说评论是一个物质，那么"想法"则是构成评论的分子，也是种子。评论就是由想法这个种子生根发芽而长大的，没有想法，评论便成了无根之木和无源之水。思想是怎么形成的？一个人习惯去想，在很多问题上有了自己的想法，想法多了，形成体系和框架，就成了思想。思想家都是从一个个具体的想法积累起来的。

我是比较喜欢想的，一边读书一边想，一边看新闻一边想，一边刷手机一边想，一边跟人交流一边想，在想法中积累评论选题。

比如，有一次接到一个电话，来电显示是某运营商，说要每月免费送我多少话费，我礼貌地拒绝了。挂电话后，我就在想，为什么我对"免费"这么排斥？当我在拒绝"免费"时，到底在拒绝什么？然后在纸上写下了对"自己不相信免费"的思考过程：第一，很多骗局都是从贪图免费的心理开始的。第二，这儿免费那儿套牢，用今天的免费诱惑你，明天后天下个月就会陷入跳不出的营销陷阱。第三，享受免费的成本往往会高于免费所省的那点钱。第四，免费往往是为了掩饰某种不合理收费。第五，免费没好货。第六，免费的东西往往是你过剩而不需要的，而你最需要的、想急着花钱买的，却不会免费。第七，免费的往往是最贵的。

想法就是这么来积累的，以后如果写关于"免费"的评论，就有想法了。我们看到很多人的口才很好，拿起一个话题，张口就能讲20分钟。他们真的是口才好吗？并不全是，首先是他们爱思考，对这个话题肯定思考过，积累了想法，才能出口成章。你看到的是口才好，而别人在你看不见的地方已经思考了很长时间。

我还有一个习惯——喜欢借助别人的想法完善我的观点，通过与别人分享来提升观点的"耐撕性"。比如，对"免费"有了上述的那些思考后，我就发到微博上，听听网友的看法。网友是一群神奇的人，充斥着自以为是，人人都想表现出自己对别人的智商优势感，特别喜欢通过踩别人来凸显自己。当我把这些观点贴出来之后，立刻有网友怼我："免费送您点空气呼吸。"这显然是在讽刺我的观点，这样的讽刺提醒我，必须给自己的观点加一个限定——我所说的"免费"是限定在商品范畴内，而不包括自然资源。另一个网友怼我说："你是说的是免费的义务教育吗？"这样的批评也让我继续进一步限定了"免费"的范畴，指的是商品，而不包括公共产品。交流的过程，就是一个完善自身逻辑、让自身逻辑更自洽，使想法更成熟的过程。

当然，评论所需要的"想"，不是瞎想，不是胡思乱想，而是有规律的"想"。养成具有问题意识和表达取向的"想法"习惯，记下来，反复想，思考能留下痕迹，思考能形成联系和积累，进而让想法的种子长成评论的参天大树。想法是克制不住的，尤瓦尔·赫拉利曾说："如果有只蚊子在耳边嗡嗡扰人清梦，我们有办法杀死它；但如果有个想法回荡脑海令人难以成眠，我们大多数人都不知道怎样才能'杀掉'这个想法。"[2] 干嘛要"扼杀"掉呢？我的习惯是，把这个想法想清楚了，梳理清背后的逻辑，让之有序，并写出来，这样做的话，这个想法就不会困扰你了。"无序"的想法是一种困扰，"使之有序"则是对自己的一种解脱。梳理想法的过程，就是一个让自己的心智系统有序的过程。

梁漱溟关于"做学问的八层境界"，首先便是"有自己的想法"。他

---

[2]　[以] 尤瓦尔·赫拉利：《人类简史》，林俊宏译，北京：中信出版社，2018年，第6页。

认为，所谓学问，就是对问题说得出道理，有自己的想法。这"八层境界"分别是，第一层境界：形成主见；第二层境界：发现不能解释的事情；第三层境界：融会贯通；第四层境界：知不足；第五层境界：以简御繁；第六层境界：运用自如；第七层境界：一览众山小；第八层境界：通透。

当一个人的想法多了，慢慢会形成一种分析事物的框架，就像滚雪球一样。这个框架能够整合不同的知识，如学者周保松所言，"没有这样的框架，我们眼前所见，只会是一堆杂乱无章之物，却理不出头绪，更难以知晓现象背后的意义"。他建议年轻学子，"思考一定要有结构，而结构的搭建，有赖理论，没有理论就不知道如何理解社会和自我"。[3]

三、想法不是瞎想——思想中的"他者想象"

怎么去想，这不仅是一个心理过程，更是一个哲学问题。会想的人，总能让自己更聪明，想出一个有公共理性的判断。

汉娜·阿伦特在《人的条件》一书里曾引用加图的一句话说："他什么也不做之时，正是最活跃的时候，他孤身一人之时，正是最不孤独的时候。"我很喜欢这句话，也喜欢给自己创造一种适合思考的语境，远离不三不四的社交，远离喧闹的人群，让自己能够静静地思考。我写过的一本书的书名就叫《不与流行为伍》，为什么要远离流行呢？绝不是装出一副标新立异的样子，而是看到了流行对想法的泯灭，当远离人群的时候，才能跳出那套让你停止思考的语汇和语义。

在人群中，在喧闹中，有一种建构化的话语体系让你无法保持清澈的思考，社交的压力、围观的压力、趋同的压力、角色的压力、对话的

---

[3] 周保松：《走进生命的学问》，北京：生活·读书·新知三联书店，2017年，第14页。

压力，让我不得不进入那种让人平庸的套话体系。只有孤独的时候，才能让自己的话语面对自己的心灵和澄静的真实，使思维进入一种活跃的状态。优秀的评论员大多都是能够享受孤独，并喜欢一个人静静地待着的人；他们或许有广泛的人脉，但骨子里却有一种深刻的不合群，在书房里一待就是一整天。

有效的思考过程，虽然是一个人孤独地想，却需要想象一个他者的存在，想象他人在场时，自己如何去思考。关于这个问题，徐贲在《人以什么理由来记忆》一书中有很精彩的论述，他说："判断的一个特征是代表他人思想，也就是在思想中不断想象有别人在场。"他引用了汉娜·阿伦特在《真实和政治》中的观点："我对某个问题从数种不同的角度形成看法，在我的头脑中呈现缺席者的观点。在这个意义上，我可以说，我代表了那些缺席者。这个代表不是设想别人如何感受的移情作用，也不是数人头，跟着多数随大流。代表指的是，我把自己的思想延伸到我的身体不在的地方。在思考一个问题时，我越能够想象如何从别人的角度做我自己的思想，我就越具有代表性思想的能力，我的结论和看法也就越有力量。"[4]

一个人的观点和逻辑之所以有强大的逻辑气场，在于他构思想法的时候，已经通过这种"想象他者"的视角，将多元的立场包容到自己的想法中。自己的想法就是在想象与各种不同观点、不同视角交锋的过程形成的，比如，面对一篇关于医患冲突话题的评论，不仅需要站在医生的角度看问题，也应该想象患者方的在场，想象公正旁观者的在场，那么，最终的观点自然就不仅只是医生的立场，而有着公正的代表性。

徐贲提到了康德的"扩大的智性"，并引用了汉娜·阿伦特在康德论稿中所写的内容："只有在拿我们自己的判断与他人可能做出的判断加以

---

[4] 徐贲：《人以什么理由来记忆》，北京：中央编译出版社，2016年，第68页。

比较以后，只有在我们把自己放在别人的位置上来设想以后，才能形成判断。这种扩大了的思想方式不能在绝对的孤独和隔离中进行，它需要有他者的在场，代表他们的思考，考虑到他们的视角，没有他们，这种思想绝不可能运作。"[5]

有些人也会思考，也会去想，但他们很容易一根筋，很容易钻进思维的死胡同，进入偏执的闭合逻辑。他们的问题在于，思考时缺乏"他者存在的想象"，不会用别人的想法质疑自己的想法，越想越觉得自己正确，越想越代表着正确，从而形成一种闭合的真理幻觉。这些人的想法根本经不住一驳，因为思考时未经"他者眼光的审视"。因此，徐贲认为，判断本身体现了人的多元和意见的多元，这是公共生活必须维护多元性的根本理由。

一个强大的观点，必然会在思考的起点上经受各种角度的自我质疑，必然想象过各种相关方的存在。这种观点是动态的、活跃的、自洽的，而不是静态的、死的、闭合的。一个真正在思考的人，身体是安静的，内心却在万马奔腾。一个优秀的评论员，需要身体的安静和思想的活跃，在动静中扩展自己的智性。此外，"想"的进修还可以借助约翰·罗尔斯的"无知之幕"[6]，寻找一种超然和公正的视角——想象自己站在"无知的面纱"后面去思考，自问你赞成什么规定。这种视角将有利于摆脱所有的特殊利益和偏见。[7]

---

[5] 徐贲：《人以什么理由来记忆》，北京：中央编译出版社，2016年，第69页。
[6] 关于"无知之幕"的理解，可参看《媒体道德与伦理》一书中的内容："为了要求各方从生活中真实情况退回到一个消除了所有角色和社会差异的隔离物后面的'原始位置'，参与者被从具体的个人特点，如种族、阶级、性别、团队利益，以及其他现实条件中抽象出来，被当成整个社会的平等成员，他们是有着普遍的爱好和热望的男男女女，但每个人都把个人特点放在一边，只有当契约订立之后才能恢复自我。"
[7] [美] 布鲁斯·N.沃勒：《优雅的辩论：关于15个社会热点问题的激辩》，杨悦译，北京：中国人民大学出版社，2015年，第50页。

四、想法多了,评论自然就有了——评论的"养题意识"

想法是评论的酵母,先有了想法,才会有看法,进而形成说法,最后落到纸上、电台、电视、纸媒上成为评论。一个人脑子里想法多了,久而久之会形成累积,产生观点的化学反应。想法充分积累后,新闻与新闻、想法与想法、观点与观点之间形成一种嵌合的联系,自己的"新闻和思想视域"就会不断扩展,形成个人判断的思维基础秩序。想法多了,一个人的思维的金字塔基就会很坚固,会让你由此及彼,会让你脑洞大开,会让你信手拈来。

C.赖特·米尔斯在《社会学的想象力》中提到,"不断联系个人关怀与公共议题,而且任何重大问题都必然放在历史(时间)的视野和全球(空间)的架构中考察"。——这是社会学的想象力,评论也需要这种想象力,它是在充分的想法基础上形成的,在各种新闻和问题意识中游刃有余。

我的很多评论选题,都是从一个个刚开始不成熟、只是孤立个案的想法养成的。我的笔记本上"养"着很多想法,一有合适的由头,想法成熟后,就会成为一篇评论。

比如,有一次看到一条新闻——《最美背影:广州暴雨中校长蹚水背十多个学生入校》——隐约有种不舒服的感觉。显然,新闻是从正面暖新闻来报道的,说广州下暴雨,一所小学门口有一些积水,家长把孩子送到校门口后,校长一个个地背着孩子进学校。记者显然被感动了,称这位校长是最美校长的最美背影。

当时我有一种隐约的想法,觉得不应该背孩子。地上积水又不是太深,为什么这些孩子不能自己走过去呢?非得让校长背?这不是一则佳话,而是一个社会问题。都说现在出现"男孩危机",孩子缺乏"狼性""野性",是因为平时太娇生惯养了。家长常常报名让孩子参加各种夏令营，训练孩子的生存挑战能力，但这时候却让人背，这不是"最美"，是"最娇气"，这也不是什么正能量。话语的膨胀和浮夸的赞美让人难受。动不动就背，心疼孩子湿脚，这难道不是一种对孩子的溺爱和过度保护吗？

很想就这个话题写一篇评论，批评一下那种"把背人当正能量"的暖新闻思维。但又觉得这个案例不是太有典型性和代表性，毕竟这些都是孩子，拿孩子说事，不是太有说服力。国人在对待孩子的问题上，很容易情感用事。所以我便把这个不成熟的选题"养"了起来，放在笔记本里，等待一个更好的由头。

没想到半个月就等到了，等来了一条适合的新闻——某地一所师范学院门口，暴雨之后有积水，不少学生怕鞋子进水，几个保洁阿姨便蹚水背着他们过马路。当地的一条微博发了一系列保洁阿姨背人的照片，并饱含深情地赞美这些保洁阿姨——"温暖一幕，她们是人群中最不起眼的，但她们的热忱却异常温暖人心。"这抒情真让我不明白，有些人的心怎么那么容易暖，这种事情又怎么能暖得起来？一群四肢健全、正值年少、精力充沛的大学生，就因为怕路上那点水弄湿自己的鞋，让跟自己母亲一样年长的保洁阿姨背自己过马路，排着队等着被背。真把自己当宝宝了，那么心安理得地让保洁阿姨背着过马路，真好意思抒发感动之情，难道没有半点儿的羞愧和觉得不妥吗？

拿小孩子说事，没有典型性、代表性，无法激起痛点，但拿大学生说事，还是可以的，大学生竟然还让人背。"养"的选题熟了，可以收获了，于是便有了我的那篇评论——《雨中背人的正能量，我真的忍你很久了》。在这篇评论中我提到："温暖是好事，但不要变成一种没有原则的泛滥爱心，不要把温暖变成一种自我感动的温床和过度保护的温室。水又不深，弄湿鞋又能怎么样，怕湿鞋，为什么不能脱鞋光脚自己蹚过水？你的鞋就比保洁阿姨的金贵？你的鞋就不能湿？你的脚就不能碰水？你的身子就那么娇贵？你的裤脚就不能卷起？你就该让人背？"——最令人反感的倒不是让人背，而是对此毫无不妥感，甚至沉浸在温暖人心的正能量新闻感觉中，自我温暖、自我感动、自我抒情、自我陶醉于正能量中。

再说一次"养题"的经历。看到一条暖新闻——温州一名小女孩站在夜色中，借着工厂车间透出的灯光，捧着一本书看得入迷。这一幕被邻居拍下并传到网络，引来很多点赞。小姑娘说，爸妈还没下班回家，她没有家里的钥匙，就在家门口看书等他们回来。于是，邻居老伯找来工厂师傅，请求他们把厂里的灯全部打开，让小女孩能"借到"更多的光。这条新闻让我很感动，我想到了一个选题——"为读者点灯的人"。触发我这一想法的是，当下社会为读书人"灭灯"的事太多了，如"读书无用论""丧文化""毒鸡汤"，都在强调着读书无用，这就是在"灭灯"，让人眼前一黑，去反智，去怀疑读书的意义。

有了一个好想法，但又觉得如果只有这个案例，太单薄了，不足以撑起一篇评论，于是便把想法"养"起来，作为材料放进自己的案例库，等待一个更好的、更有代表性、更有冲击力的案例。我在一个月之后就等到了，从另一条新闻中，我也看到了灯光，看到了"为读书点灯的人"。

"北大保安成群逆袭"的故事吸引了公众的目光，张俊成曾是北京大学的一名保安，因为好学被媒体称为"北大保安读书第一人"。1995年，他上演了"扫地僧"式的传奇，通过成人高考考上北大法律系（专科），如今是一所中等职校的校长。据报道，过去二十年里，仅北大保安队先后有五百余名保安考学深造，有的还考上了研究生，毕业后当上了大学老师。

张俊成讲起触动他内心的一次经历：有一次他在西门站岗，远远看见一位老人骑车而来，临到门岗前时，老人下车，推车而行。经过门岗，老人点头向他说:"你辛苦了。"这让他受宠若惊,他问师傅:"对方是谁?为什么这么尊重我们?"师傅告诉他,这位老人是北大校长。张俊成还讲起北大西语系的张教授喜欢拉着他遛弯,在沿着未名湖一圈一圈的散步过程中给他讲马克思主义哲学,讲黑格尔,并推荐一些书单。在教授们的建议下,他开始读书学习,当时保安队规定宿舍晚上10点熄灯,熄灯后他只能在被窝里拿着手电筒看书。队长知道后,特批会议室可延长熄灯,他和几个爱看书的保安从此可以光明正大地学习了。

这不,也是"为读书点灯的人"!选题"熟"了,可以收获了,几个案例放在一起,一篇评论就出来了——《"毒鸡汤""丧文化"泛滥的时代,感谢那些为读书亮灯的人》:"我不知道夜色中这些柔和的灯光对小女孩有多大的触动,但可以肯定,以后她会更爱读书,因为她能从那些为她打开的灯光中看到人们对读书的尊重,对'求知'充满敬意。正像北大保安从队长'延长熄灯'的关怀中感受到的暖意一样。如果人们不是为小女孩打开灯光,而是说一句'别把眼睛看坏了,读那么多书有什么用啊',孩子心中就会灭了一盏灯。如果北大保安在校园中没有感受到知识的力量,没有受到文化的熏陶,努力学习却被嘲讽'一个保安不务正业却学什么英语',他心中的那盏灯也永远不会被点亮。"

评论专栏作家、著名评论员鲁宁先生也谈到过"养题",他说:"'养'一批题目,这件事很重要,我一般多则'养'十来个题目,少则四五个。所谓'养',就是不断思考着这些可供选择题目的内容。一旦有了合适的新闻事件出现,事先对写作对象已做过思考(视同于打过腹稿),一上手,写作就成了一种愉快的另类享受。"[8]

---

[8] 摘自马少华对鲁宁的访谈,参见马少华在搜狐网的教学博客。

五、在别人停止思考的地方多思考一步

想法，不能停留在一个肤浅的层次，不能停止思考，需要往前推进一步，步步为营，从平庸的认知推进到有信息和认知附加值的判断。我常跟同学们说，看新闻时一定不能沉浸在某种情绪中，一旦陷入某种情绪，感动了，愤怒了，泪流满面了，义愤填膺了，就很容易停止思考。比如，看到《朋友圈传播着一则让人感动的佳话》这条新闻："2月初，河南新密一名高二学生陈奕帆，骑电动车不慎撞上一辆停在路边的宝马车，因车主不在现场，该学生写了一封道歉信，然后用信纸包着寒假打工挣来的311元钱卡在车门把手里。车主被学生的诚实善良所感动，虽然修车花了1.3万左右，但他决定表扬和鼓励这个孩子。车主委托女儿给孩子送来1万元现金，孩子和家人坚决不要，在很多人的一再劝告下才'勉强'收下这钱。"

这条新闻的"基调"显然是感动，并当成一则佳话。新闻本身包含的想法是"诚信所获得的尊重"，这个想法很容易想到，可如果停留于这一层次，评论只能跟着新闻说一些片儿汤话，赞美一番，进入不到更深的认知层次。感动之余，看到"车主委托女儿给孩子送来1万元现金，孩子和家人坚决不要，在很多人的一再劝告下才'勉强'收下这钱"这一细节，我隐约地感觉不太舒服——孩子很诚实，不让他赔修车的钱，这已经很不错了，干嘛反而还要给他钱？人家不要，为什么非得让人收下来。

我们很多时候都会对某个问题有一种朦胧的想法，不过多数时候一闪就过去了，不会细想。但评论员需要细想，把朦胧的想法变成清晰的想法。我梳理了一下：将心比心，给钱，为什么让人不舒服呢？虽然是好事，是善意，但这种善意是不是带着一种强迫？

我平时看书喜欢做记录，当时想起读书笔记上的一句话，是用来描述这种不舒服的，很贴切——"人们常常会犯一个错误，即拿对别人的好

来感动我们自己。"是啊，车主的这种善意当然非常好，但也要尊重孩子和家人的想法，他们在心理上是否能接受这笔钱，这笔钱是否会带给他们压力。行善当然不错，但更应该以尊重别人的想法、让人舒服的方式去行善。

所以，我后来写了一篇评论《让一切平实自然，活在真实而不是正能量剧本中》。我在评论中谈道："并非收下这钱才算完美，其实佳话已经足够美好了：剐蹭后留言留钱，是诚信；为诚信感动而不索赔，是仁义；主动要求赔偿所有损失，是担当；不仅不索赔还给万元奖励，是良善；拒要万元奖励而心存歉意，是朴实。热心人非劝孩子和家人收下这钱，感动了我们自己，却让他们背上了无法释怀的情义压力。将心比心，如果我遇到这种情况，我也会婉拒好意的，因为承受不了那种超越行为本身的情义压力，不想'欠'别人太多的人情。

虽然车主觉得这种诚实理应受到奖励，公众也觉得收下这钱没什么不妥，这钱也能让这则佳话更加美好，充满童话色彩和劝喻意义：诚实的人不仅不吃亏，还受到赞许和奖励。佳话很美好，可是，不能为了佳话的完美而忽略当事人的想法，不能为了自我感动而强加让人有压力的善。"

这么去思考，就超越了浅层的感动，而把思考往前推进了一步。

人的一大惰性在于，容易满足于一个简单的结论，轻易停留于自己思维的舒服区和温暖区，结论是阻止我们往前推一步的最大障碍。斯泰宾曾谈到"罐头思维"，即人们很容易跟着别人喊，缺乏自己的判断力；很容易养成一种习惯，接受一些可以免除他们思考之劳的简明论断，也就是便于偷懒而提供的一些现成的、压缩性的答案，让你看到某个事实时，根本不用细看和思考，拿现成的答案就可以去套。"罐头"有开盖即食的方便，也有其要件构成的固定范式。当人们在面对复杂事件并需要自我判断时，容易选择"罐头"。其实，很多问题就隐藏在我们日常的现成话语中，这些张口就来的日常用语常常使我们轻易地停止思考。

比如，人们常用的一种思考范式"阴谋论"。如果进入"阴谋论"的"罐头"——这是一个阴谋，这是美国人的阴谋，这是日本人的阴谋，必有奸贼要害朕——就不会继续思考背后真实的逻辑关系和因果链条了。"阴谋论"已经成为一个封闭自我思维的结论，阻碍了自己去关注背后复杂的事实——当听到"某某被抓起来了"，一句"肯定是得罪谁了"的"阴谋论"，让我们失去了接近真实因果链的机会。

再比如，快过年了，人们爱说一句"等年后再说吧"。当我们说"年后再说"的时候，不会去反思"为什么说这句话"，这就是停止了思考。有一次，朋友催我交一篇稿件时，我说了一句"年后再说"，然后就想，这句话对我们来说意味着什么呢？想着想着，一篇评论就出来了——《有一种甜蜜的拖延叫"年后再说吧"》。

我在评论中仔细琢磨了"年后再说吧"这句话："你的时间坐标肯定早已调到春节回家模式，心已经不在工作上。'先放放吧，我就回家了，啥事等年后再说吧，节后再聚呵。'——这几天，这样的话一定不停地从你嘴里说出。人们常为拖延而羞愧，可有一种甜蜜的拖延叫'年后再说吧'，乡恋就像爱情一样，当心中都被热切的回家渴望所充满和占据时，是容不下其他的。说'年后再说'时，我们是轻松的、幸福的、任性的，就好像陪着深爱的恋人时任性地挂断所有其他来电，这几天我们将自己的时间完全交给家，天天跟家人在一起，让自己的心灵在家的港湾里诗意栖息。"

作为一个评论人，要有这种话语反思意识——我为什么说"又"呢？为什么说"果断取关"呢？为什么说"打死活该"呢？当我们在说"已经很不错了"的时候，我们在说什么？不轻易接受一个结论，而是学会质疑结论，质疑那些被当成理所当然的事物，只有如此，你才真正有了"自己的想法"，而不是被人喂养"罐头思维"。很多时候，我们以为自己在思考，其实只不过是在被喂养结论。

六、学会看新闻后面的网友评论

当对一个话题没有想法的时候,最好去看看新闻后面的网友评论,看着看着就有想法了。用网友不同角度的想法,激活自己的想法。我们要学会借助社交媒体拓展自己的思维视域,社交媒体不能成为一个信息茧房。新闻往往隐含着一种倾向性很明显的立场,诱惑着人跟着这个立场走,而网友的思维往往是反套路、反立场、反新闻的,这种"逆反"能够帮助我们从新闻框架中跳出来。因此,要善于借助网友的评论活络自己的思维。

比如这条《老人经历 6 小时抢救后苏醒,手写"护士没吃饭"》的新闻:"近来,陕西咸阳一位七旬老人在医院经历 6 小时的抢救后苏醒,醒后第一件事,就是向护士要过笔和纸,颤抖地写下'护士没吃饭'五个字,'当时护士的眼泪就下来了'。老人的家属随后还为护士买来了食品,他的老伴说:'其实就是将心比心,多互相理解。'"如果光看新闻,确实会感动,跟着喊一句"多互相理解"。

然而,看了新闻后面的评论跟帖,就能看到不一样的想法——这是一个完美的故事,老人经历 6 小时抢救后苏醒了,老人充满感恩,心疼"护士没吃饭",第一件事就是表达感恩,让护士吃饭,医护人员感觉被体贴了,都心里暖暖的。可如果把情节稍微变一下,某个时间,急救室里一群医护人员抢救一位老人,遗憾的是,经过 6 小时的努力抢救,无力回天,结果会是怎样呢?这时候,场景还会这么温馨吗?医患之间还会是这样让人感动的温暖剪影吗?——网友的这段评论很戳心,一下子点中了要害。什么是真正的相互理解?站在舒服的位置,去理解不舒服的人,才是真正的理解。从这样的角度来看问题,便会深刻很多。

逆向思维和不同视角,就是这么训练出来的——多看别人的评论,多看跟自己的思维不一样的判断，让自己的想法流动和活络起来。

再看《你愿为这张沾满污水的脸转发吗?》这条新闻："今早，山东济南，四名环卫工人正用机器清理积雪。一位环卫工人的脸上沾满了机器喷出来的灰色水渍，他身上的橙色环卫工服，也完全看不出原来的样子。据了解，他们凌晨 2 点多就到街头清理积雪，一直持续到 8 点，连口水都没喝。致敬平凡岗位的坚守!"你能够想象出网民会怎么评论吗？

我们来看看一些点赞较多的评论，每一条都可以成为一篇评论文章的角度：

（一）有些事不是鼻子酸酸就能解决的，希望不要乱扔垃圾，希望可以提高他们的薪资水平。

（二）希望有关部门能为他们配备齐基本的劳动保护用品，而不是转发致敬一下，就完事了。

（三）转发是能给人家加工资还是咋地？我内心里尊敬这些人！但一看到官博标明"为他们转发点赞致敬"……我就觉得很假！为什么要道德绑架，不转发就是不尊重他们吗？现在看到这样的标题真的反感。

（四）他们挣的就是那个钱，他们只能做那样的工作，那是他们应该的。工地上的人更累，更危险，怎么没人致敬？其实每个岗位上的人都一样，只不过分工不一样，才会觉得环卫工人那么辛苦、那么可怜。只有义工才值得尊敬，其他的都是为了钱。

特别是第四条评论，明显是一个"杠精"，但是这样的"杠精"在网上很有代表性。针对这种"杠精"言论来反驳一下，便是一篇很好的评论。比如我写的一篇评论《讨论"23 救 95 值不值"很猥琐，总得有一些价值免于功利计算》，针对的就是一条新闻后面的网友留言。《为救95岁老太，23岁消防员火海牺牲》，这条新闻再次让人们深切地意识到，奥特曼都是骗人的，消防员才是真英雄。不过，网友的评论中一片争议。有人说："别怪我自私，我觉得英雄亏了。"有人说："23岁大好的年华，也许他活着，以后可以救更多人。对，我狭隘！"有人说："也许是我太浅薄，不值，你的父母该是怎样地撕心裂肺。"网友认为的"不值"背后体现了一种价值观，网友的评论从反面激活了一种问题意识。

知名评论员李方曾建议，评论员都应该到网上过一道。多看网友评论，既能看到神评论，也能看到这个社会的问题，从而激活自身评论的问题意识，找到有现实针对性的评论点。

七、一定要把想法写出来——跨越从"想"到"写"的障碍

光想得很好，还不行，还要写出来，不能只让想法停留于脑子里，要用文字表达出来，用语言表达出来，养成写的习惯。我工作快十五年了，这些年来，一直陪伴我的一件事就是，每天坚持写2000字以上。飞机上、高铁上、乡下昏暗的烛光下、颠簸的车上、候机大厅的地上，都写过。有一次赶一篇急稿，没带电脑，在手机上敲完了2000多字的评论。

其实我的工作对我并没有这样的要求，就是一种习惯，有了想法一定要表达出来——像很多评论同行一样，无法容忍自己在热点话题上的缺席，这也许是一种对自己挺残忍的职业执念。很感谢这个习惯的陪伴，"逼"着我去关注社会，形成对各种社会问题的想法，并表达出来。说实话，我并不喜欢一些读者动不动就问别人"你怎么看某个社会热点"之类的问题，不喜欢这种自己不愿思考而把思考责任推给别人的偷懒提问方式。我喜欢回答那种有自己想法的提问，即表达自己对某个话题的思

考，然后问别人怎么看。我们要习惯跟人交流想法，"逼"自己有想法后再问别人的想法，形成交流，而不是习惯沉默，习惯偷懒，让自己成为无思考无想法的人，那样很容易盲从。我希望我的读者都能有自己的想法，并养成写出来、说出来的习惯。

为什么要写出来呢？因为"想法"与"写法"是不一样的。有些人，觉得自己想得很清楚了，可一动笔去写，就写不出来；或者写出来的跟想的完全不一样。为什么会这样？想的逻辑跟写的逻辑不一样，写的逻辑跟说的逻辑也不一样。有些人能想，但不会说；有些人能写，但说得不利索；有些人善于想，但不能写。一个表达流畅的人，能通过训练把自己的脑子、手和嘴变得很协调，想到什么，就能够流畅地表达出来，完整地写出来，而不是想到十分，倒出来只有三分五分。

想法多的人不一定写得好，写得好的人不一定说得好，说得好的人不一定写得好。全媒体人才应该具有想、写、说能力的协调，思维的速度、写作的速度、说话的速度的协调一致。在写的过程中，会形成鲜明的论证意识，因为如果只是在脑子里想，说服自己很容易，但写出来给别人看，才会有"说服别人"的意识。怎么说服别人呢？需要有防守和推理意识。写出来，白纸黑字，要经得起逻辑的推敲。同时，也只有写出来，才能具有读者意识——读者会怎么看，读者会不会不能理解呢？想着读者，面对着读者去表达，跟自己在脑子里想，是不一样的。

所以，要多给自己创造写的机会。**第一，学会写长文章**，而不是习惯于微博和微信朋友圈的碎片表达。**第二，辩论时要学会写成文章去讲道理**，而不是只言片语的表达。**第三，做自媒体**，逼自己养成写作的习惯。为了维护公众号，很多时候是逼自己不断地去写，有时明明很累，出差途中想休息一下，可打开公众号看到很多读者留言，问自己对热点社会话题怎么看，就忍不住去逼问自己的想法，看各媒体的报道，进而梳理自己的判断。

多给媒体投稿，当看到自己的文字变成媒体文章，会获得一种巨大的表达成就感。写作是需要这种功利和成就感支撑的。我之所以走上写作之路，就跟这种表达的成就感的滋养有关。2003年，自己的第一篇评论在《中国商报》发表后，便一发不可收拾，坚持每天一篇评论。有一段话说得很好："每天看五分钟娱乐节目、肥皂剧之类，坚持十年，这个人仍将是一无所知的废物；每天五分钟，读一点经典，学几句法语，同样十年，这个人将有一技之长。养成一个好习惯，最好的时间是十年前，其次是现在。"

八、在开放的平台上自由驰骋

在评论写作时，不能脸上写满"10万＋"的欲望，不一定非得以"10万＋"为目标。有的同学说，还是要追求的，评论得有影响才有意义。对此，我是这样回应的："'10万＋'只是微信公众号的一个标准，太狭隘，不要被这个小平台局限思维，不要被某个平台局限思维，不要被狭隘平台绑住自由的翅膀。"

这也是我所说的"第一份工作先去传统媒体"的一个重要原因。平台很多，世界很大，不要活在"10万＋"的幻觉中。央视的一个观点、新华社的一篇新闻、《中国青年报》的一篇评论，影响力何止"10万＋"？很多影响力不像"10万＋"那样可以直接看到，在你封闭的平台之外，有着更大的世界、更多的人。

克伦威尔曾说："人不可能攀登到比自己不知道的地方更高。"我在课堂上也跟同学们说："你们都是将来的媒体精英，志向应该在更广阔的平台和世界，而不是手机朋友圈。评论偶像应该是李普曼和梁启超，而不是立刻变现的'公号狗'和新媒体暴发户。应该看到十年后，而不是眼前；应该站在十年、二十年后看今天的自己，而不是鼠目寸光。"

20世纪20年代美国的一位参议员沃尔什曾经为赫斯特的报业集团撰写过关于铁路方面的一些文章,该报业集团的受众约有1000万,但文章却没有引起公众的任何反响。沃尔什将同样的文章原封不动地发表在发行量仅有27000册的《国家》杂志上,据沃尔什说,就在《国家》杂志在华盛顿报亭销售的当天,他的电话开始响个不停,有来自媒体的,有来自广播电视公司的,还有很多来自国会议员的声音。[9]

---

[9] [美]迈克尔·舒德森:《为什么民主需要不可爱的新闻界》,贺文发译,北京:华夏出版社,2014年,第28页。

第三讲 评论专业主义的内涵

谈到评论的专业主义内涵,在我看来,对评论员最首要的一种专业主义精神是:要有强大的内心。在当下的舆论场中,没有强大的内心,就很难有保持独立判断的勇气。在这个"说什么都会被喷"的舆论环境中,如果没有"习惯被骂"的素养,如果有一颗一碰就碎的玻璃心,如果脸皮不够厚,就不敢有自己的观点,没法保持恒定的立场和判断。

> 从特殊性入手，可以上升到普遍性；但从普遍性，就无法回去直观理解特殊性了。
>
> ——兰克

什么是新闻评论？一直有同学想让我下定义。我不太愿意下一个抽象的定义，我一直觉得，对一个实践性很强、人人都知道的文体进行抽象的定义，是很愚蠢的事。学术需要定义，考试需要定义，理论需要定义，评论写作作为一种表达的实践活动，不需要定义。人们不是因为知道评论的定义，然后按照定义的模样去写评论。人们天然有评论的能力，而定义是按照人们写出来的东西来进行的抽象描述。

学者塔勒布在《反脆弱：从不确定性中获益》一书中，嘲讽有学术定义癖好的人，他批评了天真的理性主义，认为他们高估学术知识在人类事务中的作用和必要性，同时也低估了无法成文的、更复杂的、更直觉式的或更依赖于经验的那类知识。他用了一个关于鸟类的比喻，说："想想下面这件事有没有可能发生，一群如僧侣般神圣的人给鸟类上课，教它们如何飞翔。试想一下，一群六十多岁身穿黑色长袍的秃顶男人，说着英语，满口专业术语，写下很多方程式。鸟儿果然飞了起来。这些卫道士赶忙冲回鸟类学系去著书写报告，说明这只鸟是听了他们的话飞起来的。于是，哈佛鸟类学系成为鸟儿飞行所不可缺少的要素，它会得到政府为其作出的贡献所拨的研究经费。这显然很可笑，我们从来不认为鸟类会飞行得归功于鸟类学家的成果。"[1] 同样，新闻评论也是如此，不是理论指导实践，而是实践引领理念。评论是在写作实践中描述自己，很难给出一个抽象的概念。尝试给评论下定义，就好像给游泳下定义一样，"什么是游泳？游泳是体育运动项目之一，人以各种不同姿势划水前进，在水中或水面游动。"这样的定义有什么意义呢？

更多的时候，评论是一个动词，只有在评论实践中，你才能把握评论的定义。

一、同学们对评论的感性直观描述

之所以排斥评论的定义，另一个原因在于，我喜欢历史学家兰克的一句话："从特殊性入手，可以上升到普遍性；但从普遍性，就无法回去直观理解特殊性了。"定义都是尝试用普遍性框住特殊性，可这样一框住，进入定义的牢笼，便无法直观地理解特殊性了。

所以，理解评论，应该先从特殊性开始。在课堂上，我让同学们根据自己的直观去理解评论——你觉得评论是什么？评论作为一种文体，最本质的特征是什么？同学们有很多精彩的论述。

同学A说：

> 评论中藏着一个人走过的路、读过的书、爱过的人，藏着一个人对人生、对世界、对自己的看法。评论应该是一个人的思想和知识的自然流露，而非刻意的文字堆砌。评论是将自己的思考与想法独立表达出来，成为整个时代意见大潮中的一部分，不被洪流裹挟，

---

[1] [美]纳西姆·尼古拉斯·塔勒布：《反脆弱：从不确定性中获益》，雨珂译，北京：中信出版社，2014年。

不试图引领洪流方向，也不与试图控制洪流方向的人为伍，不屈服、不盲从、不谄媚、不煽动，仅仅是实现人生而为人的一种作为思考者的价值，留下人类个体独立思想的具象闪光，同时完成对整个大时代与群体的关怀。

说得多好啊，确实如此，看过世界，才会有自己的世界观，有自己的积累。而当完成了一个评论员的原始积累，才会有自己自然流露的想法，并且很自信地表达出来，独立、独到，形成自己的评论气场。

同学 B 说：

在我的眼里，舆论场是一片深海，真与伪是海面浮沉的冰山。而一个评论者，就是要从看得见的冰山一角向下深挖，去探索和解析海面之下真相的质地和走势。如果说一则新闻是一个点，评论者应该由点及线、由线及面地去探查真相，识得大局后舍弃线或面，重新找到一个最为深刻的点，才能使评论不流于表面。评论员是站在阁楼上的人，不仅要看事件，也要看那些围观事件发展的人，甚至要看自己。事件本身所暴露出的是制度问题还是道德问题，围观的人和当事人的表现所展露出来的人性，都是值得我们去观察、去注意、去判断的。

这样的描述，比那种抽象的定义更有价值。确实，评论员就是站在阁楼上的人，有人站在桥上看风景，而你在阁楼上又在看桥上的人。评论员要看到新闻，看到新闻的背景，才能进入到事件中去深描。

同学 C 说：

我们对于事物有着自己的判断，并且总是相信自己的判断是有理由的。虽然我们总相信自己是"正义的",但事实上"每个人之间的正义感发达程度是不尽相同的",一些判断优越于另一些判断。如何证明自己的判断是优越的,是有理由的?如何保证我们不是"过高或自负地估计自己"?争执没有效果,这离不开理性的论证,新闻评论为人们提供了一个言论的竞技场,让我们有效论证自己的观点,同别人展开理性讨论。

这个观察非常深刻,如果评论只是比拼正义感和道义感的话,凭什么证明自己的正义感高过别人的正义感?因此,**评论不是道德的比拼,是逻辑和事实的比拼**,要把自己的判断建立在逻辑和事实的基础上,而不是自以为是的正义感。所以我一直强调,评论需要超越道德判断而去做事实和逻辑判断。事实和逻辑有共识标准,有看得见的规范,而道德则是多元的,不同阶层、不同身份、不同情境、不同角度、不同立场的人会有不同的道德判断。

同学 D 说:

> 坦白讲,我的问题意识很差,就像之前和老师交流的时候说过维特根斯坦的"我的理想是某种程度的冷漠",我的性格的确不是非常喜欢扎进热点之中,而是倾向于抱有一种冷眼旁观的态度,所以也相对其他同龄女生更加理性和淡漠。这种特点直接导致有的时候我提不出问题,本以为"万物静观皆自得",但是没想到最后似乎有了"事不关己,高高挂起"的倾向,所以我的确需要有这方面的锻炼。现在的初步尝试是在每一节课后都强迫自己想出一两个相关问题,先把敏感度调上来,而我也相信,这是新闻评论这门课程能够促进我提高的地方。

自我剖析得很深刻，也触及评论的一个重要层面——要与事件保持某种距离感，才能理性地审视，也就是维特根斯坦所说的"某种程度的冷漠"。距离产生理性，太近的情绪代入，会让人被某种情绪牵着鼻子走，从这个意义上看，距离和冷漠让人更客观。但这种冷漠不能变成一种"关你屁事，关我屁事"，不能走向相对主义和怀疑主义的泥潭。**我欣赏的评论态度是，有距离感的关注热情，有态度的冷漠。**

同学 E 说：

> 我以为新闻评论自带"一针见血，不随大流"的属性，它是人们对于某一事件或现象的见解与看法，而且往往具有纠正性、独特性。所谓纠正性，就是说大众对于某一事件可能很容易或者说已经趋向了某种方向，但是评论员要通过自己的表达来告诉读者"其实这件事应该这么看"，同时所谓的独特性也表现了出来。

评论确实具有这种独到性和纠正性，不是刻意表现与众不同，不是标新立异，而是让舆论保持多元和理性的一种方式。当舆论陷入狂欢的时候，需要一盆凉水；当暮气沉沉的时候，需要尖锐的评论去打破暮气；当舆论一边倒地倒向某个方向的时候，当某一方被迫沉默的时候，需要新闻评论扮演"让缺席者发声""让沉默者敢于说话"的角色。即使沉默的一方并不代表正义，但评论的责任是让沉默者也能发声，在对话中达至正义，在事实竞争中去推动正义，而不是自负地去"代表"正义。

同学 F 说：

> 新闻评论对于科学性和通俗性两方面的双重要求，为新闻评论从业者带来巨大的挑战，好的新闻评论便是要在这二者之间寻求一

种平衡。因此，越是想要写新闻评论的人，越不应只学习新闻评论。新闻评论无疑是需要写作技巧的，然而新闻评论绝不应沦为文字游戏，而是应该去各个学科领域不断学习，从而为自己的评论提供恰当的知识理论背景支撑。或许越是严肃的新闻评论家，能评论的领域越是有限，因为人的精力、学力有限，皮毛知识得来容易，精深研究却颇费功夫。若谁宣称自己家事国事大小事，事事都能指点二三，我倒觉得他或许更该被称作算命先生，千万别被屈才成新闻评论员了。

这位同学说得很有意思。想起一句话："很少有哪个专业比新闻专业更加需要多学科的知识结构和深刻的思维训练，很少有哪个职业比干好新闻更加需要健全的人格和多方面的能力素质。"有了人文社科的知识积累，新闻评论有了底蕴，才能在科学性和通俗性之间游刃有余。评论是厚积薄发，有了通识和博学中对诸学科的涉猎后，才会对新闻里包含的问题产生问题意识，从而产生强烈的表达冲动。

同学 G 说得很好：

> 面对一张平静的纸，需要将作为感性的自我抽离出来，在逻辑的处理上多留个心眼。像一壶刚泡好的茶一样，新闻人只有吹开翻腾旋转的茶叶，避免情绪上的一时热，才能将杯底看得更清。太滚烫的茶，就像刚刚呈现到新闻人面前的事件一样，猛喝一口，只有单纯"烫"的体验。

评论员需要这种克制热情冲动的习惯，避免被新闻表象给"烫"着，吹开表面的东西，才能将复杂的事情看得清楚。构思的过程，既是把作为感性的自我抽离出来的过程，也是赋予文字一种"公正旁观者的人格"

的过程。

同学 H 说得也很好：

> 从我有限的新闻阅读经验来看，新闻评论有这样两种状态，一是从"正常"中寻找"反常"，二是从"反常"中发现"正常"。前者针砭时弊，试图帮助读者走出娱乐至死的怪圈，从那习以为常的消息洪流中寻找不合理之处，走出媒体思维的牵引，开动自己的生活常识，把独立思考的结果用文字呈现出来，使我们对温柔的世界多一份怀疑，就像火；后者淡定内敛，一些骇人听闻、颇具爆点的新闻，它们的发生其实早就有迹可循，换句话说，可以在逻辑分析的基础上，以相关的事实支撑分论点，甚至可以和读者一起通过思考，分析事件的未来走向，让我们对变化的世界少一份恐惧，就像冰。无论是哪一种，我都确信，新闻评论是有温度的。

从"正常"中寻找"反常"，从"反常"中发现"正常"，是对评论敏感最好的概括。常人只能被带节奏，跟着新闻一惊一乍，而评论员则应该始终保持一种怀疑精神，在静态中看到微妙的变化，在变化中看到恒定的价值。评论的价值之一，即在于不同，就像《中国青年报》评论版"青年话题"当年的发刊词所言："这是一个发表意见的场所，一只张开听您说话的耳朵。无论是脱口而出，还是深思熟虑，我们欢迎不拘形式、不论长短的观点和意见。关键是'不同'。'不同'的价值在于，它不仅仅包含着思想解放和论争的正当秩序，包含着新闻媒介求新求异的运作规律，更重要的意义是：思想进步可能就孕育在'不同'之中，而相同只能使我们停在原地。"[2]

---

[2] 参见《中国青年报》社庆编辑的《报之道》。

同学 I 说：

> 我认为新闻评论可以作为把大众引领入更深层次思考的引航者。也许对于一些重要的新闻事件，如果没有新闻评论，没有一篇思想深刻但同时便于理解的新闻评论，我们作为读者可能很快将其抛之脑后，但反之，这样的评论会引发我们自己对于问题的思考和更大社会性的反响。所以，在我看来，新闻评论是新闻行业深入大众、启发大众很重要的一环。

这是对评论价值的重要认知，评论以这样的方式守卫着社会价值，在设置议题、引发讨论后，凝聚社会的"三观"。新闻很快会过去，但评论延续着新闻的生命，通过观点使新闻背后包含的意义和价值渗透进人心，沉淀到社会价值观之中。这一切都是以潜移默化的方式进行的，你感受不到它的影响，却无时无刻不被它渗透。

二、评论专业主义之一：强大的内心

谈到评论的专业主义内涵，在我看来，对评论员最首要的一种专业主义精神是：要有强大的内心。在当下的舆论场中，没有强大的内心，就很难有保持独立判断的勇气。在这个"说什么都会被喷"的舆论环境中，如果没有"习惯被骂"的素养，如果有一颗一碰就碎的玻璃心，如果脸皮不够厚，就不敢有自己的观点，没法保持恒定的立场和判断。

新闻学院给我们的教育是，要有独立的思想。独立于什么呢？需要独立于权力，独立于商业权力，更要独立于所谓的"多数民意"和"大众流行"，同时也要独立于自以为是的正义感和过剩的道德激情。排除这些干扰，需要有无比强大的内心。特别是那些听起来很正义的符号和口号——"同情弱者""尊重民意""反抗强权"等——这些正义凛然的口号常常会对人的独立判断产生强烈的干扰,甚至产生一种"舆论正确""政治正确"的强迫压力。

强大的内心建立于事实和逻辑基础上的观点自信,相信自己的观点是站得住脚的,不受争议的干扰。柴静曾说:"追求真相的人,不要被任何东西胁迫,包括民意,我们要站在2012、2022,甚至更远的地方来看我们自己。"[3]

网络就是这样,很多时候无论你说得多么有道理,都会激起争议。曾经有一个段子描述了这种"逢事必争":"每次点开一篇评论过千的帖子,你会发现中国永远不可能有一致的意见。'五毛''二毛'互相争斗,脑残凶残咬成一片,夹带着求关注、卖粉丝的淘宝店促销,构成一幅动人的场景,你只有仰天长叹:做人真难。只有苍井空帖子下的评论比较一致:'今天我又在硬盘上看你了,期待新作品。'"

曾经流行的"冰桶挑战",所引发的争议就很典型:桶小,骂你不认真;桶大,骂你冰太少。只浇不捐,骂你作秀;只捐不浇,骂你没诚意。从国外传入,骂你崇洋媚外;从国内发起,骂你山寨。捐给ALS,骂你卖国贼;捐给瓷娃娃,骂你以前怎么不捐。捐少了,骂你赚那么多,就捐这么点!捐多了,骂你是炒作!最后你会发现骂的那些人,基本都没捐!

记得2015年全国"两会"时,有两位代表委员面对舆论时的态度很典型。人大代表钟南山的话经常被一些媒体断章取义,然后遭遇网骂,他说:"反正讲话就会挨骂,我不在意,也不去看。话还是要说,还是要讲真心话。"政协委员成龙可能是被一些媒体的恶搞伤着了,他在政协讨论发言时说:"有时候不让记者进来,我们可以讲一些真话,如果像现在

---

[3] 柴静:《看见》,桂林:广西师范大学出版社,2013年,第188页。

这样子，我面对他们讲很多假话。"

两种态度，都可以理解，但钟南山的强大内心更值得学习。很多人压根不跟你讲理，而是通过谩骂表达不满，通过攻击寻找存在感，跟这样的人讲再多的理，都是白搭。讲理，需要寻找讲理的对象，尝试跟一个只想谩骂的人讲理，是你的错误。在声音爆炸的舆论场上寻找到值得交流、可以交流的对象，是需要技术的。学会在脑海里屏蔽那些与你无关的谩骂攻击，避免受其干扰，而与那些尝试跟你讲理的人交流。

有些朋友在网络上很容易陷入意气之争，跟某一个人辩论，辩着辩着就陷入了一种焦躁情绪之中——为什么我无论说什么，你都不懂呢？其实很多时候，道理不是讲给对方听的，而是讲给旁边的公正第三方听的，公道自在人心。就像在法庭上，原告可以说服被告吗？当然说服不了。被告可以说服原告吗？肯定也说服不了，都是各说各话。为什么即便说服不了彼此，还在声嘶力竭地争取表达机会呢？因为不是为了说服彼此，而是为了说服法官，说服陪审团，说服利益无涉的第三方。在这种情况下，越是攻击对方，越是盯着对方，越容易在旁观者眼中失分。有句话说得很好："一个人的愤怒，往往源于对自己的不确定，是一种怯懦的表现。当你非常自信时，即使对方有一些攻击，自己也会非常淡定，泰山崩于前而面不改色。"

有了强大的内心，才会有专业自信、事实自信和逻辑自信。在这方面，我特别佩服一个人，就是《环球时报》的胡锡进，强大的内心使其成为当下中国最有影响的评论员之一。无论外界如何评价他，他始终坚持自己的观点，坚持言说，坚持不把自己拉低到"对手抹黑自己的那种方式"。虽然跟他在一些社会问题上看法不一，还打过笔仗，但我佩服他面对批评时的强大内心——不被骂声干扰，不关评论，不退微博，不避热点，坚持那种带着鲜明个人风格的表达方式。有人充满恶意地嘲讽他是"互联网公共痰盂"，什么脏东西都往他微博里倒（我倒觉得这个比喻没有恶心到老胡，应该惭愧的反倒是那些"吐痰"的人）。看他微博下面的评论，多是骂他的，而且很脏。常有人说，人生失意不快乐时，看看老胡微博下面的留言就不那么郁闷了——老胡被喷成那样都依然能笑傲微博，人生还有什么看不开的呢？心态不够强大的话，早就愤然离微博而去了。

有了强大的内心，才敢于表达自己鲜明的观点，不至于说那些正确的废话。当下评论圈流行着一种庸俗的辩证法，为了观点的所谓"全面"而面面俱到，想迎合所有人，让所有人满意，却把自己的观点磨平了，没有了观点。

常常引起争议的，不是骂一个评论员，恰恰是夸一个评论员。挑战了常规认知的评论，才能引起讨论，那种正确的废话，永远不会引发争议，当然，也不会有存在感。想起一个故事，一位著名作家在临终前把他儿子叫到面前说："我的儿子，我对你很失望，我从未听到外界对你的指责，你已经证明了自己根本无法激发别人对你的嫉妒。"

有了强大的内心，才能挑战那些看起来"政治正确"却封闭人心灵的事物。迈克尔·舒德森在《为什么民主需要不可爱的新闻界》一书中提到，2001年9月28日，《纽约时报》结束了其在新闻界为"9·11"事件所制造的压倒一切的"舆论一致"，在头版刊登了一篇题为《在爱国主义时刻，异议被迫缄默》的评论，而在"9·11"之后，美国媒体基本上都是类似《要准确、要公正、更要做美国人》（类似于微信朋友圈经常刷屏的"不转不是中国人"）的文章。[4]

没有强大的内心，就不会有下面这篇经典的评论——特朗普刚当选总统时，中国人民大学杨其静教授的一篇分析特朗普当选对中国影响的

---

[4] ［美］迈克尔·舒德森：《为什么民主需要不可爱的新闻界》，贺文发译，北京：华夏出版社，2010年。

文章。特朗普意外入主白宫时，在中国舆论场上充斥着一片轻浮的乐观之声。一向对中国不友好的希拉里出局，一个政治菜鸟当选，中国评论家一片欢呼，对手是这样一个缺乏政治经验的商人，中国或成最大赢家。而杨教授的这篇评论则提醒人们，特朗普是一个很难对付的人，将对中国形成很大的威胁，成为中国的麻烦。这篇题为《特朗普当选，中国面临巨大挑战》的评论，当年沉寂于一片"美国人吓尿了""中国成最大赢家"的"马屁"评论中，可两年之后，这篇评论被网友翻了出来，网友震惊地发现，两年前杨教授对特朗普的分析，比如会对中国出什么牌，会怎么兑现自己的承诺，会制造哪些麻烦，全部应验了。

这就是评论的价值。记得一位牧师说过一句话："当我们是少数人，我们可以检验自己的勇气。当我们是多数人，我们可以检验自己的宽容。"我还想起一位著名的美国媒体人的一句话："我不能给你成功报纸的公式，但是我可以给你失败的公式，那就是：去取悦每个人。"这句话，同样适用于评论。

三、评论专业主义之二：对专业问题的敬畏

评论员有自己的专业故乡吗？新闻专业算是，但新闻本身很难成为一个有门槛的专业，很多时候评论员评论的都是别人的专业，如医疗、航空、转基因、卫生、教育、基因编辑、比特币、股市，等等。当然，只有当这些领域的问题有公共性时，才有评论价值。评论专业主义的要求是，评论这些专业性较强的问题时，需要尊重别人的专业，知道自己的无知，知道应该看什么文献，知道应该找哪些权威人士咨询，不能把直观经验判断凌驾于专业问题之上。

可我们很多人还没有养成敬畏专业的习惯，对自己不懂和无法理解的事物，缺乏一种"不懂就虚心聆听专业解释"的公民素养，而是习惯

于用一知半解、不懂装懂或自以为是的想当然去粗暴地攻击科学和粗俗地调侃专业，在贬低专业和科学中完成一次"消解权威"的想象。这种在专业和科学面前的无知无畏，也是民粹情绪的一种表现形式，"挟大众暴力以令正义"的民粹主义，不仅反智、反精英、反权威，更反科学和反专业，专家就是民粹主义者的敌人，他们要把对专业问题的判断权从掌握着专业知识的专家那里夺过来。

这种反专业反科学的情绪也表现在大众对专家的无情调侃中。"专家"在当下社会已经成为一个贬义词，成为骂人的话。专家之所以被贬低，一方面与某些专家经常曝出一些反常识的"雷人雷语"有关。可毋庸讳言，这种反专家的社会情绪，也与大众和社会反智、反精英、反专业的轻浮一脉相承、同构同源，缺乏对专业的敬畏感，不把专业当回事，在道德上将大众和民意的权威置于专业知识之上，越无知越狂妄，越不学无术越容易成为"舆论领袖"。哪个专家胡说八道了，可以批评专家，但不能形成一种全面反专业反科学的民粹情绪，将专家驱逐出科学的殿堂和专业的领域，而由无知者去主宰。

前几年，北京大学肿瘤医院遗传室曾陷入舆论漩涡，因为其在北大未名 BBS 和北师大论坛"蛋蛋网"上，分别发帖招募"未发生过性行为"的女大学生，采集其静脉血，用于医学研究。这个"未发生过性行为"的、充满想象空间的条件，激起了大众围观的亢奋，立刻被媒体解读为"网帖招募处女大学生供血做研究"，"处女"的标签进一步刺激了公众的八卦欲，使医院和医学研究者陷入一场让他们哭笑不得的娱乐口水中。建立在这一基础的评论，自然会受到专业人士的鄙视。

毫不客气地说，在大众养成这种对专业缺乏敬畏的过程中，媒体在专业面前的傲慢，要承担很大的责任。如今很多媒体都在谈新闻专业主义，新闻专业主义有两个内涵，一是对自己不熟悉和不掌握的专业领域，要保持谦逊，尊重专家的判断；一是采写新闻报道的过程需要专业，要把真实和客观放在第一位。然而，不少掌握着话语权的媒体人缺乏对专业的尊重，通过不专业的报道方式和反科学的描述将误解传播给大众。比如，"茶水发炎"事件就曾让媒体被医学界狠狠地鄙视过。某媒体拿着茶水冒充尿液去医院检验，结果检出"发炎"，以此证明医生和医院的不负责任，这显然就是在专业上无知的表现。还有的媒体拿着食品企业的冰块去检测，发现冰块很脏，然后报道说"某某企业冰块不如马桶水"，这也招到来自专业的批评，因为媒体不具备检测的资质和条件，取样和检测过程很容易发生污染。这些不专业的报道，既对相关企业造成了很大的伤害，也向大众传播了谬误。

曾有媒体报道称，西安飞深圳的航班延误4小时，官方回应：机长没睡好。一句"机长没睡好"，引发很多网络吐槽：1.航空公司没有备用飞行员吗？2.没有备用飞机吗？3.难道就可以置乘客利益于不顾？4.是不是随便一个理由都可以不飞？5.我睡觉没睡好，迟到了，飞机可不可以等我啊？——如果缺乏专业精神，很容易以自己的日常直观去理解"没睡好"。可"机长没睡好"在民航领域有专业的解释，比如民航总局规定：如果前一天是24点（即0点）前落地，必须连休10个小时（不包括退场到家的时间）；如果发生延误，但未超14小时，连休可以缩短到9小时；如果是24点后落地，则必须连休12个小时；如果前一天是三人制机组，未延误，且执勤期超过14个小时（最多16个小时），则必须连休14小时，不得缩短。——当评论没有这种专业判断时，就很容易误导舆论。

曾有传言称某医院的保温箱烤死了婴儿，缺乏专业知识的大众很容易将医院的保温箱想象成自家的"烤箱"或"微波炉"，从而想象出"烤死"，可媒体怎么能顺着这种无知的想象去报道呢？还有报道说，一家医院的护士在ICU病房中对心脏病术后的女童扇耳光（其实从专业角度来看，那是麻醉后的唤醒动作），看到视频后，大众很容易产生误解，可媒体难道不应该采访医学专业人士再做判断吗?

对专业性非常强的领域和自己不理解的事物,应该有一种敬畏,意识到自己知识的有限和专业的匮乏,多听专家的解释。社会有分工,知识有专业,而且随着社会分工的细密化,专业变得更加强。专业是小众的,而讨论是大众的,当一些科学问题或专业话题成为公共话题时,比如医患冲突、医学研究、食品安全等被媒体报道后,就会面临着专业性与公共性的冲突。专业不是神秘和不可评论的,对于专业话题公众当然可以发声,但这种"公共表达"的过程中应该尊重专家和专业的权威,应该尊重专家在该领域中的话语权,克制那种自以为是的轻浮,虚心地接受专业的解释。

靠什么在直言不讳时还能让人接受?靠准确——"Doing the right thing is the best defence"。其实还有另外一个词——专业。

四、评论专业主义之三:历史主义意识

所谓历史主义意识,就是在评论一个社会问题或阐释一个概念时,要用历史主义的观念来看待,而不是陷于抽象的概念游戏中。哈佛大学的迈克尔·桑德尔对《公正》的阐释在学术界很火,但中国学者李泽厚专门用《回应桑德尔及其他》这本书对桑德尔的哲学观进行了批评。李泽厚反对抽象理性主义的哲学观,而服膺于马克思和黑格尔的历史主义方法论,认为任何善恶、正义、政治、教育都必须放置在特定的历史条件下去具体地分析判断。

李泽厚批评说,桑德尔描述的很多案例都非常具体,但所归结的问题讨论却非常抽象,特别是他在讲演时问完全不清楚具体情况的学生:涨价是好还是不好?尊重道德原则还是尊重市场规定?等等,这与黑格尔所嘲笑的"天下雨是好还是坏"是一样的。李泽厚提到了奴隶制,说

亚里士多德肯定过奴隶制,认为人格有本性。孟子也讲过"劳心者治人,劳力者治于人"的社会分工,显然不能以今日奴隶制、农奴制的非正义作为一种抽象正义的观点来评判过去。[5]

李泽厚一直强调自己是历史主义者,他认为包括正义在内的所有伦理道德都是为了人类(即各群体社会)的生存延续,"正义"不是来自个体之间的理性约定,而是来自群体生存的历史具体情境。情本体,情感情欲离不开生存情境。比如,拉法格在《思想的起源》中就提到,"善"在原始部落指勇敢,"恶"指怯懦,"正义"则来自血族复仇和公平分配,都是一些非常具体即历史性的行为规范或标准。没有这种历史主义观念,就会误读很多概念和历史。[6]

比如,讨论中国的高考公平问题,如果没有这种历史主义观念,便无法理解这样一个现实:似乎人人骂高考,人人都知道高考的弊端,带来很多社会问题,但人们在高考问题上却有一种平衡和共识,即无论如何不能废除高考。不能用那种"想象的公平"去构想一些所谓理性的高考改革方案,要考虑到教育公平在中国社会扮演的重要角色,考虑到现实的制度语境。历史地看,高考是最适合当下中国现实制度条件的,我们的制度条件(低信任性、低透明度、法治有待完善)只能实行这种统一的高考模式。自主招生、面试招生看起来很理想,更符合教育规律,但我们缺乏使这种理想制度运行的基础规范秩序。

面试录取的公平只是一种"想象的公平":脱离了社会大环境,想象面试有一个科学公正的程序,想象考官精心设计的问题能"考"出考生的素质,想象面对面交流的灵活考试能突破僵化的"人纸较量"。这实际上仅仅是一种想象,回归现实环境之后,"想象的公平"会因为整体环境

---

[5] 李泽厚:《回应桑德尔及其他》,北京:生活·读书·新知三联书店,2014 年。
[6] 同上书。

的复杂而变得不可控。公平并非想象得越完美越好，它最重要的品质是现实中的可控性。很多时候，大环境决定着公平实现的路径，在大环境下只能尽量选择一种次优的公平实现方式。——评论需要这种面对具体现实的历史主义意识。

剑桥大学昆廷·斯金纳教授的历史语境主义方法论值得评论员学习，这一方法克服了传统思想史研究中的"文本中心主义"弊病，通过对历史语境的精细梳理来揭示思想家的意图。剑桥大学格斯教授用这样一个例子说明了语境的重要：美国国防部副部长保罗·沃尔福威茨向英国官员提及当年正在讨论的建立欧盟军队的问题，沃尔福威茨表示："UK must be careful."格斯分析道，如果不考虑语境，这句话可以是善意的建议和诚恳的提醒。可如果把这句话置于具体语境中，考虑到沃尔福威茨作为美国著名新保守主义鹰派人物对欧盟军队的强硬反对态度，就能理解这其实是一种威胁——"你给我小心了！"[7]

五、评论专业主义之四：程序主义意识

什么是评论的程序主义意识？制度讲究程序正义和实质正义，程序甚至高于实质。同样，评论也是如此，要符合形式逻辑，在做出判断时，要尊重判断的程序。

读李金铨教授的《报人报国：中国新闻史的另一种读法》，在"报人情怀与国家想象"那一节有一句话讲得很好："哲学是什么？一位学哲学的朋友告诉我，哲学就是'没有一拳可以击倒对方的论述'（no knockout statement），因此对话才可以不断继续下去。"[8]

---

[7] 李强：《斯金纳的语境》，《读书》杂志，2018年10月。
[8] 李金铨：《报人报国：中国新闻史的另一种读法》，香港：香港中文大学出版社，2013年。

金铨教授所讲的针对的是新闻史研究，意指历史真相是曲折、复杂、具体而矛盾的，更不可能"一语定乾坤"，唯有多视角多维度探索，切磋琢磨，才能慢慢地还原历史场景，逼近历史"真相"，配合时代的呼唤以获得更真切而有意义的了解。这段话也同样适用于时事评论写作。哲学是爱智慧的学问，有对话才有智慧，时事评论的思想正在于此，有对话才有人话，对话才能产生思想，观点在对话中才能不断突破理性的局限。具体到评论中，就是当做出一个判断时，要有判断的程序，不要没有经过论证就做出判断，评论的智慧体现在论证过程中，而不是结论。

比如有一篇评论《黄山警察搜救驴友纵有牺牲也天经地义》，评论的是这样一件事：18名上海驴友在黄山未开发区域探险迷路，经当地全力搜救后安全脱险，但黄山风景区公安局24岁民警张宁海在送驴友下山时不幸坠崖遇难。这一话题在社会上发酵，张宁海被赞为英雄，而上海驴友被指为害死英雄的罪魁祸首。

这篇评论的观点其实并没有问题，核心观点是：黄山警察送驴友下山不幸牺牲，这是谁也不愿见到的，我们必须向遇难的年轻警察张宁海表示崇高的敬意，寄托我们的哀思。上海驴友擅入黄山未开发区域，自然是危险举动，值得所有人吸取教训。但指责驴友害死警察，纯属无稽之谈。驴友探险无论是否合法，一旦迷路，就有权得到政府救援。警察参与救援，是其职责所在，纵有牺牲，也不能责怪被救援者。——结论没问题，但在这样一件涉及牺牲和很多警察情感的事情上，急于奔向结论，缺乏论证的耐心和推理的程序，起码让人在情感上很难接受。这篇评论在网上引发不小冲突。

我后来评论类似新闻时，便特别谨慎，我写的题目是《驴友遇险政府无偿救援天经地义，恶评作死太冷漠》。在得出这个结论时，做了充分的论证，并没有急于找一个"一拳可以击倒对方的论述"。我在评论中提到：1."谁冒险谁承担救援成本"的思维貌似合理，其实是错误的。无论从道义还是法律看，这种成本天然都应由政府承担，这是政府与公民之间一种默认的承诺，政府应该保障公民的生命安全，竭力去救助陷于险境中的公民。2. 这种救援属于政府提供的一种公共产品，公共产品不适合"谁受益谁付费"的归因思维。这正是公共产品之"公共"的内涵，为了基本的生命安全保障，人们需要共担和均分成本。3. 救援自杀者都不需要让其承担费用，何况冒险登山并非自杀，而只是一种冒险。一个社会，也适度需要国民拥有这种敢于冒险、挑战极限、不畏艰难的阳刚精神，那样才能探索未知，才有不竭的勇气。一个社会，也应该在某种程度上容忍这种冒险和探险，善意地宽容这种有一定风险的极限挑战。

对于评论来说，最体现功力的是论证的过程，而不是体现在结论上。我的朋友六神磊磊写过一篇文章，题为《一个人蠢往往不是蠢在论点，而是在论据》，他说："既然论点往往不分高下，那人和人的差距到底在哪里呢？为什么我们觉得有的人聪明、有智慧，有的人很蠢呢？我觉得在于论据。也就是说，你用什么事实、什么知识，来证明你的论点？差距就在这里。聪明人的论据，来源一般是比较靠谱的，是翔实的，是经过筛选的。而蠢人用的论据，是假的，是以讹传讹的，是从小被不靠谱的教育机器灌输的，是从不靠谱网帖里看来的，但是他们自己又不知道。"[9]

六神磊磊举了金庸故事里的例子："比如你要说'金毛狮毛超厉害，超可怕'，这属于论点，挺好。但蠢人一用论据，就露馅了：'这金毛狮王哪，嘿嘿，那可当真厉害无比！足足有小人两个那么高，手臂比小人的大腿还粗，不说别的，单是他一对金光闪闪的眼睛向着你这么一瞪，你登时便魄飞魂散……'你看他的论据就是假的，是编造的。所以懂行

---

[9] 摘引自六神磊磊微信公众号。

的人一听就火了,张无忌就大骂:'金毛狮王谢大侠双目失明,哪来一双金光闪闪的大眼睛?'"

说话讲证据,不要让论点超过论据所允许的限度,这就是评论的程序主义意识。哈耶克曾说:"人们越来越不愿意遵循他们无法经由理性证明其功效的任何道德规则,或者越来越不愿意遵循他们并不知道其理据的那些惯例。"[10]

六、评论专业主义之五:超越泛道德化本能

关于道德问题,学者秦晖在《问题与主义》中谈到过一个寓言:

> 世界上最高尚的地方在哪里?——在监狱。牢门一关,那里的罪案发生率为零,而且所有的人都在毫不利己、专门利人地干活儿。世界上最堕落的地方在哪里?——在监狱。牢门一开,那里的人犯罪率为百分之百,而且所有的人都在胡作非为、弱肉强食。[11]

这个寓言很有意思,让我们看到了空谈道德而不看其他变量的危险。这里最关键的变量就在那个"门"。评论的专业性,另一个重要层面在于,其超越道德判断的理性技艺,打开思维之门,使人们突破善恶的二元对立而看到事物所包含的复杂性、多元性、矛盾性和条件性。这里的复杂性是指,深入观察还原真相;多元性是指,多个主体、多种利益主体、多元因果;矛盾性是指,并非非此即彼,很多事情都是矛盾共存的综合体;条件性是指,结论的成立是有前提条件的,不能忽视条件而只谈某

---

[10] [英]哈耶克:《个人主义与经济秩序》,邓正来译,北京:生活·读书·新知三联书店,2003年,第34页。
[11] 秦晖:《问题与主义》,长春:长春出版社,1999年,第48页。

个抽象概念。

一些道学家所热衷的道德判断，就是不讲复杂性、多元性、矛盾性和条件性，挥舞一个自以为是的道德大棒，占据道德高地俯瞰众生。泛道德思维有以下逻辑误区：1.道德思维是一种直观思维：条件反射（养成思想的偷懒）是否经受过教育的差别就在于，有没有超越和驯服自己的本能，看新闻是不是先找好人坏人。2.道德思维是一种对抗思维：二元对立（好人与坏人、善与恶的对抗），只有"有无"，而无"多少"，比如要么是有民主自由，要么是没有民主自由，而看不到多和少的区别。3.道德思维是一种结论思维：封闭了其他可能，专断，不宽容。4.道德思维是带着暴力基因的思维：拥有道德优越的自负，进行道德审判，抱团中缺乏独立思考，充斥着多数人暴力的网络戾气。

如果比拼道德感，评论家永远拼不过"键盘侠"、街头大妈和道学家。道德天然不应该成为评论的武器，德性是指向自我的要求、自律的法则，而不是对他人的要求。"对别人是圣人标准，对自己是贱人标准"这句话，反讽的就是那种道德优越感。不同的人有不同的道德标准，道德没有"止争性"，大多数时候事情本来就很模糊，泛道德化之后，更容易引发争议。传统党报的评论让人反感之处正在于，"端""装"、说教、居高临下，缺乏论证，泛道德化。

有一年的国庆黄金周后，曝出一系列很有冲击力的新闻照片，标题是《青海湖景区面临垃圾污染，蓝天白云下垃圾成堆》。在蓝天白云下，清澈的湖边成堆的垃圾非常刺眼。每年的黄金周后，都会有类似新闻，而每次这种新闻都会激发一波对国人的文明素养的反思与批判，以至于形成了这样的思维定式，一看到垃圾就条件反射般地批判国人的文明素养。

其实，这一现象有很多可以分析和追问的角度，比如：1.批评游人缺乏文明素质，乱扔垃圾。2.景点缺乏管理，光顾收门票，不顾清垃圾。3.破窗效应，当一点点垃圾不被清理时，后面的人会受到暗示而都去乱扔垃圾。因此,别光谴责游客,好文明需好管理的引导。4.青海湖门票钱都去哪了?

我想,从后面几个角度去追问和分析,会比单纯地批判文明素养要深刻得多,更触及深层次的问题。当然,追问景点门票的去向和垃圾管理问题,可能也能让问题得到解决。毕竟,垃圾管理可以追到具体的责任人,使具体责任人在舆论压力下解决垃圾围湖问题,而抽象地批判无数个匿名的"游客",空谈"文明素质",没有人会感受到道德压力,因为每个人都会扮成从不扔垃圾的高尚的人,并对着想象中的乱扔垃圾者吐道德口水。文明素养之所以成为一个老大难的话题,跟这种空洞的批判反思而缺乏有针对性的具体拷问有很大关系,这也是泛道德化思维的恶果,拉低了时事评论的专业性,将评论变成道德口水。

谈道德,是人的一种本能。在一个人的价值观和思想资源中,道德元素往往占着压倒性的多数。所以当面对很多新闻和现象时,人们会本能地想到道德——看到街上有人乱扔垃圾,会归咎于道德缺失;看到老人在公共场所让人反感的言行,会从道德层面归咎于老人变坏,坏人变老;看到共享单车被偷,会感慨道德沦丧、人心不古;看到有人遇险而路人表现冷漠,会痛心疾首于道德的倒退。但我一直觉得,人人热衷谈道德,事事停留于道德批判层面,对一个社会不是好事,反而是阻止社会思想进步、文明提升和制度变革的障碍。这么说,并不是认为道德不重要,更不是说不要道德,而是很多问题其实都不是道德问题。不是道德能解决的,却总停留于肤浅而愤怒的道德批判层面,从而忽略了可解决的真问题。

有关老人的坏新闻掀起了新一轮的舆论高潮,年轻人主导的新媒体舆论在"吊打"老人,充满年龄歧视地大谈"老人变坏,坏人变老"。不可否认,老人中确有缺德之人,也确有缺德之人变老了,但不应该变成指向一个群体的舆论暴力。我特别留心近来一些受到舆论诟病的"坏老人新闻",很多都源于知识缺乏和信息不对称所导致的无知。比如这条新闻《广西南宁两老人在地铁安检口拒不配合安检,还冲撞安检员》,是又遇到蛮横不讲理的坏老人了吗?不是,是因为他们觉得安检手探扫描后会有核辐射,怕自己买的包子吃不了。这不就是无知嘛!

还有关于八旬老太朝飞机发动机扔硬币的新闻,老太太也成为"坏老人"的典型,甚至遭到一些网友的"人肉"。虽然这种行为很可恶,会造成无法想象的后果,但跟"坏不坏"没有关系,就是无知。还有媒体报道,"一老人霸占共享单车,称停我家门口就是我的",也可以用无知去解释,他们对共享经济缺乏理解。这个飞速变化的时代,把很多老人甩在了后面,用他们那个年代的经验,他们对于很多新事物都无法理解,于是便有了冲突。对于无知导致的问题,再激烈的道德批判都没有用,只能通过耐心的沟通与理解。

还有路人道德的问题。很多时候,关键不在于缺德和冷漠,而在于环境。比如,2017年驻马店一女子被二次碾压致死的事件,之所以发生,首先是因为这个路口的交通管理存在很大的漏洞,没有红绿灯,乱开远光灯,天色昏暗,视野受阻,交通极度混乱。路人当时如果去救,被碾压的可能就是路人。只有深入到当时的场景去分析,才能看到环境和管理的问题。如果仅仅停留于悲剧外围,只能自以为正义地喊几句于事无补的道德口号。

很多问题的解决之道,都不在于道德,而在于道德之外的技术和制度。今天很多让我们深受其益的技术创新和制度进步,都是以道德失灵为逻辑起点——不是寄望于道德自觉结出善果,而是用制度和技术去防范,规避人性之恶,从而提升文明。碰瓷的问题,道德说教解决不了,行车记录仪解决了。是的,如果人人讲道德的话,就不需要耗费行车记录仪这种成本了,但让人人成为君子所要耗费的成本,比配一个行车记录仪昂贵多了。谴责电信诈骗有用吗?教骗子做人,你有这个能耐吗?

正义凛然却苍白无力。

道德，如果指向一个具体的个人，也许会形成一定的压力，但当下的道德批判，往往指向一个抽象的群体，比如国人、路人、游人，等等。可你在义愤填膺地谴责路人时，路人在哪里呢？路人在激烈的道德批判中幻化成一个子虚乌有的靶子，没有人会觉得自己是那个被骂的"冷漠路人"，都站在批判者立场，表演道德优越感。而如果落脚于技术、管理、制度，能指向一个具体之物，形成具体的压力。比如批评景区的垃圾管理问题，景区就会在压力下解决这个问题；让老人明白安检不会形成有伤害的辐射，下次他就不会再与安检员发生冲突。落脚于技术和管理，问题是可解决的；而指向空洞的道德，寄望于人的善意，则会推向无解。

《南方周末》一位著名的记者曾反思"道德化"这个问题，他说："在《南方周末》工作，有两种心态容易影响新闻的客观性，一是精英心态，别忘了，新闻就其性质而言，更接近于历史而非文学。在西方，大众传播是社会科学，而不是人文学科。二是草根心态，这在本报有悠久的历史渊源，我们对工人农民，对社会转型过程中的弱势群体，有着天然的同情和悲悯，我们怀着底层立场行走江湖，以笔为旗，替天行道，我们甚至怀着天然的道德优越感——我为穷人说话，如同真理在手，报道天然正义，对报道的批评就是恶意攻击，就是对弱势群体利益的漠视，在道德上是不齿的，应该受到谴责。我从不认为报道弱势群体比报道跨国公司更有道德优越性。出现在我们报纸上的一些新闻，新闻操作上存在的硬伤被忽略，文中显露的底层情怀却受到美誉，显示出对新闻评价'道德化'的苗头，这是十分值得警惕的。"[12] 这也是评论员应该谨记的，我们不是绿林好汉，不应该怀疑天然的道德优越感。

---

[12] 《南方周末》编委会：《后台》，广州：南方日报出版社，2006年。

评论要超越以下这些泛道德化的"网络式乱骂"：房价高，骂开发商；看不起病，骂医院；上学贵，骂大学；产品不合格，骂代言人；航班延误，骂空姐；道路拥堵，骂车多；治安不好，骂外地人；影视剧胡编，骂导演；贫富差距大，骂改革；道德沦丧，骂金钱。反问一下，这些骂得都对吗？

迈克尔·桑德尔曾批评美国已经变成了"程序共和国"，"公民维度或美德养成已然让位给了一个程序共和国，它只关心如何使人选择自己的价值，而不关心美德的养成。家庭和邻里、城市与城镇、伦理的、地区性的共同体受到了侵蚀，任由个人在缺乏居间共同体所提供的道德资源和政治资源的情况下，去面对非个人的经济力量和国家力量。"桑德尔忧心忡忡地说："公共生活若是没有了道德内涵和共同理想，便不可能维护自由，只能为不宽容打开方便之门。"[13]

有意思的是，中国问题恰恰与美国问题相反，美国面对的是程序凌驾于道德之上的危险，而中国则是缺乏程序意识，问题被泛道德化的迷思所裹挟。应时刻铭记《商君书》中的思想智慧："仁者能仁于人，而不能使人仁；义者能爱于人，而不能使人爱。是以知仁义之不足以治天下也。"

---

[13]　[美]迈克尔·桑德尔：《公共哲学：政治中的道德问题》，朱东华、陈文娟、朱慧玲译，北京：中国人民大学出版社，2013年，第36页。

第四讲 评论写作的表达效率

所谓表达效率，就是用尽可能少的文字表达尽可能丰富的信息，把复杂的事情用简单和清晰的文字，以让人感兴趣的方式表达出来，尽可能地让读者的阅读和理解"不费力"。在新媒体时代的观点信息海洋中，表达效率比传统媒体时代更加重要。

> 工作时，不允许自己使用祈使句。祈使句等喊口号式粗放的表达，会让自己懒于思考、平庸对待，长此以往，会失去创造力。
>
> ——敬一丹

> 如果你不能简单地说清楚，就是你还没有完全明白。
>
> ——爱因斯坦

所谓表达效率，就是用尽可能少的文字表达尽可能丰富的信息，把复杂的事情用简单和清晰的文字，以让人感兴趣的方式表达出来，尽可能地让读者的阅读和理解"不费力"。在新媒体时代的观点信息海洋中，表达效率比传统媒体时代更加重要。

时事评论为什么需要表达效率？我常与同行交流的一句话是，"虽然评论不必去迎合，但读者的眼球压力太大了，对读者来说，最容易的事就是放弃阅读"。不必在内容和价值上去迎合读者的趣味与口味，但有必要在技术和形式上符合读者的习惯与偏好。这跟我在对待新闻生产和传播上的判断是一致的，在新闻内容的生产上，以尊重真相为中心，不向读者的"需要"屈服，但为了让新闻作品得到更好的传播，需要符合传播规律，尊重受众的接受规律，通过不伤害作品内容的传播技巧，让作品得到更广泛的传播。具体来说，体现在以下四个方面：

第一，报章体的要求。刊登在报纸上的文章不可能太长，电视、广播、网络同样如此。

第二，快餐时代的阅读要求。读报的读者缺乏读学术文章那样的耐心，尤其在网络上的阅读，更缺乏耐心。再好的观点，标题如果不能让人眼前一亮，读了1分钟还没有读到"亮点"，读者的注意力很快就会转移，很快就会走神。

第三，由时事评论、新闻评论的功能决定。评论是一种公民表达的实用文体，用于传播观点，形成舆论推力，推进时事进程，要求表达快，传播快，见效快，这决定了时评的长度和时度。其表达功能要高于文学功能。

第四，时事评论是讲理的文体。其说服功能至上，需要让别人接受，让别人看懂，以受众为中心。任何一个让人费解的概念，任何一个阅读或传播障碍，对评论而言都是一个灾难。

爱因斯坦有一句名言："如果你不能简单地说清楚，就是你还没有完全明白。"李普曼也曾说："如果言辞不能精确地表达思想，思想本身很快就会变成无法辨别的东西。"他特别反感评论文章中的晦涩和复杂——"不能指望任何一个读者为了弄清上下文的联系，回过头来再把一篇文章重读一遍"。他还坚持认为，"使有关问题通俗易懂并非是新闻的缺点，而是优点。一个作者必须对所论述的内容完全精通，以至于在表达时变得非常简单"。[1]

一、直话直说，不要绕来绕去

时事评论与杂文不一样，时评是表达的实用文体，与时效很贴近，需要讲理的效率，将复杂的事情简单化。因为读者是在新闻热点的时效

---

[1] [美]罗纳德·斯蒂尔：《李普曼传》，于滨、陈小平、谈锋译，北京：中信出版社，2008年，第179页。

语境下读评论，在效率上有"阅读期待"，阅读时本就想通过付出较少的时间成本和理解成本而获得较多、较清晰的判断。这决定了时评必须短小精悍，不能拉拉杂杂。而杂文属于文学，更精英化一些，与时事的距离比较远，对文字、文学和思想的审美要求要高一些。杂文可以绕来绕去地讲道理，只要绕出趣味、绕出火花、绕出让人眼前一亮发人深省的道理就可以。

什么叫绕来绕去？下面这个段子说的就是"绕"：

男："你一天最幸福的时刻是什么？"女："一天中最幸福的时刻就是下班后你骑自行车载着我到街角那边吃卤肉饭。"男："说实话。"女："你骑自行车载我去吃卤肉饭。"男："说实话。"女："吃卤肉饭。"

开门见山地表达观点，尽可能少地铺垫。如果看了 300 字还看不到你的观点，这篇评论在效率可能就失败了。必须舍得放弃一些无关的材料、无关的观点，让观点收敛，从而减少阅读障碍，用尽可能简单直接的语言来表达深刻的观点。官话套话空话，都是伤害表达效率、形成阅读障碍的元素。

英国作家威尔斯曾说过："我尽可能写得直接，就像我尽可能地走直线，因为这是到达目的地的最佳路径。……如果你需要在口头上向别人解释文章的某一段落，那请改写这段落；如果你想用文字展现你的博学，则请你克制。"

让我们来看看下面这篇评论的前半段作了多少不必要的铺垫，我分别进行了总评和局部点评：

评论题目：这么多"截止线"，要如何能跨过？

总评： 前面六段铺垫太多，都在描述"'截止线'太多"这个事实，第七段才有了自己"清晰的论点"，进入主题的节奏太慢。其实这个事实浓缩为一段内容就可以了，因为这六段的内容实际上都是"'截止线'太多"的同义反复。这篇文章的主要论点是批评"'截止线'太多"的现象，开头就应该以有冲击力的方式把这一论点表现出来，然后论证学生无法承受这么多的"截止线"，而不是一开始就停留于慢悠悠的铺陈和描述，描述太多的话，后面就没有空间进行批评了。铺垫少一些，这样后面就可以有较大的空间进行分析和论证。

当你用搜索引擎输入"Deadline"，在搜索框下方自动推荐的搜索建议里，除了这个单词的意思，紧接着便是刺目的"Deadline是第一生产力"。对于一部分具有"拖延症"的大学生来说，"Deadline"这个被直译为"死线"、在大学教学中表示提交作业截止日期的词，的确在完成学业任务时发挥着神奇的效果。然而，在入学之初，很少有人会想到自己即将会成为"截止线"的奴隶。（**点评：没必要进行这么细致的词源分析，一说"Deadline"大家都明白是什么意思。**）

朋友是一个兴趣类社团的骨干，那天说到她们招新，新来的社员问她们社团这学期什么时候有大的活动，告之3月和5月。"那4月和6月呢？"低年级的小朋友还挺好奇。"4月期中，6月期末。"我们都笑了。（**点评：这段没有冲击力，可以删除。**）

理科忙考试复习、做实验报告，文科忙小组展示、写论文读书笔记。4月和6月，的确是春季学期大学生学习的"旺季"，到了秋季学期，10月和12月也是同样的道理。自习室抢椅子，教学楼抢插头，图书馆抢教参，打印店抢打印机……不吃不睡，目光呆滞而坚定，情绪暴躁而亢奋，社交软件上或是人间蒸发，或是神神道道，总之，好多人就像是被盗号了，但当"Deadline"终于被全部消灭后，那张笑容灿烂的自拍或是丰盛食物的照片，又像是在告诉大家，"我胡汉三又回来了"。（点评：可能读到这里，读者就走神了，还在描述"Deadline"，还没有看到对这个问题的"看法"。）

然而在"闲散"的3月，看着空荡荡的自习室，教室里的插头在给电脑和手机都充着电，似乎一切也没有那么拥挤。这时候肯定有人会说，谁叫你们上大学以后少了约束，把高中养成的"良好学习习惯"给丢了呢？自己没计划，注意力不集中，这就是后果。的确，大部分老师在开学之初就把作业的要求、时间布置得很清楚了，一部分助教还会在"截止线"临近的时候，给同学加以提醒，但我们仍是在"截止线"前两三天才动手，甚至没空去思考为什么。必须承认，手机网络的干扰、课外娱乐活动的丰富、我们的禁不住诱惑，确实要承担主要的责任。但观察身边的同学不难发现，即便是平常学习非常充实、有时间观念的同学，也会在期中、期末感慨"截止线"的压力。（点评：这一段其实是评论，反驳那种"抱怨'截止线'太多是因为太懒"的观点，可以放到后面去说。）

"阅读材料太多，我快读不完了，只能在上些轻松点的课的时候看了。"我的这个同学学习成绩非常好，经常看到她阅读老师课上"随口一提"的阅读材料。我之所以能够逃脱成为拖延族的厄运，也有赖于她经常在大批论文"截止线"到来前一个月就和我念叨"论文该怎么办才好"。她正在学语言，没修双学位，每学期的学分平均大概在21分、22分左右，对于大学二、三年级的本科生来说，这是一个较为常见的选课学分量。我们俩都是文科生，很多课程都是2学分，考虑到也会有些课是3、4学分的情况，每个学期她的课程不会超过 9 门，再除去体育、政治等全校必修课程，每个学期会有"Deadline"的课大概在 7—8 门。如果是修双学位的学生，一个学期选课 30 学分以上、超过 10 门，也并不鲜见。（**点评：还是跟前面一样，是在铺垫和描述，行文很不经济。**）

是我们太懒，还是"Deadline"太多？我们的大学课程设置是否存在多而不精、细碎重复的情况？我相信每一个认真经历过中国大学生活的人，都应该有自己的答案。（**点评：写了 1000 多字，才表明了自己的论点，可一般评论的容量只有千字左右。**）

仔细想想，课程设置上的这种"全面发展"其实是我们从小到大的传统。中学时，想来有不少人都听老师说过："我留的作业并不算多，你们为什么写不完？"老师没意识到学生需要背负的是一天好几科。尽管这样，现如今坐在大学课堂里的绝大多数人依然适应了过来。而到了大学，乍一看作业的布置频率有着明显的下降，但实际上，所耗费的脑力、投入的时间远比基础教育阶段那些选择题、书写题要多得多。从每天在别人的监督下跑一圈，变成每周任选一天一次性跑七圈，难度其实是增大了。这么看来，我们之前真的有良好的学习习惯吗？抑或只是习惯了强制而有规律的生活？

硬性要求的作业尚且如此，那么课堂上的知识获取又如何呢？选修选修，选择必修，丰富多彩的选修课，实则背后也有着各种专业、时间、年级、学分限制的阻隔。时间可以挤，读书笔记要求读的书刚放下一本，马上拿起下一本，并没有太多的空闲时间用来思考：我真的喜欢这本书吗？在这门课赶另一科的作业，到了下一门课赶上一科的作业。耳听课，手敲文，一心多用，甚是忙碌。

这并不是在说老师的错，为了保证教学质量和学习效果，我觉得在大学，一个老师每学期布置两三个小作业并不为过。但对于学生来说，如果每学期仅选 3—4 门课，最终很可能导致的结果就是你的学分不够，不能毕业了。一个学期通常有18周，教学时间有16周，如果一学期选7门课，每门课布置2个作业，这就是14个"截止线"了。而且，它们不会像小时候写周记那样，一周来一个，学生也同样需要掌握一定的知识，花上一定的课外时间来阅读、思考，才能高质量地完成这些作业，加上平时如果不缺课，这么看来，时间确实并不宽松。

时间那么短，时间走得那么快，我们一直在拼命追赶，希望能够按时跨过每一条"截止线"。每条跑道上的"线"其实并不多，然而跑道却面向四面八方，我们站在这个赛场，不得不跨过每个方向上的终点线，却每次只能奔向同一个方向。

哎呀，我又完成一项作业了。

我试着按表达效率的要求，将这篇评论的开头编了一下，后面的内容没有变：

当你用搜索引擎输入"Deadline"，在搜索框下方自动推荐的搜索建议里，除了这个单词的意思，紧接着便是刺目的"Deadline是第一生产力"。一个个作业截止日期，逼得大学生们在自习室抢椅子，教学楼抢插头，图书馆抢教参，打印店抢打印机……不吃不睡，目光呆滞而坚定，情绪暴躁而亢奋，社交软件上或是人间蒸发，或是神神道道。

大学生抱怨作业太多，各种"Deadline"一个接一个地催命——肯定有人会说，谁叫你们上大学以后少了约束，把高中养成的"良好学习习惯"给丢了呢？的确，大部分老师在开学之初就把作业的要求、时间布置得很清楚了，一部分助教还会在"截止线"临近的时候，给同学加以提醒。不得不承认，手机网络的干扰、课外娱乐活动的丰富、我们的禁不住诱惑，确实要承担主要的责任。但观察身边的同学不难发现，即便是平常学习非常充实、有时间观念的同学，也会在期中、期末感慨"截止线"的压力。

是我们太懒，还是"Deadline"太多？我们的大学课程设置是否存在多而不精、细碎重复的情况？我相信每一个认真经历过中国大学生活的人，都懂得。

（后面内容不变）

二、用收敛思维避免读者阅读"走神"

评论需要的思维是收敛性的，而不能发散。所谓发散，就是想到哪里写到哪里，没有一根主线；不是围绕一个核心论点进行论证，而是一篇评论里有好几个关系非常弱的论点。读者看评论是有阅读期待的，期待作者能围绕"对一件事的观点"去写，看完这一段，读者会预期下一段与这一段的逻辑关联，层层剥笋层层递进，最后水到渠成地得出结论。如果读者看到第二段，再看第三段时，与上一段没有一点关系，读者便会"走神"。

网络的一个段子说的就是表达时的思维分散，明明说这一件事，没有任何铺垫，突然转折说另外一件完全不相关的事："我有个严肃的问题向大家请教：我女朋友最近在欺骗我，她总是晚上和别人出去，很晚才坐出租回来，又不开到门口。我偷看过她手机，结果她大发雷霆。有一天晚上她出门，我骑着摩托车藏在街边拐角等着看谁来接她。结果我发现摩托车漏油，请问下，这车我刚买了一年，这个漏油问题保修吗？"

之所以出现"想到哪里写到哪里"的问题，有以下几个原因：第一，写作时思维很混乱，没有想清楚就急于动笔，一边想一边写，结果文本很乱。第二，写作时有太多的内容想表达，没有梳理清楚这些"太多想表达"之间的逻辑关系，没有做一些取舍（舍弃那些与核心观点不相关的判断）。第三，不知道自己最核心的观点是什么，有很多矛盾的想法没有理顺。

我写评论时有个习惯——先起标题，再去写作。想标题的过程，就是梳理自己"主要想通过这篇评论表达什么观点"的过程，因为标题往往是文章最大的亮点，是让自己兴奋的论点。有了标题，等于让文章有了一根主线，写每一段时都会想着核心论点，想着自己写的这一段跟"主题"有什么关系。而如果是先写作，再想标题，往往思维会很混乱。想不到一个能表现观点的标题，说明自己对主要想表达什么还不是很清晰，需要想清楚了再去写。因此，我总结了以下关于避免读者阅读"走神"的注意要点：

第一，如果还得让读者回过头来看你的逻辑是什么，这就是效率上的失败。

第二，段与段之间缺乏联系，如果拿掉某一段不影响文章的完整，说明论点是分散的。

第三，评论切忌将很多貌似相关、其实缺乏逻辑联想的问题搅和在一起谈。

第四，评论可以不打草稿，但心中要有结构意识；如果没有清晰的结构意识，自己没想清楚，带给读者的肯定是逻辑的混乱。

三、宁要片面的深刻，也不要肤浅的全面

评论不要面面俱到，而要求集中资源攻其一点。面面俱到不是一个优点，而是一个缺点，分散了文章的表达效率，我们需要在某一个论点上说得尽可能全面，而不是针对一件事、一个现象说全面。"全面"是指论点在逻辑上的自洽，没有漏洞，而不是把一个事物的每一面都罗列

出来。

全面的多是肤浅的,"一分为二"的多是中庸无判断的。曾任《南方周末》评论总监的郭光东先生写过一条微博,批评那种肤浅的全面:"以前作时评编辑时,碰到作者写'既不……又不……''既要……又要……''一方面……另一方面……',恨不得立马冲到他面前质问,'就你会装,话都被你说尽了,要我们评论版干嘛?'"

初学评论者,很容易面面俱到,总担心漏掉了哪一点。

四、亮点和论点体现在标题上

标题是评论内容的"广告",新闻评论的标题有两个作用:第一,概括核心论点,表现基本观点。第二,用亮点为内容做广告,吸引读者。当然,标题并无定法,也可以虚做。名家的作品,靠作者名字就可以吸引读者关注,无论什么标题都可以;但一般人的评论,标题还是要追求表达效率,能起到对内容的广告效应。迈克尔·舒德森曾认为,"标题不是一种新闻行为而是一种市场行为,这在新闻界早就是一种尽人皆知的公开的秘密了。"[2]

接下来,让我们来看看以下标题,如果按喜好度进行排序,哪些标题激起了你阅读的兴趣?

> 程亚文:文明传统、学术自主与中国问题意识
> 崔卫平:灾难面前环球同此凉热
> 党国英:实行标准住房户口登记制度不会有大麻烦

---

[2] [美]迈克尔·舒德森:《为什么民主需要不可爱的新闻界》,贺文发译,北京:华夏出版社,2010年,第95页。

房宁：不是官太多，而是官太忙了

季卫东：落实信访条例可在外部监督上另辟蹊径

林达：美国《公民读本》的第一课："你"

何怀宏：中国人，你为什么如此生气？

袁岳：推崇做小知识的分子

展江：营造"无歧视大众传播环境"

显然，第一个标题学术味太浓了，不知所云，是一篇论文的题目，而不是报章文体的标题语言。第二个标题比较平。第三个标题能鲜明体现作者的观点。第四个标题比较有亮点，提供了不同的角度，让人眼前一亮。第五个标题比较抽象。第六个标题比较能勾起读者的阅读兴趣，对"你"很好奇。第七个标题很容易让人想起龙应台的《中国人，你为什么不生气》，能提起阅读兴趣。第八个标题，"小知识的分子"这种新鲜说法是一个亮点。第九个标题，"无歧视大众传播环境"虽然比较抽象，但还比较有新意。

可以看出，评论的标题一定要有亮点，无论是痛点、泪点，还是吐槽点，总得有一个亮点能提起读者的阅读兴趣。如果评论的观点很独到，一定要把独到的观点提炼到标题中；如果论点并不新，所举的案例很新，故事很有冲击力，那么就有必要把故事的元素体现在标题中；如果实在找不到亮点，那么这样的评论就先别写了，等找到亮点的时候再动笔。

什么才算是一个好标题？好标题一般需要具备以下几大元素：

第一，要避免正确的废话，能挑战某种常规的认知，有独到的切入点，能标新立异。比如我曾写过的一些文章标题：《你未必是人好，你只是没机会放荡》《你们无聊到需要从炮轰脑残言论中找快感》《为什么看到"朋友圈拉票"就拉黑》《天津，一座没有新闻的城市》《你不能浅薄到提起兰州只知道牛肉面》《互联网上，没有哪种感动能超过一天》《理解中国社会需要"互联网减"思维》《官员"自罚"是一种特权》。

第二，要能体现某种冲突性，以冲突性表现论点和角度的张力。比如我曾写过的一些文章标题：《姚明面前，无比矮小的中国大学》《总把报道当举报，让记者情何以堪》《有一种"答非所问"叫履职定力》《在快得窒息的时代让思考慢下来》《我们看着日本，世界看着我们》《自媒体太多记者太少事实不够用》。

第三，设置悬念，激起读者好奇心。比如我曾写过的一些文章标题：《对不起，对疫苗事件我无话可说》《为什么听到东莞的名字我不再嘿嘿坏笑》《特敬佩那些忍着没评论"学生弑母案"的人》。

第四，直指要害直击痛点，有颠覆常识的冲击力。比如这些标题：《不是读书无用，是你无用》《坐等新闻反转的你们既冷漠又无耻》《别总拿个性说事，你只是没长大》《别给拖延找借口，你就是又懒又Low》《你的所谓真性情，不过是缺教养且情商低》。

第五，注重与读者的交流感，将读者代入其中，不是说教，而是与读者交流。比如这些标题：《有几个人作文里没写过霍金的故事》《我们都害怕成为和颐酒店遇袭的女生》《你跟我一样欠服务员很多表扬》《你的多数问题都源于你太穷了》《有一种甜蜜的拖延叫"年后再说吧"》。

特别强调的是，标题要体现一定的冲突性。狗咬人不是新闻，人咬狗才是新闻。同样，评论的价值也在于冲突性，选题一般都具有某种冲突性，好标题能把冲突性表现出来，让读者在看到标题时产生"不同"的感觉。比如，如果看过龙应台《中国人，你为什么不生气》的评论，当看到《中国人，你为什么如此生气》时，就会产生冲突感；如果习惯地认为"中国官太多了"，当看到《不是官太多，而是官太忙了》，也会产生冲突感。从正常中看到反常，从反常中看到正常，冲突感是"勾引"读者的不二法门。

此外，标题的另一个原则是"文题互补"：如果文章内容本身很平，就需要一个很尖锐的标题；如果文章内容本身比较尖锐，就需要一个相对比较平的标题来平衡，毕竟，标题很短，它只具有广告效应，并不具备说服效果，如果尖锐的观点通过简短的标题体现出来，很容易在"标题党"传播中扭曲观点，形成误解。

比如之前提到的评论《警察搜救驴友纵有牺牲也天经地义》。作者的观点是："为救驴友而牺牲，确实让人痛惜。但埋怨老百姓连累了警察，我不能苟同。政府履行公共管理职责，所谓'公共'本身就是是非辐辏之地，人民建立政府，就是要它来管理各种麻烦事。如果社会上什么'麻烦'都没有，人民根本就不必建立政府，也就不需要警察。被人民'麻烦'，注定是一切公务人员的宿命。"

理性地看完作者的观点，会觉得他说的有一定道理，但如果只看标题《警察搜救驴友纵有牺牲也天经地义》，会让人觉得这篇评论非常冷血，尤其是"天经地义"这四个字，特别让人无法接受，传递了一种冷漠——死了也活该。其实，作者的观点并没有这么极端，但语不惊人死不休的标题把作者的观点推向了极端。有人评论说："这篇评论，既正确，又冷酷，作者适合生活在一个机器人的有序社会里。"另一个同行评论说："题目中'天经地义'这四个字，太过冷冰冰、硬邦邦，像块石头压我心头上，不大舒服。"

评价一篇评论的观点是否言简意赅和足够清晰，有一个衡量标准，就是看能否将观点浓缩成可做标题的一句话。很多人常苦恼于文章写成后想不到好标题，其实此"想不出"非标题问题，而是文章并无一清晰的、让自己兴奋的观点。我的习惯是，有了兴奋的观点，就有了好标题，于是才动笔。

标题还有一个重要的原则，即简洁简练，避免叠加太多的语法层次。比如，这是我曾做的一个失败的标题——《谣言有时源自弱者对强者过度防卫的对抗心态》。当时想让标题承载过多的信息,想把一个长长的观点当成标题,结果使标题有过多的层次,过长,过绕。所以,标题应该尽可能少用语法层次,将核心论点做减法,短小精悍。

五、要有标题意识,但不可成为"标题党"

网络时代的阅读竞争更加残酷,"标题党"有一定的合理性,可以玩俏皮,玩悬念,制造噱头。比如《宾馆退房,美女服务员查房,发现地毯上有三个洞》这个标题,虽然有一定程度的误导,但还在可接受的限度内,文章讲述的是:年轻人不小心将酒店的地毯烧了三个小洞,退房时服务员说根据酒店规定,每个洞要赔偿 100 元。年轻人问:"确定是一个洞 100 元吗?"服务员回答:"是。"于是,年轻人点燃烟头将三个小洞烧成一大洞。如果是在传统媒体时代,这样的标题是万万没人敢做的,但在新媒体时代,新闻让位于传播,传播本位使标题越来越脱离内容。

像上面这个例子这样玩悬念还可以,但如果像下面这样的黄色"标题党",就让人生厌了。某天某门户网站弹出一条新闻标题——《外逃市委书记在美国面包果腹,房客见其妻面露淫光》。这个标题好低俗,好像黄色小说的标题,诱引着你点开新闻去看。我以"研究者"的心态点开看了一下,说的是一个贪官的忏悔,现身说法,真实地记述了自己异国逃亡、苦不堪言的生活,哪有"面露淫光"呢?在长长的忏悔文里找了好久,才在一个不起眼的小段落中看到这么一句:"合租屋的条件实在是太差了,房客人高马大,声大如钟,少有修养,看到我爱人时就目露淫光,实在是让人惊恐。我爱人整天惊恐不安,我整日也设想和准备着发生不测。"

网站编辑真拼啊,在长文中替读者找到这一句也真不容易。编辑注明这篇文章转自中纪委网站,中纪委网站会怎么会如此没节操地做新闻呢？我到中纪委网站看了看，人家的标题是《走进反腐败国际追逃追赃工作：痛恨我将妻子和自己带入这一绝境》。一篇贪官忏悔、传播"千万别向我学习"的正能量的正经文章，被换了标题后，似乎就成了地摊小报的黄色小说。

我曾经撰文批评过当下媒体反腐报道的情色化取向，主要表现为四种倾向：娱乐化、情色化、小报化、猎奇化。在网络搜索了一下，发现好像绝大多数网站在转载中纪委这条新闻时，都用了《外逃市委书记在美国面包果腹，房客见其妻面露淫光》这一黄色新闻标题。这给我的感觉是，看到这条新闻后，众网编们"面露淫光"。

当然，新媒体时代一定要有标题意识，承认标题对传播的重要。《人民日报》那篇关于魏则西事件的评论之所以被骂，首先是因为媒体转载时改了原标题，起了一个让人感觉作者很冷漠很冷血的标题——《〈人民日报〉谈魏则西事件：遇到绝症，应坦然面对生死》，而原标题是《魏则西留下的生命考题》。

改成这样的标题，确实非常招骂，"翻译"一下，直接表达的是：得了癌症，就老实等死吧，别折腾了。这篇评论被"标题党"了，责任当然首先在于不厚道的转载者，不过，也与原标题过于空洞和模糊有关。如果你自己不起一个观点鲜明的好标题，不起一个能反映自身观点的坚硬标题，在网络传播时代很容易被扭曲。《魏则西留下的生命考题》，这个标题太虚了，看了标题根本不知道文章想说什么，在网络转载时是不可能用这个标题的。所以，网络编辑必然需要对标题进行再生产，很难指望一个靠点击率生存、靠标题吸引受众的编辑，起一个既能完整体现你的观点又与你为善的标题。传统媒体避免被"标题党"的一个方式是，自己要有标题意识，没有谁比作者更了解自己评论的观点，更想保护自己免成靶子，如果作者在生产的源头上能起一个既能鲜明表达观点、又有吸引力的标题，而不是又虚又空，就能在某种程度上避免被"标题党"

所扭曲。

标题有虚有实，我的主张是，在网络传播时代，标题应该尽可能地实，应该摆脱传统媒体时代那种标题习惯。标题如果太虚太宏大，不仅读者不爱看，也容易给"标题党"留下很大的再生产空间。

六、有冲突性的开头

曾看一篇评论，特别替作者感到惋惜。如果把评论的次序调整一下，可读性更强，可作者没有摆脱那种"八股腔"。这篇评论分析的是铁路新政给公众带来的影响，更多的选择让乘客不必再纠结：

> 新华社北京12月12日电：记者12日从中国铁路总公司获悉，为更好地满足广大旅客出行需求，从2015年1月1日起，至3月15日春运结束，铁路部门将在北京至广州、深圳间，上海至广州、深圳间，增开8对高铁动卧夕发朝至列车，车票自2014年12月20日起发售。
>
> 看到这则消息，我不仅想起前些天看到的一位8个月的孕妇曾在网上纠结地求助，她准备回老家生产，坐8个小时的普速度列车卧铺，老公说车晃荡，坐3个小时的高铁，她妈妈又觉得坐着太累。这位准妈妈不知道是该听老公的还是听妈妈的，出主意的网友们也是公说公有理，婆说婆有理。同样，今年6月份，在高铁吧里，有一位非常孝顺的年轻人求助，要带年迈的外公外婆到北京看病，坐飞机怕起降时老人不舒服，坐普通列车的卧铺又感觉时间太长，坐高铁却又愁于没有卧铺。现在看来，如果放到元月1日高铁动卧开行后，这些问题都不算什么。可以说，铁路部门的一项新服务，让这位准妈妈和那位孝顺的小伙子不必再"纠结"。

这样的开头，是评论写手惯用的，先引用由头，告诉读者想评论什么事，再提出论点。这种开头已经成为一种"八股"模式，看多了，读者会很反感，看到这样的开头可能会放弃继续阅读。如果作者能先讲那个乘客的纠结，讲完故事后，再从故事引出由头，称："2014年12月20日之后，乘客将不必再有这样的纠结，铁总带来了福音。"然后顺理成章地引出新政。只是颠倒了一下顺序，便可以打破固定套路的"八股腔"。

打破评论的"八股"套路，就是**破除那种直接复制新闻由头的偷懒，而做一些精巧的、能提起读者阅读兴趣的设计**。比如，可以用一个故事开头，或用一个有意思的、与论点很契合的段子开头，或营造一种峰回路转的冲突性。比如这篇题为《推崇做小知识的分子》的评论，是以一段日常经历开头：

很多人知道北京的出租车司机能侃，但其实对他们侃的道道并不明白。我在哈佛读书时，有位在文理学院东亚系读硕士的老美朋友，要做一篇文章叫《出租司机：北京的第五媒体》。他走访了50多位北京出租司机，分析了500项这些司机传播的事件，来求证司机作为一种媒体，在传播信息中的特殊行为模式与信息内容的损耗变动情况，结果其中的很多发现既有以前我留意到的，也有很多很有意思而我一般并不总结的情况。

然后才由这段经历引出论点，很自然：

我们的硕士，很少愿意写这么鸡零狗碎的东西。国内某国有银行的领导和新来的研究生座谈，结束以后感慨，"这些新同事关心金融体制改革多了，关心岗位的事情少了；知道国家大事多了，拥有的专业知识少了"。其实，美国的硕士生、博士生们写的论文，与他们的不少教授一样，大半聚焦在一些小小的点上，由这个小点而深研，而有新的发现，转而研究其他的点，若干个很有心得的点联结成面，就有很好的成系统的创见。

下面这篇题为《SARS十年，当2G政府遇上4G民意》的评论，是用一个流行的段子当作引子，引出论点，既有趣又在让人捧腹中深入思考，有效地引出论点并成为论证的一部分。

  一个段子在微博上很是流行：一对情侣QQ聊天，女的在家用4M宽带，男的在学校用2.5G校园网。女问："你爱我不？"男的没反应。女又问："你在学校是不是有别的女人？"男回答："是啊！当然啦！"女说："你竟然这样对我，你到底有没爱过我？"男说："那是不可能的事情！！"结果他们分手了。

  这是沟通不畅引发的误解，让人捧腹之余不禁深思，其实，当下官方与民众在很多社会问题和公共事件上之所以陷入激烈的对立甚至对抗，官民互不信任，官方在舆情应对上一再失分，不正是官民时差下的沟通不畅导致的吗？4M的宽带，与2.5G的校园网，隐喻着民间与官方在信息传播与信息接收、信息供给与信息需求上的速度差所引发的时间差。民间对公共事件的信息需求非常高，而且信息传播的速度非常快，但政府的应对则非常慢，无论是信息处理能力还是发布能力，都非常慢。当2G的政府遇上4G的民意，2G的速度与4G的速度之间怎么可能有沟通和交流呢？有的永远只是如段子中的滞后与错位。

再看《中国青年报·冰点周刊》的特稿《不能呼吸的村庄》的开头：

在石佛寺村，医生和木匠是最忙碌的两种职业。村里的旅馆已经半年没住过人，小卖部老板坐在门口嗑着瓜子，只有不远处的诊所里挤满了正在输液的病人。木工作坊里的电锯声成了村子街道上唯一的声响，大部分时间，木匠都在给村里的男人打造寿材。这个藏在陕西山阳县秦岭深处不足500户家庭的村子，有100多个成年男性患了尘肺病，就算日夜不停，他们的寿材也需要4年才能做完。

这个开头就像一部引人入胜的电影，一开始便把观众拉进了剧情，眼睛无法离开。不见棺材不落泪，棺材的意象很有冲击力，不少类似报道都选择了从棺材开始叙述，比如《人物》杂志的报道《袁立：演员、病人和赞美诗》，开头是这样写的：

王明升觉得自己这回肯定要死了。整整8天，他几乎不能自主呼吸，也无法平躺，夜夜抱着氧气瓶跪在病床上，一口气一口气吊着命。和许多尘肺病到了三期的农民工一样，亲戚朋友怕被借钱，老早以前就跟他断了来往，31岁的男人好不容易把正在修房子的父亲和弟弟诓来，央求他们给自己做一口棺材。

七、结尾需要首尾呼应

结尾不能马虎了事，需要首尾呼尾，想好怎么结尾才更有力，让人以印象深刻的方式在结束时余音绕梁，而不是虎头蛇尾，觉得快结束了，匆匆写几笔。比如一篇题为《考前突击何以成大学常态?》的评论就很典型。这篇评论针对的是学生的考前突击现象，前面论证都很有力，层层递进，分析了几个原因：第一，拖延（很多人都能想到）；第二，课程设置不合理；第三，考试方式不合理；第四，严进宽出的教育体制；第五，论证有力，言人之未言。但结尾比较仓促："考前突击的集体常态，正叩问着大学教育的理念与机制。改变或许需要时间，但相信在一轮又一轮的拷问与反思中，大学教育会越来越完善。"

这一结尾草草应付，觉得应该结束了，就说了几句套话，"相信"之类的都属于套话或正确的废话，苍白无力。很多人写评论时，结尾都偏爱这种祈使句——作一番号召，或作一些展望，未来如何如何，相信什么什么，但愿什么什么——成为一种套路。这是时事评论，不是领导讲话，这种祈使式结尾充满了"八股腔"。

另一篇评论《我们大多数人都活在别人的期待中》也存在相似的问题。文章评论的是现在一些学生缺乏主见，没有自己的人生规则，活在别人的期待中。很漂亮的一篇校园评论，从身边人说起，娓娓道来，没有那种强迫别人接受某个道理的强势说教感，温和地说理。开头用一个有代表性的案例，先在情感上有了几分说服力，再展开说理，少了对说教的很多排斥。但缺点也在于结尾："伴随着整个社会越来越浮躁，大学生作为最具发展潜力的群体，在职业选择时应该多一点洒脱之意，少一点名利之心。所以，别活在别人的眼光里，给自己一个任'心'选择的机会。"

"我们应该如何如何"，显得多余了。其实读了前面的分析，读者已经能够做出相应的判断，不需要再去点题目，让读者自己得出结论。"应该如何如何"，会让读者觉得就是一种说教，伤了文意。

央视著名舆论监督栏目"焦点访谈"每期的结尾，一般都会对前面的新闻调查做点评，主持人敬一丹曾说："工作时，不允许自己使用祈使句。祈使句等喊口号式粗放的表达，会让自己懒于思考、平庸对待，长此以往，会失去创造力。"确实如此，那种用祈使句去呼吁和展望的结尾——"我们要如何，我们相信如何，但愿如何，我们拭目以待"等，纯粹是为了结尾而结尾，而没有创造和构思，不是自然的结束。

学者周濂的很多文章让人拍案叫绝之处，都在其结尾，比如《射象者布莱尔》一文的结尾:"1992年,布莱尔只有19岁,他对于身边的事情还很困惑,他太年轻,没有受过什么教育,还看不清帝国主义、殖民主义以及一切极权政府的虚弱本质。直到23年后,他写出了《动物庄园》,又过3年,《一九八四》出版,所有人都知道了他的另一个名字——乔治·奥威尔。"[3]结尾抖了一个包袱,让人回味无穷。

八、事与理融合,不能"两张皮"

评论是用论据去支撑论事,"摆事实,讲道理",很多时候,论证的力度就看"事实"与"道理"的黏合度,事与理要有机地融合在一起,事理结合,增强说服力。单纯说事,缺乏深度;单纯讲理,缺乏说服力。时评,需要将时事与道理结合起来分析。判断一篇好评论的标准,是看新闻由头与后面道理的关系。如果掐头去尾,换一个由头,并不影响文章的完整,那是评论的失败。这样的评论纯粹是在讲放之四海而皆准的"大道理",而不是有针对性地就事论事。

比如这篇题为《尊重生命是最基本的觉悟》的评论,新闻由头是这件事:

> 若干天前,北京某路公交车上发生了这样一件事:据受害者的母亲说,因为一件微不足道的事,她年仅14岁的女儿被一个女售票员掐住脖子殴打,当场昏倒。这位母亲请求该车男司机把女儿送往医院,遭拒绝。女孩在好心路人帮助下送到医院时已无生命体征,经抢救无效,宣告死亡。

---

[3] 周濂:《你永远都无法叫醒一个装睡的人》,北京:中国人民大学出版社,2012年,第11页。

第二段是作者对这件事的感慨，还是在评论这件具体的事：

> 读了10月6日《新京报》上的这则报道，我至今感到胸口发堵。一个花季少女，兴冲冲随父母进城买书，焉知会无端死于非命。她的父母年事已高，只有这一根独苗，怎么经得住如此横祸。最使我震惊的是，那个女售票员和那个男司机都是普通百姓，不是什么恶人，竟会对一个年轻的生命如此凶狠，或者抱如此冷漠的态度。

到了后面，所有的段落都与这件事没有关系了，完全抛开了这件事而谈对生命的看法。如果去掉前面两段，只看后面的评论，根本不知道作者在评论什么事，这就是典型的事理"两张皮"：

> 生命的珍贵不言而喻。每个人都只有一条命，每个人的生命都是独一无二、不可重复的。在人生的一切价值中，生命的价值是最基本的价值，其余一切价值都以生命的价值之得到确认为前提。因此，源自古罗马的自然法传统把生命视为人的第一项天赋权利。法治理论的终极出发点就是寻求一种能够最大限度保障每个人生命权利的社会秩序，由此而主张规则下的自由，即一方面人人享有实现其生命权利的充分自由，另一方面不允许任何人侵犯他人的此种相同自由。如果说唯有健全的法治社会才能确保其绝大多数成员的生命得到尊重，那么，同样道理，唯有当社会绝大多数成员具备尊重生命的觉悟之时，才能建成健全的法治社会。
>
> 在论证自由和法治原理时，亚当·斯密、斯宾塞等都谈到人的两种本性，一是生命本能，二是同情心。由于同情心，人能够推己及人，由自爱进而尊重他人。

再往后面越谈越远，谈到了"中国儒家所倡导的仁"，谈到了"事实上，在过去两千年的专制政治下，不必说平民百姓，即使是朝廷命官，个人的生命也是毫无权利可言的"，甚至在最后一段发出了这样的感慨：

> 转型时期的问题是复杂的，每一个问题的根本解决既要靠体制的改革和完善，又要靠国民素质的提高，而这两者是彼此制约、相辅相成的。就提高国民素质而言，我认为，亟须把尊重生命列为国民教育的重要内容。从孩子开始，就要培育生命尊严的意识，使他们懂得善待自己的生命，由此推己及人，善待一切生命。当今的教育有些急功近利，使人眼中只有利益，没有生命，有时把生命当成了利益的工具，其结果真正是堪忧的。

起码应该在最后一段呼应一下开头所评的事件，可结尾还是没有回到开始的新闻由头，发散开去而收不回来，完全脱离了具体的个案而空发议论。事是事，在前两段，理是理，在后面的段落，这就叫"两张皮"。去掉新闻由头，换另外一个事件，完全不影响文章的完整，这就叫脱离具体新闻事件的空谈。

脱离具体事件的分析，很容易走向纯粹的理念思辨，而变成论学式的玄思。有人这么评论曾获诺贝尔经济学奖的奥斯特罗姆教授，称她的研究是"问题驱动"而非"方法驱动"的，她并不迷恋于"普遍适用模型"，而是去"理解和解释实际政治结果"。她从多次田野调查中得出的一条关键性准则是，假定有一个"最好的办法"是无益的。对于千差万别的未定状况，不可能有一个"最好的办法"。这就在思想方法上上升到了一种自由之境，否定了，也避免了"找寻终极真理、找寻适用于一切问题的方法"这一谬误。因此，她走向实证、走向具体、走向情境，观察、观察、再观察。[4]

谈理念和理论时,只有与具体案例结合起来,才有说服效率。

九、尽可能简短和直接的逻辑线

评论需要论证,论证就是推理,清晰的评论会有一条清晰的逻辑线。评论的表达效率要求,这条逻辑线要尽可能地清楚、简单和直接,不能让读者看不清你的层次。所以,我建议初写评论者,学会借助逻辑连接词来提示读者看清你的逻辑,比如借助"第一,第二,第三",借助"因为""所以""虽然""但是"之类的,让读者明白段与段之间的联系。当然,如果本身推理是层层推进,有充分的逻辑自信,条理很清楚,就不需要这种"八股"套路式的连接词。

更重要的要求是,逻辑要简短和直接。所谓直接,是从 A 推理出 B 的结论。所谓逻辑线太长,是指推理的步骤太多,从 A 推到 B,从 B 推到 C,再从 C 推到 D,最后才得出结论 E。类似这样的逻辑线就太长了,读者可没有耐心像做一道数学题那样来看你的推理。而且,随着逻辑线越来越长,逻辑关系也会越来越弱,从 A 到 B 的关系能看清楚,但从 A 到 E,其间的关系就变成间接相关的弱关系了。

比如《打造廉价政府才能解决"用工荒"》这篇评论,其逻辑线太长,让人费解,仔细推理后才能找到微弱的联系。一看到这个标题,会感觉很不理解,解决"用工荒",跟打造廉价政府有什么关系呢?

细看评论,作者是把这两者扯上关系的:"完善社会福利待遇,营造温馨用工环境,对'用工荒'当然有一定的缓解作用,但不可能起到根本作用。只有将工人工资普遍提高到 3000 元以上,才可能令他们'怦然

---

[4]　任晓:《大师的工作坊——纪念埃莉诺·奥斯特罗姆教授》,《读书》杂志,2014 年第 5 期。

心动'。要做到这一点，政府必须大幅度减免企业税收，而减税的前提，则需要打造一个相对廉价的政府。否则每年几千万的公车消费、几千万的吃喝招待、上万元的电脑、豪华的大楼、各种隐性腐败，以及决策失误的损失，企业根本就负担不起。哪里还有余力去提高工人工资。"

　　作者的逻辑是这样的：之所以企业出现"用工荒"，因为工资太低；而工资之所以低，是因为企业的税负太重，税负太重，就无法提高工资；企业税负之所以重，是因为利润都被政府收走了；政府之所收这么高的税，是因为政府是一个庞大的政府，需要高税收才能支撑运行；因此，只有打造廉价政府，才能减税，企业才能减负，企业减负了，才有钱提高工人工资，于是，才能解决"用工荒"。作者经过了几个逻辑跳跃，才让两者有了微弱的关系，这种论证当然是无效的。

　　再来看《"虐待婴儿"须用体制改革来破解》这篇评论：

　　　　近日，一则名为"实习护士虐待新生婴儿"的消息在网上传播。在被曝光的博文截图中，一只着蓝色无菌服的女子的手，让脖子脆弱的新生儿处于危险姿势，给婴儿"画脸"。该女子发微博称"孩子完全不反抗的吗？被贴了猪鼻子还睡那么香"。（广东电视台《广东早晨》6月4日）

　　　　我们当然要对这位实习护士进行道德上的审判。然而，在笔者看来，除了实习护士的个人问题之外，还有着不可原谅的体制原因。

　　动不动就把矛头指向体制，把责任推给体制，是评论写手惯用的逻辑。推向体制，貌似深刻，实则无比浅薄，也把一个具体的问题变成无解。"虐待婴儿"本来是一个具体可解的问题，可一推给遥远抽象的体制，就无解了。不去分析具体、直接、相近的原因，不去问责具体的责任部门，却推向抽象的、间接的、遥远的体制，这种逻辑跳跃完全无效。

有一位评论员评论延安城管踩人事件,他是这么评论的:

> 看到延安城管粗暴踩人的场面,悲。它是"权力治民而非服务于民"这一传统观念的基层反应。城管跳起来踩人的一刹那,有着几千年传统的铺垫。视频同时显示,城管执行公务无权威,被执行者从一开始就有激烈抵触动作,这也不应该。谴责城管粗暴管理,必须追究,但也别鼓励那些对抗者。中国城市离不开文明的城管。

这段微评论逻辑链条太杂太乱,尤其是最后一句话,跟前面毫无关系,非常突兀。

十、论点偏离由头,会让人感觉"扯远了"

评论一般都会有个由头,也就是评论的话题、所要评论的对象。读者看到这个拿来说事儿的由头,就会有了阅读预期,判断作者会分析这个对象。因此,后面的评论不能离这个由头太远,避免出现引了这个由头,却说另外一件事,让人感觉逻辑太"跳",离题万里,扯得太远。高考作文如果这样写,会被认为是偏题。

比如《人民日报》这篇题为《"校名保卫战"该护啥》的评论就有点偏题了,先看第一段:

> 本已进入暑期的大学校园并不平静,"川医"风波未平,"南大"的"校名保卫战"硝烟又起。针对两所学校的"为名之争",不少人并不以为然,一是觉得两所知名高校为了名字争论不休,甚至互相攻击,有失身份和风雅;二是认为比大学名字更重要的是大学的"内功",即大师水准、教学质量和科研水平,两所学校为名而"战",

着实没有必要。

看完这个"开头",读者会认为这是一篇分析"校名保卫战"的评论,可是,作者笔锋随后一转,离开了校名这个话题,而去分析"大学应该保卫什么"。

> 但仔细想想看,"为名之争"并不是一场"口水战"那么简单,这里面一定包含着两所高校众多师生、校友对于大学文化、大学精神与学校历史的认同和敬畏。这种认同与敬畏,是当有的。
>
> 我们知道,现代大学体制可溯源到德国柏林大学,这所创办于1810年的大学,早已成为现代大学的典范,而这所大学为后人津津乐道的,正在于理念的力量和价值的塑造。学校努力将大学精神与个体精神、民族精神同步建构,使大学精神也熔铸了民族精神与时代精神。
>
> 对于我们国家的大学来说同样如此。大学的精神与文化是大学发展最为关键、最核心的价值。校训、校歌、校史,以及知名校友的事迹,所传递与蕴含的无一不是大学的精神与文化。当一批批学子离开学校,学校最希望被毕业生们铭记的,正是一所大学的精神与文化。一批批学业有成的年轻人离开校园、走向社会,最应该传递与弘扬的,也正是自己从母校感知和积淀下来的精神与文化。
>
> 但遗憾的是,恰恰是这份大学最厚重的精神财富,成了稀缺品,很多在校生提及校园文化不以为然,很多毕业生提及母校的文化和历史也很"无感"。"精神家园"对于许多大学生来说,成了最神圣,却也最遥远的概念。

可以看到,后面的评论其实已经与由头中的"保卫校名"没有了关系,虽然说的也是大学之事。大学没有了文化，失去了精神，毕业生提及母校时"无感"，这是与"校名"无关的另外一个问题。最后一段作者试图想把两者捏合到一起，但极其生硬：

> 从这个角度来说，借由一场"校名保卫战"，让大学生们在喧嚣过后，认真地重温一下母校的文化与精神内涵，让高校重新反思一下是否已经为师生构建起一座坚实的"精神家园"，不也挺好？

这样的结尾让人感觉莫名其妙，到底是赞成"保卫校名"，还是反对呢？谈着"大学失去文化"，怎么突然又过渡到"校名保卫"？这种断裂和跳跃是很明显的，脱离了新闻由头来谈另外一件事，风险很大，如果没有简单和直接的逻辑导引进行过渡，很容易发生跳跃。校名问题是校名问题，这涉及权利，而大学文化是大学文化。

其实，并不是不可以从这个由头过渡到另一个观点，但一定要有清晰的逻辑导引。上面这篇文章如果有一个观点过渡，就不会让人感觉突兀了，比如加上这样一段：

> 大学保护自身品牌、抢校名的权利意识可以理解，但不仅是对外，抢来校名这个品牌以后怎么办？能捍卫这个品牌所包含的文化和精神吗？牌子可以抢过来，但失去的文化和精神却很难捍卫。

这样一看，是不是就可以顺理成章地谈大学文化和毕业生对母校的"无感"了？

第五讲 评论写作的抓手与钩子

如何在最短时间内抓住受众的注意力,需要抓手"抓"住他的眼球,用钩子"钩"住他的思绪。纲举目张,找到了评论的抓手,标题、结构、观点,就是水到渠成的事了。因此,构思的过程,也是找到观点抓手的过程。我在构思的时候经常在纸上画,画着画着,画出一个词,然后围绕这个词,思维就找开了。

> 文章在第三段开始发力，剧作从第五集开始精彩，这样的人在网络的丛林里大概活不过片头字幕。所以，如果你找不到第一句话，还不如别写。
>
> ——和菜头

一位日本著名媒体人在微博上曾介绍他的一次做节目经历，他跟上智大学的教授参加了一档 NHK 电视讨论节目，此外还有其他三位社会学专业的学者参加。拍摄是在教室进行的，当时被编导告知："每回发言要控制在 50 秒以内，到了 50 秒会提醒发言人注意时间。"问："为什么是 50 秒？"编导回答："按照电视观众的接受心理来说，听节目嘉宾讨论问题，最多能集中听 50 秒。"[1]

"50 秒定律"说明了新闻的残酷，评论更残酷，人们对观点的耐受力更低，如何在最短时间内抓住受众的注意力，需要抓手"抓"住他的眼球，用钩子"钩"住他的思绪。

一、评论的抓手

评论写作的一个非常重要的方面，就是评论的抓手。什么叫抓手，是指提纲挈领的东西，比如 2003 年"非典"期间的一篇获得中国新闻奖

---

[1] 引自毛丹青先生的微博。

一等奖的著名评论，题目叫《微笑，并保持微笑》，开头是这么写的：

> 前不久，一位朋友发来一条手机短信，用4个字首分别为"S""A""R""S"的英语单词对"SARS"进行了全新的诠释：Smile And Retain Smile，并注明它的意思："微笑，并保持微笑。"无独有偶，5月8日《南方周末》上的一则公益广告，其主题正是这4个英语单词和这一行汉字。
>
> 在"非典"肆虐的紧要关头，这种不无幽默的另类诠释，不仅表现了一种智慧，也传达出老百姓在抗击"非典"过程中的生活态度和精神面貌。
>
> "非典"是一场突如其来的灾难，微笑是一种司空见惯的表情。"非典"不是微笑的理由，却使微笑更具魅力。

这里的"微笑"，便是这篇评论的抓手，一下子抓住了读者，让人心里一动。后面的论证都围观这个"微笑"来评论——"医生的微笑是一种坚定，患者的微笑是一种信心，大家的微笑是一种平静。"很清楚，很干净利落。这就是抓手的作用，一下子抓住读者，一下子抓住了结构，写得也很流畅。纲举目张，找到了评论的抓手，标题、结构、观点，就是水到渠成的事了。因此，构思的过程，也是找到观点抓手的过程。我在构思的时候经常在纸上画，画着画着，画出一个词，然后围绕这个词，思维就找开了，这个词就是抓手。我们再继续看这篇获奖评论后面的内容：

> 医生的微笑是一种坚定。
>
> 曾为"希望工程"捕捉到一双充满渴望的"大眼睛"的著名摄影记者解海龙，在"非典"时期又捕捉到一双饱含微笑的大眼睛。5

月 10 日《北京青年报》刊登由解海龙拍摄的北京佑安医院传染科主任孟庆华在抗击"非典"前线的特写照片，照片上的孟庆华戴着大口罩和防护帽，能看到的只有一双大眼睛，而眼睛中流露出来的微笑，是那么从容，又是那么坚定。

解放军 302 医院 9 位护士姐妹经过一个多月艰苦鏖战，于 5 月初走下抗击"非典"第一线。24 岁的段艳蕊回顾这一段经历时说："虽然隔着口罩，病人看不清我的脸，可我相信，从我的眼神中，病人能感受到微笑。"（5 月 12 日《人民日报》）

广东省中医院二沙分院急诊科护士长叶欣，在抗击"非典"第一线不幸以身殉职，但她在护理过程中那天使般的微笑，却永远留在患者心中。今年护士节落成的叶欣雕像，使她的笑容注于永恒。那微笑曾经给许多患者以希望，还将给更多患者以希望。

法国哲学家阿兰在他的《幸福散论》中说："在医生的药箱里，没有别的药品比微笑更能带来迅速、和谐的疗效。"在抗击"非典"第一线，医护人员坚定的微笑，传达的正是病人最需要的感染力。

患者的微笑是一种信心。

在电视荧屏上，在各种报刊上，几乎每天都能看到"非典"病房的画面。和医生一样，病人也都戴着大口罩。但是，不用语言，病人同样能表达他们的情感。对医护工作表示满意时，他们会微笑着竖起大拇指；向外面的世界传达他们的状态时，会微笑着做出必胜的手势。

住院的人，谁都会觉得外面的世界很精彩。而从患者的微笑中，我们知道里面的世界也并非很无奈。一位患者说，"非典"可能夺去人的生命，但却无法夺走人的信心。从病人的微笑中，我们能读出迎战"非典"的乐观，也能读出战胜"非典"的信心。

大家的微笑是一种平静。

4月30日《北京日报》刊发一组反映"非典"时期北京人寻常生活的图片。微笑可以说是这组图片的主题。一位女孩的特写照片特别引人注目,大大的口罩遮住了她的大半个脸,"严防死守"4个字则占据了整个口罩。但大大的口罩更加突出了那双满含微笑的大眼睛,"严防死守"4个字则使她的微笑更加生动感人。

突如其来的"非典"改变了我们的生活,但"非典"时期的日常生活,仍然处处荡漾着微笑;"非典"时期的内心世界,仍然需要一片宁静的天空。

微笑的感染力是互相的,不吝微笑的人,必将从微笑中得到更多。

我们应该常问问别人,也多问问自己:"你的心情,现在好吗?你的脸上,还有微笑吗?"(一首流行歌曲的歌词)

我们应该常提醒自己,也多提醒别人:"让我们把手洗干净,然后握得更紧;让我在十八层口罩后面,看看你微笑的眼睛……"(一则正在流行的"民谣")

微笑,并保持微笑。[2]

再看一篇白岩松谈扶贫工作的评论。"扶贫"是一个老问题,一个老问题怎么谈出新意,怎么跳出套路呢?白岩松在评论时抓住一个字:"Zhì。"他说:"打好脱贫这场硬仗,需三'Zhì',扶贫先扶'志';扶贫先扶'智';扶贫先扶'制'。"看看,如此一来,观点是不是就很清楚,好理解了,一层一层推进。抓手是评论的金线和灵魂,评论写作初学者一定要有一个清晰的抓手,这个抓手就是你写作的拐杖,让这个拐杖帮着你去把观点说清楚。

---

[2] 作者为尚德琪,原刊于《甘肃日报》,获得2004年中国新闻奖一等奖。

有了抓手，结构才有了支撑。正像一位专栏作家所建议的："主题要蕴含在结构中，不要蕴含在只言片语里，要追求整个结构的力量。"抓手能把"只言片语"凝聚起来，形成结构化的冲击力。一篇没有抓手的评论会有什么表现呢？面面俱到，他有错，他也有错；对这个问题，我说三点，可这三点之间没有什么关系，三点中的每一点都可以写一篇评论；还有就是，我想到，我又想到，我最后又想到——思维发散，天马行空，把自己想到的全部容纳到一篇文章里。

有同学问，给你一个话题，怎么能迅速形成自己的观点？我的习惯是，首先想到的第一个问题应该是，多数人对这个问题会怎么想，即大众会怎么想——**归纳出一个可能每个人都能想到的观点，然后在这个观点的基础上去思考**。我们要学会站在"多数人可能怎么想"的基础上去思考，而不是脑子一片空白，不是从零开始去构思。一开始你可能没有想法，但想想别人的看法，想想主流的看法，在这样的自我对话和想象一个靶子的过程中，你就会逐渐有自己的想法，而且能够站在别人的肩膀上。

二、构思的过程要学会做减法

接下来，我想谈谈评论写作中的"舍得"，也就是我们在评论写作的时候，要学会做减法，而不是做加法。有些同学的评论为什么写得那么臃肿，拉拉杂杂讲一大堆，却一个道理都没有讲清楚，就是因为爱做加法，思考的时候想得太多，舍不得扔掉那些看上去挺好却跟主题不相关的想法，一大堆想法堆在一篇文章里，又没有重点，没有抓手，自然臃肿。如何才能使评论有一个好的身材？得减肥，不能什么都往文章中堆。你的逻辑线条得通过一根金线、一个抓手体现出来。

怀孕的身材为什么通常都不好看呢，因为是两个人在一个身体上，评论也是一样，不能观点里还怀着观点，大观点带着小观点。要舍得放弃那些零碎而不相关的小观点，围绕一个点来写。举个例子，一名很优秀的评论员王昱，我在北大上课时，她交给我一篇作业，题目叫《我特爱学习，但不爱上课》。她这篇评论的本意是想批评学生，批评那种只爱听段子，只爱好玩的、有趣的、轻松的，而不爱严谨的、学术的、深刻而无趣的学生；批评那些只爱上能拿高分的"水课"，不爱上需要自己付出和投入的课的学生。

观点是挺好的，但我后来点评的时候说，这篇评论最大的问题在于，不舍得放弃，一篇文章里"两个观点"平均用力。这篇评论花一半篇幅批评了当下的"水课"，老师不负责任，念PPT，学生不爱听；又花另一半篇幅批评了学生，只爱"水课"，不想付出，只想凭兴趣听段子，不想钻研学术。这两个观点都对，但在一篇评论里平均用力，就像怀孕了的身材，一个人套着另一个人，身材当然走样了。其实是写的时候太贪心，两个观点都想写，不想放弃另一个。我后来让她改了一下，一篇分成了两篇，一篇批学生，一篇批老师，这样一来，就像完成了分娩，两个都是漂亮的人儿。

当然，还有另外一种处理方法。当你对一个问题有太多想法，都想写到一篇评论里，那怎么办呢？还是需要舍得放弃，有所侧重。比如，我经常处理的方式就是，在第二段把我想到的几个角度都罗列出来，用类似这样的方式——"有人认为……有人认为……还有人认为，但我最关注的是……"这样既全面体现了多种角度，又有所侧重，把重心都放到那一点上。**宁要片面的深刻，也不要肤浅的全面，避免把几个想法平均用力，要学会砍、砍、砍**，剩下的那个便是你自己最有表达欲，也最令人眼前一亮的角度。

三、养成"先有标题再下笔写作"的习惯

在第四讲里,已经专门讲了标题。在这里想结合抓手,再强调一下标题的问题。我写评论时有一个习惯,即构思一个好标题之后,再下笔去写,而不像有些人,先写完了,再去绞尽脑汁地想标题。为什么要先构思标题呢?**构思标题的过程,就是一个寻找角度、形成观点、找到抓手、谋篇布局的过程。**比如,针对最近一条让人很难受、很压抑的新闻——《男子伪造车辆坠河假象骗保,其妻以为丈夫身亡携子自杀》,我写了一篇评论,题目是《别盯着骗保和殉情,让人窒息的是农村妇女自杀》。

这不仅是一个标题,更是我的评论的抓手——不要被戏剧化的骗保和殉情遮住眼睛,农村妇女自杀问题,才是这条新闻中最值得关注的问题。构想这样的观点,找到这样的抓手,最后有了这个标题,我花了一个小时,最后只花了半个小时来写。想法清楚了,有了标题这个抓手,写起来就很容易了,一气呵成。如果找不到一个精彩的标题,没有标题这个抓手,文章写起来就很吃力,一段一段地编,一句话一句话地憋。

一位领导曾经夸我写评论像自来水一样,打开就有,是快手,半小时写就一篇,倚马可待。实际上真不是这样,我在你们看不见的地方花了一个小时构思,找到了标题,标题就是自来水的阀门,有了标题这个抓手,接下来的写作围绕标题的中心意思就行了。比如,写高铁霸坐男,我的题目是《咬牙切齿却又拿霸坐男没有办法,这就对了》,这个标题就是我的观点,也是我评论的亮点,自来水便哗哗地来了。写瑞典警察和中国游客冲突的那件事,我的标题是《靠信息不对称搅动舆论仇恨那套不灵了》,标题把思维的阀门打开了,否则思维就会便秘,评论就会难产。

"先写文章,再想标题"所导致的一大问题是,在没有想清楚的情

况下硬写、硬憋、硬挤。有的同学挤评论，便是没有在构思标题的过程里把想法梳理清楚。这种"后写标题"的文章所导致的另外一个问题是，思维发散，天空行空，容易走神。为什么要先有标题呢？标题就像一根缰绳，牵着你的思维，让你写每一段的时候都想着，这段内容跟主题有什么关系呢？标题中的意象和关键词，不断出现在你的每一段中，这样一来，你的文章就能让读者读得很清楚，不需要读者回过头去分辨上一段跟下一段的逻辑关系了。

四、标题要有感性的钩子

那么到底怎么构思一个让人眼前一亮的好标题呢？构思标题有很多种的技巧，比如在第四讲中提到的要有冲突性，鲜明的对比更能让人眼前一亮。举个例子，针对姚明到大学读博，大学完全迎合姚明而没有自己的原则，我起的标题是《姚明面前，无比矮小的中国大学》——高大的姚明，矮小的大学，这两者产生了一种互文和反差。不明真相的群众和眼睛雪亮的群众，也是对比。人们看戏剧，喜欢冲突性，同样，评论的标题需要这种冲突性勾起读者的阅读欲望，在冲突中体现你驾驭观点、思辨的张力。

标题还可以制造一种让人意外的戏剧效果。这需要你有延伸的、由此及彼的想象力，脑洞要打开。比如《唯颜值匹配者，方能以帅治国》这个标题，一个"以帅治国"就抓住了读者的眼睛，让评论活了起来。一般人对"以什么治什么"这个结构的想象力只会停留在"以德治国""依法治国"，套路限制了我们的想象力。我在一篇批评西安的评论里说，"西安是一座官员宜居的城市"。一提到宜居，我们想到的都是百姓宜居，想到的是环境，然而很多时候只是有钱人宜居，当官的宜居。从正常里看到反常，从反常里看到正常，标题就有了独到的切入点。

当然，我更喜欢另一种标题，就是带着感性钩子的标题，它具有一种感性的力量，把读者、阅卷的老师代入到文章、标题中那个感性的存在物，产生了一种强大的、让人不知不觉被"煽动"的力量。比如，曾有一个同学写了一篇评论作业，评论中国科学院大学老师给那些抄袭的学生打了零分，很多大学都在对学生论文进行查重。大多数的评论都批评学生，但这篇评论觉得光批评学生不行，要反思背后更多的问题，她写的标题是《查重挂科，不过是治标而不治本》。

这个标题其实也说得过去，很恰当地概括了文章的观点，但我觉得标题太僵硬，太呆板，太套话。后来我帮她改了一个标题——《查重挂科的板子都打学生，我不服气》。"我不服气"的这一表达，有一种感性的带节奏感，使标题活了起来，灵动了起来；同时，立场很鲜明，态度很明确，表态很直接。标题有时需要这种简单粗暴，直抵人心，直抒胸臆。很多评论之所以能达到"10万+"的阅读量，除了观点之外，标题都有感性的节奏性，不绕来绕去，不抽象空洞，直接去"怼"。

另一个学生交的作业针对的是学生会官僚现象，舆论一边倒地都在批评学生官僚，谈官本位。而这个学生的评论则为学生干部辩护，觉得不能一棒子打死。她起了好几个标题，什么"不能一棒子打死"啊，什么"这个锅学生会不背"啊，我后来改了一个——《对不起，允许我为学生干部辩护几句》，标题直截了当，表达了"我就是为学生干部辩护"，"就是不与流行为伍"，"就是保持我独立的判断"。读者肯定会点开这篇评论看，因为标题里有一种感性的钩子。

五、结构要简单清楚，别绕来绕去

再简单说说评论的结构。对评论初学者或准备考研的同学，我提一个小小的建议，不要在结构上花太多的功夫，就用那种最简单的结构——"首先,其次,再次","第一,第二,第三","因为,所以,因此"。评论的核心是观点,而不是结构,结构是为观点服务的,读者主要是看你的想法是什么,你的观点是什么,而不是看你在结构上玩创新玩花哨。**越简单的结构,越有表达的效率,让人看到你的论证过程。**等以后成为名家了,想怎么写就怎么写,但刚写评论,还是得规规矩矩,主要是构思一个好角度、好观点、好标题,至于结构,越简单越好。

我喜欢的评论结构,是那种有一根看得见的明线的结构,每一段都要呼应一下那根明线。比如一个学生的评论写的是给大学生增负,觉得现在大学生的"水课"太多,"水学生"太多,不能轻易就让他们这么毕业了,给社会生产"次品",得增加他们学习的"负担"。这个学生评论的标题是《关键不是增负还是减负,关键是要量体裁衣》,他用了"量体裁衣"这个比喻,松紧不重要,重要的是合身。这篇评论的结构看起来很流畅,因为每一段都谈到了"量体裁衣",并围绕这个比喻去论证,结构自然很收敛。

另外,结构一定要紧凑,不能跳跃,不能有太多的逻辑层次。如果文章论证的层次太多的话,读者会跟不上你的节奏。比如一篇评论说,从一位法学家的去世想到中国法治的艰难。这个结构,回路就太多了,一位法学家的去世跟中国法治有多大关系呢?其间的关系太远了。评论一般做的是从 A 推到 B 再推到 C 的结构,而不能一下从 A 飞到 F,别玩跳跃,别扯得太远,别从一只蝴蝶扇动的翅膀想到德克萨斯的飓风。

有些同学问,怎么控制字数,有时写着写着就写多了,不得不赶紧结尾,这说明你的提纲没有列好。我写作时一般是心里先有一个提纲,自己对层次的把握是很清楚的,每一段不超过 140 个字,同时写这一段时会想着另一段怎么写,写什么。写作的时候如果做到这样的"瞻前顾后",就能保持一种稳稳的节奏感,不至于写到最后连最重要的内容竟然还没有说,不得不仓促结尾。重要的事说三遍——瞻前顾后,瞻前顾后,瞻前顾后。

还有同学提到，说自己写的时候很容易重复说一个道理，翻来覆去就那一个意思，这叫作"同义反复"，即说车轱辘话。怎么避免这种情况呢？需要用简单的结构让自己在几个层面从不同角度去论证，视角一定要丰富，比如正面案例、反面案例、国外的国内的，不要总是格局那么小，总局限于事情本身，要拓展开来。不要让事情本身限制了你的想象力，要跳出来由此及彼。

六、开头不能只是由头和叙事

再说到开头，当下评论有一种千篇一律的"八股"套路，无论是阅卷老师，还是报纸编辑和读者，读起来都很厌恶，即第一段都是叙事，照搬由头，直接把新闻摘过来，然后第二段开始谈观点。我觉得开头需要好好构思，要在一开始就用观点带出由头和事实，即第一段就要有观点。读者首先看到标题，然后看到第一段，因此第一段要旗帜鲜明地亮出观点，让读者印象深刻，有效率地吸引他们的眼球。

就像写新闻一样，开头就是你的导语。一个美国记者曾说，导语应该这么来写："文章在一开始就要扼住读者的喉咙，然后掐紧用力撞向墙壁，直到最后。"对，就得这么狠狠地抓住读者。我在北大上新闻评论课，花了好几节课来讲评论的表达效率。后来一个学生总结说："曹老师讲得太没有效率了，竟然花了六节课，我用十二字就讲清楚了。"哪十二个字呢？他说："前戏要少，高潮要早，论点要屌。"虽然有点"三俗"，但总结得很好，必须要有效率。

有一位著名的网红评论员这么建议，第一段应该只写一句话，因为如果第一句话不能把读者定住，后面写再多也没有用，没有多少人会看完第一自然段。为什么现在微信公众号的标题越起越长？因为许多写手已经明白了这一点，他们把标题当作了文章的第一句话。在读者还没有决定是否点开文章阅读第一段的时候，他们试图用标题抓住读者，进而产生宝贵的一次点击。在报刊亭和电视机的年代里，人和作品的交情是从第三章开始的，所谓"从前车马慢"；而在网络时代里，人和作品的交情只存在于第一次点击，动机转瞬即逝。

确实是这样，"前戏要少，高潮要早"，早到第一句话就要亮出你的干货，亮出你的观点，避免那些拉拉杂杂的由头和叙述把读者赶走了。考研阅卷也是这样，阅卷老师要看那么多的文章，早看烦了，全是"八股样"，很多老师都直接跳过第一段，知道那都是套路。所以，第一句话非常重要。曾有作家说，"文章在第三段开始发力，剧作从第五集开始精彩。如果这样来写评论，在网络的丛林里大概活不过片头字幕。所以，如果你找不到能亮出观点的第一句话，还不如别写"。

是的，就是这么残酷。如果你的想法不能用一句精彩的话表达出来，不能精简成一句就让人听明白的话，说明你还没有想清楚，还没有找到抓手，思维和观点还没有构思清楚。只有想明白了，才能用简单的话表达出来。

我曾写过的一篇评论，批评的是一些地方政府在招商引资过程中，对商人过于谄媚，没有原则，跪舔商人。开头是这么写的："'为了吸引像您这样的公司，我们夷平高山，砍光丛林，填平沼泽，让河流改道，重建城墙……我们所做的一切都是为了让您在我们国家能有一个更便捷的做生意的环境。'——这是当年菲律宾政府为招商引资在美国《财富》杂志上做的广告，这种引资姿态是够疯狂的了，可相比之下，如今我们一些地方政府为引来资本，'砍光丛林'已不算什么，甚至突破了底线，不惜在政治制度上迎合商人。"这是用观点带出由头，而不是僵硬的由头。

七、评论写作需要会讲故事

评论,很多人觉得就是"摆事实,讲道理"。我最喜欢的评论倒不是讲道理,而是讲故事,通过感性的故事去阐释一个深刻的道理。比如,有一次我写一篇评论,想谈谈生活中那种"没话找话说"的尴尬状态。我在开头讲了一个故事:多年前,一个性格比较内向的同事在电梯中遇到老总,偏偏老总也不太爱说话,打完招呼后两人彼此对视无话可说,电梯里就两个人,狭小的空间里写满尴尬。电梯开门时,这位仁兄觉得此时此景不说点什么,实在对不起老总,于是,拍了拍老总的肩膀,说了一句注定会成为经典的雷语:"我会好好干的。"

你看,不需要你评论,观点都在故事里了。有一个学生写的评论作业是关于中国科学院大学老师给抄袭的学生零分的新闻,批评大学的"水课"。其实这个道理是一个老套的道理,光从道理上说,说不出什么新意,但我从她的文章中看到了一个故事:"大一时我参加了一个社团,开学第二周,社长就热情地提出开会,传授选课秘诀。我满怀期待地参加了,等到的却是'逃课表''水课表'等高分攻略。那天晚上回宿舍的路上,一直活在象牙塔里的我又是震惊又是失望,几乎要哭出来。"

多好的故事啊,很有说服力和感染力。道理是老的,但故事是新的,这也是评论的附加值,所以我毫不犹豫地建议她把这一段提到前面来,我给她改的标题也是围绕这个故事——《听完"选课秘籍"回来,我几乎哭出声来》——看,多有节奏感,多有感性的带入感。我们要学会在日常生活和日常阅读中积累这样的故事,会讲故事,关键时候都能在评论中用上,起到画龙点睛的作用。

故事是感性的,道理是抽象和理性的。读者的认知过程其实是一个从感性到理性的过程,因此我们的写作要尊重读者的理解,尊重人们对一个道理的接受习惯。更重要的是,通过故事讲道理是潜移默化的,是让读者自己从故事中感悟，让他觉得这个道理是自己获得的，而不是评论员强加给他的。同时，故事也能让文章结构更丰富，如果都是板着脸讲大道理，那样的文章也太难懂了；很多时候，故事就是文章的兴奋点，就像相声小品一样，是文章的"包袱"，有"包袱"的评论才好看。

此外，故事还能让文章充满"肉感"。《南方周末》的一位记者曾提供了一种"肉感写作"，所谓"肉感"就是用充分的故事来支撑文章，她的大部分稿件都会采访近10位对象，还有不少杂人。大采访量能较大程度地保证材料的丰富性，留意和收集似乎与主题无关的材料，这在写作中往往能发挥出增加弹性的效力。但"肉感写作"并不是容易的事情，大量地使用"肉感"材料也容易产生副作用——这类材料由于弹性十足，具有很强的延伸性，如果使用不当，容易让文章出现力量不集中、材料驳杂的问题。[3] 既要讲好故事，又得避免材料驳杂，这需要做减法，比如《冰点周刊》的爆款文章《湍流卷不走的先生》，就是讲故事的典型，聚焦于写李佩先生的故事，舍得放弃那些有诱惑力却庞杂的材料。尤瓦尔·赫拉利在《人类简史》中谈道："人类思考用的是故事，而不是事实、数据或方程式，而且故事越简单越好。每个人、每个团体、每个国家，都有自己的故事和神话。"[4]

公众爱读故事，不爱看陈词滥调，当下自媒体创业，主要都是在"卖故事"：六神磊磊讲的是金庸的江湖故事，吴晓波卖的是经济故事，罗振宇卖的是读书和思想的故事，秦朔、迟宇宙、许知远的核心产品也是故事。有意思的是，这几位创业选择的内容变现方式都是评论，而评论的核心都是故事。

如何讲故事？这涉及评论作者对受众情感结构的洞察力。**一个触及**

---

[3]　《南方周末》编委会：《后台》，广州：南方日报出版社，2006年。
[4]　[以色列] 尤瓦尔·赫拉利：《人类简史：从动物到上帝》，林俊宏译，北京：中信出版社，2018年，第3页。

公众情感结构的故事，才能在打动人心的过程中起到修辞感染力，从而对观点形成有力助攻。什么叫情感结构？它涉及一个社群深层次的心理共识，比如，美国著名社会学家赫伯特·甘斯在《什么在决定新闻》里分析了美国社会的新闻中的那些恒久价值，其中就涉及了美国人的情感结构，那些恒久价值包括：民族优越感、利他的民主、负责任的资本主义、个人主义、温和主义、社会秩序和国家领导权。[5] 当新闻纳入这种价值框架中，才能被视为主流；而新闻故事要想触动社会痛点，需要进入这种情感结构中。

米切尔·斯蒂芬斯在《新闻的历史》中谈到了故事的原型，对我们在评论中构建一个有感染力的故事很有启发。他讲的是一个记者刚入行被老编辑教育的经历。1959年，达恩顿任《纽瓦克明星纪事报》治安记者，找不到可发的新闻，于是查看警察局的案子，准备写一个"男孩在公园里被抢走自行车"的案件。老编辑说，不能这么直白地写，于是，他坐在打字机前，向"菜鸟"达恩顿展示如何补充必要的细节：

"比利每周都在小猪储蓄罐中放入25便士零钱。他梦想买一辆自行车。实现梦想的一天终于到来。他买了辆炫目的红色施文，骑着它去公园兜风。每天他都自豪地沿着同样的路线在公园里兜一圈，就这样过了一个星期。但昨天，公园里突然冒出三个恶棍。他们将比利从车上打下来，骑着车跑了。比利受了伤，流着血，蹒跚地回到艾尔姆大街43号的家。父亲乔治·F. 瓦格纳对他说：'没关系，孩子，我帮你买辆新的，你可以用它送报赚钱还我。'"

回去后，达恩顿便打电话寻找适合上述套路的事实，最后，他撰写的报道出现在《纽瓦克明星纪事报》的头版上，而且第一次署了名。很快，

---

[5] [美]赫伯特·甘斯：《什么在决定新闻：对CBS晚间新闻、NBC夜间新闻、〈新闻周刊〉及〈时代〉周刊的研究》，石琳、李红涛译，北京：北京大学出版社，2009年，第52页。

邻居开始为比利集资买新的自行车，公园管理者也宣布要加强公园安保。达恩顿认为，他利用普遍的情感与人物——男孩与自行车、小猪储蓄罐、无情的恶棍、宽慰的父亲——引发了读者的共鸣。[6]

这就是故事的情感结构，故事高手总能够构思出能吸引住受众的情感结构，把受众纳入这种框架中，并进入到观点节奏。

接下来，让我们来看一篇评论案例，是在北大2016年新闻评论课程考试中，徐芃同学临场写的评论：

别让高考状元变成学生的无期徒刑

高考是一场沉重的战役，说它沉重，是因为它被赋予了无数的意义。来到北大之后，我和许多同学交流过，"好好努力，熬过这几年，高考考个好成绩"是无数师长对我们的勉励。高考成功意味着一所好的大学、一个好的平台、一份好的工作，简单来说，就是一个好的前程。

高考状元作为这场战役中的优胜者，则被赋予了更多，我的一个妹妹曾经半开玩笑地说："学霸，你考上北大就是我的噩梦啊！"状元是无数家长口中的"别人家的孩子"，是悬挂在学校红榜上的头像，是电视报纸上的"才子""才女""某某地区、某某小区、某某镇的骄傲"。

高考状元的身份似乎已经变成了成功世界的入场券，但是需要警惕的是，这种成功是别人眼中的；同样地，虽然高考状元有了更好地获得"成功"的条件，但它也不是纵容你怠惰的护身符。

---

[6] [美] 米切尔·斯蒂芬斯：《新闻的历史》，陈继静译，北京：北京大学出版社，2014年，第94页。

个人对于高考状元这个身份的过度纠缠，可能会让它变成自己的束缚。鲜活的个体被高考状元这个标签，以及社会附着在它之上的无数期待捆绑，无异于一场无期徒刑。

最近某网站公布了一份《2015中国高考状元调查报告》，称状元们在学术领域成就较高，而在政商界虽有成绩，但缺少行业顶尖人才和领军人物，成长率低于社会预期。这种"社会预期"可以理解，但是，个人永远活在别人的预期之中，无疑是一种悲剧。

我就读的第一所高中每月都有一次综合考试，大家都称其为"月考"，月考之后按分数排名，并且将前100名公示。我因为学业不错并且善于考试，所以多次拿下第一名，久而久之也在学校小有名气。甚至还有同学不呼其名，看见我就喊"年级第一"。

这种潜移默化的影响是非常厉害的，虽然我反复提醒自己不要在意排名，但每次假装淡定地走过"排行榜"时也忍不住多瞟几眼，如果看见漂亮女生在那里看榜，心里也会更加得意几分。

这种不断和别人比较，活在"我是状元，我要一直这样优秀"的想法中的状态陪伴了我两年。我开始逐渐发觉自己在接受老师、同学对于状元的期待：我要努力刻苦，专注于课业，并且要一直保持成绩，以后考一个好大学，找个好工作，有一个好前途。

但是当我在高二连续第N次拿下状元之后，我忽然开始反思："这是我喜欢的吗？我真正想要的是什么？"我发现我一直活在与他人的比较之中，一直要完成那个"优秀"的预期。我其实忘记了还有一个更大的世界，这个世界不是一个更大的竞技场，而是我自己的内心。

"我是谁？"

这个问题让我苦恼，我经历了无数场考试，解开了无数刁钻古怪的题目，但是我无法回答这个问题。

在这种情况下，我"任性"地休学一个学期，在这一个学期内漫无边际地看了很多"闲书",然后转学到了另一所高中。如果说休学的这一学期有什么收获,那就是我忘记了那种与别人比较、满足别人预期的生活状态,这让我感到自由。

现在回头来看,休学、转学的举动未免太过出格,如果把社会预期当作一个圆,个人意愿当作一个圆,理想的生活状态应当在这两个圆的重叠之处。但是有一点是可以确认的,无论是不是状元,都不应当抛弃自我,在别人期待的半径内画地为牢。

高考,还有很多事物,之所以沉重,很大一部分原因就是被人为赋予了很多意义。但那是他们的沉重,作为一个人,我本可以轻松上阵,不是吗?

对于这篇评论,我给出了以下点评:

(一)从一般人看不见的视角,讲自己的故事。一般的评论,是站在外面看高考状元,而这篇评论是曾经的高考状元从自己的角度看别人的预期、看自己的内心。这个故事之所以有抵达人心、触动心弦的力量,不仅在于"怀疑人生"和"休学思考"的曲折动人,更在于让我看到了一个不同的世界,一个拒绝迎合别人预期、有独立思考的高考状元的心理世界。

(二)这篇评论的附加值不只是故事,不只是新鲜的视角(不是外人看状元,而是状元看别人和自己),更在于让人看到了一种"不同",虽出人意料,但抚卷沉思之余,又觉得入情入理入心。多数人可能没有勇气做出那样的选择,多数人可能会享受状元的光荣,成为没有自我追求的考试机器,但作者没有,他让我们看到了另一种可能。

(三)文章没有时评"八股腔",没有在开头就引新闻由头再按部就班地评论,而是先谈观点和讲故事,用有冲突性的故事引出主题,尤其这一经历很有意味——我的一个妹妹曾经半开玩笑地说:"学霸,你考上北大就是我的噩梦啊!"写到第五段才不经意地提到了新闻由头——最近某网站公布了一份《2015中国高考状元调查报告》。时评要摆脱"八股腔",有时需要这样的处理方式,娓娓道来讲道理,而不是生硬地把新闻由头放在前面,然后从由头生出议论。看到这种八股模式会让人厌倦。评论应该有"问题意识",由"问题"和"困惑"开始生发议论,而不是从新闻由头开始。

符合写作过程的思考应该是这样:先有对某个问题的思考,然后某条新闻激发了这种思考或印证了这种思考,或对这种思考提出了挑战。基于"问题意识"的评论,带着"问题意识"去看新闻由头,要比"从新闻由头引出思考"的写作模式更吸引人,更自然。尤其当"从新闻由头引出某个思考"的模式泛滥成灾后,"从问题引出新闻由头"的写作结构更清新自然。

(四)评论,需要讲理,但讲理不应该变成生硬的说教。这篇评论我之所以会给100分满分,不仅出于前述各种原因,例如有结构创新,有故事,有思想深度,有情怀,还有评论语态的清新,没有大词和概念,简约朴实的语言很有力。同时,没有表现过强的"讲道理"的说教冲动,没有居高临下的灌输感,而是把道理融于对故事的叙述中,让读者自己领悟。

讲故事就是老老实实地讲故事,忌讳一边讲故事,一边借故事去上纲上线;忌讳带着强烈的说教意图去讲故事。比如下面这篇评论,故事本来讲得很好,很有表现力和感染力:"2009年12月29日,卢展工在漯河市调研,并和在漯河市临颍县投资的闽商企业家亲切合影。当企业家们虚位以待邀请他坐下来与大家一起合影时,卢展工幽默地说:'我站在后面,给你们当好靠山'!坚持让闽商坐在前排,自己站到后排。"

如果写到这里就收笔，读者自然能感受到故事的表现力，道理已经蕴藏于故事中，不言自明，意味深长。可作者的一句点评，就破坏了这个故事的韵味，也破坏了读者的胃口："领导者合影的座次并不重要，领导者在人民心中的位置最重要。"这个大道理把故事的味道完全毁了。讲故事本来是为了潜移默化地说服，不必将道理点明，再好的道理，如果生硬地说出来，都会让人产生"强迫感"。

再看这一段也是这样，点评把故事给毁了。本来是娓娓道来的故事节奏，可没说几句，忍不住要拔高，控制不住说教的冲动："在焦作调研时，卢展工看望了山村小学教师，并与他们合影留念。这时，小学生们纷纷要与卢爷爷合影。'我还是坐地上吧，别挡住了孩子们的脸！'为了保证每个孩子都有合影机会，卢展工笑呵呵地一次又一次坐在冰冷的水泥地上，并说：'一个都不能少啊！'就这样，全校学生都与卢爷爷合上了影。"作者加上的点评是："有句调侃话叫'屁股决定脑袋'，卢展工一次又一次坐在冰冷的水泥地上，也一次又一次地强化着领导者要坚定地把自己置身于普通群众当中的理念。"

八、结尾不需要硬装建议性

评论初学者都有一个写作的坏习惯，即喜欢在结尾表现一下建设性，表现一下光明的尾巴，让人看到希望。前面还在好好说人话，一到结尾，那种腔调就来了——"我们希望""我们盼望""我们拭目以待""但愿"。有一个评论员，因为每一篇评论结尾都有"让我们拭目以待吧"，后来我们都叫他"拭目以待君"。经常看到的评论，没有一个自然的结尾，很多都是为了结尾而结尾，而不是构思中文章完整的一部分。这不仅是虎头蛇尾，我还把它叫作"尬尾"，最后突然高潮一下，唱一下高调，无病呻吟几声，好尴尬啊。

之前提到的学生写的关于查重挂科的一篇评论，她觉得这是治标不治本，前面写得挺好，可结尾就尴尬地说套话了："高校教育问题久已有之，问题暴露出来也未必不是一件好事，大家不必陷入过度失望的情绪中。杜绝抄袭之风，树立诚实之本，高校改进之路任重道远。最关键的还是要选择正确的方向，走对了，路也就通了。"又是"久已有之"，又是"未必不是一件好事"，又是"诚实之本，任道道远"，都是套话，都是某些党报那种老评论员的"八股腔"。

当时我帮她改了标题——《查重挂科的板子都打学生，我不服气》，后来我让她改一下结尾，她改得很好："高校教育问题久已有之，就像煮了一锅太咸的粥，只去严审米的质量而不去适当调整盐的用量，这粥还是难以下咽。把'查重挂科'的板子打在学生身上有失公允，也实在难让学生服气。"这么一改，既形象，又点题了。评论需要这种"豹尾"，有力地重申一下你的观点，不需要硬搞个建设性，不需要非要你给一个解决的方法，不需要非要你给一个光明的未来。

当然，结尾不只有一种模式，它没有模板，关键是要让人印象深刻，是文章完整的一部分。它可以有力地重申观点，可以表达自己的遗憾和担忧，可以留下问题让读者继续去思考，也可以呼应一下开头。比如，你可以在开头留下一个伏笔，讲一个故事，故意留一个关键情节，最后再讲，这样文章就好看了。结尾是需要构思的，而不是写到最后仓促收笔，让人感觉话没说完。

九、应试评论的写作注意事项

有的同学会问到，考研时遇到不熟悉的、不擅长的、陌生的话题怎么办？第一，其实大学生关注的视野差不多，如果你觉得陌生，别人可能也一样。第二，考研命题一般不会找太生僻的题材，如果你觉得太陌生,说明你的视野太狭窄了,应该关注的而没有去关注。实在遇到让你觉得陌生的话题怎么办?一个简单的方法就是,从身边事谈起,从感性说起。比如"中国在芯片上缺乏创新"这个话题,很多文科生看到后一脸懵圈。我的一个学生是这么写的,他从本校电子系招生和就业的"冷",来谈中国的芯片危机。你看,从身边自己熟悉的事物说起,不需要你懂芯片。

还有的同学会问到,考研一般都是正面评论,曹老师写的多是批判性的评论,不对路子啊。我觉得这个问题多虑了,第一,我专门在《中国青年报》有个专栏,叫"暖评"专栏,写的都是正面题材、正面评论,这些文章都收录在我的文集《时评中国:用理性反抗坏逻辑》和《时评中国2:用静能量对抗狂热》里,大家可以看看我是怎么驾驭正面题材和正面评论的——不唱高调,说人话,找到触动人心的那个点。比如针对"桂林米粉店老板贴通知说自己的孩子考上清华,要送孩子去北京"的新闻,我写的评论题目叫《活出让爱你的人为你骄傲的模样》。

正面与负面、建设与批判,不是绝对的,不要画地为牢,考研的评论写作不是思想政治课,更多考查的是思维,是观点,是写作。遇到正面题材,你可以去反思背后的问题,只要言之有理,只要最后的落点是正面的、向上的、理性的、让人心里一暖的。不要用"一定要正面"来框住自己的思维,我在改学生考卷的时候,不会考虑什么正面、负面,而是着眼于评论专业本身。写得再正面,如果全是口号,全是官话,我只会给低分。

还有同学提到评论语言的问题,说自己写作时,总是口水化、口语化、碎碎念,总上升不到一个高度。这不是语言的问题,而是思维的问题,缺乏抽象化的思维,没有能力把一个具象的东西抽象到高级的层次,建议大家看一本书,叫《语言学的邀请》,教你如何从低的抽象层次上升到高的层次,在具象、形象和抽象之间游刃有余。总之,要学会总结、提炼,逼着自己用一句话表达出标题句和结论,训练抽象能力。

第六讲

评论写作的语言和语态

评论是表达的实用文体,需要简单和清晰的语言。复杂的概念和模糊的表达,会对读者造成阅读障碍。当然,在简单和清晰之外,又能「精彩」就更好了,就好像对「信、达、雅」翻译的要求。这里的「精彩」,是指干净利索没有废话、生动直观有趣、让人眼前一亮且一针见血。

第六讲 评论写作的语言和语态

写作真正最糟糕的做法之一就是粉饰词汇，也许因为你对自己用的小短词感到有些羞愧，所以找些大词来代替。记住用词的第一条规矩是用你想到的第一个词，只要这个词适宜并且生动即可。

——斯蒂芬·金

一个同学交了篇评论作业，观点挺好，评论的是青年人不再谈及政治，批评很多年轻人的政治冷漠，但语言让人觉得很别扭。比如这句话："何以漠视和逃避成为青年人对待社会公共议题的态度？"为什么不能直接说"青年人何以漠视和逃避公共议题？"多简洁明了。再看这句话："我们并没有储备下应有的对社会公共事务的敏感度与处理能力。"为什么不直接说"我们缺乏对公共事务的关注和处理能力"？还有这句话："理智的青年一辈应该学会将自己从充斥着安逸而无意义的娱乐性议题的环境中抽离出来。"为什么不能用汉语的语态语序好好说话："青年人应该远离无聊的娱乐议题。"

想起李普曼当年面试一个专栏作家时，对作家说了这样一句话："当我的耳朵听到了规范的分词，不定式用得恰到好处，代词都有先行词时，我就想，你可以接替安德森（另一个资深的专栏作家）的工作。"[1]

显然，这种语言中了当下一种流行的毒。看过一篇文章，说的是作

---

[1] [美] 罗纳德·斯蒂尔：《李普曼传》，于滨、陈小平、谈锋译，北京：中信出版社，2008年，第180页。

家余光中先生曾批评当下的汉语被污染被西化,他说,中文本身措辞简洁,句式灵活,声调铿锵,但如今面临着西化危机。英文好用抽象名词,软化了动词,也架空了动词,当代中文也已经呈现这种病态,喜欢把简明的动词分解成"万能动词+抽象名词",目前比较流行的万能动词是"做出"和"进行",几乎要吃掉一半的正规动词。比如,"昨天的听众对访问教授做出了十分热烈的反应(简洁表达应为:反应十分热烈)","我们对国际贸易的问题已经进行了详细的研究(简洁表达应为:已经详加研究)"。现代英文喜欢化简为繁,化动为静,化具体为抽象,化直接为迂回,动名成癖。[2]

著名作家斯蒂芬·金在《写作这回事》中曾说:"写作真正最糟糕的做法之一就是粉饰词汇,也许因为你对自己用的小短词感到有些羞愧,所以找些大词来代替。记住用词的第一条规矩是用你想到的第一个词,只要这个词适宜并且生动即可。"他嘲讽那种华丽的英式语法:"美式语法不像英式语法那么严格(一位受过一定教育的英国广告商能把螺纹避孕套的杂志广告文字写得像大宪章一样),但美式语法自有它不修边幅的魅力。"[3]

梁启超的时务体,之所以一纸风行,首先在于语言的魅力。黄遵宪曾点赞梁氏文体的魔力:"惊心动魄,一字千金,人人笔下所无,却为人人意中所有,虽铁石人亦应感动,从古到今文字之力之大,无过于此者矣。"梁启超自评:"启超夙不喜桐城派古文,幼年为文,学晚汉、魏晋,颇尚矜炼。至是自解放,务为平易畅达,时杂以俚语、韵语,及外国语法,纵笔所至不检束,学者竞效之,号新文体。老辈则痛恨,诋为野狐。

---

[2] 余光中:《怎样改进英式中文?——论中文的常态与变态》,《明报月刊》,1987年10月号。
[3] [美]斯蒂芬·金:《写作这回事:创作生涯回忆录》,张坤译,上海:上海文艺出版社,2014年。

然其文条理明晰，笔锋常带情感，对于读者，别有一种魔力焉。"[4]

由此可见，简单清楚的语言对评论来说是多么的重要，后来胡适曾如此称赞梁启超的贡献："梁任公为吾国革命第一大功臣，其功在革新吾国之思想界。十五年来，吾国人士所以稍知民族思想主义及世界大势者，皆梁氏之赐，此百喙所不能诬也。……使无梁氏之笔，虽有百十孙中山、黄克强，岂能成功如此之速耶！"[5]可见，平白易懂、没有阅读障碍的语言，才能最有效率地起到启蒙作用。

而当年的美国革命，潘恩的小册子的传播范围超出了政治手册的传统受众的范围，因为他摒弃了精英所使用的希腊文和拉丁文文献，用平常的语言写作。[6]

毋庸讳言，当下很多新闻评论面目可憎之处，首先在于语言的八股化：生搬硬套硬凑排比句；面面俱到硬凑三点四点、首先其次再次；滥用辩证法，什么都一分为二；灾难文艺腔——"挺住、坚强、不哭"；思维贫乏语言干瘪的"最美、最帅、最牛"；充满"宣传腔"的"点赞、鼓掌、叫好"；张口就来的"彰显、折射、暴露"；自以为流行却已无比滥俗让人反感的"醉了、蛮拼、伤不起"。

要了解评论需要什么样的语言，需要知道这是怎样一种文体。首先，评论不是文学，最需要的不是文采，不是堆砌辞藻和滥用形容词，评论是表达的实用文体，需要简单（别玩高大上的概念）和清晰（别玩抽象，别玩语义含糊的朦胧体）的语言。复杂的概念和模糊的表达，会对读者造成阅读障碍。当然，在简单和清晰之外，又能"精彩"就更好了，就好像对"信、达、雅"翻译的要求。这里的"精彩"，不是看起来很有气

---

[4] 解玺璋：《梁启超传》，上海：上海文化出版社，2012年。
[5] 同上书。
[6] [美]迈克尔·舒德森：《新闻社会学》，徐桂权译，北京：华夏出版社2010年，第35页。

势的硬凑排比句，不是玩风花雪月故弄玄虚的句式，而是干净利索没有废话、生动直观有趣、让人眼前一亮且一针见血。

让人琢磨的语言不是好语言，因为读者没有耐心去"琢磨"你的语言，如果看不懂或不感兴趣，读者便会放弃阅读。毕竟，对读者来说，最容易的事就是放弃阅读。

那么，评论语言如何摆脱"党八股"和"网八股"呢？应该避免以下几种语言。

一、警惕"政治八股"，避免空话

我们说一篇评论空洞无物，很多时候是指语言的空洞，充满了宏大的概念和空洞的口号。比如一些党报机关报的评论就充满了空话。让我们来看某报评论员文章的这段话：

> 一具体就深入，一深入就有效。在专题教育过程中，"察病灶"须严，要做全方位、立体式的透析检查，抽丝剥茧，抓住实质；"找病根"要实，避免笼而统之、千人一面，切忌表面化、脸谱化。找问题要具体，既找共性问题，也找个性问题，做到与人见面、与事接茬，"每顶帽子底下都有人"，越具体越有针对性。

这段话全是口号和概念，像上级那样向下级训话，而不是在平等交流中去"讲道理"。我相信，这位评论员平常与人交流时，肯定不会这么说话，不会把这个"化"那个"性"挂在嘴上，而会用别人听得懂、愿意听的话。可为什么一写"评论员文章"，那种面目可憎的"党八股"张口就来呢？关键还是缺乏"说理"的习惯，不是用评论去讲道理，没有用道理去说服别人的心理准备，而是把自己当成了"领导的替身"，把评论写作当成了坐在台上向下训话，评论语言自然成了生硬空洞的语言。

很多报纸的评论，实际上不是评论，而是公文和文件；不是娓娓道来地"摆事实，讲道理"，而是用一堆空话阐释另一堆空话——领导讲一堆空话，评论员换种说法，用另外一堆空话去阐释领导的空话。

"空谈误国，实干兴邦"，借用在评论语言上就是，"空话误国，实话兴邦"。

在《语言学的邀请》中，作者讽刺了这种空话："这就是为什么世界上会有那么多我们称为'大炮'的人。这就是为什么许多演说家、报纸专栏作者、毕业典礼致辞者、政客和学校里的雄辩家，一接到通知便能对着任何题目讲上半天，老实说，许多学校里的语言和演讲课都只是教人这种本领——即便没有什么内容，也要说得头头是道。这种由内向观点产生的思想，可以叫作转圈子式思想，因为所有可能的结论都包括在一开始时所用的那个字词的含义里，我们无论多么苦思，结果仍要回到出发点。"[7]

一个同学交了篇评论作业，针对一个悲剧谈中国社会的贫穷。她在文章中说："一方面需要国家出台政策调控药价，提高医疗保险报销比例，对低收入群体的医疗保险出台特殊规定，去减轻中低收入群体的医疗压力；另一方面则需要大力发展经济，只有让国民钱袋子更满了，穷人不穷了，'穷病'才不会成为能要人命的绝症。"其中的"大力发展经济"就显得很空洞，可以作为解决任何问题的药方，我让她改得更有现实针对性一些，后来改为："另一方面不要动不动就'厉害了'，动不动就'让谁谁吓尿了'，要看到在'北上广'之外还有很多我们无法想象

---

[7] [美] 塞缪尔·早川、[美] 艾伦·早川：《语言学的邀请》，柳之元译，北京：北京大学出版社，2015年。

的贫困。贫困是我们这个社会木桶上最短的木板,只有穷人不穷了,'穷病'才不会成为能要人命的绝症。"修改之后,立刻有了现实问题意识,也不那么空洞了。

李普曼也非常厌恶那种愚蠢荒谬的大话空话。1915年8月,他接替菲利普·利特尔撰写"书籍与文物"专栏时,提出一个问题:怎么可能用当年埃德蒙·伯克用过的那套半生不熟的词语来描写或思考现代社会呢?他抱怨说:"政论文章被干瘪的语言窒息了,怎么能用寥寥几个源于希腊文或拉丁文的多音节词来论述政治呢?"[8]

而在谈到当年策划《实话实说》节目时,总策划杨东平也表达了对大话空话的反感,他说:"最感头疼的就是大家早已形成的话语习惯,面对公共媒体条件反射般'自然流畅'的空话、假话、大话、套话。"杨东平谈到《实话实说》曾录制一个"六一"特别节目,叫《童言无忌》,让孩子们说出自己的节日心愿,录制过程非常真实,孩子们想说就说,想走就走,有的躺着睡觉,有的号啕大哭。该节目播出后获得异常强烈的反响。[9]

二、破除"罐头思维",远离套话

应该避免说套话,在"党八股"中,套话比空话更普遍。所谓套话,就是"套"在哪里都能用的万能语言,不动脑子,固定搭配张口就来。万能的语言,套在这里也可以,套在那里也可以。比如这段评论:

---

[8] [美]罗纳德·斯蒂尔:《李普曼传》,于滨、陈小平、谈锋译,北京:中信出版社,2008年,第78页。

[9] 中央电视新闻中心编著:《央视新闻 央刊外读》,北京:生活·读书·新知三联书店,2015年,第171页。

要使社会主义核心价值观成为广大人民群众的自觉追求和实际行动，需要积极探索有效载体和传播方式。应将培育和践行社会主义核心价值观融入国民教育全过程，落实到经济发展实践和社会治理中，并加强社会主义核心价值观宣传教育，积极开展涵养社会主义核心价值观的实践活动，加强对培育和践行社会主义核心价值观的组织领导。从国民教育、媒体宣传、社会实践、理论研讨等多个层面弘扬社会主义核心价值，找准与人们思想的共鸣点，达到春风化雨的效果。

这是一家媒体宣传"社会主义核心价值观"时所刊登的评论员文章，显然都是套话。如果换个语境宣传"八荣八耻"，完全可以把这段评论中的"社会主义核心价值观"都替换为"八荣八耻"，一样讲得通。官员喜欢讲套话，于是，下级学上级。曾有媒体曝光某县县长出席某活动的讲话，完全抄自另一县县长的讲话，甚至连地名都没改，被传为笑谈。不仅是官员讲话，一些党报机关报的评论员文章，也都是这种互相抄的套话。对于这种套话，有人这样总结：

> 领导没有不重视的；进展没有不顺利的；
> 接见没有不亲自的；看望没有不亲切的；
> 完成没有不圆满的；成就没有不巨大的；
> 工作没有不扎实的；效率没有不显著的；
> 领导没有不微笑的；群众没有不满意的；
> 班子没有不团结的；问题没有不解决的；
> 竣工没有不提前的；节日没有不祥和的；
> 生活没有不小康的；社会没有不和谐的；
> 收入没有不增加的；完成没有不超额的。

这种套话不只是一两句，而是已经形成一套体系，有着固定的搭配、熟悉的套路、条件反射般的思维。送温暖，视察，调研，出席座谈会，甚至描述"笑"，都已经形成套路。有人曾总结："领导总是'幽默地说''诙谐地说''极为风趣地说'，群众总是'憨厚地说''激动地说''兴奋地说'，听完领导极为风趣的话，也都是'满屋子哈哈大笑'。"

这绝非段子，现实中随意找一篇稿件，就能发现描述"笑"的套路。比如，2015年全国"两会"时一篇新闻稿描述官员和委员的"笑"："刚刚，在全国政协教育界别联组会议上，政协常委葛剑雄举例说，今天坐电梯时，刚进电梯就被请了出来，说这是为部长留的。教育部部长袁贵仁听了开怀大笑。主持会议的北师大校长钟秉林忙解释说，我是被预留电梯的，我都不知道，而且我走的是楼梯。全场哄堂大笑。"

通篇这样的套话，最安全，永远不会出错，也方便偷懒，根本不用动脑子，东抄抄西抄抄，照搬文件套话，却毫无用处，制造着信息垃圾。提到领导参加某个活动，就是"亲自出席"；提到领导与群众合影，就是"亲切合影"。

斯蒂芬·金对这种套话是深恶痛绝的，他说："大量累积的标准化语言和老一套的故事情节正等待着从作者的指尖冲向打印纸。要提防一种像是由模板自动生成的故事，如果故事开始自动生成，则停下来思考，并且取而代之的是，由你自己书写。"他对破除套话的建议很好："不要写显而易见的事实，如果你去了拉斯维加斯，不要写老虎机；如果你去了伦敦，试着整篇文章都不提及雨或大本钟；如果你去了巴黎，则把观察街上女人穿着的任务留给其他人。"[10]

斯泰宾认为应该警惕"罐头思维"："一种罐装的信念是方便的，说

---

[10] [美]斯蒂芬·金：《写作这回事：创作生涯回忆录》，张坤译，上海：上海文艺出版社，2014年。

起来简单明了，有时还带三分俏皮，引人注意。可是，我们不应当让这种思维习惯堵塞我们的心灵，不应当依赖一些口头禅来解除我们思考的劳苦。罐头思维表现为'被一群人采用的一句话'和各种"听见别人说就跟着说的字眼'，它让人思想懒惰，先是不肯仔细思考，而终于完全丧失了仔细思考的能力。"[11] 罐头，方便食用，却失去了很多营养。罐头化的语言也是一样，让人感觉味同嚼蜡。

《新闻的十大基本原则》一书中提到了一个有意思的案例"海难报道中幸存的猫"，让人们看到"模板"是如何形成的："为了向读者保证他们可以相信读到的一切，1913年普利策在《纽约世界报》建立了准确和公平部。1984年，泰特在《哥伦比亚新闻评论》发表文章，描述了《纽约世界报》的第一个调查员在研究报纸发布的沉船报道时发现的一个规律：每个报道都会描述一只幸存的猫咪。当这位调查员向记者问起这个奇怪的巧合时，他得到了下面的回答：'有一艘沉船上刚好有只猫咪，船员回去把它救了出来。我在自己的报道中专门写到了这只猫。其他报纸的记者因为没写这只猫，在竞争中稍逊一筹，结果被编辑骂。第二次有船沉没时，虽然没有猫，但其他负责沉船报道的记者不愿意冒险，便擅自加上了一只猫。我写的新闻中没有提及这只猫，被别家报纸抢了风头，受到了编辑的责骂。因此，只要有船沉没，我们总会加上对猫的描写。'"[12] 在这个案例中，"猫"已经异化成灾难报道叙述的套路，这就是"八股"。

特别是大学生的评论，要远离这种"八股腔"。我曾担任多家大学生评论大赛评委，感觉大学生的评论都很成熟，四平八稳，看起来很"主

---

[11] [英] L. S. 斯泰宾：《有效思维》，吕叔湘、李广荣译，北京：商务印书馆，1997年。
[12] [美] 比尔·科瓦、汤姆·罗森斯蒂尔：《新闻的十大基本原则：新闻从业者须知和公众的期待》，刘海龙、连晓东译，北京：北京大学出版社，2014年。

流",在观点上挑不出什么毛病。但可能这正是我担心的地方,太"成熟",超出这个年龄的成熟,感觉不像一个大学生。我担心现在的大学生评论过于社会化、写手化、江湖化和套路化,失去了这个年龄应有的尖锐、朝气和清新。一听到评论员说什么"要从根本上去解决问题""一定要一分为二""长效机制""科学手段科学决策"之类的套话,我就反感。大学生评论员要避免这种失去思考、跟着喊的偷懒表达,说人话,说与大学生这个年龄相配的清新语言,跳出那些写手固化的套路,不用那些套话和大词,而用年轻人的语态去表达。

大学生当然要关注社会热点、宏大的社会问题,但关注点最好能够回归到自己的生活和身份,带着身边的"问题意识"。千万不能变成"你看云时热切,你看我时眼盲",谈起校园外的社会热点夸夸其谈,但谈起自己身边的事情时却失语。大学生不能站在云端用抽象的原则和理论去评论,角度要有大学生的视角,不能失去这种关怀。

三、别让正确的废话浪费评论资源

一些评论特别喜欢玩辩证法——"这事儿有利也有弊,有弊也有利","一定要适度,把握分寸感,不要过度,不要走极端,要一分为二地看问题"——这些都叫正确的废话,看起来绝对正确永远无敌,但没有提供有价值的观点。语言学家塞缪尔·早川曾俏皮地讽刺:"倘若有人问你一个无法回答的问题,你只要说上一番动听的好话就可混过去。"[13]

比如,谈到某个社会问题、批评某种社会现象或曝光某个丑闻时,常听到一种回应或辩解是"大多数人是好的,违法乱纪的只是极个别现

---

[13] [美]塞缪尔·早川、[美]艾伦·早川:《语言学的邀请》,柳之元译,北京:北京大学出版社,2015年。

象"；说到城管问题时，会听到辩解说"城管大部分是好的，少数不好现象被放大了"；说到腐败问题时，会听到有人说"领导干部大部分是好的，极个别贪腐现象影响干部整体形象"；说到教师的失德行为时，立刻会有人说"多数教师都是好人，坏人还是极少数"。

"大部分是好的"，这话错吗？当然没错，从辩证法来看，当然是极辩证、极正确的，但又是典型的正确的废话。这种表达有意义吗？没啥意义。没人说城管都是坏人，也没人说城管都是暴力执法，而只是曝光城管粗暴执法的现象，批评城管体制隐藏着激化街头冲突的危险，权力很容易滥用。没人说领导干部都是坏人，而只是忧心于权力得不到约束，坏制度会将好人变成坏人。用"大部分是好的"来回应舆论质疑，纯粹是答非所问、转移话题，用正确的废话掩饰真实的问题，用"大部分是好的"转移视线、回避矛盾。

算命先生说的基本都是正确的废话，用模棱两可的模糊语言去判断。算命先生一般都这么忽悠人——你的命其实不算太差，只要好好努力，还是有发展空间的，你求的事情也有可能会达成。但是一定要记住，千万不要过度自信，否则到头来有可能会一场空。——瞧，不管最终发生了什么，都可以用这套正确的废话去解释。

胡适在《微妙之言》一文中讽刺过那种正确的废话："上月十日政府发表一道外交命令，有好几百个字，也不说决定签字，也不说决定不签字，末尾有'国交至重，不能遗世而独立，要在因时以制宜'。过了一天，有一位国立大学的教授问我可曾看懂昨天的命令，我说不懂，他说也不懂。"[14] 这种正确的废话，就是让人看不懂，因为自己都不知道要干嘛。

---

[14] 原载 1919 年 8 月 3 月《每周评论》第 33 号，选入《胡适文集》11 卷《时论集》，北京：北京大学出版社，1998 年。

有一种时评家叫"板蓝根时评家"。传说板蓝根什么病都能治，所以不论流行什么病，人们都习惯去抢板蓝根，反正喝多了没多大害处，据说在治病上好像也没有什么用，但还是阻挡不住人们抢购的热情，万一喝了有点儿用呢？就好像"多喝水，少吃多餐，多运动，多呼吸新鲜空气"，这些建议永远不会错。听一个女孩子说过，有次她生病时男友给她打电话，忍了好久，最后她吼了一句，再说"让我多喝点水"就分手。

有一次遇到一位时评家，我跟他开玩笑说，你真的已经成为时评家中的"板蓝根"了——好像什么话题你都能评，从门头沟的奶牛为什么不产奶，到总理政府工作报道透露出的信号，你都能够不打草稿地在直播中侃上三分钟（也就只能说三分钟，说多一些就露怯了）。无非是用一堆空话阐释另外一堆空话，无非是绕来绕去、同义反复地讲一些永远不会错的正确的废话。

某次看到一篇评论的题目《完善法制环境是治愈人际冷漠的"秘诀"》。我在文章后面跟帖调侃说："呵呵，完善法制环境，是治愈中国任何社会问题的秘诀，可以将'人际冷漠'替换成任何一个社会问题。"不是吗？这种分析用在任何问题上都说得通；这种正确的废话，说了基本等于没说。

还有一次听某电台广播，某位评论员在"世界读书日"评论年轻人读书越来越少的话题，他反驳了"碎片化阅读是浅阅读"：1. 碎片化浅阅读起码比不阅读好。2. 也有人在手机上深阅读。3. 在手机上读相对论，总比在现实中读琼瑶要好。这些都属于正确的废话。人们批评碎片化浅阅读，当然是跟过去的深阅读相比。

评论观点需要平衡，但平衡不是庸俗的辩证法，不是平均地说话，否则就没有了自己的立场。平衡是可能导致歪曲的，如果绝大多数的科学家相信全球变暖是一个科学事实或者相信某些治疗方式明显是安全的，但是记者给读者营造的印象却是科学家们分成势均力敌的两派,这对市民和真相来说,就是一种武断。不幸的是,通常新闻平衡都被错误地理解为类似数学上的平等,就好像一则好的报道中,双方的引语数量一定要相等。[15]

四、拒绝卖弄,拒绝掉书袋

卖弄是文人的毛病,比如卖弄成语,卖弄术语,卖弄理论和概念。有一次开车听某电台广播,讲一个人拎着一麻袋硬币到银行存钱,银行职员数了一天。电台新闻主播用了一个成语来描述:"他马不停蹄地用手数了一天。""马不停蹄",细想想,怎么听怎么别扭。还有什么"司马昭之心""抛砖引玉""七月流火"之类,常被滥用。

比如某媒体官方微博的"微评论"《刑拘涉事城管不是终点》就充满了卖弄之气:"临武6名城管因涉嫌故意伤害被刑拘。虚骄恃气,终会付出代价;逞凶施虐,应被法律所缚。正义在艰难行进,还瓜农以公道,给死者家属以交代,予公众以完整真相,尚有迢迢之途。遏抑骄矜冲动,以看得见的方式抵达正义,仍需全社会携手推动。"

这条"微评论"读来非常绕口和别扭,所以下面都是批评声,有网友评论:"说话作文,是给人看的,不是考读者汉语水平的。太卖弄了,评论需要表达效率,而太装的辞藻设置了阅读障碍。"

针对同样一件事,《人民日报》官方微博的《你好,明天》写得就很接地气,平实的语言发人深省:"赔偿死者家属、处理相关责任人、进行作风整顿,湖南临武四个西瓜引发的血案,逐渐走向平息。然而当铭

---

[15] [美]比尔·科瓦、汤姆·罗森斯蒂尔:《新闻的十大基本原则:新闻从业者须知和公众的期待》,刘海龙、连晓东译,北京:北京大学出版社,2014年。

记：不要把搞定当稳定,把摆平当水平,更不要把息事宁人当成迟滞改革的借口。危机公关难以施之长远,只有真正给权力套上制度笼头,才能杜绝暴力执法,强力维稳,告慰死者之灵。安。"

评论时,特别忌讳的是充满学术概念。学者刘瑜写过一篇文章《今天你施密特了吗?》来评论、讽刺这种文风。她说,应该讲外婆都懂的道理。我们学了一个理念、一个概念,如果还不能用自己的语言将这个理论以通俗的、别人能听得懂的语言表达出来,说明对这个理论和概念还没弄懂,只能生搬硬套。

我们来看一篇评论的标题——《"两凡"是深化改革的一道燃犀之光》。看完这个标题,你肯定没看懂,到底想表达什么意思呢?且不说"两凡"的简缩让人看不懂,"燃犀"又是一个充满贵族范儿的大词。作者当然知道没文化的读者不懂这个词,所以在文章中专门用一段解释了"燃犀"的意思:"这让人想起中国古代的一个传说。相传点燃犀角可以照妖,《晋书·温峤传》记载:'(峤)至牛渚矶,水深不可测,世云其下多怪物,峤遂燃犀角而照之……'于是,有了'燃犀'这一典故,意指明察事物,洞悉邪怪。"

瞧,不得不用专门一段来解释"燃犀"这个词,这使评论的表达效率大为降低。为什么不能找一个大家都明白的词,非得卖弄一下?**评论语言的原则是:复杂问题简单化,学术名词通俗化,深奥理论生活化**。如哲学家陈嘉映所言:"我最希望读到的,是通俗的语言表达高深的思想,最不喜欢的,是用高深的语言表达浅俗的想法。"[16]

再举一个例子,一篇评论的标题叫《反腐的时间之维》。估计连哲学家都看不明白这个标题想表达什么意思,"时间之维"这一看起来学术格调很高的名词制造了阅读障碍。其实仔细看文章就能看明白,作者想

---

[16] 周濂:《你永远都无法叫醒一个装睡的人》,北京:中国人民大学出版社,2012 年,第 173 页。

说的是"贪官的腐败潜伏期"这个话题——潜伏期越长,说明反腐越弱,潜伏期越短,伸手就被抓,才有威慑力。既然用"潜伏期"这个词大家都能明白,为什么非得用"时间之维"这个哲学名词?

学者周濂曾讲过自己的一次经历。有个学生问他,当自由和平等发生矛盾时,哪个是更重要的价值?周濂回答说,这么抽象地谈问题没有任何意义。首先要确定是什么样的平等,以及什么样的自由,然后才可能进行实质性的、富有建设性的讨论,否则还只是在"抽象的普遍性"上追问一种"披着哲学外衣"的伪哲学问题。[17]

《报纸的良知》一书中提到了对新闻语言的要求,同样适应于评论:"力求简单、清楚地表达你的意思,只要会跑的人就能读得懂。错误的结构、长而复杂的句子、主谓语在修饰从句及短语中交错、代名词指代不清——所有这些都应该尽量避免。应该更多地使用单音节词,多音节词也许可以表现你丰富的词汇量,但普通读者不可能随身带一本字典,随时查阅。完全没有必要用一些复杂的词来炫耀自己的常识。"[18]

一个朋友谈起他在哥伦比亚大学新闻学院上学的经历:"隔壁班有个学电视新闻方向的英国女生,因为在节目里用了'decade'这个词,被老师骂了一堂课。老师说,因为电视是给没有文化的人看的,不能用'decade'这种比较复杂的词,要直接说'ten years'。"

五、好好说人话,别硬凑排比句

一个同行说过,现在媒体最缺的是那种能把空话、大话、套话、假

---

[17] 周濂:《你永远都无法叫醒一个装睡的人》,北京:中国人民大学出版社,2012年,第216页。
[18] [美]利昂·纳尔逊·弗林特:《报纸的良知:新闻事业的原则和问题案例讲义》,萧严译,李青藜、展江校,北京:中国人民大学出版社,2005年。

话说得文采飞扬、滴水不漏、荡气回肠的写手。硬凑排比句是党报评论的一种传统，似乎排比句显得很有排山倒海的气势。这是一种"压倒人"的气势，而并不能"说服人"。

政协委员张维庆在接受媒体采访时曾批评"硬凑排比句"的官场文风："现在的讲话咬文嚼字，硬凑排比句，谁能记住这么多排比句？想起前年'两会'时，作家贾平凹的一句评论——在政协委员讨论《政府工作报告》的发言时，贾委员一句精短的概括语惊四座：'报告很好，没有排比句。'"

并非是要一味地拒斥排比句，源于中国骈文的这种句式在文法上并没有原罪，自然贴切、饱含内容的排比句，能产生很好的传播效果，其工整对仗更有表达效率，朗朗上口也更能让人记住，并能营造一种提振人心的氛围和气势。然而，排比句不能硬凑，比如前面有四个字，后面只有三个字，非要硬凑出四个字来和前面排比，既弄乱了句式又扰乱了搭配，强拉硬凑、不伦不类，反让人觉得滑稽可笑。

"硬凑排比句"的评论文风必须改了。一些评论员之所以迷恋"硬凑排比句"，我分析有两方面的原因：一方面是，排比句是一种带着天然霸道气势的句式，居高临下如排山倒海，使其成为借评论发号施令的一种象征。另一方面是，一些评论空洞无物，没有什么实质内容，只好凑字数，通过"硬凑排比句"来装点门面和营造气势，让人感觉讲话似乎很有内容，起码排比一个接一个，好像挺有才挺有内涵的。

六、网络脏语言污染的不仅仅是语言

人民网舆情监测室曾发布《网络低俗语言调查报告》。该报告显示，按照原发微博提及量排行，"尼玛"位居网络低俗词语排行榜第一位，"屌丝""逗比""你妹""草泥马""我靠"等榜上有名。这些网络低俗语言的网络传播度有多大呢？记者发现，只要在电脑中输入，输入法就能够直接"联想"出来。

受不了一些孩子张口闭口就是网络脏语言。前段时间一个文化界的朋友曾说，老想联合一些有语言洁癖的人，与泛滥成灾的"婊""癌""逼"文体开战。汉语在口语和书面语趋同后，先被庸俗裹挟，沾了一身戾气；现在又被网络重口味奴役，一天比一天粗鄙腥臊。底线是一毫米一毫米下移的，问题也不是官方发个红头文件能解决的。然而，让这个朋友无奈的是，他的号召很少有人响应，倒是收到了一堆如"装逼"之类的漫骂。

对于网络脏语言的危害，一些年轻人很不以为然，认为是小题大做。虽然我能够理解，如今一些年轻人在使用这些词语时，多已脱离了原先的粗鄙语义，而变成一种感慨式的口头禅——中国社会发展迅速，变化生产出很多新语言，网络不仅加快了新语言的生产，更让变化显得离经叛道。——但我还是不能接受这些粗鄙的语言出现在媒体上，毕竟受众从这些语言中感受到的是不健康不干净。面对批评，年轻人千万不要以"你们过时了"的自闭和抵触心态来看待上一代人的不满，有必要顾及父辈的态度，毕竟这个时代不只属于年轻人，几代人的共存需要语言这种交流工具上的理解。

对"屌丝""装逼"之类粗鄙语言的反思，不仅仅事关语言的纯洁，还事关整体舆论生态的健康。这些脏语言带来了很多社会问题。媒体报道称，网络语言低俗化不仅停留于网络上，还向纸质媒体转移，如《绿茶婊只是明骚，女汉子才是暗贱》《马年将到，"草泥马"给您拜年了》《让明星情侣"撕逼"飞一会》之类的标题，在恶化舆论生态中滋生着戾气，具体表现如下：

第一是严重的"网怒"。有个名词叫"路怒族"，症状表现为：一开车就喜欢骂人，语言很脏；驾车情绪容易失控，遇到堵车或碰擦就有动手冲动；喜欢跟人"顶牛"；开车时和不开车时的脾气、情绪像两个人。其实"上网"与"开车"有着同样的倾向，网上网下判若两人，一上网就容易感染网络戾气，一出口就是粗鄙的语言，情绪火气很大，好争好辩好抬杠起哄。血气方刚的年轻人更容易被网怒网愤所感染，让自己的语言变得粗俗不堪，让网络变成了倾倒语言垃圾的公共厕所。"网怒"语言不仅污染了的网络生态，让交流变得没有可能性，还败坏着人的心智，让走出网络的人也变得急躁、粗俗并充满攻击性。

　　第二是"流行病"。如今的年轻人一开口，如果不带几句"我去""也是醉了""整个人都不好了"之类的流行语，都不好意思说自己是"90后"。当然，不能排斥流行语，流行语反映着一种社会心态，有时与年轻人交流时，一两句流行语就像开启了交流密码一样，打开了对话的窗口。但泛滥地使用流行语，不仅让人厌烦，还会逐渐失去独立思考的能力。我们的语言很容易被泛滥的网言网语所"异化"，不用费力去琢磨和推敲表达，一个词语流行后，立刻铺天盖地，非得把一个流行语玩坏玩臭玩得无处不在，让人感觉恶心了，才会罢休并进入下一个流行语。好好说话，好好说人话，年轻人的语态和思维不要让那些泛滥的网络流行语扭曲了语义并削弱我们正常表达的能力。

　　第三是集体的自贬、自我矮化。一个令人忧虑的现实是，如今的年轻人特别迷恋那些自贬的语言。"屌丝""苦逼""逗比""屁民""矮挫穷"之类晦暗语言在年轻人中流行，虽有自嘲、自黑的幽默恶搞意味，却在自我贬低中传递着一种消极颓废的心态。整天把"屌丝""苦逼"之类的自贬语言放在嘴上，可能会变成一种可怕的自我暗示。

　　一百年前的美国大报有一个要求，必须保持报纸语言和思想的纯洁性，不要用亵渎和挑逗的字眼，如果拿不定主意，就想想一名13岁小女孩可能正在读你写的东西。

七、没文化却总爱装的标志就是满口金句

有一个朋友，仿佛着了魔一样，整天开口闭口都是一些让人觉得很有才的"金句"，比如"你怎么样，世界就怎么样"，"好听的话别当真，难听的话别较真"，还有"智商决定你走哪条路，情商决定你在这条路上能走多远"。听起来像个妙语连珠的人生导师，还真能唬人。其实经常上网的人都知道，这些都是网上被人用滥了的流行"鸡汤"和媒体公众号炒馊了的名人格言，泛滥到已经让人恶心了，甚至"鸡汤"已然变成了"砒霜"。初听还有些道理，还觉得是金句，但当这些人生哲理抽离了经典和经验而变成鸡汤化、教条化、罐头化的格言，并被大众当作"文化口红"争相涂抹、伪装深刻时，就被毁掉了，就像新鲜的水果变成罐头、罐头又放馊放臭了的感觉。

果然，毁掉一个好词，就是让它成为流行语，而毁掉一个好道理，就是让它成为"鸡汤"格言。有一段时间我迷恋开公众号，自己像着魔似的，一思考脑子里冒出的都是挑逗大众兴奋点的公众号标题，但立刻让自己打住！这是病，得治。

没文化却总爱显摆的一个标志就是，貌似满口金句，出口成章，语不惊人死不休，其实多是拾人牙慧，说的都是网上玩剩下的，复制流行。这可能是网络时代的一种病，我们深度生存在互联网上，日常话语在不知不觉中都已被网言网语所异化，天天看成功学，消费流行语，沉浸于段子中，阅读早安帖、晚安帖、问候帖等各种味道的"鸡汤"。浸泡在段子和网语中，以至于我们已经不会好好说话，不会说自己的话，不会说正常的人话，一张嘴都是那种批量生产的、压缩性的网络语言。

现代人真的挺可悲，日常生活语言被广告、网络、流行歌曲、段子手所主宰的流行语系统充斥着。即使你非常讨厌那些广告，非常反感那些矫情、滥情的流行歌曲，但在无孔不入的狂轰滥炸中，你的话

语已经被那些东西所占据和洗脑，要么不开口，一开口你下意识地会说"洗洗更健康""大家好才是真的好""一切皆有可能""做女人挺好""你太有才了"之类的话语。看到"禅师"，脑子里就冒出许多极不正经的段子。

一位作家曾经写过这样的经历：多年前他与女友分手，那日秋空晴朗，正适合为离别黯然神伤，只听见女友缓缓地说："忘记你，我做不到！"这使他不顾时间、场合爆笑，破坏了这场分手秀的悲情气氛，以至于前女友从此对他怀恨在心。有一次朋友失恋，痛苦万分，他劝说道："你可不能——"，后面的话完全是情不自禁："你可不能感到万分沮丧，甚至开始怀疑人生！"更搞笑的是，有一回坐公交车，他听见后座三个女孩在说话，其中一个说："你怎么不高兴呀？"全车的人此时心里想的都是一句话，果然，就有一个女孩顺着接下去："那去黄河医院呀！"一车人全都爆笑。这是当地某民营医院一句无孔不入的广告语。

虽然出口便是金句，却没有了自己的语言，失去了语言的创造力和自己的思考。在集体模仿、复制、消费中看到的不是活泼有趣，而是语言、思想和创造力的萎缩与生活的无趣。

八、请文艺腔离评论远一点

有人曾这样调侃某学术红人：有人不知道某某讨厌之处在什么地方，她是从不好好说话，拐弯抹角堆砌词语。举个例子，如"今晚我们吃了大肠刺身"，学术红人会这么说："在这个白昼与黑夜交替的时刻，我们共同完成了一次聚餐；当芥末的辣味划过食道的时候，肚子告诉我，我做到了！这是一根不同寻常的大肠，不仅在于它的臭，还在于它的滑！"

这段"戏仿"，就属于文艺腔。有人总结了下面这些文艺腔句式小技巧:"使用通感:'我听到风是香的,我看见雨是甜的';谈论孤独:'熄掉灯,请让我守着寂寞搁浅';描写时间:'年华散尽,光阴在你掌心镌下深深的纹';引用古典:'你弹奏的肖邦,是我心底的霜';堆砌辞藻:'像蜃楼般参透美眷,在荒芜里辗转斑斓'。"

过去的宣传腔就带着太浓厚的文艺腔。比如在2005年长江沉船救援中,一些主流媒体的标题之所以受到公众诟病,便在于这种文艺腔,看看这些标题:《4天3夜,那些感动我们的瞬间》《灾难救援考验中国,世界透过沉船看中国决心》《感谢你无数次游过那么悲伤的水域》。

学生的作文腔也属于这种文艺腔,比如某报曾经刊登的一篇评论,讲述一个北漂青年的故事,开头是这样的:"与其在'山重水复疑无路'中嗟叹命运,莫如在奋斗中寻觅那'柳暗花明又一村'。当岁月覆盖青春的足迹,常想为自己的奋斗历程找寻坐标。蓦然回首,竟发现这些年租住过的房子,已成为我个人奋斗的生动注脚。犹记得刚刚步入社会、开始工作时……"读到这里,实在读不下去了,真正的北漂青年绝不会这样不好好地说话。

一个朋友的反思挺有意思的:"堆砌辞藻并不等同于文笔华丽。我有过堆砌辞藻的阶段,但很庆幸我已经跳出了那一阶段。小说的根本还在于人物的塑造和情节的扣人心弦。过于繁复华丽却枯燥无力的辞藻堆砌,如同一堆没有生命力的塑料花挡在眼前,反而会影响读者的阅读快感。希望我能以最少的字句来表达出最深切的情感。"

有一个段子是这么调侃文艺腔故作深刻的不知所云:"一个广场舞大妈曾告诉我,如果她跳得足够快,她的孤独就追不上她;一位拾荒大叔曾告诉我,如果他翻垃圾翻得足够仔细,便能找回丢失的自己;一位环卫工阿姨告诉我,她每天都扫这两条街,七年都没扫净心中的瑕疵;一位碰瓷的大爷曾告诉我,只要他演得够逼真,就能骗过匆匆流逝的时光。"

当然，评论可以策略性地诉讼情感，但不是放纵情绪。评论语言技巧方法论之一就是，将情感融于视觉化的想象中，演讲家常使用这种策略："将你的语言视觉化，让你的观众可以感受到并记住某一形象，这也就是为什么演讲中经常会有这样的句子：让我们在这里停下，哪怕是一秒钟，设想一下未来，有一天，我们的经济如此强大，没有债务，所有的美国人都能共同分享一个美国梦。"[19]

九、避免战斗式战争式文风

看一些评论，感觉语言过于强硬，杀气腾腾，充满斗殴的气息。评论本就是一种挺"硬"的文体，如果语言过于硬，会让读者很抵触。越是斗殴味浓的语言，读者越不买账，因为这种语言不是诉诸说服的力量，而是诉诸用斗殴的气势压人。评论应该用理服人，语词上越用力，逻辑和道理上越无力。有一句话说得好，**说理是摊开的手掌，而不是攥紧的拳头**"。[20]

"不惜一切代价"这个表述就带着战争式文风。曾有人批评有的评论滥用"不惜一切代价"："经常听到一些同志在工作和任务面前，动辄轻言'不惜一切代价，也要……'之类的豪言壮语。仿佛这样才能显示出对事情的重视，表现出对完成任务的决心。"随后，批评了这种思维，称"今天必须慎言'不惜一切代价'，官兵的生命和健康是最基本的战斗力，是第一位的选择。慎言'不惜一切代价'，就是要量力而为，付之有度。不能仅图口舌之快，脱离实际瞎指挥，付出'逞一时之勇，留千日之痛'的代价。"

---

[19] [美]W. 兰斯·班尼特：《新闻：幻象的政治》，杨晓红、王家全译，北京：中国人民大学出版社，2018 年，第 153 页。

[20] 徐贲：《明亮的对话：公共说理十八讲》，北京：中信出版社，2014 年，第 31 页。

人们常习惯于将评论和杂文定位为"投枪匕首",要犀利尖锐,要直接"插向敌人的胸膛"。在战争年代这样理解、定位评论和杂文也许可以,因为评论和杂文这种批判的武器需要承担特别的功能。但在和平时代的今天,在舆论场中讨论公共话题时,需要弱化和淡化"投枪匕首"的功能,去除评论和杂文的战争语态。敌人在哪里?谁是敌人?如果已经将论争的对象定义为需要在肉体和精神上消灭的敌人,那就没有讨论和讲理的可能了。

我们不能总是图"棍棒横扫一切牛鬼蛇神"的文字快感,在文字上为自己制造敌人。评论需要用文字去说服,而不是去打倒。没有逻辑的斗殴文字,听起来轰轰烈烈,很有气势,其实不堪一击,因为脱离了这个时代的语境语态,而成为被围观的笑柄。这种斗殴文字表面上看起来很有自信,其实恰恰是缺乏自信的表现,有理不在声高语狠,没有事实和逻辑自信的人,才会用恶狠狠的语言和空洞的口号掩饰道理上的苍白。

比如,网络上很流行的一句话,"不杀不足以平民愤"。当某种行为激起公愤时,网友立刻开始了舆论审判,一片杀气腾腾的"不杀不足以平民愤"。从"黑老大"刘涌,到杀人的药家鑫,都是在网民的这种舆论愤怒的推波助澜下被处以死刑判决。是否判处死刑,罪刑法定,应该依法律,而不是去平民愤。有一次编辑过程中,我就将作者的投稿《"少杀慎杀"的前提是"当杀必杀"》改成《"少杀慎杀"的前提是"当判必判"》,回避了标题中的那种杀气。

还有"罚得倾家荡产"这句话。当某人犯了错误,网民便会恶狠狠地来一句,"必须罚得他倾家荡产"。这话听着过瘾,却是违反法律精神的。还有很多类似的语句,"丧心病狂""自绝于人民""人定胜天""卖国贼""汉奸",等等,在现实生活中基本没人说了,但在网上出现的频率非常高。

此外,"不……就不是中国人""是中国人就……",这些煽动式、动员式或斗殴式语言,不仅仅是语言习惯的延续,更可怕的是斗殴思维的延续,臆想出一个敌人,然后对着这个靶子大批特批,对一个"阶级敌人"可以用任何肮脏的语言去泼脏水。曾经风光无比的官员被审判时,媒体就会用这种批斗式的暴力语言对官员进行媒体审判:"某某诡计多端、飞扬跋扈、两面三刀……就是彻底的冥顽不化,就是自绝于人类正义与公理。"

越用力,越无力,评论要学会使用温柔的力量。人心是软的,一个温情的故事,一个温暖的论据,比千万句斗殴口号有万倍的说服力。

十、"最美、最帅、最牛"之类的词语省着点用

有媒体曾反思当下中国的"极端主义",即那种非此即彼、非友即敌、非红即黑的思维方式——因为有消极腐败的现象,就把国家说得一无是处;因为有为富不仁,就对所有富人怨、恨、怒;批评社会存在的一些矛盾,就被斥为"抹黑中国";强调一下阶段性国情,又被讥讽为"高级五毛";发生了"小悦悦事件",就断言世风日下,已至道德末日;"最美"出现了,又认定道德滑坡根本不存在。

新闻和评论语言都感染了这种"极端病",比如这篇新闻:"著名书法家张充和近日在美国家中逝世,享年 102 岁。她是沈从文夫人的妹妹,与张元和、张兆和、张允和并称'合肥四姐妹',其书法被誉为'当代小楷第一人'。"张充和去世,很多媒体用的大多数标题都是诸如"最后的才女张充和去世""'合肥四姐妹'成绝响"。有评论称,媒体好像特别喜欢用"最后的……"来给人封号,"最后的才女""最后一个看门狗""最后的名媛""最后的国学大师",等等。"最后"这词用多了,只会让其含义贬值,就好像"史上最""最牛""最美""最帅"用多了,这些词也大大贬值了。

十一、慎用标签化全称词语

标签化全称词语也就是"全称判断"。很多评论为了吸引眼球,喜欢用全称判断去强化肯定。全称判断的绝对词语会让评论有一种包容一切的雄辩感和论证优越感,但很多逻辑问题都出在标签化的全称词语上。

斯泰宾在《有效思维》中曾评价罗素的语言,他引用了罗素书中的一段话:"在一般的爱面子的妇女中间,忌妒起很大的作用。你坐在地铁里,有一个穿着漂亮衣服的妇女走过,请你注意别的妇女的眼睛。你会看见每个人,除了穿得比她更好的那些,都用不怀好意的眼光看她,竭力寻找对她不利的推论。爱好造谣就是这种总是不怀好意的一种表现。听到不利于另一位妇女的故事立刻信以为真,即使证据非常脆弱。"斯泰宾接着分析说:"我想,他说每一个时,意思是大多数,而在我看来,也许一半是近乎实际。这样有节制的说法不能达到他的目的。在他的通俗论著里,罗素常常用这种倍儿脆的说话来吸引读者的注意。就像麦考莱爱说'连小学生都知道',实际上是大多数人都不知道,而且有时候并不合乎事实。"[21]

学者刘瑜在《标签战》一文中写道:"你说我'五毛',我说你'西奴';你说我'西奴',我说你'脑残';你说我'脑残',我说你'傻子'。当辩论陷入这样的逻辑,标签战就彻底沦为骂街战,公共领域将从海德公园演变为一个脱衣舞池。下限低的争论者也许会赢,但争论本身一败涂地。""在标签盛行的地方,理性容易枯萎;在思维极端化的背后,是认知的懒惰,以及对教条的渴望。"

---

[21] [英] L. S. 斯泰宾:《有效思维》,吕叔湘、李广荣译,北京:商务印书馆,1997年。

十二、不知所云的翻译体请从汉语中走开

有一次上完评论课,一个同学给我写信说:"看过很多当下评论,我不想写成评论的八股文,用冗长的英美式断句和定语把句子拖得又臭又长。立场既不鲜明,又不能提出解决方法,正所谓'与人无害,于事无补'。典型句式是:从这件事中折射出的不仅是中国社会的病态,更是中国人道德观价值观在近三十年不可避免地沦丧和滑坡。"

看到这封来信,我想,学生之所以吐槽的这种不知所云的句式,不正是网友们常常拿来当笑话的"环球翻译体"吗?这种文风的表现形式是,不好好用汉语习惯的语态说话,不像中国人说话,而像拙劣的中国式翻译把语序弄得乱七八糟。语序不符合汉语习惯,喜欢用长句,喜欢用多重否定式,喜欢用让人琢磨的隐语(话中有话)。

比如下面这段话,就是典型的翻译体:

> 中山市称沙溪镇事件已得到控制。这次骚动再次显示在沿海发达地区外地人与当地人的情绪对立。我不认为这是那些地区的社会头号矛盾(**点评:谁认为这是头号矛盾呢?自设靶子,没话找话,直接说"我认为是……"就可以,不必用否定式说"我不认为……"**),但似乎已是重要矛盾之一(**点评:用"头号矛盾"和"重要矛盾"玩文字游戏**)。完全消化这种对立可能需要至少两代人,但当局应采取各种办法,加快外来人口对当地社会的融入,而不是拖延这个进程,为他们尽可能创造公平生存条件(**点评:直接说采取什么方法,不必用否定式表达**)。

不要让一句话承载太多的意思,一句话就表达一种意思,不要话中有话,不要使用复杂的长句。再来看某报评论《问题的重要性不能

由互联网排座次》中的一段："舆论总是对具体问题更感兴趣，这是舆论自身的规律。这在很多国家把政府精力拴在了一个个具体问题上，中国也肯定会朝这个方向移动。但中国如能在这方面不走得太远，将给这个国家多保留一些战略注意力的完整。"谁能够读得懂这段"梦话"的意思呢？

十三、评论文采可以这样加持

看看《中国古代韵文名句类编》之类的书，可以让你的评论更有文采。你在高中时候背的那些、高考后都还给老师的优美诗词，你在老派文人的论著中常看到的佳句，你在领导人讲话中听到的古典名句，你写文章时搜肠刮肚想提升一下文采却死活想不起另外半句的经典诗文，都能在书里找到踪影。写评论，除了观点正确、立场鲜明、论述得当以外，还需要一些文采，让文章鲜活生动起来。当然，想达到这一要求，首先要依靠作者自己的才思和对语言的锤炼功夫，但问题在于，往往想法很好却才力不逮，简单易行的办法便是在恰当的地方恰当地引用或化用古今中外的名言警句，尤其是那些最容易让人唤起记忆、产生共鸣并留下深刻印象的中国古代韵文中的名言警句。

这些古典名句不是当"文化口红"显摆用的，恰当地运用在评论中，确实能提升评论的层次。一来可以提升评论的文采，"言而无文，行之不远"，评论如果没有适度的辞藻、节奏及用典，文章就会缺少一点气韵和神采。特别是经典韵文，"增一字则太长，减一字则太短"，言简意赅又辞约义丰，会让语言既有韵律感又很有表达效率。比如谈反腐倡廉，一句"从来有名士，不用无名钱"就极有表达效率；谈爱国，"苟利国家生死以，岂因祸福避趋之"，多么言简意赅，不需要长篇大论去阐释，十几个字就说清楚了。二来能激发文化共情，这些韵文中都有着中国人一看便懂的文化基因，一两句就能戳中内心里隐秘的共鸣点，起到画龙点睛的修辞效果，比如"不知江月待何人，但见长江送流水"；"人似秋鸿来有信，事如春梦了无痕"；"我愿君王心，化作光明烛。不照绮罗筵，只照逃亡屋。"三来也是一种文化传承，韵文包含着丰富的传统文化资源，如果不用这些经典韵文，它们有可能一直"沉寂"在典籍中，写文字的人有责任以这种方式去传承文明和文化。

经典韵文还有另外一种功能，就是传送一种安静的能量，让人静下来去思考。简单粗暴爽的网红语言——我把它称作"快语言"，快人快语，往往都是情绪的产物，带着很重的逻辑戾气，忽视"内容为王"，诉诸以粗暴的方式让人感动、激动、热血沸腾、热泪盈眶或躁动愤怒，网民很容易进入粗暴的快节奏中，以致失去独立思考的能力，一激动就打赏了。而这些古典韵文，则属于"慢语言"，它诉诸读者的慢慢体味和细细回味，鼓励读者去思考，去咀嚼其中的味道。"十分学七要抛三，各有灵苗各自探"——值得你仔细去玩味；"读书之乐何处寻，数点梅花天地心"——没有耐心的碎片化快阅读是解读不到其中的文化密码的；"逢人且说三分话，未可全抛一片心"——古人的智慧值得今人慢慢琢磨。

写文章时要做到韵文佳句信手拈来，如果没有厚积薄发，手边有这样一本书也不错——虽然是临时抱佛脚，但用着用着，你就会慢慢记住了，成为自己的知识积淀。有了这种意识，你的语言便不会那么贫乏到形容一个事物的好只会用"最美""最帅"了，就不会干瘪到开口只会说"最后的大师""最后的民国才女"，就不会离开了金句、段子、"鸡汤"和网语便不会说话了，就不会充满"八股腔"味同嚼蜡了。

在这一讲的最后，和同学们分享一下作家乔治·奥威尔关于写作的六个基本规则：

（一）绝不要使用在印刷物里经常看到的隐喻、明喻和其他修辞方法。

（二）如果一个字能说清，不要用两个字。

（三）但凡一个字能删掉，一定要删掉。

（四）只要能用主动语态，绝不要用被动语态。

（五）能用常用词的时候，不要用外来词、术语和行话。

（六）绝不要用粗俗语言，为此可以打破上面任一规则。

（摘自奥威尔《政治与英语》）

第七讲

评论写作的构思

评论的构思,就像画图纸的过程。如果盖房子不画图纸,就像写作时脑子里没有一个清晰的论点和逻辑线,使写作过程很痛苦,一个字一个字、一句话一句话地憋,写出来的会是那种句与句之间缺乏黏合关系、大而空的「字儿话」,语言不流畅,没有结构感。

水喝多了，尿自然就有了。

——网友

　　构思对评论写作是非常重要的，很多人不重视这个环节，会导致很多问题。评论的构思，就像画图纸的过程。如果盖房子不画图纸，就像写作时脑子里没有一个清晰的论点和逻辑线，使写作过程很痛苦，一个字一个字、一句话一句话地憋，写出来的会是那种句与句之间缺乏黏合关系、大而空的"字儿话"，语言不流畅，没有结构感。写着写着，虽然字数差不多了，但还没有讲清楚问题，仓促结尾，强行高潮，让人读着有一种强烈的违和感。

　　人们称那些评论写得快的人为"评论快枪手"，30分钟写一篇评论，倚马可待。为什么快？不是敲字速度快，也不是思维敏捷，而是善于分配写作时间，写作前做了充分的构思——构思花了两个小时，脑子里已经有一个差不多成型的稿子，论点是什么，怎么开头，层次如何推进，怎么结尾——写起来自然很快。思维清楚了，构思时蓄积了饱满的情绪，写作时又会冒出新灵感，迸发出新火花，评论就会很好看。

　　学习评论写作，要首先学会去研究别人在你看不见的地方所做的努力。而"看不见的地方"便是构思的过程。那么，应该如何构思呢？

一、构思不是胡思乱想，要有信息和观点综述

构思不是漫无目的地乱想，要遵守"观点形成"的规律，一步步地积累推进。写学术论文，需要做文献综述，即了解前人在这个问题上已有的研究，比如研究到什么程度了，有哪些典型和代表性的人物与观点。通过综述，了解起码的知识地图和方位，把既有的研究当成自己研究的起点，站在既有成果的肩膀上研究，而不是在空白点上去研究，把别人做过的再重复一遍，没有学术增量。同样，评论写作的构思，也需要一个类似学术论文文献综述那样的"信息和观点综述"。

所谓观点综述，就是通过信息的搜索来大体了解某个话题已经有了哪些观点，了解某个新闻有哪些背景信息。**了解背景信息的过程，就是一个从背景信息中找到评论点的过程。**盯着新闻话题去空想瞎想，跳不出新闻本身的框架，而相关信息和观点看多了，你的观点自然就有了。

举个案例，某年全国"两会"，媒体报道："3月8日上午9点多，某地代表团第二组小组讨论会开始时，约有三分之一的代表没有来参加会议。会议中途，又有代表陆续退场，剩下的代表仅有一半多一点。快结束时，人大代表、当地省委副书记突然发飙称：当人大代表不能浏览观光啊，想来就来想不来就不来。想当人大代表的时候是什么劲头啊！不能当上了就不负责任啊。他说，有要事务必向召集人请假，原则上不得请假。"

这样一条新闻报道，本身是自带"评论点"的，如果缺乏"信息和观点综述"的构思过程，很容易陷入新闻自带的"评论点"而无法跳脱——批判一下代表"逃会"现象，强调一下人大代表的责任；一个人缺席，背后缺席的是所代表的几千万人；要遵守会风会纪，要明白自己肩负的责任。大多数的评论，基本上都会陷入这个"新闻框架"中，写出来的多是那种同质化、泛道德化的大路货评论，义正词严，却没什么观点附

加值。

当时，我做了一番信息搜索工作，了解了这条新闻的一些背景信息。比如，是不是这个代表团那几天"会风"一直不好，"逃会"现象比较严重？一般每个地方媒体都会围着本地代表团报道，我看了那几天当地媒体的报道，发现一个现象，前几天这个代表团的"会风"一直挺好，从当地党报和电视台报道来看，画面上人都到齐了，积极发言，积极讨论，为什么到3月8日就松懈下来了呢？我便有了疑问，而这个疑问，就是评论的"问题意识"。

仔细看了相关新闻，有了答案——3月5日下午，该代表团的全体会议审议总理《政府工作报告》，中共中央政治局委员、国务院副总理刘延东，全国政协副主席兼秘书长张庆黎作为该省代表团代表参加审议并发言。从电视镜头和媒体报道看，会场气氛很热烈，代表们积极参加并发言。3月7日下午，李克强总理到人民大会堂东大厅参加河北代表团审议，代表们也是齐刷刷地表现得非常热情。原来那几天都有"大领导"参加。

这么一构思，评论点就有了：为什么没有高官参加，代表们就开始"逃会"了？会风变得那么差，又是三分之一的人缺席，又是多人提前退场。我想起一个常跑全国"两会"的老记者说过，"两会"各省代表团确实有这样的"潜规则"，当有中央领导来的时候，很多代表非常积极和热情，争着发言，争着在领导面前去"表现""抢风头"，并安排各种"偶遇"、设计各种姿势准备跟领导握手，叮嘱摄影者千万要抓拍自己跟领导的合影，甚至准备"哭穷"或要项目。如果没有中央领导参加讨论，就可来可不来了。一些代表会对自己的"两会"的会期时间进行这样的划分：中央领导来的话，自己必参加；本省大领导参加，自己也得参加；开放日记者会集中采访，也不好缺席；其他情况，就属于"垃圾时间"，可来可不来。

为什么当没有高官参加时代表们就喜欢"逃会"？这一评论点比简单

地对那些"逃会"代表批判几句，深了一个层次，因为触及了"逃会"的原因，也追问了一个深层问题——这些代表到底向谁负责。如果没有相关新闻背景的分析，没有信息的综述，很难找到这样的评论点，而会跟着新闻自带的评论点走。有些人的评论之所以写得很浅，讲一些人人皆知的正确的废话，提不起读者的阅读兴趣，是因为缺乏信息综述，只盯着一个新闻在空白处硬写。不掌握多一点信息，怎么能提出更深层次的思考，又怎么能提出有附加值的判断呢？

构思的过程，其实是一个让自己"有话可说"的过程。有了信息基础，评论才会有附加值，才会找到评论点，才会在信息爆炸中激荡出问题意识，提出有价值的真问题。那么，怎么来做信息和观点综述呢？起码应该了解以下几个方面的信息：第一，与这个话题相关的代表性评论；第二，相关法律和制度规定；第三，国外相关情况；第四，网友的相关跟帖、舆论主流的态度。通过信息和观点综述，在充分占有相关信息后，才具有评论这个话题的资格。

评论家许知远的第一份工作主要是写国际政治评论，他曾反思自己在国际政治评论写作中的困境，他说："我对国际政治的热忱在几年后变得意兴阑珊，我发现自己根本不可能接近事件的核心或者权力人物，那种借助二手、三手资料再做综合性的分析，像是一个自我沉溺的文字游戏，它没什么影响力。"[1] 许知远所说的写作困境，正是对资料缺乏自信。

二、从既有评论中寻找灵感和问题意识

举一个具体的案例，看看如何进行信息综述和构思。

---

[1] 许知远在为《李普曼传》（中信出版社 2008 年出版）写的序言中所进行的反思。

高校联合发起学生会干部自律公约：反对"官"本位思想

近日，部分学校学生会的工作和干部中存在的功利化、庸俗化问题受到社会广泛关注。10月6日，中华全国学联微信公号发布"关于发起《学生会、研究生会干部自律公约》的倡议"。自律公约指出，要珍惜代表服务同学的荣誉和锻炼能力的机会，公私分明，甘于奉献，不借组织平台为个人"镀金""铺路"，不借担任学生干部机会谋求"加分""保研"等私利。坚决反对"官"本位思想和作风，彼此互相帮助、平等相待，不追求头衔、不装腔作势。要努力建设充满朝气、干净纯粹的组织文化，坚决抵制社会不良习气侵蚀。

对于这个话题，你起码要了解当时对该话题有哪些代表性的评论？比如下面这几篇：《新京报》的《"当局者迷"让人痛心》（批评大学生是"护校宝"，没有原则地为"学生官"辩护）；《"学生官"不应该成为"学生观"》（谈价值观和追求，价值观不能异化）；《"学生官"违背现代大学精神》；《别让官场陋习毁了大学生》；《当"学生官"不是为"管人""捞好处"》；张鸣的《我的招生歧视》。

特别是中国人民大学教授张鸣的这篇评论，很有代表性，在网上流传很广。张鸣在文章中尖锐地表达了对学生干部的不屑和不满，他说"自己上课一般不点名，喜欢来就来，不喜欢尽管走。所以，学生也不会跟我请假。但是，有的时候，就会有学生会的干部明晃晃地找上来，递上一个条子，说是他们有活动，不能来上课了。你不喜欢听课，不来就罢了，你们有活动，就可以堂而皇之地不上课？哪里有这样的道理！更让人不高兴的是，本科生保送研究生，都会有学生干部的专有名额。每每那些上课不来，又不读书的学生干部，成绩低于班级的平均分数，却可以大摇大摆地不用考试，直接读研，只要他们高兴，甚至可以一直读到博士毕业。即使进入博士研究生阶段，他们宿舍的书架上，除了教科书之外，空空如也。"张鸣说，后来定了一个规矩，不招学生会干部做他的研究生，面试的时候，学生会干部直接淘汰。

张鸣还谈到了一次经历："有一次，一个我教过而且印象不错的本科男孩子找到我，说想考我的研究生。我说，你不错，但是听说你在做学院的学生会主席，把主席辞了，我就可以招你。又过了一阵儿，他也已经进了保送名单，再次找我。我说，你辞了没有？他说没有。我说那对不起了，我不能要你，你找别人吧。他说，我知道您对学生会有意见，但这个位置，应该好人来干。我说，个人干不过制度，你进去，时间长了，好人也变坏人了。"

当然，这篇评论在网上引发很大争议，很多人觉得张鸣的观点以偏概全，太情绪化了，从一个极端走向另一个极端，从"学生干部特权"走向"逆向歧视学生干部"。

不管你认不认同这些评论的观点，当看了这些相关评论后，我相信你的脑子里就有货了，对这个话题也有了自己的想法。通过这番对代表性评论的梳理，你能够找到舆论对该话题的痛点和吐槽点，找到自己的"话题方位"：第一，舆论基本上是一边倒地批评"学生官"。第二，舆论的很多批评都基于这一点："学生官"是源于社会官，学生那套都是跟社会官僚系统学的，有样学样，社会化官僚多了，学生自然就被社会化了。第三，批评基本上都源于舆论公众，公众对校园现象不满，很少有来自校园的声音，很少有大学生从校园内部发出对"学生官"的不满。这是一个很有意思的现象，舆论义愤填膺，校园却好像对这个话题没那么关心。

在以上信息和观点综述中，你也许就找到了自己的评论方位和角度空间了。针对第一点：难道"学生官"真该一棒子打死吗？学生干部真那么不堪吗？针对第二点："学生官"真的是跟社会上那些官僚学的吗？是社会风气传到大学校园，还是大学校园本身就是一个社会？针对第三点：从舆论外围看"学生官",是不满的态度,那么从校园内部看,又是怎样一种视角呢?——当看了一堆别人的评论后,才能站在别人评论的肩膀上看得更高更远更透彻。

后来有一个同学写了一篇很好的评论——《对不起,请允许我为学生干部辩护几句》。她觉得舆论对学生干部的批评太苛刻了,她在评论中对"江湖气"和"学生气"作了对比,谈不要走向极端:"当整个社会的情绪都被带动起来,当一种声音占据了主流,当一种隐隐的'政治正确'横亘在人们心中,所有的话语都被统一,人们没有精力去看看被语言的棍棒误伤的那一个群体。正如当年的'书呆子'群嘲热,其实在那些沉迷书本、稍显木讷的学生之中,情商与自理能力低到连鞋带都不会系、需要父母陪读的人仅仅是少数,在全国的各级学生会之中,如此摆官架子、目中无人、狂妄的学生干部,又有多少呢?全社会对学生会、对学生干部密集而毫无区分的批判,是否对学生不公平?是否对那些天性活跃、乐于组织和参加集体活动、真心想要在学生会里锻炼自己能力的学生不公平?"

另一个同学也从校园内部对该现象进行了分析:"'学生官'不是社会风气对大学的倒灌,而是源于学生会组织自身的体制。学生会组织的特权、福利、权力结构,形成了官僚意识,这是内因,社会风气不是主因。"该评论从校园内部观察视角分析了保研对学生会干部的倾斜、学生会上级对下级的"生杀大权"、学生会资金的使用等现象,这种分析比外部对"学生官"的抽象批评,要深刻多了。

三、在"专业增量"中寻找评论的附加值

构思的一个重要方面,是要让自己获得对一个新闻话题的"评论资格",在掌握了充分的背景信息后,评论得有自信,读者也会信服你的判

断。评论员不可能是"万事通",面对很多话题时,"认知线"可能跟很多读者一样,处于一种平均的水平线。如果要获得"评论资格",就要超过这一"大众平均认知线",往前面推进一点。**只有当你比大众对这个话题掌握更多的专业知识和背景信息,你在构思的时候才能看得更远更深更广,提出让人眼前一亮的观点。**

比如,评论范冰冰偷税这个话题,你起码应该知道相关的税法,知道税法对于偷税逃税漏税的相关规定,知道一些地方为了吸引明星的公司入驻,有哪些优惠政策,知道国外的相关法规,才能为评论找到一个比较的坐标系。当评论滴滴网约车时,起码应该知道相关制度和法律,了解网约车在中国发展的基本格局。拥有这些背景信息之后,才能让你有评论的方位感和专业自信,避免纯粹依赖直觉和常识来做判断。评论需要常识感,但又不能只有常识感,因为人人都有常识感,凭什么要看你的评论呢?当下评论的一大问题就在于,用常识感判断的评论员太多,专业含量太少。评论之所以同质化,源于大家都用常识感去判断,而不学习和汲取专业知识。

每一次评论写作的过程,应该是一个通过学习相关专业知识、增长自己见识、扩展自己视域的开放过程,而不是一个透支自己脑洞、把自己写空的过程。常有朋友问我,你写了十几年的评论,天天写一篇,会不会把自己写空?我回答说,当然不会,因为我每写一篇评论,每接触一个新的话题,都会了解相关信息,进行观点综述,每一次写作,都是一次积累的过程。构思时看到的文献、了解的信息,都成为自己的积累。因此,十多年的写作不是吃老本的过程,而是积累的过程。

所以,**评论的构思过程,应该是向外寻求论据支撑的开放过程,而不是向内寻求结论的闭合过程;应该是向外增长知识扩展视野,而不是闭合思考,"内卷化"的自我重复。**"内卷化"是人类学家格尔茨在研究爪哇岛时提出的一个概念。爪哇岛的原生态农业在维护了一派自然景色的同时，也长期陷入简单重复、没有进步的状态。格尔茨把这种现象称为"内卷化"，后来成为政治经济学的一个概念，意指一个社会既无突变式的发展，也无渐进式的增长，长期以来只在一个层面上自我消耗和自我重复。大到一个社会，小至一个自我，一旦陷入内卷化状态，便会身陷泥沼，无力前进，自我懈怠，自我消耗。而评论作者的"内卷化"，就是在缺乏开放意识中的自我重复、套路化、闭合化，最终写出来的东西毫无新意。

比如，写"学生官"这个话题，起码要了解以下相关规范和背景：第一，国内一些知名大学的学生会章程；第二，国外大学学生会的运行情况；第三，国内有没有相对比较好的学生会运行案例；第四，之前还发生过哪些学生会丑闻的典型案例。只有具备了这些背景认知，才有判断的基础。

我看了美国一些知名大学的学生会章程，很有意思：第一，从学生会的组织结构来看，整个学生会的结构类似于美国政府，也沿用三权分立机制：行政、立法、司法，三个组成部分各司其职。学生会每周都有例行会议，任何学生均有权旁听。第二，不少美国高校学生会是一个完全独立于学校行政（校长等）的学生组织。所有学生会的资金、行动都是独立的，比如他们的资金来源于每位学生每学期所交付的学杂费（有一定比例费用进入学生会）。第三，美国高校学生会的选举方式也与我国差异较大，负责人（任期一年）由全体学生成员直选产生（一般在春季学期举行）。

当了解了美国学生会的这种组织架构之后，再看看国内一些知名大学学生会的章程和结构，就会明白为什么我们的学生会会产生这样的文化了，而不会幼稚地判断"'学生官'是源于社会官僚习气，是跟成人学"。

有一个学生针对"米兔运动"写了篇评论，她说："语焉不详的处理，会损害被指控性侵的教师所任职的学校的形象。清华大学前校长的梅贻琦曾说：'所谓大学者，非谓有大楼之谓也，有大师之谓也。'"这篇评论基本上是从道德层面对高校的信息不透明进行了批评，我跟她说，这样评论是无力的，你越义愤填膺，越无力。因为道德本身是一个约束力很软的东西，不是硬约束，你说是不道德的，我换一个角度，也可以说是道德的，缺乏明晰的标准。但如果从法律角度看，就不一样了。如果了解政务信息公开的相关法律规定，出了这样的事，大学应该有公开的义务，不公开要承担法律责任。得对相关法律有一个梳理，才能拿出"实锤"和"干货"。道德层面的价值判断，往往都不是"干货"。

如果从程序、制度、规范、法律层面谈高校的公开义务，这种公开不是一种道德要求，而应该是一种法律要求，这样的评论会更加有力，更有专业含量。评论要尽可能地超越道德层面，而上升到专业层面，才更有附加值。只有像这样掌握更多的法律和制度材料，才能有理有说服力地驾驭类似的话题，一针见血。将充分的资料积累作为构思的基础，才能掌握"实锤"和"干货"。

另一个同学的评论《高校反性骚扰行动：正义需维护，程序需合理》，就具备了基于法律和制度基础的"干货"。她评论的也是"米兔运动"："在为正义得到伸张的一片叫好声之中，我们似乎也需要冷静下来，重新思考我们维护正义的程序问题。总结几次事件，皆由网络舆论发酵而起，校方都在短短一两周内甚至正式宣布调查结果之前，'及时'处理了问题。在反应迅速的背后，事件本身有没有得到充分地考察？依靠行政权力介入来单方面进行裁决的方式，是否也陷入了缺乏规范和监管的危险？处理迅速不等于处理得当，舆论压力更不等于绝对正义。面对高校性骚扰，校方应以根本解决问题为目标，而不是被眼前舆论压力所摆布，为维护声誉、消除风险而草率处置，只求'息事宁人'。"

从制度和程序层面来谈，看得出来，这个同学做了不少相关的信息与资料的搜索，才能提出如此"不同"的观点，跳出舆论在该问题上的泛道德化视角。

四、如何把自己调整进入最佳写作状态

接下来，谈谈如何进入最佳写作状态，让自己在有表达冲动和激情的亢奋状态下写作。我曾特别就这个问题在课堂上进行过讨论，问同学们什么时候最有表达欲望，主要有以下几种场景：第一，相关性；跟自己有关，比如学生在大学校园应不应该开放，"双 11"学校断网对不对；第二，与众不同；当感到自己的观点肯定跟别人不一样的时候，会有一种急于表达并凸显自己观点优越感的表现欲望。

比如，当别人都在批评南京大学社会学系教授梁莹学术不端，在知网上删掉自己多年前低水平抄袭的评论、掩盖自己出道时的丑陋时，我的学生想到一个词——被遗忘权。梁莹有没有清除自己的历史、让人遗忘自己过去的权利呢？一个人有不堪的过去，在网上留下了大数据痕迹，有没有让别人遗忘的权利呢？当有了这个与众不同的而且对大众看法有颠覆性的视角，你肯定会急于想写出来让很多人看到。

第三，对一个问题有积累，是你熟悉的话题，你有信息和专业的优势；第四，被误解的时候，急于想澄清自己的观点；第五，面对自己喜欢的人，特别有表达和表现的欲望；第六，跟人对话的时候，想象着有一个人站在你面前，你想说服他；第七，对一件事有着很饱满的热情，比如对孩子的爱、对父母的爱。第八，跟人辩论的时候，对某个观点、某个角度有着强烈的批判欲望，想撕一撕，怼一怼，立刻能形成一种辩论的、论证的、开撕的气势，没什么比这时候更有表达的欲望与激情了。

五、找到一个靶子，用辩论姿态激活评论细胞

当我们面对一个话题的时候，能不能把自己调整到斗志昂扬的辩论状态。人在辩论时，对着一个靶子，会把自己全身的积累、本能、激情、表达细胞全部激活，才气横溢，有一种强大的气场。比如这篇爆款文章《我承认，我们是有组织攻击马蜂窝的》，几个理工男怒怼马蜂窝点评抄袭，层层论证，层层反驳，妙语如珠，一针见血。推荐大家去看一看，真是荡气回肠，尤其是在后面，把论点推向了高潮，成功地把公众热情调动起来，把批评对象钉在了耻辱柱上。

这篇评论说："我们期待法院做出公正的裁决，因为这个案子最终将决定未来中国二十年互联网的走向，被水军骚扰得不厌其烦的你，被软文欺骗、利用得愤怒的你，对各种虚假、抄袭深恶痛绝的你，请你关注这一场官司，因为这一场官司，要回答这样一个问题，我们未来二十年，到底是要活在水军、造假、抄袭中，还是活在一个没那么繁荣，但诚实能得到回报、真话可以得到保护的世界？"这就是辩论赛中四辩的一份漂亮的总结陈词啊！

评论如果有了一个矛头，尤其是让自己深恶痛绝的矛头，浑身的评论细胞都会被激活，有如无数匹野马在内心奔腾，不吐不快。此外，还推荐大家看看"曹云金怼郭德纲""郭德纲撕曹云金""崔永元枪挑冯小刚""冯小刚十问崔永元"，都是驳论的经典。对于平常不善于写作、不善于言辞、像热水瓶那样外表冰冷内心火热的同学，我推荐可以从驳论写起，把自己调整到"杠精"的状态。虽然平常我不太喜欢"杠精"，一般谁跟我杠，我都说"你最近又胖了"，或者说"你牙缝里有根韭菜"，但"杠精"精神对于初写评论者，对于激活内心的评论小宇宙，是一种美德啊。

六、跳出评论的"性冷淡状态"

评论,最原始的定义就是吐槽、辩论。辩论的语境有一种对抗性,代入到这种场景中,会让人急于去说服和论证,从而形成一种自圆其说的欲望。那什么是写作的问题意识?就是找到一个评论点。很多时候,评论点就是槽点,就是痛点,就是撕点,就是你不吐不快的靶子。比如我的学生王昱的那篇评论《不是读书无用,而是你无用》,反驳的是"读书无用论",写得很好,应该是她至今写得最好的一篇,既正能量,有不同角度,又能直抵人心。

当然,我不是教大家当"杠精",主要是针对那些觉得"自己总是没话可说",总是处于一种"写作上的性冷淡"的人说的。如何把沉睡的评论小宇宙激活呢?听课的大多数学生都读过不少书,肚子里肯定是有货的,但很多都处于沉睡状态,怀了一肚子关于某个观点的孕,就是生不下来,就是难产。我们要学会在考场上,在课堂上,在写作的时候,把自己调整到"表达的亢奋状态"。为什么梁启超的笔端常带着感情啊?为什么他的评论有一种魔力啊?因为他也是一个"戏精"啊,写作的时候内心戏非常足,会从笔端流向读者的内心,总有一种力量让人泪流满面。

我的写作习惯是面对一个话题的时候,一定要通过某种方式,在思维上调到让自己最舒服、很熟悉、最有表达欲望的写作状态和表达节奏。我会判断,这是一个关于什么样的题目,是温情的、冷静而专业的、沉重的?还是愤怒而悲伤的、幽默而平和的?我要把自己调整到评论所需要的情绪或者情感中,也就是**沉浸于话题之中,跟话题融为一体,这样写出来的文字既有感染力,又有强大的逻辑力量**,一气呵成,有一种文气,而不只是文字的僵硬堆砌。比如我写的评论《对矿难,我已经无话可说》《记者节,这一声"你还好吗"太沉重》。

美国著名记者海伦·奥尼尔有一个写作习惯,她在采访过程中从不动笔,她喜欢让自己沉浸在某件事情中,然后从另一端走出来认真思考后再动笔写。[2]

所以,写作的时候一定要了解自己的兴奋点,问一问自己在什么情况下最有表达欲望,每个人的兴奋点和兴奋区可能不一样,尽可能在构思的时候调整到让自己思维流动的状态,而不是硬写,吭哧吭哧地憋出来、挤出来,一个字一个字编出来的文字,自己写着难受,别人看着更难受。

七、学会寻找评论的基准线

关于怎么构思论点,我在之前也讲了,拿到一个话题的时候,一定不要在空白的起点上去思考,而要学会站在别人的肩膀上去思考,想想,多数人对这个话题怎么看?**先画出一个话题的基本评论面,即大众认知的基准线**。这根评论基准线有什么作用呢?第一,有了这根基准线,你就不会偏题。第二,有了这根基准线,你就能在基准线的基础上去思考,站在别人的肩膀上去构思论点,而不是说一些众所周知的套话、废话,即能让你站在一个比普通人稍微高一点的起点上去思考。

还是以南京大学社会学系梁莹的学术不端事件为例。拿到这个话题,你应该首先去想,评论的基准线是什么,99%的人对这件事的态度是什么?肯定都是批判——这样做太不要脸了,这样的人是怎么评上"长江学者"的。这便是基准线,是大家看到这条新闻时都有的态度,如果你的评论只是表达这一基本的态度,说一堆正确的废话,写得再好,最多也就是及格的水平吧。我们不要把评论降低到表态的层面,不要用表态的姿态去写评论,因为话题本身已包括了大家都有的态度,不需要你去

---

[2] [美]杰里·施瓦茨:《美联社新闻报道手册》,曹俊、王蕊译,北京:中央编译出版社,2014年,第80页。

表态，你应该在人人都有的态度的前提下，往前多思考一步，把思考往前推一点，那才是你的论点。不要误把态度当成你的论点。

比如，在上述的基准线上，你可以这样来思考：梁莹学术不端，却能一路绿灯，肯定不只是一个人的问题，而是一群人的问题。接着你会问：面对梁莹的这个问题，其他人会怎么反思呢？到底是反思"出来混总是要还的"，还是反思"以后干这种事情要隐蔽一点"。再继续追问：梁莹被揪出来了，到底还有多少个梁莹？其实梁莹也是评价体系的受害者，她为什么要写那么多的垃圾论文，是评价体系的问题吗？这件事是媒体曝光出来的，其实之前就有很多人举报了，为什么学术圈没有自我净化的能力，没有能力去清理门户，而总需要借助外部的力量？

你看，这样站在大众的态度上去进一步思考，既不偏题，又能够跳出多数人的态度，即站在别人的肩膀上，高那么一点点。想象出一条评论基准线，你就有话可说了，你可以去认同，也可以去反驳。这条基准线就成了你的靶子，比如，我写的评论《不只需要爱国心，爱国是需要能力的》，基准线是，"爱国当然是好的，但是，爱国不只是热血沸腾，不只是义愤填膺，爱国需要能力，需要理性的判断，需要产生对国家有利的效果"。《别矫情了，你为屌丝，除了努力奋斗你别无选择》，针对的是"说高房价消解了人们奋斗的热情"，奋斗再多，也不如一套房。

评论的构思是有规律的，不是胡思乱想，一定要找到评论基准线，有了这根线，你就有了一个大体的范围，思考也就有了框架。不能盲目地想，没有框架地想，想到哪里就是哪里，那样会把写评论变成了一种运气，运气好，灵机一动，碰巧就想到了，运气不好，便将就一点吧。**基准线是及格线，在基准线上思考，一步一步把观点往前推，推到那个让自己兴奋的亮点和抓手**，文章写起来就很流畅了，也不用担心自己偏题。

第八讲

评论写作的选题

选什么题目去评论,不仅是一个技术活,更体现着一个人的价值观。需要通过自己独特、有洞察力的判断,把隐藏的新闻挖掘出来,引领舆论对某个话题的关注,设置了议题,而不是被每天舆论空间中那些如过眼云烟、"今天是热点明天就被其他热点取代"的新闻牵着鼻子走。

> 新闻媒介最明智的做法应该是说明事件,像探照灯的光束一样,不时地移动,将一个个事件从黑暗之处揭示出来。
>
> ——阿特休尔

> 全天候的信息娱乐化把真正的事实精髓(以及那些原来被称为"新闻"的内容)以一种鸡零狗碎的方式表达出来。对于掌权者来说,只有这种形式的文化才容易被操控。
>
> ——弗兰克·里奇

按照历史学家米切尔·史蒂芬斯的看法,在新闻中,人们关心的基本话题、评价新闻价值的基本标准,似乎没有什么差异。他研究了历史上新闻在人民生活中的功能,发现了一个现象:在不同历史时期和不同文化中,人类交换着相似的新闻,因为人类对新闻的兴趣即使不是天生的,至少也具有某种必然性。[1] 这是长时段的历史主义视角,其实从现实的短时段角度看,人们的价值偏好是不一样的,背后深刻地体现着一个评论员、一份媒体、一个社会的价值观。

选什么题目去评论,不仅是一个技术活,更体现着一个人的价值观。在谈到新闻的作用时,李普曼曾说:"新闻的作用在于突出点明某一事件,

---

[1] [美] 比尔·科瓦、汤姆·罗森斯蒂尔:《新闻的十大基本原则:新闻从业者须知和公众的期待》,刘海龙、连晓东译,北京:北京大学出版社,2014年。

而真实性的作用是揭示出隐藏的事实。"阿特休尔在《权力的媒介》中是这么解释的,"新闻媒介最明智的做法应该是说明事件,像探照灯的光束一样,不时地移动,将一个个事件从黑暗之处揭示出来。突出点明事件,本身就是一项有价值的工作。"选择什么样的事件来评论,也体现了这种"探照灯光束"的效应。

马少华在谈评论选题时,谈到一个"选择和取舍"的典型案例。胡适在《努力周报》1922年7月17日至23日的"这一周"里这样写道:"这一周的中国大事,并不是董康(当时的财政总长)的被打,也不是内阁的总辞职,也不是四川的大战,乃是十七日北京地质调查所的博物馆与图书馆的开幕。"胡适旗帜鲜明地表达了自己对选题的价值判断。在一般人看来,贵为财政总长的政府官员被打、内阁的总辞职、四川的大战,这些都是热点和焦点,是公众最关注的事件,应该最有评论价值。可胡适放弃了这些焦点,而是选择了"博物馆和图书馆开幕"这样一个看起来很不起眼的文化新闻,这就是他的价值判断,他认为相比那些事件,影响到国人精神和思想层次的图书馆开幕更有意义,更能决定中国的前途和命运。

《中国青年报》著名的"冰点周刊",创刊者选择"冰点"为名,就包含着这样的意思,他们拒绝跟着那些此起彼伏的新闻热点走,而是选择在一般人看来并非热点和焦点,而是很冷很冰的话题去做新闻——看起来是冰点,实际上是很容易被人忽略、隐藏着大关怀、涉及每个人利益的大问题。这样的话题一做出来,因为触及社会深层次的问题和每个人的内心,往往会立即成为热点。也就是说,这些新闻人通过自己独特、有洞察力的判断,把隐藏的新闻挖掘出来,引领了舆论对某个话题的关注,设置了议题,而不是被每天舆论空间中那些如过眼云烟、"今天是热点明天就被其他热点取代"的新闻牵着鼻子走。

一、跳出互联网依赖，看到选题盲区

举我写评论的一次经历为例。2016年，南方暴雨导致严重洪灾，好几个省市都严重受灾。从网络和社交媒体看，湖北武汉和湖南长沙受灾似乎最严重，因为网络新闻中出现的字眼都集中在这两个地方——公交在路中像在海上，学生推着船去上课，橘子洲头被水淹的照片极具冲击力。——这些是网络呈现的灾难图景，然而，受灾最严重的其实不是武汉和长沙，不是湖南、湖北，而是安徽。

好几个安徽朋友都在朋友圈吐槽说，安徽成为这一次媒体洪涝灾害报道的新闻盲区。这次安徽受灾情况跟湖北、湖南、江苏一样严重，甚至很多地方受淹情况比湖北、湖南严重多了，但从外地媒体上很少看到反映安徽灾情的报道，翻开报纸和打开电视，基本都集中在武汉和南京这些大城市，上热搜的很多话题标签都是"湖北湖南暴雨"，很少带上安徽。很多安徽人一边上传本地严重受灾的场景，一边抱怨自己被遗忘了。

安徽成为新闻盲区，灾情严重程度与受到的媒体关注不太相称，其实并非媒体刻意的选择性屏蔽和故意遗忘，也不是缺乏对生命的关怀，而是关注视野的局限和对新闻价值认知的偏颇，被网络设置的热点议题牵着鼻子走，缺乏对灾情判断的问题意识。从新闻价值的角度看，盯住大城市似乎更能出新闻，大城市的问题更能成为热点，所以"紧盯大城市"已经成为灾难报道的一种套路，可如果能超越那种热点效应而从救灾规律看，其实小县城的排水问题比大城市还严重（因为投入很少），更严重的是农村——城市起码已经有了像样的排水设施，能防住几十年一遇的暴雨，而很多欠发达地区的农村在这方面则欠账太多，逢雨必涝一片汪洋，是防汛最薄弱的环节。

在广大农村地区，人们不会像城市人那样随手拍、随手把大水淹没的灾情发到自媒体上，以近乎全景直播的方式让公众看到严重的灾情——大城市的人在网上很活跃，善于表达，善于借助社交媒体发声，善于抓住媒体的关注点而让自己成为新闻。其实，很多农村的灾情可能比想象的要严重，较大城市的民众相比之下更有话语权，更能够将自己的问题设置为政府和舆论关注的议题。欠发达地区之所以经常成为新闻盲区，因为他们在舆论场上缺乏话语权，于是成为灾难中沉默的、被遗忘的大多数。农村里的很多人还没有上网，没有自己的自媒体，不懂微博、微信为何物，他们生活在互联网的世界之外。

所以，我后来写了一篇评论《不要让安徽成为救灾的新闻盲区》。不要被社交媒体和网络热度所误导，热搜背后有人为因素，网络本身是有盲区的，对一些议题的偏好、活跃的人群、利益的驱动，使社交媒介屏蔽了很多有价值的议题。不得不承认，社交媒介是一个由"北上广"白领精英主导的舆论场，在这其中，芸芸众生仍然是沉默的大多数，缺乏被关注、被倾听，而"北上广"白领的声音却被过度地表达着，比如，很多微信公众号的"10万+"话题，基本被"北上广"白领承包了。有人调侃说，"北上广"白领一个月焦虑四次，一次一个"10万+"话题。热点话题甚至被各种涉及白领生存状态的"焦虑体"占据着。

回忆一下在我们朋友圈刷过的那些"10万+"话题——保温杯、油腻、鄙视链、区块链、逃离"北上广"、佛系、假装生活、"90后"开始秃了——这些或者是伪问题，或者是无病呻吟，或者是撒娇，或者是富贵病。在这种"北上广"白领过度表达的语境中，就拿食品安全来说，同样是食品不卫生不安全的问题，如果曝光的是"北上广"白领常吃的火锅有问题，肯定会成为大新闻；如果常喝的星巴克有一点小问题，必然会刷屏式传播。但如果是远离他们日常生活的火烧、馒头出了问题，可能不会引发多大的关注，虽然吃火烧的人一点也不少。

因此，在进行选题判断时，要有一种"互联网-"意识。现在什么都强调"互联网+",好像有了互联网就洞悉一切,无所不包无所不知了。其实互联网是有框架的,用美国学者盖伊·塔奇曼的话来说,"新闻都是建构的,电视建构的新闻、报纸建构的新闻、互联网建构的新闻、社交媒体建构的新闻,背后的媒介框架就像一张新闻大网,网住了很多东西,框架之外也屏蔽了很多信息"。看到网上很多信息,很厉害,但更考验我们的是,哪些信息没有呈现在网络上,哪些有价值的新闻没有被报道。

南方洪灾之后,有一次到南方某地出差,接我的是当地媒体一位跑"三农"领域的记者,聊起南方洪灾带来的损失。我说:"电视看到的场面太可怕了,那么多车被水淹,损失太大了。"那位记者说:"曹老师,你从城市来,关注的只是城市,看到的只是城市人的损失,你有没有意识到,其实农民损失也一样严重,家塌了,田淹了,家禽死了,什么都没有了,而且没有保险。可这些,都没有出现在媒体报道中,因为媒体记者都是城市人。"

回到之前提到的那个"探照灯",新闻和评论的"探照灯"是多么重要,它虽然决定不了我们怎么想,但可以决定我们"想什么"。兰斯·班尼特在《新闻:政治的幻象》中讽刺了这个"探照灯":"(美国)民调显示,从20世纪80年代早期到90年代后期,对自己所生活的社区有安全感的人越来越少,其比例从44%下降到29%。而从同期犯罪率的实际情况看,人们的感受应该正好相反才对。"[2]

而跳出盲区,需要接受塔勒布的提醒,他一针见血地指出我们对信息的偏好:"我们喜欢可触摸的东西、被证实的东西、显而易见的东西、真实的东西、可见的东西、具体的东西、已知的东西、已观察到的东西、生动的东西、视觉性的东西、有社会特点的东西、被灌输的东西、富有

---

[2] [美]兰斯·班尼特:《新闻:幻象的政治》(第9版),杨晓红、王家全译,北京:中国人民大学出版社,2018年,第35页。

情感的东西、突出的东西、典型的东西、打动人心的东西、富有戏剧性的东西、传奇的东西、美化的东西、官方的东西、学术性的空话、虚有其表的高斯派经济学家、数学废话、华而不实的东西、法兰西学院、哈佛商学院、诺贝尔奖、黑西服白衬衣加领带、令人激动的演讲和耀眼的东西。而我们最喜欢的，是故事。"[3] 这些"喜欢"形成了我们的思维舒适区，停留在这个舒适区，就跳不出盲区。

二、选题要精准，抓住评论点

面对一个选题时，要学会审题，精准地抓住问题的评论点，不能被表面的话题泡沫所误导。

举个案例，有一次在课堂上跟同学们讨论一个话题——"高峰期该不该限制老人乘公交"。相关新闻是这样的："近日有人在网上吐苦水，呼吁早高峰时间应该禁止使用老年公交卡，换言之，就是希望老人们别在上班的高峰时间跟年轻人'凑热闹'、挤公交，体贴上班族朝九晚五的辛苦。对此，有人认为，老人应该体贴年轻人，不要逼他们陷入让不让座的道德困境，这时挤公交也不安全。而不赞同限制使用老年卡时间的人则认为，老人早上出门也可能是为了送小孩上学，或是出门买菜煮饭给年轻人吃，况且每个人都会老，我们有什么权力限制老人出行呢？"

仔细看，高峰期该不该限制老人乘公交，本身就是一个伪问题。怎么能限制老人乘公交呢？肯定是不行的，这个话题不需要讨论，乘公交是每个公民平等的权利，凭什么因为人的年龄而限制坐公交呢？这不仅是歧视，而是侵犯人的基本权利。

---

[3] [美] 纳西姆·尼古拉斯·塔勒布：《黑天鹅》（第3版），万丹译，北京：中信出版社，2011年，第134页。

其实，并没有人提议限制老人在交通高峰期乘坐公交，真问题是，高峰期应不应该限制使用老年卡。限卡，而不是限人。限制老年卡在高峰期的使用，这是一个可讨论的话题，毕竟，老年卡不是老人的权利，而是政府给老人的一种福利，让老人更多地享受公共资源，当然可以对使用这种福利的条件进行限制。比如，在交通高峰期，当公共交通资源很紧张时，可不可以限制一下这种福利。毕竟，不是不让老人坐公交，如果有事，仍可花钱去坐公交，但那个时段老年卡不免费。

如果探讨"高峰期该不该限制老人乘公交"这个话题，没办法探讨，结果只能是阶层撕裂；而探讨"高峰期该不该限制老年卡"，就把这个问题变成了一个可探讨的经济问题和公共管理问题，这才是真问题。很多城市的公共资源之所以紧张，都是免费带来的管理问题。就像"清理低端人口"背后的真问题，其实是"清理低端产业"。

接着举一个案例，关于"应该不应该禁止师生恋"，隔一段时间就会成为热点话题。比如，2018年几起著名的高校教授性侵案发生后，又有评论提起这个话题，建议全面封杀师生恋。一篇题为《是时候全面禁止师生恋了》的评论称：

> "美好的"师生恋多了，那些不美好的，对学生进行侵犯的，也就更容易发生。因为"和学生发生关系"会成为一些中年男教师特别骄傲的事情（**点评：逻辑何在？**）。等到评上教授、博导，甚至长江学者，很多人的学术研究就基本停滞了（**点评：根据何在？**），能够证明自己雄心的，也就在情场了。另外一段所谓"佳话"是徐悲鸿和学生孙多慈的。徐悲鸿在中央大学教美术，孙多慈是他的学生。这一对特别像今天的师生恋：徐悲鸿和妻子蒋碧薇感情出了问题，蒋经常在外社交，徐悲鸿就开始指导孙多慈，把她带到自己的画室。他们的关系传开后，蒋碧薇前去质问，孙多慈为了保护徐悲鸿，只

好退学回了安徽老家。——舆论并不站在他们这一边。

这篇评论在逻辑上可能存在问题,把伪问题和真问题放在一起乱炖,没看到根本问题出在哪里,便站在道德高地去禁止师生恋。

当我们在反对师生恋时,我们其实是在反对什么呢?那几起高校性侵案,都没有证据显示问题出在师生恋,暴露的是以下这些问题——有的是性侵,有的是婚外情,有的是情感欺骗,有的是性骚扰,有的是强奸,有的是利益交换,有的是权力强迫、教育腐败,有的是不负责任的渣男。——把每个个案中很具体的问题,都归结为一个"师生恋",这是典型的头痛医脚。

"禁止一切形式的师生恋"这种一刀切的全称判断,很容易制造歧义和误解。而如果将师生恋的外延缩小,将"所指"具体化,讨论起来就不会纠缠于抽象的语义而变成文字游戏之争了,共识也会多于争议。舆论场中很多争议都首先源于概念模糊,一边指的是全称判断,一边指的是具体判断;一边说的是影视肥皂剧中美化的师生恋故事,一边说的是社会新闻中让人恶心的师生恋丑闻,各有所指,自然就没有交集。封杀的不是自由恋爱,而是职业权力在恋爱中的滥用。弄清楚了具体的真问题,评论才有意义,否则只会传递混乱。

这就要求我们在做选题时,一定要瞄准一个准确的靶子,不要想当然地套到某个问题框架里去,要尽可能地把那个问题具体化、精准化、缩小化,避免全称判断和过于抽象。

再举一个案例,某大学校园BBS中一条《本科女生意外怀孕,计划休学产子》的自述消息引发了相当的关注和讨论。根据自述内容,一名就读本科的女生意外怀孕,但男生尚未到法律规定的适婚年龄,因此女生决定在未婚先孕的情况下,休学一年将孩子生下来,然后返回学校继续完成学业。当事人言辞间态度十分坚决,数次重复"不能为了上学连自己的孩子都不要",跟帖的同学纷纷表示支持和祝福,称赞当事人"勇敢""好棒"等,质疑声微乎其微。

怎么看这个话题?千万不要在一堆话题中乱炖,要选准话题的评论点。这个话题涉及以下好几个内容:(一)本科期间结婚生子;(二)婚前性行为;(三)有准备的未婚先孕;(四)意外的未婚先孕;(五)低龄未婚先孕;(六)低龄未婚先孕并不想流产;(七)未婚先孕而不流产,休学生孩子;(八)未婚意外先孕,不流产,休学生子,发帖求理解求祝福。如果不把这几个话题区别清楚,很容易陷入鸡同鸭讲的混乱,说到最后都不知道自己想评论什么。做选题时,宜细不宜粗,一次选题后要进行二次定位,即我在评论这个话题时到底在评论什么?

一个同学写的评论是《你知道正确使用避孕套的第一步吗?》,他写的是这个话题背后所隐藏的大学生性知识的缺失,使自己很容易受到伤害,意外未婚先孕,不仅要休学生子,还得承受很大的压力,写得很好。标题《你知道正确使用避孕套的第一步吗?》成功激起了读者的好奇心,让人有阅读的期待。

三、跳出伪问题陷阱,死磕真问题

只有当拥有选题敏感时,才会关注那些真问题,而不会被伪问题牵着鼻子走。比如关于剩女剩男的问题,我写过这样一条微博:"剩女是伪问题,剩男才是真问题。其实,剩男也是伪问题,农村剩男才是真问题——农村光棍那是实实在在地剩下,甚至剩一辈子。甚至农村剩男也是伪问题,穷,才是真问题——哪有什么农村剩男,还不是因为穷。只要有钱,长得再丑,年龄再大,缺陷缺点再多,也不叫剩,那叫钻石王老五。这个定律只适用于男人,剩,就是穷。"

当具备这种真伪问题的判断时,才不会跟着网友一起喊"老人变坏,坏人变老",而会思考,为什么老人在今天会变坏?哪些人在骂老人?会进一步思考,为什么在传统媒体上老人的形象那么好,而在今天新媒体上却成了"老东西"?再继续深入思考,便会意识到话语权失衡,老人在新媒体上缺席,缺席的群体必然被妖魔化和污名化,缺席必然挨骂。这才真问题。

先入为主地判断,很容易掉进伪问题的陷阱。这要求评论员要有独立判断的意识,而不能跟着记者预设的立场走。记者写新闻时,为了弄一个大新闻,往往会有先入为主的观念,用观念强做新闻,然后误导受众。比如下面这条新闻:

> 某年《南方日报》发布了广东全省公民科学素质调查,结果显示,50.3%的受访者表示最期望子女从事的职业是医生,位列"最期待"职业榜首。有意思的是,据公开资料统计,今年内地22个省份的36位高考状元中,无一人选择医学专业。有至少20%的医学院毕业生选择放弃自己的专业。

新闻的标题是《高考状元无一人选择医学专业》,这就不是客观的事实判断,而有着明显的价值判断和观点倾向,预设这个立场后,再加上一些对部分医疗行业人士的采访,说这个行业有多苦多委屈,还常常遭遇医闹威胁,收入又低。这种诱导式采访和信息关联,形成了强相关效应,很容易在"行业很累很委屈"与"没有高考状元报考"之间,形成一种指向明显的逻辑链。

当很多评论员掉进这个逻辑陷阱时,有一篇评论很敏感地意识到,这可能是一个伪问题,这篇评论追问,"状元"不报考医学能说明什么问题呢?作者说:"事实上,从我个人的经历来看,这个结论是十分不靠谱的。以我所在的华中科技大学为例,我们学校的医学属于强势学科,每年招收医学生的分数都是非常高的，比如临床医学专业，它可是八年制，会让学生投入大量的时间来学习，但该专业在很多省份的分数线都是第一，高过热门且强势的工科专业——机械制造及其自动化。所以，仅仅是几个'状元'没有报考而已，要说医学专业被冷落了，还真有些危言耸听。"作者用一个强有力的论据就把伪问题戳破了。

这篇评论继续论证："回归到该新闻报道，不得不说，该调查所呈现的一些数据，不但没有说明医学被冷落了，反倒还让我们看到医疗行业的工作并没有那么糟糕，或者至少说它是正常的。比如，'至少20%的医学院毕业生选择放弃自己的专业'，这是多么令人欣喜的一个数据啊！反过来看，那可是有将近80%的医学院毕业生在从事医疗行业啊！这不知道比其他专业好到哪里去了。就像我们新闻传播专业，毕业后从事媒体行业的学生，毫不夸张地说，20%都不到。"作者思维很敏锐，从20%看到了数据的另一面，竟然有80%的学生坚守自己的专业，这个比例其实是很大的。

评论进一步指出，"伪问题"背后是一种"真情绪"，"'超七成医生不愿子女学医'明显只是一种情绪表达，根本不足以说明医学不讨人喜欢。而假如我们留意这种情绪的话，其实它存在于各行各业，比如媒体人不想让子女学新闻；律师不愿意让子女学法学；教师不愿意子女以后做教师；甚至官员还不希望自己的子女以后从政呢……但这些话，又有多少是真心话呢？恐怕只有农民不想让自己的子女以后继续种地吧。"这是非常有力的论证。

接着看另外一个案例。媒体曝出一条新闻，称南方某大学教授建议，取消女生第一节课，7点到9点用来化妆。那位教授是这么说的："女生应有充裕的时间来打扮自己，能跟上10点的第二节课就好了，从7点到9点的时间应该用来化妆，然后再优雅地进入学堂，于是男生因为美的感动和鼓励，就会赢得奋斗的动力了。"这番言论不仅引发网友热议，更是引起了多名女权主义者的抗议。一个女权主义者评论说:"化妆,或说过度的身体投资,作为一种资本主义的意识形态,本应反思;而为鼓励男生而化妆而迟一小时上课,女生和家长都不会同意。但愿你是开玩笑。"

其实,"取消女生第一节课,7点到9点用来化妆"本就是一个玩笑,反讽一些女孩子早上第一节课迟到太久,姗姗来迟。对于这样一个玩笑,一本正经地去评论,上纲上线到资本主义意识形态,真成了大笑话。

再看这条新闻《东华男生千米跑后晕倒,抢救无效离世》,这一事件不仅让家长忧心忡忡,更是为学校敲响了警钟。长跑该不该在高校中取消?孩子们应该如何加强锻炼,才能避免这样令人惋惜的事件再次发生?对于高校长跑及体测,你怎么看?——对于媒体设置的上述种种伪问题,一位评论作者反讽说:"嗯,应该取消。另外,幼儿园竟然发生老师虐童事件,建议取消幼儿园;高校经常有学生自杀,建议取消高等教育。"一个男生千米跑后晕倒,应该反思的是这个学生的体质问题,而不应该去反思长跑的体制问题。

评论员尤其要防范网络情绪所制造的一些伪问题,一些新闻扎堆发生,很容易对公众形成一种误导。比如下面这两条新闻:"10月26日中午,北京市朝阳区北苑家园门口,一位年轻姑娘走下台阶来到路口,人行道绿灯亮起,所有车都停下等候,姑娘趁此时穿过马路。突然,一辆奥迪车从后方高速冲出,没有任何减速迹象,瞬间撞毁了前方多辆车,并压住了这位过路的姑娘。""北京的哥李师傅按照交通规则停在停车线内等待红灯转绿,此时一辆装满石料的大货车为了避让另一辆忽然压实线并线的小轿车向右急转弯,结果发生侧翻,货车连同成吨的巨石正好压在李师傅的车上,在距家仅10分钟车程的地方,李师傅永远离开了这个世界。"

有网友归因说:几起车祸有个共性,不守规矩的活着,守规矩的却死了。很多人惊呼,还有没有天理,这让守规则的人情何以堪?法律为什么保护不了守规矩的人?让我们这些守规矩的人如何有规则自信?——这些判断很有带节奏的能力,用坏逻辑设置了坏议题和伪问题。"守规矩的却死了",把问题归于"守规矩",完全是搅乱人心和颠倒是非。真正的矛头指向应该是那些违反规则的人,因为自己的不守规则,制造了惨烈的车祸。正确的反思姿态应该是:你们看,那些不守规则的人在制造着多少罪恶和悲剧,牵连了多少无辜者。车祸跟"守规矩"没有关系,不是"守规矩"导致了死亡,而是别人的"不守规矩"。

人们不要被那些因果错乱的坏逻辑所误导,不要被"守规则的人死了"这样的坏命题所污染,而去怀疑和动摇自己的规则信仰,变成那种"守规矩会吃亏"歪理的信徒。不要因为世事太过复杂,而背叛了你的单纯、正义和善良。

个案只能动摇那些原本就不够坚固的东西,所以滋生了"守规则的人死了"这样的坏议题,不仅是一种社会情绪,更说明很多人骨子里对规则缺乏坚定信仰,并没有把规则当成一种内心认同的律令,而是以功利主义和实用主义的态度去看待规则。规则对自己有好处,那就遵守,没有好处的时候,那就不遵守;今天有好处,就变成一个规则支持者,明天没好处了,就完全抛到脑后。

在这种实用主义态度下,当然容易处于摇摆之中,随时被一些小恩小惠所改变,随时被一些新闻中呈现的个案所干扰——看到新闻说"有人扶摔倒的老太太被讹"后,立刻惊呼和撒娇"以后谁还敢做好人",而不会把"做好人"当成一个做人原则;看到新闻说"守规矩的人被车撞死了",就感慨地说"以后谁还敢守规矩啊,你看,不守规矩的却活下来了";看到新闻说在某海难中"听老师话的学生被淹死了,而不听话的却没事",就反思"以后还要不要听老师话了"。或者,是一种"比烂"的心态,我守规则,其他人却不守,我不是吃很大的亏了?

其实,即使从"好处"的角度看,遵守规则在绝大多数情况下会给我们带来很多好处。比如,遵守规则,红灯停,绿灯行,绝大多数时候能让自己更安全,也让别人安全,但不排除在极少数情况下,当有人不守规则时,你遵守规则却遭无妄之灾。但这只是个案,不能因个案统计而怀疑规则的必要;更重要的是,问题不是守规则造成的,而是恰恰相反。然而,容易被个案干扰的规则实用主义者,看不到这些方面,用一种根深蒂固的"害怕吃亏"的心态,对那些"守规则吃亏"的新闻格外敏感。

再举另一个很典型的案例,关于罗尔事件引发的讨论。用力过猛的网络募捐和用力过猛的网络感动引发质疑后,变成了用力过猛的网络愤怒。看到一篇反思这一事件的评论,一看标题就让人很反感——《低智商的善良,不如高智商的冷漠》,嘲讽那些善良的捐款者。我喜欢另一篇文章的标题所表达的善意——《你被罗尔的话打动了,不是什么羞耻的事》,是啊,感到羞耻的应该是说谎者,而不是被悲情的故事所感动的人,悲悯和同情是人之常情,无论如何,我们应该保持着这种悲悯感,而不能因为一些欺骗就失去悲悯和同情的能力。

《低智商的善良,不如高智商的冷漠》,这是一个"三观"不正的坏命题。面对复杂的世事,我们固然需要判断力,爱心拒绝被消费,但不是让你对苦难无所作为、无动于衷,不是让你失去同情悲悯之心。在罗尔事件中,应该批判的是说谎者,而不是把矛头指向人们单纯的善良。欺骗应受惩罚,不能因为欺骗就为自己的冷漠找到冠冕堂皇的借口,无论如何不能失去善良的能力。罗尔事件带来的应该是理性,而不是冷漠。

舆论场常常情绪化地生产一些有着强烈诱惑的伪问题,这正是评论员这一职业必须存在的理由——死磕真问题,捍卫这个社会的"三观"。

四、有些热点忍着不评论就是理性

面对下面这条热点新闻,评论员似乎很难忍住评论的冲动,于是舆论场形成了一种"非得说几句"的氛围:"'学子弑母案'犯罪嫌疑人,北京某高校经济学院在校学生吴谢宇,涉嫌在 2015 年 7 月通过极其冷血的手段谋杀其母亲,并包装尸体,通过摄像头随时可以窥尸。"案件还在调查中,事实并不清楚,一些媒体在渲染案件的血腥、暴力和恐惧时,把各种符号拼凑在一起,诱导公众去猜测和脑补案件的原因。

比如,有一家媒体报道的标题是《某大学生弑母,从小是母亲骄傲曾是高考状元》。这个标题存在很大问题,一方面是未审先定罪,正如这所大学的校长在接受采访时称:"现在有些情况还不清楚,警方提出来说我们的学生是嫌疑人。这个学生到底是不是罪犯,在没有弄清楚之前,我希望媒体等各方要留有一定的空间。"另一方面存在错误的因果暗示,标题强调其"高考状元"身份,诱导着人们将"弑母"与"高考状元"的身份联系在一起。果然,在这条新闻的跟帖里,很多人在讨论"高智商犯罪"的问题。

越是奇案、怪案和极端案件,越容易激起评论员的评论欲。"某大学生""名校身份""极其冷血手段""情人节发现尸体""儿子杀母亲",等等,这些充满新闻点、满足着人们猎奇心态的标签,强烈刺激着人们的想象力,也诱惑着人们去想象案件背后的原因。评论者从各方面分析案件的原因,有的将原因归于心理变态,根据媒体报道的一些碎片事实分析性心理学和反社会人格的问题,称这是一起极度心理变态下的弑母案;有的跟当年轰动社会的马加爵事件去类比,探讨其背后的社会原因,把矛头指向了中国的教育体系,指向了大学,并剖析娇生惯养带来的问题。

很多评论都把这一案件当成反思教育的机会,比如这篇评论称:"我们的教育只看重知识教育,看重分数,看重升学率,却往往忽视了学生都是一个个鲜活的个体,他们的成长需要的生理、心理、技能、知识等全方位的教育。我们的教育已经有把孩子异化成考试机器的倾向。"这个批判对吗?当然对,正确的废话放到哪里都对,都挑不出毛病,放之四海而皆准,对任何事情都适用,然而,跟这个案件有多大关系呢?案件还在调查之中,你怎么知道问题就出在教育体制上?

换句话说,只要大学生出了问题,似乎都可以笼统、抽象地套用这句话——"我们的教育只看重知识教育,看重分数,看重升学率,却往往忽视了学生都是一个个鲜活的个体",可这种偏离案件本身而空谈教育理念的大道理有什么用呢?这种大道理,可以适用于强奸案,可以适用于杀人案,也可以适用于考试抄袭。

在事实不清之下,不仅像这种"反思教育体制和大学精神"的空谈是扯淡,那些分析反社会人格、变态心理学之类的评论,也是脱离事实而过度阐释的"掉书袋"。有些事件可以靠想象去推理,但像这种案件,每一步归因和推理都要建立在确凿的事实基础上,不能根据一鳞半爪的碎片去拼凑出一个自以为是的完整图景,再把自己的分析建立在这种想象上。

所以,在对此案一片众声喧哗的讨论中,我特别尊重那些保持沉默、忍着不评论的人。抵制猎奇的诱惑和迫切归因的暗示,需要排除干扰的强大内心和独立判断力。一位著名记者说过一句话:"我们对于一件事情知道的越少,就越容易形成判断,而且是越容易形成强烈的单纯判断。**事实不清时,沉住气,不参与评论,不去向混乱的舆论场输送混乱的判断,是评论员的一种责任。**"

面对有些问题,比"点评几句"更难的可能是,学会闭嘴。

五、别无聊到从炮轰脑残言论中找快感

一个网民因为"结婚证有效期应为7年"的荒唐言论而成为众矢之的,评论家们义愤填膺对该谬论进行了批评,有的说这个言论很荒谬,有的批评其哗众取宠、脱离实际,有的逐条批驳,罗列其奇葩之处。编辑约我写稿批评这一言论,本来不想写,因为该言论太荒唐了,荒唐到连批

驳都显得很荒唐。之前在批评那个提出"合娶老婆解决光棍问题"的"砖家"时,我解释过自己的观点:

> 有些话题不需要去评论,无视是最大的鄙视。不是啥人说啥言论都有必要去认真反驳,真没啥好评论的。如果有人说"狗屎比米饭好吃",你还要去义愤填膺、一本正经地从这个学那个学的角度去反驳和论证吗?嗯,且让他吃狗屎便是。人家爱吃,你干嘛拦着他?有一句话说得虽然很粗暴,却有一定的道理:"没必要什么事都据理力争,教傻子做人又不是你的义务。不要在以下两件事上浪费时间:跟智者胡搅蛮缠,跟白痴解释真理。

有些人特别喜欢找一些明显脑残的言论进行批驳。其实,即便把这种明显脑残的言论驳倒了,反而显得自己很无聊,被无聊的议题牵着鼻子走。有些"砖家"知道舆论这种热衷消费脑残言论的习惯,有时故意制造出一些明显脑残的言论来"引诱"批判。在一些无聊的口水战后,道德批判家大获全胜,"砖家"成功地红了火了,网站获得了点击率,网友在炮轰中获得快感,可舆论和公众却在这种无聊的讨论中什么都没有得到,只有一地鸡毛、一堆垃圾。

这一次,我不想批判"结婚证有效期应为7年"这个言论,因为无聊滑稽之极,我想批评的是那些批评这个言论的人,因为他们真的已经找不到可评的话题了,真的无聊到需要从炮轰脑残言论中寻找快感和优越感的地步。

媒体在转发该网民言论的时候是这么说的:"学者发表惊人言论:结婚证有效期应为7年。"可到底是哪位学者呢?媒体报道的时候都一笔带过了,他们只需要"学者"这个标签去设置话题,衬托言论之荒谬,根本就不在乎这人是不是真学者。追根溯源,实际上根本不是什么学者,就是一个普通网民,是写评论的,有一个"专栏作家"的头衔。真正严谨的学者和专家,不至于脑残到发表这样挑战常识、毫无理据的言论。

再仔细看此"专栏作家"的这段言论,并不是正经的建议,而充满反讽和恶搞的意味。他实际上是在无厘头地编段子调侃,调侃结婚证,批评现在的离婚率越来越高,讨论"七年之痒"这个坎儿。说到底,这只是一个段子而已,以荒谬的方式提起一个话题,博人一笑。然而,无聊的媒体和网友看到充满吐槽点的"结婚证有效期应为7年",立刻像打了鸡血一样——好不容易揪住一个"雷人雷语",必须把它批判一番。如果说是段子,就没有戏剧效果了;如果说是"专栏作家称",也没啥新闻性。于是,便编造了这样的新闻:《学者发表惊人言论:结婚证有效期应为7年》。

曾有智者说:"我们可以将所有的问题都归结为两种:一种是没饭吃饿出来的;一种是吃饱了撑出来的。"像上面这种无聊的议题、无聊的批判,就是一帮人吃饱了撑出来的。

其实,并不是这个舆论场上真有多少"雷人雷语",很多时候它们是媒体和网友生产出来的,因为无聊的媒体需要借助"雷人雷语"获得点击率,而这类无聊的伪问题往往是制造争议和吸引眼球的神器。骂学者,骂脑残言论,相互撕,大家在批判中获得快感和优越感,网站获得了人气和流量,媒体版面有了一个话题,评论员有了一个选题。

然而,严肃的话题却无人关注,炮制出的脑残伪命题占据着媒体版面,娱乐至死,无聊之极,这便是在伪命题的狂欢中所呈现出的媒体败象。

六、对极端个案不要过度阐释

湖南邵东杀师案震惊了舆论,18岁杀人嫌犯的残忍和冷血让人不寒而栗。新华社和《中国青年报》同日推出的深度调查,还原了这一沉重得让人窒息的血案背后的很多细节。从记者的采访中,公众看到了那位被杀老师的善良,看到了这个家庭的悲剧,看到了杀人嫌犯身上可怕的反社会人格,极其偏激、狭窄和自私的病态心理,让人无法理解的凶残。接受记者采访时,嫌犯一直在微笑,对杀师毫无悔意,根本没把杀人当回事,对将要受到的惩罚也毫无畏惧。

从记者翔实的调查报道看,这应该是一起极端个案,是一个身上有着极端反社会人格的病人制造的一起血案,并没有什么深刻的社会原因、体制根源或教育症结,更与师生关系恶化的教育生态没有关系。这种极端反社会人格从其接受新华社专访时可以清楚地看出来,当问到对杀死老师有没有悔意时,他说:"我从来没把他的命放在心上,看到他痛苦的眼神我想笑。"被问到亲情、爱情和生活时,他说:"我的世界就我一个人。"一个心智正常的人是绝不会说出这种话的。

虽然是一个极端个案,却有着一种吸引人往"深层次问题"上进行分析的强大诱惑。是不是因为被留守而造成的心理问题呢?是不是因为当下教育体制下师生关系恶化所滋生的血案呢?是不是高考压力对学生心态的扭曲呢?是不是学生受到过伤害从而心生杀意呢?是不是这位老师太坏从而激起学生的反抗呢?毕竟,以往的杀师事件曾暴露出这些社会问题,现实中也存在这样的问题。用这样的逻辑思考,也很容易解释这起血案。

可从几家媒体的深度调查看,并没有这些"深刻的社会原因"。被杀的老师对学生非常好,这从其被杀害后学生们的痛哭流涕可以看出,从学生的回忆可以感受到其敬业和对学生的爱。杀师案发生后,舆论的一些声音把矛头指向老师,怀疑是不是老师对学生态度太差——学生们愤怒地写了一封信回击了舆论对老师的侮辱。据学校介绍,被杀的滕老师连续9年被评为优秀班主任,同事称从没见过他骂过学生拍过桌子,是所有班主任中性格最温和的，学生们爱称他为"滕亲妈"。

并不是每一起让人震惊的血案背后都有一个深刻的社会原因。评论者的一个习惯是，喜欢将不可理解的社会问题都推给一个抽象的体制，或套进一个方便使用的"套路"，而不深入个案和事实，去寻找具体个案中的根源，于是就有了很多脱离事实的过度阐释。留守确实有问题，师生关系确实有大问题，高考压力确实会扭曲一些人的心态，可这起血案真的跟这些问题没有关系。

人们似乎不太习惯面对个案，总觉得评论个案是一件很不上档次的事，无法体现评论的水平，必须将个案上升到一个宏大的社会问题，有某个"深层次问题"作为根源，并总结为某种共性和规律的东西，才能体现评论家的洞察力和判断力。这种判断是一种误区，个案就是个案，以事实为判断的基础，而不是闭着眼睛进行逻辑推理。不同的个案，背后有不同的问题，用共同的规律和通用的判断套路去硬套个案，只会扭曲个案和事实，无法形成有效的反思。过度阐释，貌似深刻，却是脱离个案事实的胡说八道，越貌似深刻，离事实越远。

就拿邵东这起血案来说，只有脱离那种"判断套路"的束缚和诱惑，摆脱寻找"深刻社会原因"的自以为是，远离"迫切归因癖"和"规律强迫症"，深刻到调查报道中去解读杀人嫌犯的心理，还原他的成长经历，还原他的日常生活，从他的成长中也许能找到他拿起屠刀的答案。基于这个事实，也许才能形成有效的反思。而学会尊重千差万别的个案，评论才有意义。

曾看到一个段子，很有意思——美国总统小布什曾说："我们准备枪杀四千万伊拉克人和一个修单车的。"CNN记者问："一个修单车的？为什么要杀死一个修单车的？"小布什转身拍拍鲍威尔的肩膀："看吧，我都说没有人会关心那四千万伊拉克人。"段子本是调侃，却很有意思地表现了"媒体偏爱奇怪个案"的报道特点，用夸张的方式让人们看到了新闻价值认知的误区。

在这个段子里，小布什显然是一个新闻议题设置的高手，他知道媒体的新闻价值偏好，设置了一个故意引人"歪楼"的议题——刻意强调"一个修单车的"。狗咬人不是新闻，人咬狗才是新闻，小布什知道媒体喜欢关注那些反常、不同的东西，于是挖了一个坑，用"一个修单车的"奇怪议题遮掩"四千万伊拉克人"这个关键而重大的问题，媒体果然被误导了。四千万伊拉克人的生命当然比"一个修单车的"这个议题重要得多，更有新闻报道和追问的价值，但却被"一个修单车的"给歪了楼。

新闻传播中出现太多的这种"歪楼"现象了。电信诈骗案件中，本应该关注骗子的诈骗伎俩和监管漏洞，却被歪了楼，聚焦被骗者的身份——一个大学教授怎么那么容易受骗；一个大学教授怎么有那么多的钱，他的钱是从哪里来的；现在的大学教授啊，过于商业化，都成了老板，大学精神到哪里去了，整个社会都弥漫着功利浮躁的氛围。你看，电信诈骗案竟然很快就"歪楼"到"社会功利浮躁的氛围"，而"信息缺乏安全"这一最核心的新闻价值被忽略了。

塔勒布曾说："一个人的死亡是悲剧，一百万人的死亡只是统计学意义上的说法，统计学默默地存在于我们之间。"[4]记者和评论员对统计学的漠视使新闻和评论常常对现实问题形成可怕的盲区，人们热衷于消费直观形象的悲剧、闹剧、喜剧，却对抽象数字中的迫切问题视而不见。

沃勒在《优雅的辩论》中曾提到："在某次市政厅会议上，一个大声辱骂的人比一个安静提出重要问题的人更有机会上电视。"[5]在这种价值扭曲中，需要评论员有理性的判断，媒体应该牢记，"不那么戏剧性的事

---

[4] [美]纳西姆·尼古拉斯·塔勒布：《黑天鹅》（第3版），万丹译，北京：中信出版社，2011年，第80页。

[5] [美]布鲁斯·N.沃勒：《优雅的辩论：关于15个社会热点问题的激辩》，杨悦译，北京：中国人民大学出版社，2015年，第4页。

有时反倒更重要"这一事实。

七、评论选题要有大关怀和大格局

我不喜欢那些见什么就评什么的评论，更不喜欢专门选刺激、血腥、带着明显炒作色彩的新闻进行评论的评论，而喜欢能自觉地把自己的评论关怀与这个时代结合起来的大气的评论。李普曼认为，公民就像戏院里的过客："在第三幕中间进场，在大幕落下前退场，在他们观赏的时间里，只能辨认出谁是英雄，谁是坏蛋。新闻过客的随意，留下很多碎片化和情绪化感慨，远离这个时代的重要命题。"《报纸的良知》也提到了这类选题的价值："它避免对琐事过分激动，它主要谈论那些在文学、艺术和生活中具有永恒价值的事物。"[6]

我坚持认为，一个以评论为业的人，要把自己的评论使命与这个时代的使命结合起来，要有强烈的历史使命感和呼应时代需求的责任感。中国所身处的这个时代，是一个大变革的时代，向着民主、自由、平等的方向转型。这个社会每天都有许多不公正的事件发生，公民的权利每天都受到公权的侵犯，腐败深入我们社会的每一根毛细血管。我们这些以评论为业的人，要敏感地把握住这个时代的特征，主动把自己的选题倾向于这些方面，把民主、自由、平等的追求融入自己的评论关注中。

我们的评论家在做选题的时候，要有这样的问题关怀意识，思考将要评论的话题与我们身处的时代是怎样一种关系。评论，不是个人的事情，不是小文人的创作，也不是孤芳自赏地玩弄文字。评论，是一种公民表达的实用文体，是在公共事务上运用自己的理性，必须与一个人身

---

[6] ［美］利昂·纳尔逊·弗林特：《报纸的良知：新闻事业的原则和问题案例讲义》，萧严译，李青藜、展江校，北京：中国人民大学出版社，2005年。

处的社会和时代发生关系，必须追问评论的意义。什么叫意义，我对意义的理解是，与外界发生联系并产生作用的一种描述。评论的意义，就是与身处的社会产生联系并发挥推动作用。正如一位朋友所言，**时评是一种公共话语，是介入公共事务的一种方式，立论与论证的公共性，而非私人性，决定了它的生命力和价值。**

我常常以自己所从事的这个行业为荣，因为我觉得非常有意义，我每天的一篇评论，让自己与所身处的这个时代紧密地联系起来，感觉自己的评论影响着社会，影响着时事进程，推动着社会的进步。舆论进程中有自己的声音，这是一种很美妙的感觉。"我评，故我在"，将自己的评论与时代结合起来，会有一种与时代和社会共同发展的感觉。这就是意义。每一年年终的时候，我都会打开电脑翻阅一下这一年我写过的所有评论，我个人这一年的评论史，在一定程度上，就是这一年社会的发展史。

我很欣赏《南方都市报》社论的操作思路，他们提出了一个口号——在大转型的时代关注这个转变的国家与社会。他们的评论主编曾说："目前《南方都市报》的时评，是基于这样一个理念而设置生长的——中国与中国人，正处在百余年未绝的历史大转型努力之中。这种大转型，自晚清开埠而始，基本的命题便是要成为一个现代国家与现代民族；其间的种种努力，所要解答的不过是国家独立的民族主义诉求、经济发展的民生主义诉求与政治文明的民主主义诉求。纵观这些命题，便不难发现，时下的中国正处在这一历史大转型的最后关键阶段，身处其中的每一个成员，都不可避免地要成为这一历史的推动者，也无可逃遁地要成为这一历史的被触动者。因此，在这个转型中，这个国家的方向、所获得的进展、所遭遇的困顿、所影响的命运，是我们评论所要紧密关注、积极表达的话题。"

《南方周末》的广告语是："在这里，读懂中国。"我们这些以评论为业的人，在选题上也应该有这样的大视野、大关怀，将自己的选题与你身在的时代结合起来。在你的评论中，要读懂中国。

八、日常生活中获得选题的本能嗅觉

赫拉利在《人类简史》里忧心忡忡地谈到了现代社会中人类感官的退化，他说，"20世纪，科技让我们与身体的距离越来越远，逐渐失去了好好感受味觉和嗅觉的能力，一头扎进智能手机和计算机，对网络上发生的事比对大街上发生的事更感兴趣。在远古时代，人类绝不可以如此漫不经心。当时的采集者必须永远保持警觉、专心一意。走进森林里寻找蘑菇的时候，要注意地面是否有小小的凸起，还要注意草丛中是否发出了细微的声音，以免有蛇躲在那里。可到了现代的富裕社会，人类不再需要如此敏锐的感官意识。我们可以一边走在超市的走道里，一边发短信，一边在成百上千种食物中随意挑选。"[7]在这个过程里，人们几乎不会注意自己到底有何感受，事实上，人们的感受更多地来自网络上的响应。

延伸到新闻和评论的选题判断上，在社交媒介和手机的过度依赖中，有着同样的日常问题嗅觉的退化，习惯被手机喂养，看不到手机之外丰富的生活世界中无数有价值的议题。

新闻的特性决定了其对突发事件的追踪，正如舒德森所言，"这种对于突发性事件的优先考虑与全神贯注，使一些不可控制的事件始终处于新闻业最重要的位置之上。每一位新闻记者梦寐以求，并能成就其职业理想的新闻故事，就是那些非常规性的和非彩排性的新闻。正是这些事件给了新闻业周期性的反常的活力和潜力。这些事件被深深植入各家新

---

[7]　[以]尤瓦尔·赫拉利：《人类简史》，林俊宏译，北京：中信出版社，2018年，第82页。

闻组织机构的血管里，也正是这种血液的循环系统使得新闻组织有了存活的可能，有了生存所需的氧气。"[8] 新闻有着紧迫的时效性，而评论在时效面前还是可以保持一份从容的。

只要你用心去观察，身边的许多事情、现象都是可以评论的，可以当作评论对象或评论材料。比如，如果对"三农"问题很关注，利用假期到农村走一走，你会发现许多值得评论的话题，虽然非常庸常，没有新闻性，可是非常普遍，极具评论价值。参加饭局的时候，多与朋友讨论一些社会现象，讨论中你能发现许多值得评论的话题。在现实中，多留心身边人对时事和问题的一些看法，这就是民意，而这些平凡人的想法经常被媒体的报道所忽略，如果你的评论视野关注到了，就能够超越新闻而引领舆论对某个"冷问题"的关注。

康拉德·芬克在《冲击力》中也谈到了选题，他说："在寻找社论所论议题时，没有什么比阅读、聊天、走路、思考更重要。同你遇到的每一个人交谈。在超市结账处排队时，是不是有一段闲暇时光？同你旁边的人聊聊吧，同收银员聊聊吧，听听他们如何谈论食品价格、工作、交通及税收等话题。他们所说的也就是你的许多读者所想的。……不要有了一个半拉子想法就着急去敲键盘，要仔细考虑，认真研究。"[9]

我的很多评论选题都是从生活中获得的。有一次到苏南的一座城市讲课，与当地官员交流，虽然这些官员在当地应该都算是"不小的官"，可从他们身上看不出什么"官样儿"，没有"官腔""官威"，没有前呼后拥。谈到这个问题，他们自己也说，整天各种忙各种累，自己也没啥"当官的感觉"。一个朋友谈到，好像越是欠发达的地区，官本位似乎越浓，

---

[8] [美]迈克尔·舒德森：《为什么民主需要不可爱的新闻界》，贺文发译，北京：华夏出版社，2010年，第121页。

[9] [美]康拉德·芬克：《冲击力：新闻评论写作教程》，柳珊、顾振凯译，北京：新华出版社，2002年，第41页。

当官也越有感觉，屁大的官都威风得不得了，细微的眼色脸色都有人揣摩、迎合。领导肩膀耸一下、抖一下，立刻就会有下级体贴地接过大衣。一位从苏北调到苏南任职的官员开玩笑说："现在一点感觉都没有了，以前抖一下就有人接大衣，现在抖多少下都没用。"

这引发了我的思考，后来我写了一篇评论《为何越不发达的地方官本位越浓》，分析了背后的官本位现象：

> 越落后的地方越容易形成封闭的圈子，而封闭的社会圈又是滋养官本位最好的土壤。一个很有意思的现象，很多年轻人抱怨北京、上海、广州竞争压力太大，生活成本过高，曾有过逃离"北上广"的潮流，回到房价低又熟悉的小县城去生活，可没几年又逃回"北上广"了。为什么会逃回呢？关键就是小县城是熟人社会，官本位太浓，家庭没有背景的话很难融入其中，好岗位都被大官小官权贵家族占了。曾有一个段子嘲讽官本位之下小县城的圈子化："人事局王局长您好，在您六十岁生日之际，您的大女儿市财务局主任王晓英，大女婿市交通局副局长李阁奎，二女儿计生局处长王晓霞，二女婿市中心医院副院长郭亮，小儿子工商局质检科科长王晓飞，儿媳妇市妇联主任张宁，还有您唯一的小孙子市实验小学副班长王小帅为您点播一首歌，祝您生日快乐，下面请听点播歌曲：《好大一棵树》。"

从生活中获得的选题，既避免了评论的同质化，也避免了那种"八股腔"。如果过度依赖热点新闻，当热点新闻被过度透支，日常生活中的问题反而成了盲区。评论员要保持着对身边小事和日常现象的敏感，从日常中去归纳和总结，这些日常积累既可以成为评论的论据，也可以成为由头。评论员应该是社会问题的发现者，而非是新闻的配角，将自己拉低到总是为新闻"配"评论的位置。

美国新闻主播汤姆·布罗考认为,"新闻是当天激情的反映"。[10] 所谓热点,无非就是几个媒体、几家网站扎堆于某个新闻所形成的一种"当天的激情",评论可以超越这种"当天的激情",去独立设置议题,从日常话语、日常现象、日常经历中汲取评论的话题资源,拓展选题来源。盖伊·塔奇曼和赫伯特·甘斯都曾经批评记者过度依赖官方信源,"一个值得注意的现象是,评论员存在的问题比记者更严重,很多人只是习惯被记者'喂养'选题,而缺乏跳出新闻框架的能力。评论员需要警惕的是,现在传媒业的发展趋势是尽量找那些最方便采写也最容易吸引读者的新闻事件进行报道,包括公关、政府发言人和传媒顾问提供的、经过精心包装的新闻素材和新闻事件。"[11]

虽然我不是记者,很多时候不在新闻现场,但我喜欢把日常交流当成"进入日常生活现场"的机会。有一次参加一个新闻发言人的聚会,听到了这些发言人的"吐槽"。在评价这几年中国新闻发言人制度在进步的同时,一位过去常因发言而成为"新闻当事人"的新闻发言人抱怨说,这个位置真是个高危岗位,现在自己是以随时准备"牺牲"的心态坐在这个位置上的。他说完这话,很多人都鼓掌表示认同。另一位做得很成功的发言人也表达了焦虑,虽然现在自己还没被顶上过舆论的风口浪尖,那主要是因为领导很支持,但他担心现在重视媒体沟通和懂新闻发言的领导一离任,换了新领导,自己的工作就难做了。

在这个"日常生活现场",我敏感地意识到这是一个好的评论选题——几位新闻发言人所言的"发言人是高危职业""随时准备成为舆论

---

[10] [美]比尔·科瓦、汤姆·罗森斯蒂尔:《新闻的十大基本原则:新闻从业者须知和公众的期待》,刘海龙、连晓东译,北京:北京大学出版社,2014年。

[11] [美]兰斯·班尼特:《新闻:幻象的政治》(第9版),杨晓红、王家全译,北京:中国人民大学出版社,2018年,第30页。

牺牲品",绝不是职业撒娇。看看一些新闻发言人经常"因言获灾",突发事件后经常被网民架到舆论场上烤,经常因为一两句话被舆论穷追猛打,就知道他们所言不虚。后来我写了一篇评论《应该允许新闻发言人说错话》,得到了很多发言人的认同,文章本身也成了一条新闻。独到的评论选题会产生这样的效果——设置新闻议题——普通新闻提供的是新鲜事实,而评论则能提供对新鲜事实的观察,这也是新闻的一部分。

专栏评论作家鲁宁也曾谈到这一点,他说:"评论需要接'地气'。阅读是一次知识储备,思考性阅读是二次知识储备,阅读、观察加思考是三次知识储备。所谓接'地气'就是走向社会,与各色人(包括机构和组织)进行交流。我是记者,客观上有条件接'地气'。通常做法有两种,一种是"面"上接"地气",一般以县为单元,时间是两三天或个把星期不等,也有花连续数个月来解剖一个行业的。另一种是"点"上接"地气",分两点展开:一是选择企业家、负责官员(譬如县委书记)、有见地的学者做专题性交流。这种交流的目的不在于别人是否接纳你,而在于事先的准备以及你自身对所交流的话题有没有知识和观点的积累;二是选择底层社会成员,如打工的、卖菜的、小商贩、送外卖的、送快递的、送机票的、的哥,等等,只要尊重他们,都有可能成为你的交流对象,成为你的信息来源。"[12]

来看一个案例。明星黄海波嫖娼被抓,很多网友猜测"他肯定得罪谁了",一般人都会在这条微博下调侃,想象各种"他肯定得罪谁了"的阴谋论。其实仔细琢磨这句话,很有评论的价值。"他肯定得罪谁了"是我们常说的一句话,当听说"某人被抓了"或"腐败案东窗事发了",人们常常习惯性说一句"他肯定得罪谁了",这说明我们习惯用斗争思维而非用法治思维来看问题,不会先问"他违了什么法"。很多问题都隐藏于

---

[12] 摘自马少华对鲁宁的访谈,参见马少华在搜狐网的教学博客。

日常话语中，一般人觉察不到，脱口而出，不过脑子。具有问题意识和选题敏感度的评论员，善于从日常话语中发掘出问题，让人觉得眼前一亮——我怎么就没想到呢。我曾写过的一篇评论《有一种甜蜜的拖延叫"有事年后再说"》，就是从日常话语"有事年后说"中发掘的选题。在某种程度上，评论员是替公众从日常话题和新闻热点中发掘问题的人。

选题是写作的起点，选什么样的题，往往决定着你评论的认知高度；选什么样的题，也决定着你是一个平庸的作者，还是一个有洞察力的作者。很多人认为选题存在很大的偶然性，撞上了什么题材就写什么，这样的作者大多是三流四流的。一流的作者，往往能主动地把握和选择题材，能通过自己独到的观察力发现题材，带着问题意识去做选题，发现话题、制造话题并引领讨论。而三流四流的作者，只能被动地撞题，没什么目的性，没什么想法，过度依赖媒体报道，纯粹被牵着鼻子走。

在本讲的最后，附上总结的"新闻评论选题的几个原则"和"当下新闻评论选题需要注意的几个问题"：

新闻评论选题的几个原则：

（一）跳出局限，视野要广，国内选题要有国际视野，国际选题要有国内关怀，地方选题要有举国意识，异地选题要有本地落点。

（二）选自己最有表达冲动的话题，不要没话找话说，会导致官话套话大话空话。

（三）选自己最熟悉、最有表达优势的话题，不要选陌生的选题。提高对选题的驾驭力，很多选题虽然很有诱惑性，但缺乏驾驭力。

（四）选对社会最有价值的选题，能体现大时代的关怀。

（五）以问题意识去驾驭新闻评论选题，从新闻中寻找问题的表达点，而不是用问题去套新闻。

当下新闻评论选题需要注意的几个问题：

（一）反腐选题的情色化和猎奇化。

（二）政经选题的娱乐化，八卦选题说不出严肃的道理。

（三）社会选题的套路化、模式化。

（四）版面的碎片化，一个版面上选题太多，表达太碎，完全变成了网络的翻版。

（五）选题的网络化，完全跟着网络议题走，而不是面向现实。

（六）过于追求时效，新闻评论的生命越来越短，思考越来越浅。

（七）选题的同质化，反映出的是思考的同质化。

（八）消费热点选题，忽略其背后隐藏的问题。

第九讲 评论写作的论点与角度

"横看成岭侧成峰,远近高低各不同",看待一个问题需要不同的角度,不同的角度能见到不同的景象和问题,不同的角度会呈现出不同的问题,不同角度的分析会呈现出不同的表达和传播效果。所以,评论的角度不是迷信,而是一种真实存在,对一篇评论非常重要。

中国移动：谨防电信诈骗。中国电信：小心移动支付陷阱。中国联通：谨防移动支付中的电信诈骗。

——网络段子

没有事实，只有阐释。

——尼采

对于角度，很多评论学者认为这是一个伪问题。比如中国人民大学的马少华认为，选题确定之后，同学们常常为了"选择评论角度"颇费工夫，希望老师能多讲些"选角度的问题"。其实，一个人认识问题的角度，总是与他自己的知识结构、情感结构、他的"敏感点"紧密联系的。实际上，所谓"角度"是认识的结果。评论的不同角度，恰是对事物的不同认识。一个人最终写出来的，恐怕就是他能够选择的角度；而别人写不出来的，恐怕不是他能选择的角度。因此，他希望评论者在写新闻评论时不应该有一种"角度迷信"。

这种否认角度的观点，显然是不对的，混淆了"角度"与"认知的深度和高度"。一个人认知的深度和高度，当然是已经决定了的，自身的阅读、学习和经验所积累的认知水平，决定了你对某个问题所能认识到的某种深度和高度。要想把问题看得更加透彻和深入，只能通过更多的阅读、学习和体验来达到。评论写到什么样的水平，是由你的知识积累所决定的。

而角度则不一样,"横看成岭侧成峰,远近高低各不同",看待一个问题需要不同的角度,不同的角度能见到不同的景象和问题。不同的人,看到的可能是同样的角度,而一个人,如果转移一下视野,则可能看到不同的角度。不同的角度会呈现出不同的问题,不同角度的分析会呈现出不同的表达和传播效果。所以,评论的角度不是迷信,而是一种真实存在,对一篇评论非常重要。

尼采曾在《超善恶》中主张:"视角是所有生活的基本条件。"他甚至做了更偏执的判断:"没有事实,只有阐释。"他彻底否定了"事实"作为本真的存在,所有的判断只不过是从不同角度的阐释,事实是由角度所塑造和建构的。但角度与事实是不是对立的呢?对此,学者刘擎在《共享视角的瓦解与后真相政治的困境》中,没有推向事实的虚无,而是引用了尼采在《道德谱系学》中的另一个判断,弥合了角度与事实的断裂:"我们越是知道更多的眼睛、不同的眼睛是如何打量同一个问题的,那么对此问题我们的'概念'以及我们的'客观性'就越是会完整得多。"刘擎解释说,个人视角并不是"给定的",而是形成的。虽然视角的构成要素相当复杂,也不容易改变,但不是凝固不变的。自我视角的转变、跨视角的移情理解以及不同视角之间融合,虽然总是困难的,却也总是可能的。[1]

角度不是绞尽脑汁地想就能想到的,角度需要训练,有意识地训练自己"看到另一面"的能力;角度需要知识积累,当你有了某方面的知识积累,才能看到问题的另一面。我们可以通过日常的一些方法来训练。

第一种方法叫"反过来看"——不管怎么样,尝试反过来看一下,从另一面看有没有一定的道理。比如,我们平常都说学生要尊重老师。好像

---

[1] 刘擎:《共享视角的瓦解与后真相政治的困境》,《探索与争鸣》杂志,2017年4月。

这是一种道德要求，可是反过来思考一下，老师天然就值得尊重吗？如果老师想让学生尊重自己，想让学生在毕业十年或二十年后，仍然记得自己，这是需要能力的。反过来看这个问题，就是一个很好的角度。

很多事情都有相对的另一面，我们平常因为"屁股决定脑袋"，都习惯性地站在某一种身份上：官方与民间，我们肯定习惯站在民间一边；老师与学生，我们肯定习惯站在学生一边；消费者与服务者，我们肯定习惯站在消费者一边。这就是思维定式。写评论的时候，我们可以尝试从这种思维定式里跳出来，平时你是学生，那就站在老师的角度想想；平时你是消费者，那就站在服务者的角度想想。用脑袋去质疑你的屁股，新的角度就形成了，大家可以去试试。

第二种方法，我把它叫作"坐标系法"，即跟什么比，不同的坐标系，会得出不同的结论。网上有一个段子说的就是坐标系：美国发动伊拉克战争前夕，美国国防部长拉姆斯菲尔德在电视上说，法国人属于落伍的"老欧洲"。一个法国人挖苦道，你要和美国人说"五千年文明"，他们会不知道"五千"是个多大的数字，你只有说"五千美元"，他们才能反应过来。——观点就在坐标系里。

再看一个例子。中国的银行80%的服务都收费，对此，你可能会得出"只有20%的服务免费"的结论，但如果跟国外比，国外银行的服务100%都是收费的。参照系不一样，所得出的判断也就不一样。要意识到，当我们在做判断时，都是有坐标系的，如果换一个坐标系，角度也随之不同。

有一次，我在外地做讲座时遇到一位老师，他二十年前教过我，我说："老师啊，您一点没变啊，跟二十年前一样。"老师开玩笑说："什么？我二十年前就像现在这么老吗？"这也是比较参考系的问题，看参照系是现在还是过去。史学家常说"每一代人都要重写历史"，为什么这么说呢？"因为过去发生的事件本身没有变，但是现在改变了，每一代人都会提出关于过去的新的问题,发现对过去都有一种新的同情,这是和他们的先辈所不同的。"[2] 曾在微博上转发量很大的一句话,说的也是不同时空方位带来的时间感觉:"你所浪费的今天,是昨天死去的人奢望的明天。你所厌恶的现在,是未来的你回不去的曾经。"

第三种方法,就是寻找冲突点,谁跟谁冲突?看一个框架中有哪些冲突点,你把那些点连起来。以医患矛盾为例,冲突点是医生和患者,但还有其他的冲突点,比如医生和媒体的冲突,一点不比医患冲突少,医患冲突中隐藏着医生跟媒体的冲突,媒体常常站在患者的后面。此外,还有医生跟医院的冲突,医生跟卫生权力的冲突,这些常被忽略。谈到地球所面临的问题时,人们常常想到的是人与资源的矛盾,人越来越多,而资源是有限的,人类面临资源短缺的危机,但联合国前秘书长潘基文说的一句话,我觉得非常意味深长,他的话揭示了另一个重要的冲突点:"全球第70亿个人将出生在一个充满矛盾的世界里。我们有足够的粮食,但仍有许多人还在挨饿;我们目睹着奢华的生活,同时也有许多人穷困潦倒。"这句话非常深刻,其指向很明确,地球上的很多问题并不是资源匮乏带来的,而是分配不公带来的;不是人与资源的矛盾,而是人与人的矛盾。

写评论构思的时候,可以在纸上画一个冲突框架,比较容易产生观点,该框架涉及哪些点,哪些点是一般人都会想到的,而哪些点是常常被忽略的。比如,针对《男子伪造车辆坠河假象骗保,其妻以为丈夫身亡携子自杀》这条新闻,我在纸上写了这几个冲突点——骗保、网贷、殉情、留守、贫穷、农村妇女自杀,我最后选的冲突点是农村妇女自杀,这就从其他的冲突点里跳出来了。

---

[2] 李伯重:《从历史中发现中国奇迹的根源》,《读书》杂志,2018年第9期。

一、先定位角度再构思论点

论点和角度往往是联系在一起的。我之前写过一篇评论《昆山反杀案后，人民用咆哮进行正当防卫》，角度是从大众的视角出发，为什么这一次大众会这么愤怒，用咆哮的方式为反杀者进行辩护？论点围绕着"为什么会咆哮"，分为三个层次：第一，人们担心自己的遭遇；作为一个遵纪守法的老实人，万一遇到这种无赖怎么办。第二，人们也担心自己以后遇到这种危险时，没有人敢施予援手。第三，人们更担心可能出现的不公判决会伤害这个社会越来越稀缺的道德血性。最后结尾，大众负责咆哮，法律负责冷静，别只是咆哮，最后还是要回归理性；大众的咆哮是踩油门，而法律则要通过判决来踩刹车。——角度跟论点浑然一体。

一般我们在面对一个选题的时候，往往是没有角度意识的，即不会有意识地去寻找角度，而是急于去找论点。这样硬找论点，是不行的，往往如没头的苍蝇乱撞，在各说各话的汪洋大海中迷失了论点的方向。我的建议是，先有意识地去确定角度，定位好你站立的位置，然后在这个位置上去构思你的论点。论点往往是由角度决定的，有了角度，也就有了论点。

来看这样一条新闻："深圳某小学一位校长站在校门口，坚持让接孩子的家长把书包还给孩子自己背。"这条新闻引起了媒体讨论，该不该给孩子背书包。什么叫角度，就是站在谁的视角来看？站在校长的角度看，应该让孩子自己背书包，自己的事情自己做；站在家长的角度看，不只是溺爱孩子，孩子现在的负担太重了，书包里装的东西很多，压弯了孩子的腰，不利于孩子发育成长。两个角度都有道理，站在校长的角度，会形成"培养孩子自立意识"的论点；站在家长的角度，会形成一种批判意识，批判当下小学生负担太重，压垮了孩子的腰，能不能让教育部部长来背一下书包，让校长背一下书包，体验一下如今小学生的负担？

当然，还有其他的角度，比如我的一个学生的角度，就让人眼前一亮。她很敏感，看到的角度是这条新闻里所缺少的——小学生自己的视角。新闻中都是大人们在讨论，没有人去问问小学生他们的想法，他们想让大人背书包吗？他们觉得书包应该由谁来背？新闻中没出现的，往往就是我们思考的角度盲区，我们通常会被新闻中出现的人物所锚定，而意识不到那些缺席的、沉默的角度。我最欣赏的评论，就是能够跳出显在的角度，看到隐藏的角度。有了这个独到的角度，她的论点便水到渠成了："培养孩子的独立性，首先是多问问孩子自己的想法，而不是以'我要让你独立'的理由，什么都替孩子决定了。"

然后，文章围绕这个论点来写，特别有说服力。她讲了一个故事："我记得上个学期末，和同学约了一起去外教家里做饭吃，在他们家感受到一种让我很舒服的家庭氛围。我们吃完晚饭后，他的大儿子给我们表演吉他指弹。大家赞叹之余，小儿子扑在爸爸身上，睁着蓝色的大眼睛说想要学吉他。外教停止和我们聊天，认真地看着他问：'你是认真的吗？为什么想要学吉他？你能坚持下来吗？'小儿子考虑了一会儿，点点头，于是外教回答：'好的，我这几天帮你找一个地方，但这是你的决定，你要自己为它负责。'"这个论据多好啊，角度、论点、论据，浑然一体，是一篇好评论。

二、在缺席和盲区中找到角度

那么，怎么找角度呢？第一种方法是要善于发现"新闻中虽然没有出现"，却在新闻中扮演着非常重要角色的那个主体。我们来讨论当下的一种现象，叫"英雄枯骨无人问，戏子家事天下知"。一些网友最喜欢用这句话调侃娱乐圈的"小鲜肉"了，拿"小鲜肉"跟科学家比——你们这些"小鲜肉"哪有什么贡献啊，却每天都上头条，而科学家做了那么大的贡献，大多默默无闻。然后进行各种煽情，站在道德高地把明星批判一番，显得很看重科学和科学家。

我们来看看，在这种讨论中，出现了哪几个角色呢？媒体、网友、娱乐明星、公共舆论——这些是明角度。跟着这些明角度走，你或者和网友一起骂娱乐明星，或者为明星辩护几句。而一个缺席的、隐藏的角度是科学家，科学家会怎么看这个问题呢？他们会跟娱乐明星比这个热度吗？他们会忌妒娱乐明星的热度吗？他们会鸣不平吗？在这种新闻话题里，科学家是缺席的，我们看到的"英雄枯骨无人问"，看到的对娱乐明星的"吊打"，都是围观者的态度，根本没有站在科学家角度想一想他们到底需要什么。

当我们找到了这个缺席的、沉默的角度，论点自然就出来了。我后来写的评论题目叫《对不起，科学家不需要你说的那种垃圾热度》，论点是："对科学家最好的关注就是让他们免于热度的干扰。"我在评论中说："从来没有一个真正的科学家抱怨过媒体和舆论，批评舆论太关注明星，而不关注科学家，埋怨对科学家的关注热度远远不够。类似的话题讨论中，科学家都是缺席的，他们只不过是在'被表达'。这是科学家需要的热度吗？不，这是媒体、舆论、营销号需要的热度。这不是对科学和科学家的致敬，而是一种身份消费，一种搭便车蹭热度。"

后来好几个做科学研究的朋友都跟我说，他们很认同我的观点，因为这是真正站在科学家的角度的评论："被舆论和媒体当成宝贝的热度，在真正的科学家看来，也许就是垃圾。科学天然带来一种反热度的高冷气质，天然是小众的、孤独的，不需要不懂的人装得很懂的样子，不需要不三不四的人去凑热闹，不需要上头条成为热点。他们追求的是自己的研究得到圈内认同，获得行业内热度，而不是脑残粉式的大众热度。不要把自己热衷的东西强加给科学家，网络热度这东西，对名利场中的人是宝贝，对科学家却是干扰科研的垃圾。"

如果你有意识地去看,在很多新闻中都会看到一些潜在的角度,看到沉默的群体。比如,在医患冲突的话题中,医生和患者的真正态度往往是缺席的,喧嚣的都是旁观者的角度。患者到底为什么吵闹,医生为什么有那样的态度,很少有人站在他们的角度去深入思考,而是停留于表面去骂医生或者"吊打"患者,一边倒地跟风。关于北大医院医生被打的事件,我的一个学生的评论就特别好:"北大医生被打,我很想听听患者一方的声音。倒不是说非得标新立异,非得站到另一方,而是当看得见的一方被过度关注时,更能凸显缺席一方、潜在一方角度的评论价值。"

这里需要挑战的是某种固化思维,我们的思维能不能在新闻涉及的各方中由此及彼,灵活地跳动,而不是僵化在某一点,被新闻中一个固化的、固定的搭配所锚定。看到"熊孩子"这个词,如果被锚定,就跳不出来了,灵动的思维会想到"熊家长",想到"熊网友",想到"熊规则",以及纵容"熊孩子"的"熊文化""熊习俗",能够在孩子、大人、网友、家庭、文化之间游刃有余,进而发掘新的角度、新的论点,找到写作的自信。

三、好的角度在于多问一句"为什么"

第二种发掘角度的方法,是多问一句"为什么"。不要小看这个"为什么",它能够让你的思维在别人停止的地方再进一步思考,而不是满足于某个肤浅平庸的结论。比如,重庆公交车坠江事故中,一开始谣言称是女司机逆行导致的,女司机再次成为被攻击的标签。普通的角度,很容易被想到,就是谴责自媒体的不负责任,批判那种"聋子听哑巴说瞎子看到鬼了"的媒体生态,批评"评论跑在事实的前面"。类似的谴责,人人都能站出来侃几句,但当多问一句"为什么",就能突破那种肤浅的道德表态，跳出泛道德化的思维。

为什么会出现指向女司机的这种谣言呢？好好想想，让思维进入深层次，比如，第一，"锤子思维"，即一个手拿锤子的人看什么都像钉子——社会习惯性地歧视女司机，网民平常受到媒体报道的影响，已经把女司机这个符号妖魔化了，在事实不清楚的情况下，形成了一种集体的"舆论幻听"，习惯性地觉得是女司机的问题。第二，同样是在事实不清楚的情况下，舆论急于归因，急于需要找一个矛头，但事实还在调查中，在这种"原因的渴求"下，很多谣言就出现了。这其实也是一种"舆论幻听"，或者原因强迫症，急于找一个解释，可调查赶不上人们"求解释"的速度。第三，官方信息发布的混乱，重庆应急办一个语焉不详的回应，可能是谣言的开始，"官方谣言"有时比"民间谣言"的危害严重多了。信息不充分与不对称，这正是适合谣言和阴谋论产生的土壤。

如果我们不急于去批判谣言，而是多问一句"为什么"，看问题就会深刻多了。把自己的思维往前推，逼着自己去想，逼着去理解"反常中的正常"，或者"正常里的反常"。我写《马航终结篇将成不死的谣言，过不去的是心理的坎儿》这篇文章的时候，便使用了这种思维方法——每每过一段时间，关于马航失联就会有新的谣言出来，原因在于这事一直没有结论，人们心中肯定会有一个坎儿，没有一个解释，人们就无法释怀。评论，很多时候写的是人心，是人性，要尝试去理解人心和人性，而不是总想站在道德高地去俯视人心和人性。

四、在新闻的联系中寻找靓亮的论点

第三种发掘角度的方法，就是把新闻连起来分析，即把这条新闻跟另一条相反的或相近的热点新闻联系在一起，会产生一种角度和论点的化学反应。这对我们的评论写作提出了更高的要求，需要我们有联系的眼光，需要我们有一定的新闻阅读量，这样才能由此及彼，产生一种角度的化学反应。这要求我们的格局和视野一定要宽广，要从某个具体的新闻里跳出来，看到"相关新闻"，从新闻的相关性中找到自己评论的点，激活自己的思维。

比如这样一个热点话题，四川一所大学的一位学生，家里有人去世，跟老师请假，老师不准假也就罢了，还在课堂上说："如果家里有四个人去世，这门课就重修。"学生后来在网上曝光了这件事，引发舆论批评。如果仅仅就事论事，无非是把老师批判一番，如"没人情味""没人性"之类的，或者"课堂规则""师生关系"之类。当我看到这条新闻时，联想到那几天在网上热度很高的另一条新闻，是关于学生会官本位的事，引了发对"学生官"官僚的批评。碰巧这两个热点新闻前后碰在了一起。

我立刻找到了两者之间的联系，前一条新闻中，那位学生的权益受到了侵犯，应该有人维护他请假的权利。他怎么去维权呢？应该找谁替他站台维权呢？他没有办法，只有选择在网上曝光，形成舆论的倒逼效果。其实，学生会应该是学生的维权组织，替学生维权应该是学生会的职能之一。可这位权利被侵犯的学生，想都没想到学生会，直接上网找网友当后台，这说明在他心里，对学生会没有归属感。这两条新闻联系起来看，就产生了角度的化学反应。

所以，大家平常一定要多看新闻，**养成用联系的思维看新闻的习惯**。新闻之间潜在的联系，不是碰巧就能想出来的，而是这些新闻累积在头脑里所形成的化学反应。再比如，我看到"北大医院的医生被患者家属打"的新闻，医生被打的原因是患者生孩子难产，我当时立刻想到了另一条新闻——陕西孕妇跳楼事件，也是发生在医院的冲突，只不过恰恰相反，一个是医生被打，一个是孕妇跳楼，两条新闻联系在一起看，也会找到新的角度，医患相互理解是多么重要。

五、从自己习惯代入的身份中跳出来——让脑袋质疑屁股

第四种发掘角度的方法，是需要从自己习惯代入的身份里跳出来。我们在看新闻时，会不自觉地代入身份，然后形成与这个身份相应的态度，所谓"屁股决定脑袋"。比如这条新闻，在高铁上，一个小伙子跟一个抱着孩子的女士发生冲突。一看到这条新闻，你会站在哪一边？大多数人很容易站在抱孩子的女士这一边，人的本能会同情弱者。那为什么会发生冲突呢？新闻里说，因为小伙子在高铁上吃泡面，那个女士受不了泡面的味儿，于是吵了起来，让小伙子别在高铁上吃泡面，公共场所不要影响别人。小伙子怒了，凭什么啊，这是公共场所又不是你家。看到这里，你又会站在哪一边呢？很显然，会站在小伙子那一边，我们平常也吃泡面，你不喜欢这味儿应该你回避啊，怎么绑架别人的权利呢？这时，我们已经把自己吃泡面的身份代入进去了。如果我换一个关键词，把泡面换成榴莲，你的态度，即身份代入会发生变化——在高铁上吃榴莲这种东西，心里难道没数吗？

新闻的叙述本身是有框架的，我们每个人的观察也是有框架的，所谓"戏精"，就是喜欢利用公众的这种本能的站位，去带节奏。聪明、灵动的人，总会从新闻的节奏中跳出来，即跳出身份代入，有自己看问题的客观节奏。比如，如果我是一个学生，在看待师生冲突时，不妨尝试站在老师的角度看一下。如果我是一个患者，在医患发生冲突时，能不能站在医生的角度看一下。这样，你看问题就会深刻很多，"用脑袋质疑屁股"，既透彻又客观，还有让人眼前一亮的角度。

赫拉利在《人类简史》中提到一个实验很有意思。在 2015 年一项开先河的研究中，研究人员请参与者假想自动驾驶汽车即将撞倒几个路人

的情景。大多数参与者都认为，就算可能会牺牲车主，自动驾驶汽车还是应该保全那几个路人的生命。而当等到再问他们会不会买一部设定为"牺牲车主、顾全整体利益"的车时，大多数人都说"不"。如果涉及自身，他们还是比较喜欢特斯拉的"自我"款。[3]

学者许纪霖曾主张，作为进入公共领域的公众，不能仅仅从个人利益的诉求出发参与讨论，而是需要暂时将自己的利益用括号括起来，从自己所理解的公共利益和公共立场出发，来讨论什么是最好的公共政策，只有当商议民主的参与者都具有共同的公共精神和关怀，才有可能进行有效的对话，从而找到对什么是公共利益的共识。[4]

来看看一篇评论——《性侵会毁掉一个人，性侵指控一样会》。提到性侵这个话题，人们习惯代入的身份是什么？肯定是受害者，但我们能不能想到，如果一个人被冤枉了，被误解了，被污蔑了，莫名其妙就被戴上了一顶性侵的帽子，他不也是受害者吗？跳出那种对性侵者强烈的恨，想象一下一个视名誉如生命的人、一个谦谦君子被人污蔑说他是一个性侵惯犯，这是多大的伤害啊。做一个表达对性侵强烈愤慨的"键盘侠"很容易，但站在被指控的一方去小心谨慎地质疑指控，爱惜另一个人的羽毛，却很不容易做到，而这恰恰正是评论的价值所在。性侵会毁掉一个人，不实的性侵指控，一样会毁掉一个人的一生。

六、看到别人的框架，构思自己的框架

看到一个新闻话题的时候，要有一种框架意识。什么叫框架意识？兰斯·班尼特下了一个定义："新闻框架理论指的是新闻报道选择某一个

---

[3] [以] 尤瓦尔·赫拉利：《人类简史》，林俊宏译，北京：中信出版社，2018年，第57页。
[4] 许纪霖：《回归公共空间》，南京：江苏人民出版社，2006年，第12页。

或某些个主题加以强调,把它们与故事的其他要素联系起来。新闻框架会吸引我们的注意力,就像一个相框会让我们把目光集中于相框里面的内容一样。新闻框架就是将场景、人物、行动以及相关的证据支持等内容放置于主旋律之下,并赋予这些内容深意。"[5]

新闻和故事都是用框架建构起来的,一般人看到的只是新闻内容,而有经验的人能看到建构内容的框架。什么叫框架?举个例子。为什么《聊斋》里那些狐狸精和女鬼都喜欢小书生和读书人,爱得死去活来,而不像现实中那样喜欢当官的或有钱的呢?答案很简单,因为《聊斋》是书生写的,贯穿的全是书生的立场和框架,一部《聊斋》就是一部书生的意淫记录,想象着美女都爱书生,这是书生的自我麻醉。"书中自有颜如玉",好好读书,考上功名后什么都有了,但其实现实根本不是这样。

新闻框架有助于把"无限的、值得关注的细节"转变为全部可行的技巧,由此,框架促使了世界秩序的形成,并有利于"包含与排队"等等级规则的形成。同时,框架还能"帮助记者迅速而程式化地加工大量信息,首先辨别信息,然后加以分类,接着包装信息以便高效地传播给受众"。[6] 与"新闻框架"对应的是"意义地图",迈克尔·舒德森曾说:"只有当一个新闻事件能够置身于已有的'意义地图'之中,或者置身于善于社会本质的某种文化知识形式当中时,它才能为观众所明白。"[7]

2018 年的"世界电信日",各电信运营商的口号分别是——"中国

---

[5] [美]兰斯·班尼特:《新闻:幻象的政治》(第 9 版),杨晓红、王家全译,北京:中国人民大学出版社,2018 年,第 52 页。

[6] [美]迈克尔·舒德森:《发掘新闻:美国报业的社会史》,陈昌凤、常江译,北京:北京大学出版社,2009 年。

[7] [英]斯图亚特·艾伦:《新闻文化》,方洁、陈亦南、牟玉通、吴娱译,北京:北京大学出版社,2008 年。

移动：谨防电信诈骗。中国电信：小心移动支付陷阱。中国联通：谨防移动支付中的电信诈骗。"当然这是开玩笑的，想告诉大家的是，叙述都是有框架的，我们既要看到框架，跳出框架看到不同角度，同时也要利用框架，找到一个有代入感的框架，把自己的想法放到这个框架中，然后让读者跟你走，跟你一起愤怒，一起快乐，一起热泪盈眶，一起义愤填膺。

我们通过一个例子，来看看如何"看到别人的框架"而后"构思自己的框架"。某地创建"全国卫生城市"，市长带着一些官员去检查卫生，看到某条街道很脏，到处是污水，市长很受触动，觉得自己要为这种"脏乱差"承担责任，就自罚了一千元。当地媒体一片叫好，说这体现了市长的担当精神。这个新闻话题里就是有框架的，有一个宣传的框架，用"主动自罚"这个表述来凸显领导的担当，用镜头去仰视领导，把"脏乱差"的坏事写成了歌颂领导的好事。这就是报道的框架。

那么真正的评论员又是如何来打破这种迷人的宣传框架，而进入反思框架的呢？有一篇评论写道："自罚，自罚难道不是一种特权吗？我犯错了，我出问题了，我交通违章了，能赶在警察掏罚单之前傲骄地说一句：你别介啊，我还是自罚吧，自罚三杯。"如果跳出宣传框架看，自罚就是一种特权。问责，应该是一种制度，出现"脏乱差"，应该谁来负责，谁就承担责任，而不是眉毛胡子一把抓，稀里糊涂里地在这种自罚的自我感动中忽略了主要责任人，虚化了问责制度。评论员有时候为什么让人烦啊？就因为评论员"带刺儿"，不习惯别人所灌输的框架，而有自己独立的框架意识。虽然这种刺儿让人很不爽，但健康的社会需要这种刺儿头。

角度和论点，其实是评论本身设置的一种框架，兰斯·班尼特在《新闻：政治的幻象》中也讲到了框架对新闻评论的重要，他说："新闻故事总是要体现某一中心思想或被划归某一主题意义类型，然后，根据这些中心思想或主题意义类型来组织、屏蔽、强化信息，在信息提炼中形成故事类型，如性丑闻、政府浪费、自然灾害、恐惧主义、贫穷悲剧、人性罪恶。"[8] 如果你的框架正好击中某段时间流行的叙事框架和公众的痛点，如中年焦虑、孩子起跑线、死亡、性和暴力、食品药品安全、养生、腐败等，就会形成"10万+"的爆款。当然，新闻框架的突变也存在风险，会让公众有上当受骗的感觉，新闻反转的背后往往都是框架的突变，从歌颂框架到质疑框架，从第二人框架到第三人框架。

李普曼对这种框架有很精彩的论述，他说："我们常常不是先看到事物，然后给它们下定义，而是先下定义然后再去看他们。由于没有人能够看到所有的事物，因此每个人便为自己制造一个适合自己经验的现实，这实际上是一个伪环境，它有助于把秩序强加给世界，否则这个世界便是一团混乱。"[9]

七、逆向思维是需要训练的

我们常常羡慕聪明人总能逆向思考问题，这种逆向思维是训练出来的，不是天生的。逆向，源于一种对正常的不以为然，挑战正常，解构正常。比如，我的公众号曾发过一篇我的学生谭影子的评论《学术不端的梁莹有没有被遗忘权》，让人眼前一亮。谈到南京大学学术不端学风不正的梁莹，我们想到的都是，要把她的那些垃圾论文钉死在耻辱柱上，但谭影子想到的一个概念是："网络时代，我们的所有数据都在网上，一

---

[8] [美] 兰斯·班尼特：《新闻：幻象的政治》（第9版），杨晓红、王家全译，北京：中国人民大学出版社，2018年，第52页。
[9] [美] 罗纳德·斯蒂尔：《李普曼传》，于滨、陈小平、谈锋译，北京：中信出版社，2008年，第160页。

个人有没有让人遗忘的权利呢？"

这便是逆向思维，质疑一种"习以为常，理所当然，天经地义"的认知的正当性，能看到问题的另一面。大家可以经常试试，学会去否定。最简单的操作是，找一个反义词替代一下。比如，说到知情权，好像"知情"是天经地义的，那么"不知情"可以吗？在很多事情上，我们确实是宁愿不知情的，如性、暴力、血腥，被加工渲染后以算法的方式推送给我们。都说扶贫富裕比贫穷好，但真的是这样吗？一个人有没有穷的权利，如果在死亡、强迫和贫穷之间选，我宁愿选择贫穷，即不以牺牲自己的自由和生命的方式去脱离贫穷。

再举一个关于涨价的案例。好像一提到涨价，大家都不喜欢，都喜欢免费，但这真的对消费者好吗？如果成本提高了，按市场规律，就应该涨价。涨价对消费者其实更有利。现在快递价格那么低，外卖既便宜又方便，但成本都推给了社会——污染环境、交通事故，为了压缩成本用一些黑心作坊的东西，外卖小哥为了抢时间，拼命地加快速度，而导致违章、逆行等。最终，成本其实还是让消费者承担了。所以，我宁愿涨价。

道理反过来说，也能说得通，就看你有没有这种思辨能力，能不能自圆其说，出乎意料，又在常识和情理之中。在这方面，我自己平时训练比较多，当看到一个词，便会条件反射般想到这个词的另一面，比如，提到"娘炮"，我会想到："娘炮"指的是男的像女的，那么女的像男的呢？相对应的词是"女汉子"。我的观点立刻就形成了——说到"女汉子"，我们会觉得这是个社会问题吗？当然不会，甚至觉得这是一个褒义词，说明这个女的很强势，能独当一面。女的像男的，这很正常，而男的像女的，就不正常，就成为社会问题。这说明什么，很显然，男性的话语和性别霸权，男性中心主义的视角从话语中就能看出来。

有人曾问旅美教育家黄全愈："考上北大、清华的都是一流的学生，为什么培养不出一流的人才？"黄全愈回答说："考上北大、清华的只是一流的考生，并不是一流的学生，更不等于一流的人才。"[10] 从"一流的学生"想到"一流的考生"，这种思维也是逆向的，没有被"一流的学生"所锚定。

八、钉住一个专业的视角并死磕

此外，可以选择自己最有表达优势的角度，学法律的，从法律角度；学语言学的，从语言学的角度；学政治学的，从政治博弈的角度。无论如何，朝自己最熟悉的、最有发言权的那个角度靠。比如2008年北京奥运，这么大的事儿，我们作为主流媒体肯定要评论奥运。我对体育一窍不通，平常虽爱运动，但不是那种专业范儿，要写奥运评论，怎么办呢？那就找自己熟悉的社会学角度去评论奥运，其他评论都是从专业角度出发，运动本身、技术、球员，等等，人们审美疲劳，社会学的角度反而对读者更有亲和力，因为多数读者看奥运看的都不是专业，都是外行看热闹。

比如我写的《奥运怎么降低北京的犯罪率》，就是一个社会学话题，大的体育运动，释放了力比多，转移了荷尔蒙，这是有社会学统计依据的。富运动和穷运动，谈运动中的穷和富，玩哪些运动的是有钱人，哪些人只能玩举重和摔跤，也是从社会学角度着眼。还有，谁是北京奥运上最有权力的人，到底是奥运赞助商、奥运官员，还是东道主、奥运冠军、转播者，这是从政治学的角度谈权力。效忠祖国，还是效忠耐克，谈的是全球化时代奥运冠军的身份归属的迷思，这是从传播学角度出发。此外，还有娱乐角度、法律角度，就看你能不能用自己的专业分析深挖

---

[10] 《旅美教育专家黄全愈：一流考生不等于一流学生》，《中国教育报》，2010年10月22日。

一个话题了。

王宝强离婚的时候，我写的评论是《从王宝强离婚看新闻发布和引导技巧》，这篇文章创造了我的公众号当月阅读量的纪录。有人说："评论员一本正经地胡说八道，狗血事件还发布技巧，你怎么不上天啊。"只要能够从专业角度把道理讲清楚了，就有自己的读者，就能让人给你打高分。曹云金和郭德纲互撕的时候，我评论分析的是他们用的论辩技巧和文章中的逻辑漏洞，也受到了读者的喝彩，只要文章有料。

九、评论要防范"天使角度"和"圣母角度"

中国女排在里约奥运连续上演大逆转，几场荡气回肠的胜利振奋了很多国人，人们纷纷向主教练郎平和女排的拼搏精神致敬。——舆论场总有一种矫枉过正的逆反力，从一个极端摆向另一个极端：过去是精神至上，什么事都要上升到精神层面，言必称精神，精神压倒一切。这么多年的改革让精神祛魅了，却走向另一个极端，即崇高精神虚无主义，矮化和贬低精神，不承认精神的力量，甚至以谈精神为耻。这不，舆论和公众一谈女排精神，有些习惯居高临下、俯视众生的人就兴奋地找到了靶子，嘲讽公众对女排精神的赞美。

有人说，女排赢球主要不是靠什么精神，而是实力。这话不错，但并没有人说女排赢球依赖的全是精神，没有人把精神和实力两者对立起来。打球当然得靠实力，否则再有精神也没用，但在实力相当的情况下，就得比拼搏精神了。能打到奥运会赛场，实力都差不到哪里，尤其当中国队小组赛输球、不被人看好的情况下，意志、心理、团队合作、拼搏精神就扮演着很重要的角色。人们赞美女排精神，但并没有把精神捧到至高无上的位置，没有把精神神秘化和神圣化，只是实事求是、发自肺腑地由衷赞美。

有人说，连郎平自己都说了：不要因为我们赢了一场就谈女排精神，也要看到我们努力的过程。郎平其实不是否定精神的力量，而是让观众要有耐心和信心，不要被一两场比赛的胜负所左右，不要赢了就谈精神，输了就让下课。经历过风雨和起伏的郎平深知舆论的情绪化，会因为一场胜利把人捧到天上，也会因为一场失败把人狠狠往地下踩，她之所以那么说是为了保护自己和女排姑娘们。

刻意显得与常人常情不一样，以贬低常人常情来凸显自己的冷艳，已经成为一种病。时下一些网红的文章很火，动不动就"10万+"，但很多评论读着总感觉不对劲，跟普通人认知的常情常理常识有一定的距离。似乎有一定的合理性，却总会把那么一点合理性推向极端，以"真理在握，其他人都是傻子"的绝对口吻和粗暴方式说出来，虽然在情绪传播中能迅速赢得很高的阅读量，却根本经不起事实和逻辑的推敲。除了谈女排精神，很多那种以高贵冷艳的姿态示人的网红评论都让人很反感。

比如，大众表达朴素的爱国热情，这很正常。爱国是一种本能，当国家利益受到损害，或在某个特殊的国家性节日中，民众以自己的方式表达对国家的热爱，这是人之常情。可立刻会有一种高贵冷艳的评论出来嘲讽这种爱国表达，仿佛大众都是被"洗脑"的，而他自己才是清醒理智的。谈爱国的都是肤浅的、谄媚的，像自己这样永远保持一种批判的、不同的、反对的姿态才是高贵的。评论可以指向那些非理性的爱国方式，可以痛骂那些抵制的、砸车的、搞内耗的，但对普通人正常的爱国表达，应该保持一份尊重。

比如，享有盛誉的文化名人去世，网友为表达哀悼，在微博微信里给逝去的名人点蜡烛，这很正常。即使没有读过名人的书，不认识名人，点个蜡烛表达一下哀思，这也是人之常情。可立刻会有人站出来批判普通人点蜡烛，称其是跟风，或者是附庸风雅。这也是典型的高贵冷艳，以跟大众不一样来显示自己的精英姿态，以批判大众来表现自己的优越感。大众并非不可以批判，但"大众"是一个集合名词，应该尽可能地将矛头缩小为精准的个体，而不是一棒子打倒一群人。

比如，魏则西事件发生后，在批判了相关企业、相关医院和相关部门后，有评论把矛头指向了患者，提出一个问题：假如一个人得了绝症，究竟该做出怎样的选择？是不惜一切代价治疗，还是顺应自然规律？然后得出一个让很多人极为反感的结论：医学是有限的，也是不完美的。虽然医者的技术追求是永不言弃的，但这并不代表医者具有起死回生之力。因此，尊重自然规律，放弃不切实际的幻想，坦然地面对生与死，是最理性的选择。——这是多冷漠的判断啊，这样的观点未必是错的，但这是人之为人所做不到的。人都怕死，你让人得了绝症后别去治而"坦然面对生死"，这就是高贵冷艳的上帝视角。**评论需要在认知上有超越性，但不可没有人性关怀，理性如果反人性，就容易成为冷血。**

再比如，前些年的南方洪灾，湖南某地发生溃口，紧急中只好用卡车堵决口，身系安全绳的抢险人员驾驶着载满麻石的卡车驶向溃口，在卡车坠入溃口前跳下卡车。应该说，这种敢死队堵决口，是紧急情况下非常无奈之举，就像当年九江决口时沉船堵决口一样。有评论批评了这种方式，质疑"说好的科学抢险"呢？甚至质疑"以'敢死队'之名冲向溃口，是不是一种现场作秀？"这些判断，有点站着说话不腰疼了，远在千里之外安全之地，无法感受到现场的危急。不在场者在下判断时应该多一份谨慎，高贵冷艳的评论不仅让人排斥，有时还会成为笑话。

在一次评论大赛中，有一篇题为《只要规则尚在，何须"温柔以待"》的评论，读起来也让人觉得缺乏人情视角。一位送外卖的大叔因送餐超时被退单，他自掏腰包买下却还是被顾客投诉。晚上他回到店里，请求"把那份快餐热一下带给女儿吃"，店家说给他重新做一份，他婉拒后离开。老板娘非常心酸，发朋友圈后引发热议。不少人呼吁"愿这个世界的一切都能被温柔善待"。这篇评论的作者说，"如果规则是公平的、市场是正义的，其实，谁都不需要'温柔以待'"。显然，这是把规则和人情对立起来了，他说，"道理是明摆着的，无论你如何渲染骑手的不易，请别忘了买卖之间对等的权益关系"。在点评这篇评论时，另一位评委认为："说实话，文章中透露出某种非此即彼的对立情绪令我感觉不安。"[11]

评论员看问题要比普通人深入一些，那样才有附加值。但又不能超越常情常理常识太远，如果超越太远，又没有在逻辑层面自圆其说，就走"过"了。**好的评论总有既出乎意料的角度又合乎情理的判断。**

高贵冷艳的评论主要源于以下几种创作态度：第一，刻意标新立异，非要跟别人不一样。第二，自诩精英，非要显得高大众一等，在大众面前表现智识优越感。第三，认知上有缺陷，不接地气，缺乏与常情常理常识共情的能力。第四，网红吸引眼球的策略——语不惊人死不休，明知道观点出来后舆论会炸，但就想追求爆炸性的争议效果。职业评论员的理性训练，很多时候是为了克制这种高贵冷艳不接地气的毛病，使自己的判断更接近常情常理常识。

评论不是快餐，不应该只有一两天的生命，不应该只追求几个小时"10万+"的爆款效果，而应该能经得起理性的审视和时间的考验。今天网上那些所谓的爆款文章，有几篇在多年后还能被人翻出来再去阅读的？尤其是那些高贵冷艳的评论更容易速朽。坚守常识，立于中道，好好说话，才会更有生命力吧。

有人说，自媒体时代人人都有麦克风，人人都是评论员，不再需要职业评论员了。这种看法是肤浅的，职业评论员是不可替代的。评论员

---

[11] 某次全国评论大赛评委魏剑美教授的点评，本人也在点评中附议了这个观点。

有作为一门职业的门槛，即便你有自媒体，能写评论，甚至篇篇阅读量"10万＋"，成为网红级写手，但你不一定具备评论员的素养。评论员的一个核心素养就是，好好说话，说人话，站在公共立场平和地表达理性、中立、客观的观点，既没有迎合民粹情绪的屌丝腔，也没有高贵冷艳的精英腔；既不感性泛滥充满文艺腔，也没有过度理性的上帝视角，总能在理性与感性、常情与常理、精英表达与大众认知间找到一种平衡，不一惊一乍，不标新立异，不走向极端，不迎合某个群体，立于中流，做一个公正的旁观者。

十、评论写偏，多是违反了批评的次序

这个世界上什么都有顺序。权利有先后顺序，有些权利就是比其他权利更优先；道德有先后顺序，这种道德就是比另一种道德更重要。同样，在批判的问题上，也存在着价值次序，一个事件上可能有许多值得批判之处，远的近的、弱的强的、直接的间接的、明显的隐含的，这样的排序就是批判的价值次序。

之所以提起这个话题，是因为以时评家为主的批判者似乎越来越藐视这种价值次序，批判的逻辑混乱不堪。

比如，某年网络上疯传一则新闻，称某地某医院一名医生婚前体检时，查出感染艾滋病病毒，牵扯出一名女医药代表，以及包括科室主任在内的好几位医生，他们都与这名女医药代表有染，医疗潜规则瞬间毁掉了该医院四名主刀手。然而，根据记者追根溯源的调查，这纯粹是一则谣言，发帖者已承认这是自己编造的，造谣者已被警方拘留。

这是一个有着多重阐释空间和丰富问题含量的复杂案例，有着诸多值得反思和批判之处。复杂归复杂，但值得批判之处的价值次序是很清楚的。首先，最值得批判的是始作俑者的网络造谣者，无中生有地编造

新闻来中伤别人,是绝对违法且极不道德的。然后,值得批判的是传播者,为什么不问真假就轻易相信了这个谣言并四处传播,从而对医院造成伤害。接下来,该批判的是作为受害者的医院的信息透明度,封闭的信息给谣言的散播提供了土壤。最后批判的是医疗潜规则和体制弊病,人们为什么轻易相信了这一谣言,因为它反映了真实的医疗镜像,加上人们对医院失去信任,于是,谣言发酵并疯传。

然而,在我们的舆论的批判文本中,这种价值次序被颠倒过来了,很少有人去批判造谣者、传播者这两个在具体案例中最近的、最强的、最直接的、最明显的、最应先受批判的人,大多数人都对造谣之恶视而不见,习惯性地把矛头指向了医疗体制和医疗潜规则,执着地追问"为什么人们会相信谣言",而刻意回避"因为首先有人制造了谣言"这个原初性的问题。

同样,类似颠倒批判次序的逻辑在另一则新闻中表现得更为明显。某地城管局的网站被黑,网页上被替换上了侮辱城管的文字和照片,警方迅速介入调查。应该说,这也是一个价值次序非常清楚的案例。最先被批判的是,黑人家网站的黑客。然后,才是其他间接、隐含、微弱相关的问题。可在舆论的批判文本中,批判得最多的却是,人家为什么会黑城管的网站而不黑其他网站,这说明城管存在很大的问题,城管的执法制造了许多对立,城管应该反思为何不招公众待见。显然,这样的批判逻辑也颠倒了。城管是存在问题,但具体到这家城管,他们有问题吗?为什么要黑人家?即使真的也有问题,采取这种非法手段来报复,对吗?

可怕的是,舆论中充斥着类似毫不尊重批判的价值次序的谬论。这种谬论,因为迎合了一些人仇富、仇官的愤怒情绪,迎合了一种"反抗代表正义"的民粹热情,迎合了一种多数人暴力的正义幻觉,得以招摇过市且赢得无数掌声。殊不知,这种貌似深刻、实则混淆是非的逻辑,正把社会推向民粹的深渊。

为什么要强调批判的价值次序，因为这样的次序与一个社会的道德生态秩序密切相关。直接的恶比间接的恶，关系强的恶比关系弱的恶，大的恶比小的恶，应该受到更多、更先在的批判，不放过真正的恶人，给恶人与其恶行相适应的批判，这是维持一个社会的道德秩序必须有的基础。否则的话，如果对眼前最直接的恶视而不见，却把问题都推给那个远处非常间接的恶——比如体制，比如制度，这只会对社会形成非常恶劣的暗示，纵容一些恶行。纵容了造谣者，却舍近求远地去批判医疗体制；宽容了黑客，却去批评在具体个案中作为受害者的城管，这样颠倒是非的批判次序，其实是在为恶行寻找借口。

有人可能会辩称，之所以不去批判造谣者和黑客，是因为法律会惩罚他们，而隐含的体制问题却是法律管不了的，出于此，舆论才会颠倒次序地把矛头指向远处的体制。然而，这不能成为理由，道德应该比法律有更高的要求，在很多事情上，法律惩罚是不能替代道德批判的，不能用"法律已惩罚"回避道德上的批判。

再说一条新闻。前段时间有朋友称一毕业生在应聘时遭遇地域歧视，考官听说他来自某地后，表现出了轻蔑的态度，且出言不逊，该生随后怒而拍案而起，挥袖而走。这件事在同行间引发了讨论，有人批评地域歧视，也有人批评考生脾气太大。后来，有一个同行做了一个价值排序，我觉得这个排序也属于批判的次序。他说："在是非上进行价值排序，面试这个话题，首先对任何人都不能有地域歧视、性别歧视、宗教信仰歧视，这是'放之四海而皆准'的人格平等原则；第二，社会中优势地位的人不能任意欺凌弱势地位的人，这是弱者保护原则；第三，两个处于同等地位的人，在社会交往中不能恶语相向，这是公序良俗原则，此案中是面试官先挑起争执；第四，年轻人不能年轻气盛，举止要尽量文雅，被面试者反应过激，这是公平原则。四个位阶排下来，面试官的错误是前三条，而且都是高位阶的规则，被面试者的行为瑕疵只是在第四个位阶出现。因此我认为首先要全面批判面试者的问题，然后才是较真被面试者的反应是不是过激。"

有了这个排序，是非判断就清晰多了，那种"抓小放大""求全责备""吹毛求疵"的偏锋思维也能看得很清楚。在魏则西事件中，后来有媒体把矛头指向了患者，批评患者遇到绝症时"倾家荡产也要治病"的不理性，称"尊重自然规律，放弃不切实际的幻想，坦然地面对生与死，是最理性的选择"。这篇文章之所以让读者极不舒服，除了缺乏人性的温度，很大程度上也源于违背了批评的次序，舍近求远，无视基本的是非，而把板子打向了作为事件受害者的患者。

作为读者，我们之所以常会感觉到一些评论"写偏了"，是因为评论违反了批判的价值次序，无视根本矛盾和核心问题，而把很间接、很小的问题当成关键问题，过度阐释，盯住芝麻而无视西瓜，舍近求远，刻意标新立异，太想反弹琵琶，最终剑走偏锋。看问题需要不同的角度，但这个角度不能扯太远，不能脱离新闻和事件所呈现出的基本是非和核心问题，跑太远，在逻辑上容易扯着，读者跟不上你的思维，也离原初的命题越来越远。

评论写偏，还源于另外一个坏习惯——看问题过于盯着与整体关系不大的细节，偏离了话题的潮水方向。比如，对于一个通缉犯，不是盯着他犯了什么罪，为什么被通缉，而是讨论"这个通缉犯颜值很高""最美通缉犯"，这就偏题、歪楼了。桂林米粉店老板的孩子考上了清华，老板送孩子去报到，在店门贴出"歇业通知"，引发热议。评论的基准线应该围绕"父亲的骄傲"这个主题，过于盯着细节，评论"歇业通知"的字写得非常漂亮，就偏题了。

我们可以借助丹尼尔·哈林对"合法争议领域"理论的研究，让评论的角度有一个不偏题的准星。丹尼尔·哈林认为，"一个新闻人的世界可以划分为三个区域,每一个区域都有不同的报道标准来管理,这三个领域包括意见一致领域、合法争议领域、偏差领域。意见一致领域包括那些没有争议性的社会话题,在这个领域,记者的职责是维护或大力宣扬一致的价值观。在合法争议领域,顾名思义,就是有争议空间的,在这里,客观和平衡是新闻从业的最高价值取向。而在偏差领域,就属于主流可以接受的界限之外了。"[12]

其实,一个新闻话题同样存在这样的领域,好的角度,能超越"意见一致"而在"合法争议领域"找到一个巧妙的落点,避免滑入"偏离领域"。

---

[12] [英]斯图亚特·艾伦:《新闻文化》,方洁、陈亦南、牟玉通、吴娱译,北京:北京大学出版社,2008年,第74页。

附：2016年高考作文题角度训练（根据漫画，我与学生王昱各写了两篇评论）

（据夏明作品改动）

你最缺的是失意时的那个吻

曹林

看了这幅漫画，我们可能会心一笑，巴掌和亲吻映衬的现实镜像对我们来说太熟悉了，人们或多或少在生活中都经历过这种冷暖反差。一个作家的感慨曾激起很多人的共鸣：我们常能原谅一贯犯错的人，却不会原谅偶犯一次错的人；从来不会向你说好话的人，偶尔一句好话会让你激动不已；惯于对你顺言顺耳说好话的人，偶尔一句恶语会让你愤怒万分。国足偶尔胜一场球迷会为之疯狂，乒乓国手偶尔输一场人们会觉得天快塌下来。之所以如此,不是人有多贱,而是人性在比较半径差异下的边际心态。

我这篇文章不想谈人性的这个弱点,而想谈漫画所折射的另一个人性弱点,人们的打击和赞赏常常用反了方向,这个世界其实从来不缺得意时的赞赏和失意时的打击,最缺的是得意时让你冷静的凉水和失意时给你自信的鼓励。得意时的赞美和失意时的打击很常见,得意时的警醒和失意时的拥抱很少见,你最缺的是得意时的那盆凉水和失意时的那个吻。

我们从漫画中看到的是,孩子考了100分,得到了亲吻赞赏,而孩子考了55分,受到了惩罚,被打了一巴掌——这样的奖惩方式在生活中很常见,势利的人们习惯了去给胜利者鲜花,给失败者扔臭鸡蛋。其实,一个考了满分的人,很容易滋生自大自满,忘乎所以被胜利冲昏头脑(人们在漫画中会注意到考98分被打了耳光的结果,而很少能意识到退步是因为考满分后的过度奖励),这时候他最缺的肯定不是赞誉,而是一盆冷水的警醒。而一个考了不及格的孩子,很容易滋生自卑和自我怀疑,他倒最需要亲吻的安慰和鼓励。

每次看体育比赛,享受比赛过程之后,最让我动容的不是胜利者在领奖台上的潇洒,而是观众向失败者致敬的掌声,是教练给输球的队员擦去伤心的泪水,是陪练亲吻失利者的情景。胜利者永远不会缺少鲜花和掌声,而并不是每一个失利者都能获得一个拥抱、一个亲吻、一声鼓励。功利主义教育的一个特点就是以成败和分数论英雄,而不是以人为中心。崇拜胜者,胜者通吃一切,把所有的奖励和赞美都给了胜利者领先者,而去鄙视、嘲讽、打击失败者落后者——这种文化下,只有一个人最终成功了,他经历的磨难、失败和挫折才会被注意到并成为励志的标本。落寞时鼓励者寥寥,一旦哪一天成功,赞美者人满为患,那些打击者、奚落者、冷落者摇身一变,立刻以先知者的兴奋去高调地赞美成功者当年经历的苦难挫折。人们似乎也乐于在成功和辉煌时享受鲜花掌声,听不得半点儿警醒和逆耳之言。一句话说得非常好,当你在高处的时候,你的朋友知道你是谁;当你坠落的时候,你才知道你的朋友是谁。

是啊,我们很多人犯的错误都是坠落时才知道自己的朋友是谁。每个人都乐意做你得意时的祝贺者和赞美者。在你辉煌和成功时给你拥抱亲吻的人,并不一定是你的好友,你会被这种拥抱和亲吻所包围;但在你失意的时候,给你拥抱和亲吻的人,一定是你最好的朋友。在你得意的时候给你一盆冷水的人,你也要无比珍惜他们,虽然你肯定很不爱听——明明知道你不爱听,还不停跟你说,因为真正爱你。

在耳光与亲吻中与孩子渐行渐远

曹林

"三七"女生节的时候,有媒体调查女生最反感男生跟她们说的几句话,排在前面的是"多喝热水""早点睡"。"六一"儿童节的时候,我也在一些小学生中做了一个小调查,问他们最反感家长跟他们说什么,排在前面的是这几句:"考不好看我怎么削你""乖,考好了有奖励""好好听老师的话""你看人家孩子"。

看到我这个小调查,你未必会理解孩子为什么反感大人那几句话,看到这幅漫画,你可能就能读懂反感的含义了。那印在脸上的、在分数映衬下的耳光与亲吻真的太刺眼了,让人心痛,很多父母就是在这些耳光与亲吻中与孩子渐行渐远。很多时候不是孩子长大了才与父母疏远,而是在不分青红皂白、只看分数的耳光和亲吻中不断疏远的。

经常跟孩子说"要听老师的话"的父母,多数是对孩子缺乏关心的父母,平常越没有时间陪孩子,越喜欢在给孩子打电话的时候说"要听老师的话"。一句"听老师的话"就把孩子教育推给了学校和老师,也为自己的偷懒找到了借口。同理，在孩子教育中要么是耳光要么是亲吻的父母，也是平常很少陪孩子、很少用心教育的父母。因为缺少耐心，根本不去关心孩子在细节上的成长，而只关心分数，分数进步了就给亲吻，比上次考低了，立刻扇耳光。

因为平常很少关心孩子，一看到考了100分，立刻报复性地爱心泛滥，用亲吻弥补平常的不关心，就像那些平常对孩子缺少陪伴的父母，特别喜欢给孩子买贵重的礼物，买一堆零食，并且毫无原则地溺爱——根本不问孩子喜不喜欢，是不是对孩子好，只不过借此表达自己的歉疚而已。一看到考了98分，比上次低了，立刻给一个耳光，因为缺乏关心，不知道什么原因考低了，报复性地表达惩罚。

你问过孩子为什么分数比上次考低了吗？你看到的只是分数从100分降到了98分，可知不知道这次考试很难，上90分的都很少，98分仍然是最高分？你知不知道孩子在考试前复习熬夜，精神不好影响到了发挥？你知不知道你上次的过度奖励给孩子很大的精神压力，反而干扰到他的正常发挥？你知不知道，你的孩子本身自尊很强，偶尔考低了几分本就很难过，这时最需要的是安慰而不是粗暴的呵斥。

真正关心孩子学习的父母，不会把一两次考试的分数看得那么重要，因为深度参与到孩子的学习过程中，了解自己孩子的学习情况，不会一惊一乍，不会因为一次没考好就怀疑孩子，不会因为比上次低了一两分就焦虑惊恐，对孩子的能力有一定稳定的预期和判断，并且有精细的关怀：考低了会一边安慰一边帮着总结教训，考高了会适当鼓励并及时降温避免反施压力。

那些平常不关心孩子的父母，才会大喜大悲，只问分数不问其他，或者给耳光或者亲吻。孩子的逆反，就是在简单粗暴的耳光和亲吻中产生的。有人谈过中国教育的几个误区，很发人深思：过高的期望带来孩子的无望；过分的溺爱带来孩子的无情；过频的干预带来孩子的无奈；

过度的保护带来孩子的无能;过多的指责带来孩子的无措。从漫画中那刺眼的耳光和亲吻中能清晰地看到这种误区的痕迹。

白天不懂夜的黑

王昱

当我还是个穿着校服的高中生时,最烦这样一种人——高居着成绩单前列,分数几乎是别人可望而不可即的山巅,但从他们的眉眼间捕捉不到一缕喜悦的神色。拿到试卷,竟满腹幽怨地喃喃自语"完了完了,我又没考好"。那副表情不像是撒谎,却很难博得半点同情。我总嗤之以鼻地称他们为影帝,将其愁眉苦脸解读为炫耀与卖弄。

我还不太能理解这样一群人——分数低得一塌糊涂,答题纸上满是张牙舞爪的红叉。名次都快从榜单中掉出去了,居然还喜不自胜,没有半分羞怯,扬起卷子在空中挥舞成风。不由惊叹,真是心宽得可以!

对影帝的厌恶和对学渣的不解,始终盘旋在我心头,直到多年后看到这样一幅漫画——得了100分的孩子,脸上印着一枚吻痕;得了98分的孩子,脸上却烙着一记耳光;得了55分的孩子,被扇了一巴掌;而得了61分的孩子,越过了及格线,便奖励了一枚亲吻。

我倏地原谅了一切。

当我们沉浸在对学霸的仰望中时,很难想象其光环背后不为人知的隐痛。我们觉得98分已是弥足理想,就算得不到表扬,至少不至于挨批。但却无从知晓,当他攥着一摞高分试卷回到家里,等待他的是一对怎样的父母。他们苛刻而挑剔,缺乏基本的心理弹性,不容许一点点不完美,对失误抱以零容忍的警惕。

而当我们带着一丝分数优越感去打量学渣,只觉得61分虽是冒险过线,背后埋藏着近四十分的知识漏洞,反躬自省还来不及,哪还顾得上欣喜若狂。很难理解体谅他们缓慢爬行的不易,更无从想象,他们的父母不求突飞猛进的进步,倒持着一份"进一寸有一寸欢喜"的知足心态。

我们总习惯于站在自己的立场,去揣度他人的处境,对旁人的一举一动评头论足。不自觉地将自身的感受投射其中,所有判断,皆是建立在自己的经验、观点甚至想象之上。其实转变一下视角,并不需耗费很多脑力,但我们往往不愿意离开让自己甚是舒适的思维被窝,没有耐心走进他人的悲喜。

于是,我们一边嘲笑着井底之蛙的典故,一边身体力行地演绎着各种形式的偏狭。于是,偏见与隔膜在一次次不加克制的不解与不屑中得以强化。于是,白天只知日光的炽热,永远不懂月光的清冷。

别让孩子在喜怒两极中战战兢兢

王昱

得了100分,脸颊上印着一枚吻痕;得了98分,吻痕便换成了巴掌;得了55分,挨了一记耳光;而擦边越过及格线,马上得到奖励之吻。打量这幅四格漫画,我的情绪也随着人物的境遇起落波折。

掌印与唇印,其实是一组象征符号,喻指现实中的批评与表扬。满分的吻和不及格的巴掌,其实毫不稀奇——在以成绩为命根子的逻辑中,这样的亲吻与耳光我们见得太多。而98分的巴掌和61分的吻,就很值得玩味了。

打给98分的巴掌上,写满了苛刻与挑剔——不能放过一丁点瑕疵,不能容忍半丝不完美,不能接受一寸的下滑。这种挑剔往往借着严格要求之名,打着"为你好"的旗号。在98分的喜人成绩面前,他们丝毫不顾扎实的知识,只目光灼灼地盯着那2分的失误,把局部的不完美放大成整体的失败,将部分的失误泛滥成整体的否定,严苛得不近人情。

而吻在 61 分的唇印上，则散发着随意与无原则——有了进步立马表扬，美其名曰鼓励教育、赏识文化。看似很有亲和力，却丝毫不顾这擦边及格的成绩背后，埋藏着近四十分的知识溃疡。丝毫不管在真正的欣喜若狂之前，还有太多级台阶要攀爬。

须注意，无论是表扬还是批评，原则都是"不问学问之有无，唯争分数之增减"。增了，即便隐忧重重，也立马表扬；减了，哪怕依然优异，也当即训斥。这暴露出的心理期待是，成绩只能上涨，不能下滑，这本就给人心里压下了一只沉重的包袱。何况如此原则之下，面对成绩，孩子只能有两种结局——要么得到爱吻，要么巴掌伺候，似乎没有第三种待遇。这是两极思维，失之极端。

在这种或喜或忧的极端标准下，孩子的情绪不免总要在波峰与波谷间迅速起落。涨，则喜不自胜，直上云天；落，则满心恐惧，坠入谷底。心态如乘过山车般，难有片刻的平歇，在一喜一怒中战战兢兢。头脑里那根关注成绩的弦儿越来越敏感，对分数的起伏越来越在意，对押中考题的捷径越来越渴切，对提高分数的投机办法越来越向往。

一边是孤灯照透窗枢、习题锥透心间的考前生活，一边是喜怒两极的考后待遇，不知这些稚嫩的躯壳里，还能盛放进多少压力。若是真为他们好，把他们引向一片开阔的平原，在那里从容地完成知识的摄取，别再让孩子在一喜一怒中战战兢兢了。

第十讲 评论写作中的事实

评论写作常被简化为「摆事实，讲道理」，事实是评论判断的基础，可谓评论的根基；事实也是评论的由头，如果由头有问题，评了一条假新闻，评论员就被打脸了。判断需要基于事实，如果评论的论据并不存在，引用了被证伪的事实，那么评论就毫无说服力。评论完全站在云端，停留于抽象层面，脱离鲜活的事实，文章自然缺乏感染力。

> 民众攻陷巴士底狱,路易十六惊慌地问:"什么,造反了吗?"
> 波尔多公爵回答说:"不,陛下,是革命。"
>
> ——史载

评论写作常被简化为"摆事实,讲道理",事实是评论判断的基础,可谓评论的根基;事实也是评论的由头,如果由头有问题,评了一条假新闻,评论员就被打脸了。判断需要基于事实,如果评论的论据并不存在,引用了被证伪的事实,那么评论就毫无说服力。评论完全站在云端,停留于抽象层面,脱离鲜活的事实,文章自然缺乏感染力。可见,事实在评论中扮演着多么重要的角色。

很多时候,评论员并不在新闻现场,而需要依赖记者写出来的新闻事实去判断,所以,评论员获得的往往都是记者传递的"二手事实"——记者看到的、记者记录的、记者转述的。评论员一定要有这种"二手事实"意识,明白自己看到的只是"二手",而不是"一手"。这要求评论员要多看一些记者和媒体的报道,进行综合判断,在信源的交叉证实中判断核心事实。同时,要怀疑"二手事实",别以为看到一篇报道就掌握真相了。

评论员要学会站在新闻事实的肩膀上去写作。"站在事实的肩膀上"有两层意思,第一层是指要基于事实,评论不能跑在新闻事实的前面,判断不能超越事实所允许的限度。第二层是指要站得比记者高,站在记者肩膀上去判断,不是沉浸于事实,而是做一个公正的旁观者。法国的第一张报纸虽然归政府所有,但其编辑在创刊号上承诺:"在一件事上我不会向任何人屈服，那就是我对真实的追求。"[1]《华盛顿邮报》也有这样的原则："为了追求真实，报纸应该做好牺牲物质财富的准备，只要这一牺牲对于公众利益来说是必要的。"[2] 这些同样应该成为评论员的追求——在事实逻辑上的不屈服。

一、把事实从抽象事物中解放出来

语言是抽象的，评论要做的第一个工作，就是把事实从抽象事物中解放出来。如果停留在抽象层面，很多时候探讨的都是伪问题。

比如"师生恋"这个话题，"师生恋"就是一个抽象的表述，老师是抽象的，学生是抽象的，都是集合概念。当一个人说反对师生恋时，他到底在反对什么呢？如果一个是老师，一个是学生，但他们之间根本没有师生关系，也在不同的大学；一次讲座后，两人有了交往，互生爱慕，你会反对这样的师生恋吗？如果一个是老师，一个是学生，他们之间有师生关系，课程结束后，两人保持继续交往，有了感情，你会反对这样的师生恋吗？相信不会。那么，你反对怎样的师生恋呢？如果不把师生恋做一个具体的界定，不把这个词从抽象中解放出来，只会陷入喋喋不休的文字游戏之争，逼着自己去反对本来支持的东西，也逼着自己去接受本来讨厌的东西。

我们尝试不用"师生恋"这个词来进行限定，有三个关键元素：第一，应是直接的师生关系，比如教某一门课产生的直接关系，而不是笼统和抽象的；虽然一个是学生，一个是老师，但这个老师并没有教这个

---

[1] [美] 比尔·科瓦、汤姆·罗森斯蒂尔：《新闻的十大基本原则：新闻从业者须知和公众的期待》，刘海龙、连晓东译，北京：北京大学出版社，2014年。

[2] 同上书。

学生,两者没有权力差距和利益关系,这种恋爱不应受到干预。第二,应是"正在进行的"师生关系,而不是"只要曾经有过师生关系"就不能恋爱;曾经教过某一门课,相互有了好感,进而产生了恋爱关系,这也应属于正常。第三,并不反对师生间的自由恋爱,反对的是不平等关系中受到权力影响而产生的恋爱,比如老师利用职业身份优势,处于弱势的学生迫于压力或为了利益而产生的恋爱关系,如一些大学曝出的丑闻。

"禁止一切形式的师生恋"这种一刀称的全称判断,很容易制造歧义和误解。像这样将师生恋的外延缩小,将"所指"具体化,讨论起来就不会纠缠于抽象的语义而变成文字游戏之争了,共识也会多于争议。舆论场中很多的争议都首先源于概念模糊,一边是全称判断,一边是具体判断;一边说的是影视肥皂剧中美化的师生恋故事,一边说的是社会新闻中让人恶心的师生恋丑闻,各有所指,自然没有交集。封杀的不是自由恋爱,而是职业权力在恋爱中的滥用。

这么一限定,就把"师生恋"这个词从抽象中解放出来了,我们在讨论这个话题时,也会产生很多共识,而不是各说各话。其实,人们在讨论多数问题时,都是共识多于分歧,但因为陷于想象的那个抽象之物的概念中,跳不出来,最后变成无聊的概念之争。

新闻事实是新闻评论的前提,评论员所用的逻辑一般都是演绎法:小前提是具体的新闻事实,大前提是一般原则,然后推出结论。比如,他是一个好人,好人都应该受到奖励,所以他应该受到奖励。一般来说,大前提都不会错,问题多出在小前提,即新闻事实——他到底是不是一个好人?

在新闻评论中,"具体的价值"往往优先于"抽象的价值","具体的论据"在论证效力上高于"抽象的论据"。以张扣扣案为例,舆论为张扣扣杀人的血性叫好,但舆论想象中的那种"血性"是抽象的,而具体的事实是,他杀了人。马少华在《讨论张扣扣案：赞赏具体，最忌抽象》一文中，详细地分析了此案中的"抽象"与"具体"，他认为，"张扣扣的母亲在22年前的打杀中被人用路边捡起的木棒'故意伤害（致人死亡）'，与他自己在22年后怀揣利刃连杀三人，无论在法律的判决尺度上，还是在常识的判断尺度上，都是差别极大的事实细节，但一经'抽象'，都成了'打死'；一经'抽象'，都成了'同态'的'血亲复仇'；一经'抽象'，那种怀恨多年，最终杀人的'蓄意'，就没有得到正视和严肃评价。'血性'这个情感因素，也是一个抽象表达、抽象议论的东西，因为对它的探讨，没有'落实'到情境、对象、程度、边界等'具体'问题。血性在'现时'的、自卫的情境中是最适当的，无论是'中华民族到了最危险的时候'，还是个体的正当防卫。而'延时'的复仇，是受'君子报仇十年不晚'等古代观念的影响，不能得到现代司法和法理的原谅。"确实如此，法律只面对具体的事实，不会抽象地做判决。

周濂在《自由的生活碎片》一文中，也提到了"抽象"和"具体"，他以美国的自由故事为例，谈到了"二战"期间美国的一份战时广告语："'自由'这个词，只有当我们把它们打碎成日常生活中十分熟悉的碎片时，它们才能团结我们。""二战"时，美国遭袭，政府宣称要捍卫自由，提出四大自由理念。怎么表现这四大自由理念呢？插图大师罗克韦尔创作的四幅宣传画，起了很好的动员作用，比如，对"免于恐惧的自由"是这么表现的：一对父母守护在孩子的床前，父亲站在一旁关爱地凝视着沉睡的孩子，母亲则小心为其掖好被子。这就是具体的自由，而不是一个抽象的概念。把抽象的事物打碎成熟悉的生活片段，非常有感染力。抽象地谈民主自由，必须陷入语义之争，而把问题具体化，还原成大家熟悉的事物，分歧会大大减少。

二、你看云时热切，你看我时眼盲

程曼祺是我第一年在北大讲新闻评论课的课代表。在我布置的第一次评论作业里，她就表达了自己的困惑和反思，非常可贵，谈的也是关于"抽象"和"具体"，她是这么写的：

> 新闻评论课老师布置了一个作业，让我们写关于校园内的事物，我本以为主题会很多，话会刹不住，但想动笔写时，思绪却莫名贫乏，不知该从何说起。听着其他同学类似的抱怨，我知道自己的情况并非个例。
>
> 但校园中真是无事可评吗？当我开始思索校园中的事物和回忆自己的经历后，发现其实有很多值得写成评论的事。比如助学金发得太滥，学校对申报信息的监管核查几乎形同虚设的问题，再比如学生活动开发票报销，到底哪些可以开，哪些不宜开？凡此种种，我想到了很多，这些事都曾令我印象深刻，但今天，如果不是为了写评论，我可能不会想起。而最让我感到焦虑和震惊的也正是这一点——面对校园不合理现象时，我的从容冷静和见怪不怪；说得严重点，是我的熟视无睹和麻木不仁。
>
> 回想起平日茶余饭后与一帮同学狂侃"权利""民主"的自己，回想起在论坛和微博上笑看"公知"掐架，静候官员雷语的自己，真是很惭愧。指点江山，激昂文字，本无可厚非，这是公民的表达权利，需要被尊重，包括被我自己尊重。但当把对自己身边事物的熟视无睹和对所谓社会热点的追捧关注并列来看时，则会发现，熟视无睹愈加明显，而追捧关注却好像并不是真的关注。
>
> 校园挡不住外面的诱惑和世故的侵袭，多数时候，我们把自己当作局外人，以冷眼旁观的姿态来看外界的种种乱象。而当我们自

己也面临选择,当我们的利益也掺和到"问题"和"现象"中时,我们却失去了敏感,变得迟钝,不管是刻意还是不知不觉。这便是开头说到的提笔时涌上心头的那一阵失语感。

都说校园是社会的缩影,这件事上也是如此。外界的大社会里虽然没有校园这道围墙,但却有更多形形色色的藩篱。人们囿于其中,故步自封,常常不能或不敢对身边的不合理现象去质疑,去思考,更不论去实实在在地行动使之有所改变;而对于更远的事物,对于更抽象的讨论,我们却常常报以极大的热情,投以额外的精力。我们以为自己还在思考,还在负责,还在积极地生活,但在那样一种抽象的热情中,难道没有点逃避现实和沉湎于舆论狂欢的成分?

对自己身边的事物熟视无睹,对抽象事物夸夸其谈,很多人都有这样的问题。程曼祺毕业后没有去当评论员,而去《中国青年报》的"冰点周刊"做了一名深度记者,去接触具体的事实,我很欣赏她的选择。

李普曼认为,多数人都是先定义而后去理解,而不是先理解然后去定义,这可能正是混乱和争议之源。评论员需要一种从个案认知开始的逻辑,还原到具体,还原到事实,避免下简单的结论,努力去呈现复杂的事实。程曼祺选择先去做一个优秀的媒体记者,就是让自己学会"进入、掌控和记录这样的复杂而真实的存在"的能力,避免变成自己所批评的那种"你看云时热切,你看我时眼盲"。

前《南方周末》记者鞠靖曾写过一篇记者手记,反思"脱离事实的抽象思维"对新闻判断的危害。黑龙江佳木斯发生特大杀人案——一名网管用十分残忍的手段杀害了数名少年,很多媒体都报道了这个案件,进行了各种归因。鞠靖被派出报道,本想写成一篇揭示深刻社会问题的"深度新闻",但随着自己了解的事实越来越多,他发现无法写成刚开始构思的那种新闻。他否定了自己最初的一些想法:第一,反思警察在案件侦破中的问题（被否定的理由是太表面、泛滥）；第二，反思受害人家长对孩子管教不严，导致孩子迷恋上网（被否定的理由是太没人性了）；第三，反思警方对网吧的管理不严（被否定的理由是太间接，太老套，并非某地特有，与此案也无必然联系）。

回到宾馆后，他给后方的编辑打了电话，汇报他一天的进展："杀人者宫润伯就是个精神病人，杀人不需要理由，孩子无法逃脱精神病人的觊觎，社会无法防范精神病人的发作。连环失踪案发生之后，应该批评的人我们却不能批评，如果硬要和除此之外的什么'社会根源'扯上联系，那只能是牵强附会，从这个角度来说，硬做不如放弃。这是一个'不可能完成的叙述'。"编辑最后同意了他的意见。[3]

面对具体事实的记者能具有这样的认知，但很多沉浸于抽象观念中的评论员，经常因为脱离事实的抽象推理而被"精神病人"打脸。比如，2017年初在武昌火车站"因为一碗热干面多收一元钱"所引发的惊天血案，自媒体评论故弄玄虚地飞了一整天，什么"订立规则的人在破坏规则"，什么"底层互害、底层之恶、底层沦陷"，什么"菜刀教你讲道理"，什么"一切道理都失效的时代"……各种奇特刁钻的角度、各种吸引眼球的分析，让本就不好理解的事变得更加无法理解。随后，媒体的调查显示，杀人嫌犯原来患有精神二级残疾，曾被曝去亲戚家拜年都带着菜刀！

有人调侃，"评论家一思考，精神病人就发笑"。这不是第一次了，已经有过多次教训，比如某次校园惨案，评论家分析了大半天深刻的体制原因、各种报复社会的原因、各种深刻的归咎，很快报道便称是精神病人制造的惨案。还有邵东杀师案，调查显示是一个有着极端反社会人格的病人疯狂杀人，并没有什么深刻的社会原因、体制根源或教育症结。

---

[3] 《南方周末》编委会：《后台》，广州：南方日报出版社，2006年。

评论家似乎特别不愿意面对"杀人者可能是一个精神病人"的现实,因为如果事实那么简单,就没评论家什么事了。可很多时候,事实本身就是那么简单,就是一个患有较严重精神障碍的人受到刺激后,失控疯狂杀人,"一碗热干面"只是一个诱因。

三、如果纯粹从理论推导,狗屎都可以吃

如果纯粹从理论推导,狗屎都可以吃,但是,现实中没有人会去吃狗屎。当现实中的结果与理论推导出的结论不符合的时候,需要评论员去正视现实,而不是去坚信自己的理论推导。那句老话说得好,"理论是灰色的,实践之树常青"。

我不喜欢某些"云里来雾里去"的评论,不是把自己的论证建立在深厚的现实土壤中,而是就理论谈理念;抽象地谈许多概念,而不是就事论事地谈事实。如果像数学公式那样,一步一步地进行抽象的逻辑推理,看不到事实,那么这样的评论是失败的,即使逻辑非常严密,推理完全符合形式逻辑,也是失败的,因为它没有人间的烟火气。

写评论需要理论支撑,需要诸种学科的知识成果,但不能完全照搬理论,要与你所要分析的事实结合起来,用你所理解和消化了的、公众能听懂的常情常理常识去说服人,而不是仍停留于高深晦涩的理论层次。

读者都是尊重常情常理的一般大众,不喜欢在艰深的概念中遨游。对于这些读者,他们理解时事主要依赖的是实践理性,是日常生活中的认知和常识。所以,你的推理一定要契合他们的这种实践理性和经验认知,当你的那些抽象的空谈和纯理性的推导完全脱离了现实的土壤之时,读者便会产生强烈的排斥心理。

最关键的是,你所从事的评论写作,是一项需要强烈的现实关怀精

神的工作。你所评论的每一件事，都是现实中正在发生的事情，公众需要你的解析，事件本身也需要你的评论去推动。这样的现实命题、活生生的人、活生生的现实，需要你融入现实世界中，站在事件的土壤和语境里去说话，而不是飘到天空和云端上。

比如，从逻辑上看，市场似乎是万能的，市场的自由竞争和资源配置能自动地带来高效率与公平，可中国却不是这样。这时候，你就不能死守那套西方古典自由主义的市场教条，用那些教条来分析中国的现实，而必须用更符合中国实际的理论来谈论中国的问题。

从逻辑上看，宪政能解决一切问题，可中国的问题并没有这么简单，不是把西方宪政体制照搬到中国就万事大吉了。中国特殊的国情、中国的传统、中国的现实、中国人的追求，这些都是很复杂的因素，用西方的经验来解释中国的问题，注定会有很多悖论之处。

还有，像"三农"问题、户籍问题、就业问题、医改问题等，在分析具体某个问题时，都不能将这些抽象和笼统的概念直接往某个事件上套，而需要针对具体个案进行具体分析，就事论事，就理说理。某个专家谈的"三农"问题，可能跟你所要谈的"三农"问题的所指是不一样的。

评论员要少谈抽象的主义，多谈具体的问题。某件事情，它的具体问题出在哪里，需要哪方面的补救，应就事论事具体地、有针对性地谈，不要轻易地就上升到某个宏大的立场和抽象的理论上。

评论员要多些务实精神，少些浪漫的思维。空想者所幻想的那些乌托邦事物确实很美好，但在现实中不可能实现，如果放到时评中去，说了也是白说。时评可以谈理想，但不能沉醉于道德理想中不能自拔而忘记了现实的逻辑。套用一句话，"不能缺少仰望星空的人，但更需要脚踏实地的人"。不要沉迷于"理想里应是什么样子"的想象中，更应更多地思考"现实可行性"。

四、评论永远不能跑在新闻事实的前面

时评方兴未艾，在推进社会进步中起到很大的作用，堪称推动中国的一大"功臣文体"，但时评在关注时代进步的同时，不免也沾染了时代的很多病；时评在解剖时代种种病象之时，也累积了很多病症，所以有人曾感慨，"时评已成为一种脑残文体"。脑残之说未免偏激，但确实有很多值得反思之处，比如有一种病态就是：缺乏审慎的思考，缺乏对新闻事实的尊重，而急于跑在新闻的前面。

时评依时事而评，也就是说，须依附于新闻事实。有了新闻报道的事实，才有时评判断的基础。新闻是客观的报道，评论是主观的判断，但评论要想摆脱主观臆断而尽可能保持客观理性，必须以新闻事实为基础，而不是依靠自己的想象，不能根据碎片化的想象去拼凑出一个事实然后大加鞭挞。这决定了评论永远只能跑在新闻的后面，有了新闻报道，才有相应的评论，有多少事实，才能做出相应的事实和价值判断。

然而，在浮躁的新媒体传播语境中，在情绪化的信息逼着人们仓促地做出判断的压力下，评论常常跑到了新闻的前面。

比如，复旦投毒案刚曝出的时候，基本的事实还不清楚，不了解作案者的动机，事实远未浮出水面，可在时事飞速运转、过度追求时效的判断节奏中，各种"根本不关心事实"的评论立刻粉墨登场，竞相表现自己对此事倚马可待的"深刻思考"和"人文关怀"。有人反思中国的功利教育让人没了灵魂，有人反思被忽略的大学寝室关系，甚至有人讨论起独生子女政策对青年人格的影响。这些可能都是真问题，但这些讨论跟眼前发生的这起投毒案有什么关系呢？当时事实还不清楚，凭什么就判断投毒跟独生子女政策、大学教育、大学寝室关系异化有关系呢？这是典型的在新闻事实不足之下的过度反思，评论跑在了新闻前面。

再举一个案例，频发的性侵案激起全民愤怒，有人以"开房找我，放过学生"的行为艺术表达不满，一时间"开房找我"成为热词。有网友合成了一张日本女星苍井空举着"开房找我"的照片，一个媒体人不辨真假，见风就是雨，未去苍井空的微博做基本的求证和核实，就义愤填膺地对着这张合成照，批评"苍井空'开房找我'违反了商业道德"，指责日本女星消费中国的问题；而媒体未做基本核实，就将此篇论据明显有误的文章刊登出来，于是在网络上成为笑话。这也是评论跑在了新闻的前面。那只是一张合成照，而不是新闻事实，起码应首先判断那是一个事实时，才去评论。仓促判断的结果，只能是丢人。

有个很俏皮的说法，过去的"笔者"如今都成了"键人"和"鼠辈"。过去的传统媒体时代，我们都是在纸上写文章，所以自称"笔者"，如今都是在电脑前打字，用的是键盘和鼠标，故是"键人"和"鼠辈"。从"笔者"到"键人"和"鼠辈"，不只是称呼的变化，更是思维方式的变化，对我们的判断提出了很多挑战。用笔写字，有思考的空间，最后发表在报纸上，更有把关的空间。而如今在键盘上打字，是非常快的，快得没有了思考的空间，情绪、偏见和浮躁轻易便会输入电脑，再加上便捷的、没有把关的发表平台，更没有了空间去思考。这种浮躁很容易让评论跑在新闻的前面。

避免这类问题有三种方法。第一，**克制冲动**，当事实不清时不要仓促做出判断，有时保持沉默也是一种理性，要有等待事实的耐心。第二，**克制自己的偏见**，当想要批评一个事物，并看到对其不利的消息时，很容易不辨真假而猛扑上去。第三，**克制自己的偷懒**，虽然核实需要时间和精力，可这是做新闻和评论所必需的功课，你写的是新闻和评论，不能把自己降低到普通网民跟帖的层次。

五、别给"假新闻"找"真问题"的台阶

在新闻不断反转的时代,评论员是一个高风险的职业,不小心评了一条新闻,刚做出一个判断,新闻就反转了,狠狠打了评论员的脸。比如,评论员评点时事,最怕遇到的就是精神病人——怕自己的评论被精神病人"打脸"。面对一件无法理解的事,评论员绞尽脑汁、故弄玄虚地在那里分析半天,搞得自己像洞悉一切、把握真理的上帝一样,又是深入剖析心理,又是挖掘深刻原因,结果其实很简单,是精神病人干的。一堆貌似高深的分析,不过是一本正经的胡说八道,不是体制原因,也不是体质原因,是评论跑在了事实的前面,不幸把自己的判断建立在了假新闻的基础上。

不过,评论员不会甘于就这么被打脸,他们应对这种打脸的常用辩护策略是:虽然新闻是假的,但问题是真的啊;虽然这条新闻不涉及这个问题,但其他新闻涉及这个问题啊。比如,重庆公交坠江事件发生后,有传言称事故原因是女司机逆行,女司机很快成为众矢之的。随后新闻被辟谣,女司机完全是无辜受害者,但有人嘴硬说,虽然这件事里女司机是无辜的,但确实很多类似的新闻中都有女司机的身影啊。

真问题到底能不能成为假新闻的评论台阶呢?我以一条假新闻为案例来分析这个问题。

"上海女逃离江西农村"的话题占据了某年春节假期的舆论场,据"网络部门"的调查显示,实际上是没影儿的事,根本没有什么"上海女""江西男""除夕逃饭",纯粹是一网友编造的故事。这个调查结果既让人大跌眼镜,更让舆论非常难堪,让那些为这件事炒得面红耳赤的人十分尴尬,争了近半个月,耗了那么多的关注资源和口水,原来子虚乌有。然而,尴尬的评论者很快为自己缺乏判断力、评论了假新闻找到了护身符——新闻虽然是假的,事实虽然不存在,但假新闻所折射的问题

是客观存在的，讨论假问题背后的真问题并非毫无意义。虽然没有"上海女逃离江西农村"的具体事实，但在城乡和地区发展差距下"孔雀女"与"凤凰男"的爱情尴尬是存在的，这个问题也值得讨论。

这个自找的"台阶"貌似有理，其实是站不住脚的。评论了假新闻所暴露出的判断力缺失的问题，不是用"新闻虽假但问题为真"的解释就可以洗脱的。我一直觉得，在新闻评论问题上，新闻事实与问题判断不是"两张皮"，而是紧密联系在一起的，是不能二分、无法割裂的整体。观点必须建立在事实基础上，评论不能跑在新闻的前面，建立在事实基础上的问题分析和判断构成了一个完整的、有说服力的评论。评论的说服力建立在逻辑基础上，而逻辑推理的第一步是从新闻事实开始的，事实不存在，那后面讲得再天花乱坠、再层层递进，也根本站不住脚。

时事评论往往需要一个新闻由头，这个新闻由头不只是一个话题（除非你明确说明只是将此当成一个话题开头，后面的分析不依赖这个事实），很多时候更是评论的事实基础和逻辑起点。因此，**评论判断的第一步往往是对新闻由头的事实真假进行判断，将分析建立在一个可靠的事实基础上。**

首先，由假新闻所设置的问题，很多都与真问题无关，而是实实在在的伪问题。"上海女逃离江西农村"这个话题很快引发了地域之争，很多人盯着"上海"和"江西"这两个标签开撕，不少人把矛头指向了"上海女"，批评其"没教养"，指责其浑身娇生惯养的毛病，或者指向"江西男"，甚至还引发了两地媒体的激烈口水战。每个假新闻都是具体的，而针对具体假新闻的评论也必然会有指向具体事物的分析判断，自然会顺着假新闻的逻辑滑向违背事实的错误判断——割裂事实而单纯看逻辑和结论，可能是正确的，但当事实前提错了，后面自然也是错的。

有人会说，那些没有盯着"上海"和"江西"这两个标签，而去评论门当户对话题的人，谈论的可都是客观存在的问题。以前媒体不是报道过这种"孔雀女"与"凤凰男"因为门不当户不对而最终分手的新闻吗？我们身边也有很多这样的事，电视剧也常以这种冲突当主题。人们之所以轻易相信了这样的假新闻，也是因为现实中存在这样的镜像，虽然这条新闻中的具体事实是假的，但生活中一定会有类似的、甚至比这个更奇葩的真事。

这种辩解也没有道理，把事实和评论割裂开了。如果你觉得现实中有这样的客观事实，完全可以以自己的观察为依据，或以以往被证实了的新闻为由头，写一篇分析该现象的评论，只要自圆其说就可以，因为这种论证和分析是完整的，建立在"摆事实，讲道理"基础上的真问题才有意义。但把判断建立在假新闻基础上，建立在一个不存在的事实、一个编造的个案上，即便道理讲得再好，问题分析得再深刻，也没有用。评论的说服力首先依赖于事实的可信度，读者看一篇文章，也是把事实和判断连在一起看的，如果所依赖的事实是错的，文章建构的逻辑大厦在读者眼中会立刻坍塌。

一事当前，先问真假，再说是非，后说利害，这种价值判断次序永远不会过时，在浮躁的新媒体语境中更显其价值定力。

六、一事当前先问真假——辨别假新闻的几个技巧

新媒体发展如火如荼，在信息传播的方式、速度、广度上产生了革命性的影响，以秒计算，加快了传播速度；几何级数传播，迅速扩展影响；图文声并茂，有图有真相，信息是海量的。但相比传统以纸媒为中心的传播，新媒体有一个致命的缺陷，就是真假难辨，可信度大成问题。

第一，网络信息的发布缺乏传统媒体那样严格的把关程序，未经确证的消息很容易被发布。第二，网络传播者在对真消息的判断上缺乏像

传统媒体那样严格的标准，降低标准的后果就是假信息横行。第三，网络传播的过程是一个匿名的大众参与的过程，缺乏天然的责任约束，假消息正是在这种大众的盲从和集体的无责任中乘虚而入。

读者和网民怎样才能不被假新闻牵着鼻子走，从而避免陷入假新闻的传播链条、避免成为假消息的推波助澜者呢？我在较长时间对假新闻传播链条的关注中，发现了假新闻的几种模式和传播规律，今后大家看到这样的消息模式，就要警惕假新闻了。

假新闻的第一种模式：根据网络段子进行编排，将可笑的网络段子移植到现实中并配上看起来像真的人与事，编得很像新闻，比如"游世博被人挤怀孕"的假新闻便是如此。

2010年6月，一篇《近日上海世博一女生在世博展览馆被人挤怀孕》的帖子在某论坛发布，迅速传播中又以新闻的形式被更多网民知晓。这条消息以"记者"和"受害者"对话的方式，"再现"了女游客在当天世博园演唱会抢票时，被一名男子"强奸"的过程。格式上既有《《新民晚报》网讯，又有"《新民晚报》记者"，看起来很像新闻格式。后来被当地警方证实完全是一条假新闻。这条假新闻是根据一则网络段子编排的："北京人与上海人形容本地的地铁之挤——北京人抱怨说，太挤了，有女的怀孕被挤流产了；上海人不屑地说，那算什么挤，上海那才叫挤，去年就有少女被挤怀孕了。"

网络恶搞越来越多，很多消息的源头只是网友恶搞，在传来传去、以讹传讹、添油加醋中，成为有鼻子有眼的新闻。比如，某次我在微博上看到一则消息，形容现在年轻人的疯狂和开放："来自人民大学辩论赛的段子：'请问正方二辩，你有女朋友吗？''这跟今天的辩题没有关系。''请正面回答我的问题。''……没有。''那你愿意做我男朋友吗？''我愿意……''我没有问题了，谢谢主席。'"人民大学的学生果真这么彪悍吗？求证了一下人民大学的学生，并无此事。查了一下传播链，发现这原来是网友参加"微博小说大赛"编的一篇"微小说",在传播中被人添加到人民大学辩论赛上,看起来像是真的。

假新闻的第二种模式:异地奇闻本地化——将发生在其他地方的奇闻嫁接到本地,安上本地的地点和人物,仿佛就是本地新闻了。比如,某报报道的一则新闻:"近日青岛某辆公交车上,一个坐在老弱病残专座上的年轻女孩不给七十多岁的残疾老人让座,被旁边一愤怒的中年男子用一百元的钞票抽脸,边抽边骂:'你让座,一百元钱就是你的,让不让?让不让……'周围乘客一致叫好。"这则充满故事性和冲突性的新闻引来了很多关注和评论,最后当地媒体查证,根本没发生过这样的事,"新闻"来自某论坛的一则网帖,而网帖所述之事的原型发生在2005年的江苏某市,网友将其恶作剧地"移植"到了青岛。

假新闻的第三种模式:根据人们的某种担忧或期待编造出的假新闻。比如,某段时间网上曾热炒"中国人民大学某教授因讲课时观点过于尖锐而被校方封杀",编得有鼻子有眼,还将该教授的尖锐言论视频传到网上以印证被封杀,事后被证明是一条假新闻。这则假新闻就是由"潜意识中的担忧"编出的。"期待"也容易被利用,比如大众都期待房价下跌,于是,公共空间中便充斥着关于各种版本的"政府将让房价下跌30%"的假消息。人们担心什么,爱听什么,期待听什么,容易听进去什么,这方面的假消息往往就越多。

假新闻的第四种模式:"标题党"制造的假新闻。典型例子如《全国妇联制定剩男剩女年龄标准》,就是网媒"标题党"为吸引眼球制造出的假消息。如果稍微细看一下新闻便会知道,这条消息假得离谱,不是过吸引关注的一个噱头。

显然,这几种假新闻的消息模式都有一个共同点,即抓住了公众的弱点,有的抓住了公众喜好起哄、围观、看热闹的弱点;有的抓住了公众喜欢消费故事、段子和冲突的弱点;有的则是瞄准人们内心中的某种恐惧或热切的期待；还有的瞄准的是浮躁、没有耐心、情绪化、先入为主的偏见、刻板的立场等。这些弱点都有一个共同之处——当进入了编造者所预设的逻辑和故事后，受众就不再去核实真假，或陷于娱乐的亢奋中，或陷于期待的满足中，或陷于消费奇闻的快感中，总之是进入了转发和传播的螺旋，失去了回头去追求消息真假的质疑能力。

今后当看到这类消息模式——它太像一个笑话段子、太符合自己的想象、太像以前外地报道的某则报道、太有故事性，而且没有清晰的信息源，新闻描述很模糊的时候，你一定要警惕，它很可能就是假新闻。

七、学会质疑新闻的判断，多问一句"为什么"

站在新闻的肩膀上，脚踏实地以事实为据，另外一个重要的方面，是要学会质疑新闻，跳出记者的框架。当新闻不符合事实时，要敢于否定新闻，敢于站到它的肩膀上。很多时候，评论的论点和角度就源于对新闻框架的突破，挑战新闻中的叙事。

比如，《17岁少年出走留绝笔信：下辈子不做穷人家孩子》这篇报道，有着鲜明的预设立场，引导读者把矛头指向贫穷，声讨贫穷带来的社会问题，你看，逼得一个孩子发出"下辈子不做穷人家孩子"的悲怆声音。评论员如果顺着这个立场走，估计会写出一篇愤世嫉俗的评论。可如果仔细看一下新闻便会发现，新闻立场是不靠谱的，新闻中透露出的一些事实会让人觉得，事情有点儿离奇。果然，后来的事实证明，绝笔信跟贫穷没什么关系，他们家并不穷，是因为缺少陪伴和琐事引发的家庭矛盾才赌气出走，而不是贫穷逼的。这条新闻不是一个批判贫富差距的论据，反映出的是一种需要治疗的心理疾病，或者说，这本是一个教育问题，不要引向其他问题。

还有一篇报道，光看标题就很有带节奏的味道：《云南小伙患白血病无钱医治，躺火上"烤"癌细胞》，另一条相关新闻是《男子自锯病腿细节：15分钟一声不吭吐出四颗槽牙》。这种新闻本身包含着一种悲情，带着一种让人把矛头指向医疗体制、社会体制的批判节奏。评论基本上都跟着新闻走，看看这些评论标题就知道了——《"自锯病腿"拷问中国医疗体制》《"自锯病腿"何时休，"病有所医"何时始》《"自锯病腿"才能被关注吗？》《"自锯病腿"倒逼"无遗漏"救济》。

有一篇评论很有感染力，淋漓尽致地表达了新闻所竭力营造的情绪："与其说众人在围观这张'烤人'图片，倒不如说是在围观架在火上烤的大病救助体系。他展示的分分钟痛苦的炙烤，即便是苦情戏那也是挣扎，那其实是一个眼前有希望，但是又徘徊在绝望边缘的人，在强烈呼吁政府和社会的救助。"这些评论，正是记者在报道中所嵌入和隐含的立场。我十分同情这位锯腿的小伙子，但动不动就把矛头指向所谓"体制"，有多大意义呢？

这是一个悲剧，却是无解的。并不是每一个问题都有解，并不是每一个问题都有一个制度去兜着，一个再伟大的社会也不能做到让每一个人都能看得起病、看得好病，医保制度兜不住每一个人。另外，在这类新闻中其实还包含着一种愚昧，躺在火上烤癌细胞，用锯子锯病腿，这种行为难道不很无知和愚昧吗？媒体和评论不能去消费这种愚昧，用这种愚昧去做悲情和煽情的材料。我倒不是说得了这种病只能忍着，而是说，新闻和评论不能变成一种愤世嫉俗的情绪，而应该考虑到现实问题。

评论要学会识别新闻中的立场，识别报道中的"客观"和"主观"。比如，记者报道称："川航空中惊魂，副驾身体已飞出一半。"这是事实吗？当然不是，事实是"川航空中惊魂，机长称：副驾身体已飞出一半。""副驾身体已飞出一半"这话不是事实，而是机长说的。媒体报道称："小伙子扶摔倒老太太遭遇讹诈。"这是事实吗？也不是，事实是"小伙子称,摔倒老太太遭遇讹诈。""扶人遭讹诈"不是事实,而是一方当事人自己说的。这不是话术,而是对事实的严谨区分,如果评论不加判断地就把一方说法当成事实,就被带节奏了。

评论员要学会解剖记者写的新闻,不要被新闻代入进去,而是站在新闻之外看新闻——记者为什么这么报道?这么报道对吗?记者的报道框架是什么?立场是什么?记者想达到什么目的?多问几句"为什么",就能站到记者肩膀上去判断了。

再看一个例子,斯图亚特·艾伦在《新闻文化》中分析了媒体报道中的性别权力,记者对一篇题为《妻子红杏出墙,丈夫送进班房》的报道中进行了解剖。艾伦批评说:"令人吃惊的是,在这则新闻报道中,受到男性暴力严重侵犯的女受害人反被形容成罪行的责任人而受到谴责。无论是标题还是导语,这则新闻报道都在试图把一位女性的风流韵事与她丈夫,也就是犯罪实施者的入狱判决直接联系起来。"艾伦通过话语分析发现,记者在介绍男性人物时都提到了他们的公众身份:城市经纪人、公司老板,而受害人则是妻子、女人、温迪、太太和不忠的妻子。这种策略有效地加强了家庭意识形态的规则。艾伦还追问:"《每日邮报》为什么把这条暴力伤害的新闻放在头版?受害者是个白人,属于中产阶级,引起记者对这次犯罪事件的报道兴趣。"[4]

评论员在审视新闻时,也需要这种角度和内容分析法,即看到报道中隐含的文化、偏见、观念,从而区分事实和价值,避免成为记者报道的附庸。民众攻陷巴士底狱,路易十六惊慌地问:"什么,造反了吗?"波尔多公爵回答说:"不,陛下,是革命。"你看,同样一件事,不同的人有不同的描述,谁是客观的呢?谁说的是事实呢?

---

[4] [英]斯图亚特·艾伦:《新闻文化》,方洁、陈亦南、牟玉通、吴娱译,北京:北京大学出版社,2008年,第166页。

八、直观事实与法律事实

在涉及法律专业问题时，尤其要防范新闻报道中"直观事实"的误导，坚守专业主义精神。越是反常的报道，越需要多一份专业的警惕。

比如，《河南法制报》报道称："河南农民秦某发现其农田附近的山坡上长着类似兰草的'野草'，便在干完农活回家时顺手采了三株，被森林民警查获。经河南林业司法鉴定中心鉴定，秦某非法采伐的兰草系兰属中的蕙兰，属于国家重点保护植物。卢氏县人民法院以秦某犯非法采伐国家重点保护植物罪判处其有期徒刑3年，缓刑3年，并处罚金3000元。"媒体将此事概括为——农民顺手摘野草获刑，网友把矛头指向了法院判决。有人说，李时珍尝百草，估计得判无期；神农尝百草，估计放到现在就是死刑了吧！有人说，你们说好重点保护倒是好好保护啊！一个农民怎么会知道地头的野草是国家重点保护植物？

报道语焉不详，总让人感觉缺了不少新闻要素。说实话，判决显得过于荒唐，过于违背法理和常情，以至于我觉得很可能是报道存在一些问题，隐藏了一些关键事实，从而误导了公众，让人觉得判决太雷人。以前很多类似争议判决，问题都出在媒体的报道上，比如某媒体曾报道称："河南警方悬赏大不同：新乡三万抓偷葱贼，洛阳曾五百寻副市长。"引发公众对警方悬赏标准的批评，后来的完整事实显示，那不是简单的偷葱案，而是命案！还有某媒体另一篇报道称："成都男子爬树偷窥女邻居被判强奸罪获刑一年。""爬树偷窥竟被判强奸"一时成为奇谈，可后来调查显示，报道隐藏了一个关键事实，那个男子不仅爬树了，还下树了，还推门了，并有其他行为。完整的事实才能让人理解判决的逻辑，可很多报道为了吸引眼球，有意无意地隐藏关键新闻事实，制造戏剧冲突。

是不是"顺手"？是不是"干完农活回家时顺手采了"？是不是"不

知道这是国家重点保护植物"？这些信息对于法律判断非常重要，可新闻中缺乏这些关键元素。

再看另一篇报道，题为《大爷摔骨折"赖"上推车经过的路人，法院：路人赔2万》的新闻称："59岁的李阿姨推着自行车从赵大伯身边经过时，70岁的赵大伯与自行车后轮一接触，失去平衡摔倒了，小腿骨折构成十级伤残。他要求李阿姨赔12万余元，而阿姨则称他夸张的转身动作才是他摔跤的原因。法院审理认为，根据交通警察人队出具的交通意外证明，大伯和阿姨在主观上均不存在故意或过失，应根据实际情况，由两人分担损失。虽然大伯主张阿姨存在过错，但未提交充分证据予以证实，法院不予采信。最终，法院判决，李阿姨偿付赵大伯各项损失2万元。"

当看到新闻的前半部分时，还觉得法官挺敢于做法律决断，但看到最后一句，很多人都怀疑这是不是一个假判决：既然双方对损害发生都无过错，为什么判李阿姨赔2万元？很多人都觉得这个判决不合逻辑，甚至觉得这是在鼓励碰瓷，没有过错凭什么让人赔偿。网友都联想到当年的彭宇案，觉得这样的"荒唐"判决要为社会道德的退化负责，出现一边倒地讨伐法官的评论。

很多人从常识常情常理的角度无法理解"没有过错仍要赔偿"，觉得没有过错就不需要赔偿，那才天经地义。其实法理并非如此，从法律角度看，有些时候你即使没有任何过错，仍是要赔偿的。比如，据《中华人民共和国民法通则》第一百三十二条规定："当事人对造成损害都没有过错的，可以根据实际情况，由当事人分担民事责任。"即损害双方对损害后果都没有过错，但是如果在受害人的损失得不到补偿又显失公平的情况下，由人民法院根据具体情况和公平观念，要求当事人分担损害后果。这就是法律的"公平原则"，实质上是一种法官自由裁量原则，法条中只有原则性规定，在实施时由法官根据立法精神从公平合理的角度出发，将民事责任分摊给各方当事人，做出符合立法目的的公正裁决的归责原则。

显然，这一案件适用"公平原则"，虽然从因果关系上看，赵大伯摔伤不是李阿姨造成的，李阿姨在主观上不存在故意或过失，但从实际情况看，又有一定的关系，如果赵大伯得不到赔偿，显失公平，所以由当事人分担损害后果。其实，如果媒体在报道的时候，把法官判决的法理说清楚，相信很多人都能理解，而不会想当然地觉得"无过错就无责任从而无须赔偿"。很多冲突，都源于报道的语焉不详——只报道一个结论，而不援引判决的全文，不报道法官判决的法律依据，自然会引发法理与常理的争议。我相信，记者在报道这条新闻时，一定也充满困惑，凭什么"没有过错也要赔偿"呢？如果有基本的专业主义精神，在报道时援引一下判决依据，并请相关专家做解读，便不会引发网友误读了。可怕的是，一些记者不仅不会在报道中"释疑"，甚至利用这些"疑问"作为争议的噱头，制造和消费这种争议，在故意误导"吃瓜"群众中收获关注度。

明辨是非，澄清谬误，把"法律事实"说清楚，给公众一个法律解释，避免让法官的判决和法律的公信背锅，避免形成"糊涂官又作乱判糊涂案"的刻板标签——这些正是评论员需要做的。

九、准确的报道本身是它自己的最佳社论

听新华社朋友讲过其前社长田聪明的一件往事。记者调查涉及某部门的一件丑闻，该部门领导给田社长打招呼，问能不能让记者别报道，田社长回应说，跟记者了解一下相关情况。了解到的情况是，事实确凿，调查很扎实，那篇针对相关部门的批评报道还是发出来了。后来有一次开会，那个部门的领导碰到田社长，挤兑他说："看来社长说话不管用啊，记者不听社长的话。"田社长不客气地怼回去："是啊，新华社记者不听社长的，只听事实的。"

"不听社长的,只听事实的。"这一句话真是荡气回肠,是对专业主义精神的最好阐释。新闻的王国里如果有国王的话,那个国王就是事实。尊重客观事实,告诉公众真相,这正是新闻这一行业存在的合法性基础。盖伊·塔奇曼认为,"客观性是媒体人自我防卫的策略仪式"。对于新闻人而言,事实更是一种基础性的职业防卫的策略仪式,无论面对什么压力——当事人的狡辩、政客的压力、熟人的招呼、企业的公关、诽谤诉讼的压力、网络暴力的围攻——一句话就可以怼回去:"我说的是事实!"

靠什么在直言不讳的同时还能让人接受?事实。靠什么保持"虽千万人吾往矣"的底气和自信?事实。靠什么虽然总得罪人却能让人尊敬?事实。靠什么在面对重重压力时敢于去签发重大的舆论监督报道?事实。事实就是媒体人的护身符,媒体人的勇气、智慧、判断、思想、良知、权力都来源于它。人们信赖一家媒体,喜欢一个媒体人,也都源于他们在报道事实上的公信力。

"不听社长的,只听事实的。"这句话给了我很多启示。

第一,媒体领导要有事实自信,敢于担责任顶压力。被批评的相关部门找关系,让社长阻止稿件面世,田社长在了解情况看到事实很确凿之后,支持了记者,没有屈从于庸俗的关系,这很了不起。不仅是站在记者一边,更是站在事实一边,总编辑没有理由扣压一篇事实确凿的报道。媒体的公信力就是这么建立起来的,事实就在那里,你不报道,其他媒体会报道;如果你总是不报道那些看得见的事实,你这家媒体就会被公众瞧不起,无论你有多高的级别,无论怎么号称自己是多主流的媒体,在公众眼里只会不断被边缘化。

一家媒体的气质,很多时候是社长、总编辑的气质在新闻纸上的投射。媒体领导有担当,有新闻理想,新闻纸上会洋溢着那种理想主义气质,连记者身上都会熏出那种味道。否则,媒体就没有灵魂,报道也就没有精神，无非是一篇篇碎片化的信息拼凑而成。媒体卖给广告主的是什么？不是版面，而是事实所塑造的公信力，媒体人不是向顾客出售内容，而是和受众建立一种关系，这种关系基于对事实的忠诚。如汤姆·布罗考所言，"报道事实真相创造了媒体与公众的联系，然后媒体再把这种联系租赁给广告主"。

在关系社会里，媒体掌握着报道的权力，当然会被"找关系"，稿件会受到公关压力。我常跟一些媒体朋友说，千万不要惯着那种"关系"，长此以往，被这个"关系"摆平，屈从那个"关系"，报道会被"关系"所淹没，就没法干新闻了。既伤害了媒体的品格，更寒了记者的心。另外，如果常被"关系"摆平，也会被那些被监督对象瞧不起，无法树立媒体报道的权威。让人尊敬的方式，不是遇到"关系"就三缄其口，而是直言不讳的批评。

《报纸的良知》作者利昂·纳尔逊·弗林特提到了当年堪萨斯《恩波里亚新闻报》的一个案例。这家报纸在某天的醒目位置报道了该报两名记者因违反交通条例而被带到警局的消息，记者的姓名也曝光了。然后该报评论说："下一回，你到报社来，想要我们隐瞒对某事负有责任的人的报道，就请记住今天的这个报道。这两位被告都有令人尊敬的家庭，他们都有看到这条新闻就会死的或会生病的亲人，而且他们都有一份新闻一见报就会丢掉的好工作。"说得多么荡气回肠！对自家的记者都"下得了手"，没有任何情面可留，足以让那些"求情的朋友"闭嘴。

第二，记者要有调查事实的能力。我从来不觉得新闻行业是一个靠勇气、良知和正义的冲动去赢得尊重的行业，它靠的是事实的调查能力。当有确凿和权威来源、交叉核实、用脚采访用笔还原的事实，总编辑才有签发的底气，否则的话，仅靠着模糊的判断和自以为是的正义感，靠着单方的信源和捏造的采访，既是给总编辑挖坑，更是给自己的职业挖坑。当一个行业不谈专业技能，不谈调查的方法，而都大谈良知、勇气和道德，那么这个行业是很危险的。

新闻行业的专业内涵，就是调查事实的技能：少依赖电话和微信，多去面对面采访；少去想当然脑补，有疑问就去问；少些轻信，不能用信息代替专业求证；少些"互联网＋"，多去新闻第一现场；少些"10万＋"的欲望，多些对事实的好奇心；克制评论的冲动，一个准确的报道本身就是它自己的最佳社论。

一名《南方周末》的记者曾经反思，报纸上的一些新闻，在新闻操作上存在的硬伤常被忽略，而文中显露的底层情怀却受到美誉，显示出对新闻评价"道德化"的苗头，这十分值得警惕。这种反思，也是对事实逻辑的尊重，不是看你是鸡蛋还是石头，是弱者还是强者，而是看事实。

第十一讲

评论写作的论证与论据

论证,不仅是新闻评论的核心,也是日常交流中说服的核心。我们要让别人接受一个道理,是需要论证的,要以事实和逻辑去论证,要有论证的过程。而论证上的偷懒,有意无意地忽略论证的过程,只有结论而无论证过程,或者论证过程完全是狡辩,是这个时代最大的病。

> 论点不要超过论据所允许的限度。我们往往坚持一种信念超过我们所掌握的证据所允许的程度。还有,我们有时候拒绝接受一种有足够证据的意见。
>
> ——斯泰宾

作为一个以讲理为业的人,央视前主播张泉灵在微博写下这段话时,内心应该也涌动着同样的失望。她说:"从小被教育要讲道理,长大才发现没那么多可以讲道理的地方。家里,不是讲对错的地方。职场里,期待以理服人的同学通常受过以职位服人的伤。网上,听你讲道理的人本来就懂那些道理。你想说服的人通常对事实不感兴趣和对道理绝缘,他们只是按标签站队,寻找符合自己臆想的论据,感受板砖扔出去的快感,而已。当你刚想张开嘴跟人讲理,想用事实和逻辑说服对方的时候,却发现你面对的都是一群'只想感受板砖扔出去的快感'、无论你说什么他们都会回一句'脑残'的人时,你会悲哀地觉得,理性、理智、讲理的品质,在这个社会中正遭遇前所未有的鄙视、驱逐和羞辱。"

张泉灵的这段话表达的是对讲理的灰心,但在我看来,恰恰凸显了讲理的可贵,当舆论场弥漫着不讲理的风气时,更表明了"理"的重要。评论员,以评论为业,就是以讲理为业,当这个社会充斥着歪理、反理和不讲理时,更需要评论员去传递理性和逻辑。很多国人缺乏逻辑与论证的训练,评论应该成为一种启蒙大众逻辑素养的公共文体。

论证,不仅是新闻评论的核心,也是日常交流中说服的核心。我们要让别人接受一个道理，是需要论证的，要以事实和逻辑去论证，要有论证的过程。而论证上的偷懒，有意无意地忽略论证的过程，只有结论而无论证过程，或者论证过程完全是狡辩，是这个时代最大的病。对论证的蔑视，充斥于社会生活的方方面面，不讲理像病毒一样流淌于社会的毛细血管中，以油滑为聪明，以诡辩为机智，以抖机灵为美，以语言上压过别人为能事，把谨慎当迟钝，把严肃当无趣。在段子的哄堂大笑中，把逻辑踩在脚下。

论证是一个动态的过程。论据与论点之间的关系，是说服的过程，说服别人接受你的观点，包括形式的理性、内容的理性。李普曼认为，如果一个社群缺乏揭穿谎言的信息，他们就没有自由。揭穿谎言，需要我们有一种"不轻易接受一个结果"的思维习惯，对别人热情而殷勤推销的结论，保持一种冷漠。

评论的说理态度影响着一个社会的公共思考，迈克尔·舒德森批评美国19世纪的报纸时说："19世纪的报纸有趣味的地方在于它触及的是公民的脚而不是影响他们的头脑，报纸急切地指引他们上街列队、游行和参与投票，而不是借助于辩论、事实与逻辑推理来说服他们接受某种观点，更不用说公民的自我思考了。……新闻报道中这种愤世嫉俗的倾向可能是鼓励普通公众怀有愤世嫉俗倾向的一个诱因。"[1]

一、不要把论辩对象简化为傻子

无效交流的一个表现是，无视对方的论点和论据，没有进入对方的逻辑，而是根据自己的想象把对方简化为傻子。对着"傻子"这个靶子

---

[1] [美]迈克尔·舒德森：《为什么民主需要不可爱的新闻界》，贺文发译，北京：华夏出版社，2014年，第43页。

批判，要比论证对方观点是错误的，容易得多。既然你视对方为傻子，对方只会甩给你一个标签——蠢货。科学与迷信的分野在于，我错了；而网友与评论员的分野在于，网友很多时候只会骂人是傻子，而评论员则能通过论证让人觉得，那人就是个傻子。

我们来看这个例子。"男明星蒋劲夫家暴日本女友"事件成为微博热搜的焦点，蒋和他的日本女友两方截然相反的说辞轮番轰炸看客的视线。这件事引发讨论的不在于家暴，而在于很多人支持家暴者，在蒋承认家暴后仅过一天，就有多名知情者纷纷站出来为他喊冤：他打人了，但他还是个好男孩。辱华、出轨、挥霍男方金钱、假怀孕……一项项罪名砸在女方身上，烘托出蒋劲夫的深情和可怜。被煽动起情绪的网友激情回复："真男人！干得好！""这女的太过分，换作是你，你不打？"

一名学生交的作业题目很义愤填膺——《他打人，他家暴，他还是个好男孩吗?》，主要观点是，任何情况下发生的家庭暴力行为都是没有"合理性"可言的，主动施暴的一方永远不值得被同情。论证分三个层次：第一，家暴违法。2016年3月1日，《中华人民共和国反家庭暴力法》正式实施，施暴者要依法承担民事和刑事责任。第二，"恋爱"或"婚姻"，本质上都是一种私密的契约关系，一方违约时有多种处理方式，家暴是最蠢的一种。第三，对方在拥有"伴侣"这个身份之前，首先是一名受法律保护的公民。

这名学生的论证和论点没有问题，有层次，有论据，但如果你是被批判对象，你会服吗？肯定不服，因为这篇评论只是在自说自话，给对方贴上一个"家暴支持者"的标签，然后大加鞭挞，并论证家暴的违法性、违约性、缺德性。他没有深入追问：为什么这些人会支持家暴呢？理由是什么？这些人难道真的不知道家暴违法吗？这些人为什么支持蒋劲夫，纯粹是"脑残粉"思维吗？

如果不先尝试理解对方，没有理解对方的逻辑，只是对着对方的论点轰炸一番，根本无法形成有效论证和交流。因为，你讲的那些"反对家暴"的大道理，别人都懂，但是，你并没有懂别人支持蒋劲夫的理由。你讲的道理都是对的，但对于对方没有说服力和针对性，是在无视对方存在地空讲大道理。"射人先射马，擒贼先擒王"，批驳一种观点最有力的方式，不是针对对方论点，而是看到对方论证的逻辑，然后抓住对方的论据进行有针对性的批评，对方的论据倒了，论点自然不攻自破。

另几名学生针对这个话题写的评论，就很有针对性，抓住了对方的论据，理解了对方的论证逻辑。比如《正视"家暴"，别再为它拍手叫好》这篇评论，文章首先尝试理解支持蒋劲夫的逻辑。这些支持者都有一条非常明晰的逻辑：某某明星颜值很高，或者他在节目中的表现很好，所以怎么会家暴呢？一定是女方有问题。于是，当一些人在社交平台扒出女方的各种黑历史后，很多人转向相信，进而支持家暴者。这样的逻辑无非是：他之前的各种表现都好，所以不相信他会家暴。但其实我们应该在法律的框架内讨论家暴问题，而不是在他之前的各种好表现之下。

评论针对这种逻辑进行了剔肉见骨的批驳。"'他各种好，不会家暴'这种逻辑有两个致命问题：第一，你有多了解他，有真正跟他接触过吗？他'各种好'是不是代表'真的好'。明星作为一个公众人物，必然会设立各种公共人设，这种被塑造的人设并不代表这个人本身，公众眼中的'好'可能只是'看起来好'。第二，家暴是什么？家暴是违法行为。谈论家暴不能只站在家庭内部或者情侣之间的感情与道德范畴，不可以用明星的公共人设来试图洗白他的违法行为。"这种批驳就是有针对性的批驳，深入对方的逻辑，引申出对方的逻辑错误，才能让对方心服口服。

文章还给出了更有力的论据，拿平常人跟明星比较，从而论证"人设跟现实不能画等号，不能根据平常表现来判断婚姻中的表现"："据全国妇联统计，我国 2.7 亿个家庭中，有 30% 的已婚妇女曾遭受家暴，平均每 7.4 秒就会有一位女性受到丈夫殴打。这样的数字令人触目惊心。试问，每一个家暴者难道看起来都'凶神恶煞'吗？2014 年一部《中国反家暴纪实》的影片再现了一位长期被家暴者的悲惨经历，而她的丈夫在结婚之前并没有表现出任何异样，对她也很好。生活中的平常大众尚且如此，更何况是聚光灯下的明星呢？电视中的角色、节目中的表现、日常维护的种种人设，在这个粉丝经济泛滥的时代似乎构成了公众看待一个明星的全部，成为我们判断衡量他本人的标准。然而人设并不等于人本身，对待家暴需基于事实本身，而不是我们的感觉和自我判断。"论证有理有据，层层剥皮，对方的论据不成立了，论点也就轰然倒塌了。

另一名学生的同题评论也写得不错，没有把支持蒋劲夫的网民当成傻子，而是首先进入他们的逻辑。看题目就明白，这篇评论针对的是哪种论调——《只有毫无过错，才配当家暴"受害人"？》。那些支持者的逻辑是，女方首先有错，所以打她没问题。文章针对的就是这种逻辑，只要想挑刺，谁又能保证完美无缺？如果我们总是抱着对"完美受害人"的幻想，去评价家暴事件，那么还有多少鲜血淋漓、鼻青脸肿的受害者，将会在身心俱痛的时刻受到舆论的二次伤害！这种"苍蝇不叮无缝蛋"的逻辑总能带动一群人的节奏，将视线从家暴本身转移到对受害人"作风""品性"的谴责，甚至臆测。感情之中，少有非黑即白；朝夕相处，难免有大小过失。"有缘有故的发泄不是家暴"，这种观点本身就是一种流氓逻辑，更何况家暴事件中几乎不可能有某些网民标准下的"无缘无故挨打的完美受害人"。

批评一个观点时，首先要完整地理解它的逻辑，才能提升自身论证的层次和效力，而不会将论证建立在一个高蹈空虚、貌似正当却无针对性的抽象道理上。

二、避免"强为一方说话"的硬论证

逻辑作为一种论证工具,是柔软的,而不是生硬的,是层层推进的过程,而不是简单粗暴的结论。它应该基于常识常情常理,严丝合缝,有血有肉,而不是辩论赛式的文字游戏。我喜欢那种"在众口一词中发出不同声音"的独到评论,但比独到更重要的是,论证要合逻辑。**大胆假设,小心求证,观点可以"反常",但逻辑不能反常**,要避免那种"为不同而不同、强为另一方说话"的硬论证。论点应该在抽丝剥茧的推理中软着陆,而不能硬推出一个结论。

比如,岳永婕同学的评论《北大医闹事件,我好想听听医闹一方的声音》获得了全国大学生评论大赛"月度之星"。北大医闹事件后,舆论基本都站在医生一方,一边倒地批判打医生的"医闹",为什么这篇"反向思考"的文章能够赢得几位评委的青睐呢?关键在于论证很有力,并不是刻意地标新立异。

这篇评论是这么论证的:"当我看到医生被打的视频时,也感到非常震撼和寒心,但静下心来仔细想想,无论是这次北大医院的医生被打事件,还是之前发生的诸多医患冲突,总是一个巴掌拍不响的。"然后作者讲了自己的就医经历,谈到了医患相互信任的重要,分析了沟通不畅和信息不对称:"当我们回归冷静,从一个普通人的角度出发,自己的妻子已经40多岁,并且过了预产期,连续催产还是没有任何结果,医院不同意剖腹产,说不符合指征,而主治医生又没有出现,在自己的医学知识缺乏的情况下,我们会不着急吗?而医院如果向家属解释清楚,不是简单的一句'指标不合适',而是将背后的决策动因——剖腹的风险和产妇的身体情况都向家属说明,那么今天这样让人寒心的事件是不是就能避免?"

入情入理,把个人经历代入其中,再进入当时的具体情境,还谈到了医生的委屈,很有论证的感染力。对于这个容易撕裂医患情感的事件,评论最后还建设性地谈到了其他地方处理的措施:"在英国,医患纠纷处理机制是以预防为主,并建立医疗委员会,通过《医疗法》等法律法规,提升医生质量,调节医患纠纷,患者对医疗服务不满,可以找相关部门进行申诉。而在香港,为了保护医师的安全,会有培训人员定期对医师进行培训,着力提高一线医务人员在临床工作中与患者及亲属有效沟通交流的能力。"这样的正向案例,进一步提升了评论的论证效果。

在一个"不与流行为伍"的论证中,对论据和逻辑提出了更高的要求。论证得好,能让人眼前一亮;论证得太硬,会让人感觉那就是一个"刻意不同"的"杠精"。多说一句,本来岳永婕同学的评论题目为《北大医闹事件:一个巴掌拍不响》,我指出了这个题目的逻辑问题,"一个巴掌拍不响"一般是指"两个都不是好人,都有问题",而这篇评论并非表达这种对双方的批判,而是表达对两边的同情和理解,让双方最终彼此理解,所以我替她改为《北大医闹事件,我好想听听医闹一方的声音》。很多时候,我们要考虑到习惯用法背后的逆反逻辑,有人本来想夸别人"做了一件了不起的事"——"真是人不可貌相啊"。稍微想一下就会发现,别人听了这句话肯定不乐意,这等于说别人长得不怎么样——没想到长得这样竟能做出这样漂亮的事。你会乐意?

再说一个失败的论证。一名学生评论的是这样一个话题:"有网友爆出多家五星级酒店卫生状况堪忧,根据针孔摄像头影像,这些酒店的清洁人员用客人浴巾擦拭杯具、马桶,把浴巾和马桶刷放在一起,用洗发液洗杯子等。众多一线酒店集团中枪,网上充斥着对酒店服务态度的指责和对卫生状况的担忧。"舆论主流的评论是把矛头指向了这些酒店的服务与管理——这样的酒店,谁敢住?这样偷工减料的服务,真丢五星级的脸。不过,作者的评论没有针对这个点,而是提出另一个问题:顾客的责任。

作者的论证思路是这样的:"在这次集中声讨酒店之前,网上更多流传着客人在酒店的不文明行为,两相对比,令人深思。提起'热水壶煮内裤''热水壶装呕吐物''浴巾垫地板'等诸多奇葩操作,相信很多人并不陌生。住客的不文明行为与此次酒店卫生环境曝光结合在一起,更加重了我们对酒店'脏'的印象。然而仔细思考起来,住客的不文明与酒店的不卫生是有联系的。因为住客知道酒店脏,所以不敢用热水壶烧水,不敢用浴巾擦身,一定程度上激发了上述'新奇用法'。酒店或者酒店清洁人员知道住客不文明,清洁的器具并不能被'清洁地'使用,下次照样脏,因此不愿花太大心思做卫生……长此以往,恶性循环就形成了:酒店越来越脏,住客越来越不文明,我们越来越不敢住酒店。"

这就叫"硬论证",作者把"顾客的不文明"跟"酒店的不卫生"生硬地扯在一起,想硬凑一个互为因果的"恶性循环",硬把问题往顾客身上扯。实际上,这不是一个问题的两个方面,而是两个问题,两个独立存在且都需要解决的问题。顾客的不文明,责任在于顾客,酒店的不卫生,责任在于酒店的管理问题和服务者的素质问题,两者有什么因果链呢?实际上,应该推出的结论恰恰是,顾客越是不文明,酒店越是应该尽责对每个细节进行按程序清洁,不能寄望于顾客的文明去保持清洁。在酒店不卫生的问题上,责任是推不到顾客身上的。不是每一个问题都适合"另一方也有责任"这种泛责任化的归咎。

为了"强论证",强行使论证符合论点,作者还进行了这样的推理,为服务者"叫屈":"清洁不到位,酒店当然背最大的黑锅,但是骂完他们之后,作为服务业链条同样重要一环的我们,也需要思考我们对服务人员、对服务业的定位。长期以来,人们,特别是中国人,有一种看不起服务业的刻板印象,认为服务业是'服侍人的''看别人脸色的',自己是享受服务的一方,是'大爷',甚至'上帝'。"这就完全不讲逻辑了,在这条新闻里,服务员完全是一个负面形象,偷工减料,没到尽到服务的责任,用马桶布擦杯子,跟"看不起服务员"有什么关系呢?这应该是一个批评服务员、严格执行行业标准、提升服务质量的由头,而不是反过来为服务员叫屈、让社会尊重服务员的案例。

也就是说,消费与服务的二元关系框架,在这条新闻里,完全应该放在"批评服务"上,而不能游离到消费者那一方,消费者在这个新闻案例中完全是受害者。论证不能脱离新闻话题而任意发挥,扯得太远,观点只会"硬着陆"。

三、论证不能脱离评论的基准线

前面讲"评论的构思"时,提到了评论的基准线,把握了评论基准线——新闻的基本评论点,就不会偏题,并能在常识常情常理的层面让人接受。举个案例,比如曾引起关注的魏则西事件。被查出患有"滑膜肉瘤"这种罕见病的大学生魏则西,辗转多家医院,病情不见好转。后通过百度搜索找到武警北京总队第二医院,在花光东凑西借的 20 多万元后,仍不幸去世。魏则西生前曾在"知乎"撰文,详述此次经过,并称这种生物免疫疗法,在国外早已因为"效率太低"而被淘汰了。据报道,该院也并没有如宣传中那样,与斯坦福医学院有合作。

这个话题的评论基准线是什么?显然是,莆田系虚假宣传,百度竞价排名问题,误导了患者,要了人命。应该批评这种让一个绝症患者进入医疗陷阱的链条。在这个基准线上评论,或者批评莆田系,或者批评百度,或者批评监管者,这是基本的是非,大抵都不会错,符合常识常理常情。而某家媒体则标新立异,把评论点指向了患者,后来那篇评论引发很大争议和批评。

那篇评论题目叫《魏则西留下的生命考题》,后被网媒转载时改为《某报谈魏则西事件,遇到绝症,应坦然面对生死》。文章的主要观点是:"假如一个人得了绝症,究竟该做出怎样的选择?是不惜一切代价治疗，还是顺应自然规律？这是每个人都无法回避的生命考题。尽管现代医学发展突飞猛进，但依然无法解决大多数疾病，尤其是恶性肿瘤。医生所有的努力都是在和'死神'讨价还价，力求延缓死亡的进程。医学是有限的，也是不完美的。尊重自然规律，放弃不切实际的幻想，坦然地面对生与死，是最理性的选择。医学本无'神话'，但偏偏有人编造'神话'，有人相信'神话'，甚至不知不觉扮演'神话'中的主角。"

孤立地看，这个观点对不对，当然对，但是，放到魏则西事件里，当面对一个年轻生命的消失，作者笔端洋溢的那种自以为是的优越感和不食人间烟火的冰冷理性，让人反感。理性如果没有温度，就是冷漠；道理如果不近人情，就是冷血。这篇评论将矛头指向了此事件中作为受害者的患者——不是说受害者不可以批评，但指向受害者时，一定要带着同情的理解，如果站在一个事不关己的立场高谈阔论一些其实众所周知的大道理，很容易让人厌恶。

对于面对绝症时患者和家属的痛苦，作者太缺乏共情的理解了。作者讲的这些并非都没有道理，冷静地看，有些是对的。但是，没有站在患者角度考虑，他们在面临死亡时产生的恐惧、焦虑和本能的求生欲望；没有站在家属的角度考虑，他们未必不知道花钱也没有太大用，他们求医，很多时候不过是尽自己最大的努力，让以后不留那么多遗憾，让自己不至于陷于绝望的情绪之中，哪怕一点希望都要去争取。

"尊重自然规律，放弃不切实际的幻想，坦然地面对生与死，是最理性的选择。"这句话说得多么轻飘，多么可怕的冰冷理性，连医生都不会跟患者这么说。将心比心，自己遇到类似问题时，能够保持这种冷静吗？人之为人，有作为人无法突破的局限和弱点，就是对死亡的恐惧。这是人性，植根于我们作为动物的本能，这种人性是无法改变的，不是几句空洞的大道理就可以说服的。生死是自然规律，但害怕死也是人性和社会规律，不要把矛头指向这种人性本能。没有谁能超越，包括作者自己。

大道理也许是对的，但如果这番道理带着同情的理解说出来，也许接受度会高一点。比如，这样写："我是能够体味这种痛苦和恐惧的，体味家人不惜一切代价求医的心情，如果我遇到这样的问题，我也会这样，但我深知……"有了同情的理解，带着温度讲道理，才能在一个涉及生死的沉重话题上形成交流。

评论员写文章时，很容易带着这种全知全能的上帝视角，把别人当成解决的问题，把自己当成解决问题的人，充满理性，洞悉一切，真理在握，唯我独醒。其实，我们自己也是问题的一部分，也是带着问题的人，如果怀着这种"我跟你一样也是问题的一部分"的谦卑姿态去写作，评论在道理之外就有了温度和情怀。

这篇评论也有不少逻辑和常识上的谬误。比如，作者的这一段："这是一个典型的'中国式求医'故事：父母变卖家产，四处奔波，为儿子治病，最终人财两空。"评论员爱用"中国式……"对现象进行归纳，但这是中国式的问题吗？有人生病，家人不惜一切代价卖房也要替亲人治病，哪个国家都有这样的情况，这是家庭的一种本能，不是中国独有。

再看这一段："很多身患绝症的病人，由于缺乏科学认知，总是希望抓住一根救命稻草，创造生命'奇迹'。而这种'有病乱投医'的心理，恰恰让医疗骗子钻了空子。他们把生命当成生意，不惜重金占领搜索引擎入口，以精心炮制的虚假宣传为诱饵，大肆吹嘘'神奇技术'与'惊人疗效'。"这里构建了一种因果关系，因为病人有"有病乱投医"的心理并且缺乏科学认知，所以有了骗子，这种归咎显然不近人情，也违背事实。

得了绝症，希望抓住一根救命稻草，这是很正常的心态。病人不懂病情，不懂癌症治疗的科学，这也很正常，跟科学认知和科学素养没有什么关系。即便是在一个科学素养很高的国家，也无法苛求患者能像医生那样了解那些医疗常识，如果病人有这么高的科学认知，那还需要医生干嘛？而且随着科学的进步，很多癌症的治疗已经有了突破，病人希望治好，希望出现奇迹，有什么错呢？骗子利用患者的这种心理，利用患者对医学缺乏了解去行骗，那是骗子的无良，是监管的不力，怎么能归因于患者这种正常的心理和对医学的期待？

医患之间存在信息和知识的不对称，患者依赖与信赖医生，这有错吗？患者得绝症，想抓住救命稻草，寄望出现奇迹，这有错吗？患者不了解癌症治疗的最新技术，不知道有些技术过时了，这有错吗？怎么能指望患者成为超人和专家呢？作者说的这种科学素养和认知有多少普通人能达到呢？

尤其让人反感的是结尾："魏则西，一个年轻生命的逝去，唤醒了整个社会的省思，这是不幸中的万幸。亡羊补牢，犹未为晚。愿魏则西事件警钟长鸣，成为推动医疗体制改革的一个新契机。"我最讨厌的就是这种把别人的生命不当生命，轻飘飘地说"不幸中的万幸"。如果最后魏则西还活着，还可以说是不幸中的万幸，但人家去世了，还说这是"不幸中的万幸"，站在当事人家庭角度来看，这有什么幸呢？唤醒社会反思，这算什么万幸呢？站在别人的生命之上说"不幸中的万幸"，冷漠得让人齿寒。什么亡羊补牢，什么犹未为晚，什么警钟长鸣，这些套话还是少说吧，收起这套结尾时的惯用"八股腔"。同时，我也反感在这种语境下用"契机"这一说法，在别人的死亡悲痛之下说契机，也是缺乏人情的一种灾难"文艺腔"和"宣传腔"。

脱离了评论基准线，论证越用力，越容易招人反感。关于这个道理，我在前面"评论的构思"中已强调，过于迷信角度，刻意想与众不同，就容易走火入魔。

四、告别"官宣"语言，不要直接奔向结论

自上而下、不讲理的"官宣"语言，在社会上传播了一种以权压人

的反理性的戾气。这种不讲理,集中反映在一些领导干部空空洞洞的讲话中。我们常批评官员的讲话充斥着官话套话假话大话空话谎话和瞎话,而没有人话。这些官员的讲话最基本的特征是不讲理,即抛出一个观点或做出一个判断时,完全不去论证,而只有空洞的口号。在宣传性的话语中,多是生硬、简单、粗暴的结论,而不给出"得出这个结论"的理由。用权力去压人和欺人,而不是以理服人。

舆论常批评一些官员的"雷人雷语",这些官话之所以让人感觉雷人,在于其缺乏逻辑,经不起事实和逻辑的推敲,纯粹是用强权去压人,从而成为笑话。这些官话还经常性地以社论或评论员文章的形式,刊登在一些党报党刊上。比如,下面这篇评论就是典型的毫无逻辑。

厦门纵火案后,人们尚未从"烧死47人"的悲剧所激起的悲痛、愤怒、沉重、恐惧不安中走出来,当地媒体迅速开始炫成果表功绩了。某媒体继发表了充满话语暴力的文章《陈水总如此丧心病狂,全社会必共诛之》痛批嫌犯后,又发表题为《让我们携起手传递正能量》的评论,表扬政府并进行自我表扬,充满了不合时宜的肉麻和莫名其妙的夸耀。我们来看其中的一段:

> 6月7日,既是一个令人悲痛的日子,也是一个凝聚大义与大爱的日子,且这种大义还在延伸,这种大爱还在传播……我们说,这种正能量,源自我们有中国共产党的坚强领导,有社会主义制度的优越性,有最广大人民群众的铜墙铁壁……是的,我们看到,案件发生后,党中央、国务院和福建省委、省政府高度重视……我们看到,我市卫生、教育、交通、民政、安监、公安、消防等部门,在最短时间内调集精干力量赶赴现场施救,受伤的34名群众被及时送到医院,赢得了宝贵的治疗时间……

连最官方的《人民日报》和新华社都不用这套话语和逻辑去做灾难及灾难后报道,不再凸显领导在灾难中的位置和列举层层领导姓名,告别了那种"将坏事当喜事办"的陈腐宣传套路,而回归对受灾者的关注和灾情的报道。可某些地方党报仍在坚持这种灾难报道和评论的套路与腔调,可以想象,当读者拿着报纸读到这样的评论时,比吞了一只绿头苍蝇还难受。

官话最大的硬伤就是不讲逻辑。通过厦门纵火案这一令人痛心的惨剧,如何推理出"社会主义制度的优越性"呢?这种逻辑上巨大的断裂,"断"得让人瞠目结舌!

再看一个例子,"杭州最美妈妈"新闻曝出后,一家媒体发表了一篇类似的奇葩文。在那篇题为《都来培植爱的沃土》的评论中,作者这样写道:"是什么促使吴菊萍伸出了双手?尽管纯朴的她一直强调是出于一个人本能的反应,但,是这样吗?事实表明,她的义举与党和政府的正确引导、优良环境的熏陶密不可分。"吴菊萍是一位好人,她伸手救人的善事完全出于她作为一位母亲的本能,可评论硬是说成了"与党和政府的正确引导密不可分",这事跟党和政府有什么直接关系呢?这种生拉硬扯的生硬宣传逻辑简直成了笑话。

我常嘲笑一些缺乏论证过程的逻辑,使用的是这种典型的句式——"月落乌啼霜满天,我的男神就是好。""飞流直下三千尺,我的男神就是好。""停车坐爱枫林晚,我的欧巴最优秀。"瞧,任何一句无关的话,毫无论证过程都能推出他设定的那个结论。没有谁拥有"不论证不讲理就给出一个结论"的特权,无论是领导干部,还是党报社论的评论员,除了用事实和逻辑说服别人外,别无他路。告别官话套话大话空话,回归人话,就是回归讲理和论证的习惯。

五、警惕漂亮的修辞，克制巧言令色

很多高校教授新闻评论的老师在讲论证时，都会提醒学生在论证中慎用修辞，因为修辞在很大程度上并不具备论证功能，只能强化说服效果，即可以通过修辞让一种论述更有感染力和说服力，但不能由此推出结论。当下的舆论空间"不讲理"的一种表现在于，过于泛滥地使用修辞，最被滥用的修辞是比喻。

其实，每一个比喻都隐藏着偷换论题的企图，都是选择对自己有利的比喻而偷换对自己不利的议题。从逻辑上看，比喻并不具备论证功能，它仅仅是一种修辞手段，方便人们的认知，比如用熟悉的、形象的事物让公众去了解陌生的、抽象的事物。比喻要恰当，需要两者具备本质上的相似性。可以通过比喻让人们熟悉一个事物，但不能推出一个结论。

还有不少类似不讲理的修辞，比如"反问"。

某次乘坐国航航班回北京，飞机莫名延误，我有点焦躁，站起来问空姐怎么回事，空姐让我坐下，飞机等一会还要滑行。我抱怨了一句："近来，坐国航一直延误，好不容易正点了，到机场竟然还以这样的方式延误了一小时。"这时候，完全出乎我的意料，那名空姐冷冷地对我说："那你还坐国航干嘛？以后别坐了。"这种逻辑里充满着多少戾气，如果被激怒的我不克制一下，必然就吵起来了。

回想一下，这句话我们是多么熟悉。只要一批评，就会听到类似逻辑的话语——批评高铁的服务，就会有人情绪激烈地说："那你还坐高铁干嘛？以后别坐高铁了。"批评某地的交通问题，就会有当地网友愤怒地说："那你还来我们这里干嘛？以后别来了。"说得理直气壮，每个行业、每个部门的人好像都学会了这种充满戾气的逻辑。

评论要防范戴着论证面具的修辞，比如当年的湖北巴东邓玉娇案，就充满着修辞对论证、道义激情对法律理性的舆论碾压。邓玉娇不堪侮辱与纠缠而刺死"淫官"一案，因为其触动了这个社会某根敏感的神经，由一起偏远之地的刑事案件变成一件公众关注、众声喧哗的媒介事件，义愤填膺的公众早就根据既有的新闻报道和对正义情绪化的理解，对案件做出了极具中国古典道德色彩的舆论审判——民女邓玉娇正当防卫，淫官邓贵大死有余辜。

为什么当时的舆论会陷入那样的狂欢？正如有论者所言，因为这样的事件太契合中国人的文学想象力了。中国古典文学中有无数类似的故事，"民女""烈女""侠女""淫官"等语词都引自那些文学故事。在那些文学故事中，烈女都获得了民间赞誉，淫官都死有余辜。邓玉娇刺向邓贵大身上致命的这几刀，不仅杀死了一个纠缠自己的恶官，更为有着强烈仇官情绪的网友出了一口恶气，让许多人感受到一种无比解气的快感。网友用一种更有文学想象的描述——这是为官除害，这是替天行道。舆论陷入了修辞和想象中，而不想关注事实和法律。

许多人愤怒地质问，这怎么不是正当防卫呢？如果邓贵大不那么一次次地侮辱和威逼她，她怎么会刺杀那三个权焰熏天的恶官？如果不是情势所逼，她怎么会跟三个男人拼命？一个柔弱的民女，面对三个喝醉酒的壮男的强奸企图，除了奋起反抗捍卫贞操外，她还能怎么办？还有人更理直气壮地反问，如果是你的妻子或者你的女儿，受到邓贵大之类恶官、淫官的如此侮辱，当她们拿起刀奋起反抗的时候，你还会冷静地说这是"故意杀人"吗？无论是反问，还是类比，还是诉诸情感，都属于修辞性说服，而不是基于事实和法理的论证说服。

这些质问在情感上确实很有感召力，很能激起公众的共鸣，对"正当防卫"的理解也符合常人的感觉。可不得不说，"正当防卫"不是一个文学概念，不是一种文学语言，而是一个法条中严格限定的法律概念，它容不得我们脱离法条而进行漫无边际的文学想象，容不得我们用自己朴素的情感去作评价，容不得我们用文学语言、文学思维、文学审美和文学想象去对一起刑事案件做出判决。文学描述和文学想象有时候听起来很有道德感召力，很契合普通人的道德好恶和情感，迎合了某种情绪，但却不符合正义的律令和公理。

所以，每一个社会都把裁决正义的权力交给了法律和法官，由法官依据法律做出判决，而没有凭文学家的想象去捍卫社会正义。唯有摒除了情绪的干扰、摆脱了激情的左右、公正无私、作为一般规则的法律，才能真正捍卫社会正义。文学热爱修辞，法学家则会坚守冷静的法理论证。

为什么人们更容易被修辞所吸引呢？第一，语言游戏的魅力，很多问题都是语言和修辞伪造出来的。第二，迎合人们在认知上的惰性，将复杂事物简单化、形象化、直观化，符合人们日常的认知习惯。第三，人们只会选择他们能够理解、愿意理解、方便理解、喜欢理解的东西，而不会选择虽然更正确、更好，但他们不能理解、不喜欢或者理解起来很费力的东西，所以很多时候真理敌不过花言巧语，修辞胜逻辑。这就要求我们，面对一场冲突时，应该对那种善于在媒体上说话、善于借助微博发声、花言巧语、能言善辩那一方，保持警惕。

六、远离教条思维——总有一个教条让你停止思考

我们自小受到的教育是一套大道理的教育——讲个故事，一定要总结出大道理；说句话，一定要有一套道理支撑；分析名家作品时，总得分析写作目的和中心思想。这种大道理，容易形成教条思维，当我们用教条思维去思考和分析问题时，容易失去思考力，缺少论证，因为大道理好像已经获得了一种不证自明的优越性，变成一种让人停止思考的教条。

举个例子，我讲一个故事，大家听完后，一定会立刻得出一个大道理。

李白小时候不爱学习，有一天他看到一位老奶奶在河边，准备把一根铁杵磨成绣花针。李白大笑："这得磨到什么时候呀！"老奶奶严肃地说："一天不行，我就磨两天，两天不行就磨三天，只要坚持，总会成功的。"李白听了很惭愧，从此开始认真学习。

中国人太熟悉这个故事了，我们脑海里立刻涌现出那个大道理——我们一定要刻苦努力，只要肯用功，铁杵能磨成针。类似这样的大道理，我们会不假思索地脱口而出。注意，不假思索就是典型的"停止思考"。我们会觉得，得出这样大道理是顺理成章的，因为自小接受的教育就是这样的。然而，一名小学生写作文时，却突破了"罐头思维"，他的思考是：为什么李白听了很惭愧，从此开始认真学习呢？因为他深刻地认识到，不学习，就会像那个老奶奶一样蠢。

这名小学生的思考让人忍俊不禁，却又觉得很有道理。是啊，想用绣花针，可以跟别人借，为什么非要磨？即使借不到，可以找一个细一点的东西去磨成绣花针，为什么非要找那么粗的铁杵去磨以证明自己的耐力和韧性？我们一旦思维被罐头化，就会停止思考，不会细想这些问题，而跟着流行的答案跑。

还有一个故事，说的也是如何突破"罐头思维"。一个小学生写文章说："今天，妈妈清理冰箱时拿出三颗蒜头，已经腐烂变成紫黑色，长出了绿色嫩芽，妈妈拿着蒜头对我说：'你看，虽然这些蒜已经烂了，但是它们仍然孕育了新的生命！这是多么顽强的精神啊！'我听了很受教育。"

受到了什么教育呢？我们脑海里立刻会萦绕一个大道理——生命是如此的坚强，甚至在冰箱那种恶劣的环境中，蒜头都能长出嫩芽，这就是生命的力量。我们对这个大道理是如此的熟悉，以至于又不假思索。可是，小学生的思维就是单纯，能突破僵化的教条，小学生的领悟是："以后找老婆不能找妈妈这种懒到把蒜放烂还有这么多说辞的女人。"

每个结论都需要论证，很多反逻辑的元素常常就存在于这些让人不假思索的教条中。不能在任何地方停止思考,每一个判断都须接受常识、逻辑的检验。

七、充分的论据——有一分论据说一分理

斯泰宾曾主张,论点不要超过论据所允许的限度,"我们往往坚持一种信念超过我们所掌握的证据所允许的程度。还有,我们有时候拒绝接受一种有足够证据的意见"。这条规则应该成为评论论证的金规则,即有一分论据说一分理,不能有一分论据说十分理,那叫信口开河。

比如,针对这条新闻——《没有随从,也没有专车》。日前,72岁高龄的华为创始人任正非傍晚独自在机场排队等出租车的照片,瞬间在社交网络被刷屏。从这张照片和这条微博能看到什么呢?至多只能说明任正非很亲近随和,不摆架子,有钱人并没有摆谱,是很实在的一个人。但看看自媒体上的那些评论,竟然从一张照片挖掘出很多深层意义:

> 任正非独自打车背后,是手机市场即将到来的血雨腥风。
> 任正非深夜排队打车需考虑安全问题。
> 任正非排队打车太浪费时间?所以你和我一样,是屌丝!
> 任正非被拍到机场独自打车,但是他去上海干什么?
> 比起王思聪,在机场排队打车的任正非才最"励志"。
> 任正非深夜等出租,网友指责他浪费时间、作秀炒作!
> 任正非排队打车,与"84派"企业家精神。
> 深夜机场打车的任正非是低调,还是富豪界的"异类"?
> 72岁任正非深夜打车,这就是华为成功的密码。

以上这些网络评论是典型的"自媒体太多、记者太少、事实不够用",有一分论据,竟然说了一百分的道理,无限地过度阐释。

我曾批评自媒体评论中的"信号体",也属于这种无限的过度阐释。神秘兮兮故弄玄虚,以智囊或高参的口吻煞有介事地分析各种"释放信号",故意误导诱导别人以为他"上面有人",仿佛昨晚作为座上贵宾刚从中南海回来,好像掌握了什么"内幕消息",动不动就分析"信号"。这种"信号体",多数是键盘上过度阐释和解读的产物,是营销号、"标题党"骗粉丝用的,我称这类文章为"中南海梦游"。这类营销号常以"内参""秘闻"之类名号唬人,无非是对公开信息进行一番乱炖,然后诱导受众去联想,很多谣言就是这么诱导出来的,在"聋子听哑巴说瞎子看到鬼"的传播链条中形成"网络幻听"。

有一次,一名学生交了一篇评论,题目叫《主流媒体都去哪了?》,评论的是小凤雅事件:一开始,是一些公益人士和自媒体怒斥小凤雅家人,罗列的罪名包括"诈捐""重男轻女"等,一个流传最广的说法是"利用姐姐诈捐15万元给弟弟看病"。但没隔多长时间,剧情便发生了反转,经当地警方证实,治疗兔唇的费用由嫣然天使基金承担,家属募捐数额实为38638元,都用在了女儿身上,且已将剩余款项捐给公益机构,不存在"诈捐"。这名学生的批评指向传统媒体的缺席:"舆论不断地被零碎的虚假信息操控,却几乎听不到一点主流媒体的发声,我们不禁要问:主流媒体都去哪了?在重大舆论事件中,它们不该迟到,更不该缺席。"

这篇评论的论据存在巨大缺失,你没看到主流媒体报道,是不是主流媒体就没有报道呢?事实上,后来小凤雅事件的反转,是主流媒体深度调查介入后才披露了真相。不做基本的调查和信息梳理,想当然地说"主流媒体缺席",这就使评论的观点大厦建立在沙滩之上,一碰就倒。有时候不是主流媒体失语,而是我们不切实际的期待,是我们浮躁,没有耐心等主流媒体的新闻。新闻生产需要时间，可我们的耐心只有一天，当主流媒体的调查出来时，人们的兴趣早转移到其他地方。不是主流媒体缺席的问题，而是舆论的浮躁，公众容易被转移注意力。

再举一个案例。受连日持续暴雨影响，广西柳州于某年7月出现89.5米左右的洪峰水位，超警戒水位7米，呈现"洪水围城"的现象。有评论员在《重庆时报》撰文认为："与其说'洪水围城'是一种自然灾害的'奇观'，毋宁说它是城市化的一种病。越来越光鲜的城市，背后隐匿着深重的危机。城市的建设者们，耽于让城市变得更阔大、靓丽，有时却在轻蔑它最基本的安全。"文章最后还称，"防洪排涝可能是每一个城市都必须面对的迫切问题，集结成千上万的人夜以继日地去救灾，实在称不上什么值得夸耀的事"。

这篇评论遭到一位柳州本地评论家的批评，他认为这位评论员一点都不了解柳州，纯粹是想当然地扯淡。他以自己生活在柳州的经验和对柳州城市地理、水讯的了解告诉人们："将'洪水围城'的责任推给城市建设者并不太符合现实，只是一种文学想象。柳州易遭洪灾，与柳江流域内特殊的山势地形、河流及暴雨洪水形成的气候等因素是有关的。'城市病'用在很多被洪水围城的地方合适，但柳州并非如此，此次洪水主要源于诸种特殊原因。"你看，想当然地做判断，不对具体城市、具体情况进行分析，很容易从论据开始就发生观点塌陷。

很多评论都存在这样的毛病，不从具体事实出发，没有充分的论据，想当然地用自己的理念去套具体新闻——这个制度缺乏，那个保障真空，这个制度弊病，那个权利虚置——当下中国确实存在着这些社会问题，但是，很多评论中的"问题分析"并非评论员基于某个特定的事件引发的"问题意识"，或由某个具体的新闻所触发的贴切的相应思考，而是等着把一个个固定的、现成的、用滥了的"问题分析"往一个个事件上套。某些评论家脑子里存着许多固定模式的问题套路——中国的医药费高得让人看不起病，中国的社会保障制度很不完善，中国权大于法，中国的法律形同虚设，中国的殡葬费让人死不起，人家美国怎么样，人家发达国家怎么样，现代城市如何如何……这些"套子"像评论员的宝贝，更像写作的"万能膏药"，每天寻找着具体的新闻事件，然后去套这些分析模式。不是由事而评，而是以评套事，不是就事论事，而是用几个固定的分析套路去分析复杂多元的现实，剪裁新闻以"适应"自己的"问题套"。观念先行，套路先行，远在千里之外想当然地扯，判断的热情远远高于论据和论证能力。

评论的论据需具备以下四方面的基本要求：

（一）**论据必须无争议，被大家所公认**。用无争议的论据，来论证可能存在争议和冲突的论点。如果论点有争议性，论据更有争议性，那论证就不成立了。比如，转基因本身的争议很大，如果引用了一个有争议性的科学家关于转基因的判断，能说服别人吗？

（二）**尽可能地交代论据来源、核实论据**。一方面是对被引用者版权的尊重，更重要的是，可证伪，不是凭空捏造、断章取义，能从多方面核实论据来源。交代来源，也能方便读者判断，这个来源的背后是第三方，还是相关利益方的声音？如果认为转基因没有问题的科学家是几个转基因产品企业的股东，那么他们的观点权威性就大打折扣。

（三）**论据必须尽可能地"接近"**。评论者与论据的距离要接近，而不是引用转了好几手的材料，因为距离越远，可靠性越低，很多"野鸡数据"就是在好几手引用中出现的。此外，数据只有被成对引用时才有意义，把某个数字单拎出来，并没有什么意义。

（四）**论据必须尽可能地"新"**。新论据更有冲击力和说服效果，因为人们总是更多地被新的信息所影响、触动，而不是那些老套的故事。

关于第二点核实论据，有三个要求：第一，寻找另一个信息源，即跟原先信息源不一样的信源，进行交叉证实。第二，另一个信源必须比前一个信源权威，才有核实的效果。第三，必须是第一手的信源。多数搜索来的信息，已经是第五手、第六手的信息了，本身就需要核实。用本身需要核实的信息作为信源，太偷懒。

确证论据有四条金规则：第一，新闻不能宣布人的死亡，只有医生才能。第二，确认判决结果应该找当事法院，而不是所谓知情人。第三，诸如"某某咖啡是否有致癌物质"，这类事应该从科学家那里确认，而不是法院。第四，由教育专家来谈教育，才有权威性；新闻学院教授谈教育问题，不能成为论据。

八、论证的一些基本原则

（一）忌将逻辑推向极端。我们要意识到逻辑推理的边界，推向极端，必然留下逻辑漏洞。需要保持判断的余地，忌用绝对词语。

（二）警惕评论隐含的逻辑。不要想当然地认为读者会领悟你没有直接表达的意思，需要把自己的逻辑线用可以识别的明线写清楚，不要让读者去猜，不要留下让读者脑补的空间。需要二次解释、三次解释的评论观点，在逻辑上肯定有问题，首先尝试自己表达清楚。

（三）面对某一个事物，不必一棍子打死，承认其一定的正当性，并不会影响观点的说服力。不要回避相反的观点，在回应冲突中进行论证，而不是选择性地只列出支持自己观点的论据。

（四）不要只举一个例子，而是举有代表性的案例，提供反例证，强化说服力。

（五）要考虑一种关联可能有多种解释。比如电视暴力与社会暴力，学者总喜欢夸大自己所研究事物的重要性。

越是极端且让人无法用常识去理解的案件，可能需要"越多的事实"才能理解，或许很多事情就是正常人无法理解的，因为那是精神不正常的"病人"干的。如果不去耐心等待事实，不把分析建立在事实基础上，而是靠脑补去判断、靠冥想去推理、靠抖机灵式的思维去解析背后的极端，只会陷入种种逻辑误区。思维谬误主要表现在以下几点：

第一，深刻归因。总认为一个看起来挺极端的事件背后，一定有一个"深刻的社会原因"和可以复制到其他个案分析上的"体制性因素"。很多人脑子里积累了不少这种"深刻社会原因"，看到一件事情，就把"深刻社会原因"往上面生拉硬扯、生搬硬套。就像一个在房间里想要出去但又不知道怎么办的人，他试着从窗子出去，但是窗子太高，他试着从烟囱出去，但是烟囱太窄。其实，只要他一转过身来，就会看见房门一直开着。

第二，"现象归纳癖"和"规律强迫症"。总想把某一件事归纳为一种社会现象，从一件事里演绎出某种规律。其实，很多事件就是个案，非常极端的个案，并没有某一类现象与之对应，更无法上升到某种可复制、可把握的规律。但如果纯粹以个案来观，似乎凸显不出分析者的高深，因此有些评论员热衷于将简单事情复杂化、专业化、学理化，不好好说人话，无非是凸显一种优越感和存在感。

第三，单一归因。努力寻找一个单一、强大、简单、清晰的原因去解释，指向一个矛头，得出一个简单粗暴、易于传播的结论。其实，很多事情的发生是多原因共同作用的结果。手持单一原因，排斥其他原因，坐井观天，作茧自缚，把自己关进了自设的逻辑牢笼，陷入了思维的盲区，表面上越想越有道理，实际上离复杂的事实越来越远。

第四，迫切归因。事实并非一次性呈现，真相完全浮出水面会有一个过程，需要完整事实才能做出靠谱的因果分析。但很多人特别急躁，事情刚发生，事实还在调查之中，就进行迫切归因。

附：

以屠呦呦贬低黄晓明是脑子进了多少水

曹林

屠呦呦获诺贝尔医学奖引发举国热议，这其间正好明星黄晓明大婚，奢华婚礼也成为网络热点。于是，便有好事者对两位本来八竿子打不到一起的人拿出来进行对比，有人写了这样一条脑残的微博《戏子婚礼与诺奖屠老》："据网曝，黄晓明婚礼耗费高达2亿元，着实让人瞠目。'三无'科学家屠呦呦，55年埋首科研获诺奖，为国家和科学界争得了巨大荣誉。论贡献，戏子可以忽略不计；论财富，屠老可以忽略不计；论正能量，戏子没资格与屠老并提。但是，中国媒体的资源更愿意浪费在戏子身上，悲哀！"

这样的对比显然是错误的，对"戏子"的贬低更暴露着价值观的扭曲。以尊重科学的名义贬低财富和其他职业，这是反科学的论调。在自以为是的道德优越感背后，是心理的丑陋和思维的阴暗。总有人喜爱生拉硬扯地做这样的对比，将本来并不冲突的价值对立起来制造话题，屠奶奶不会跟黄晓明比，黄晓明更不会跟屠奶奶比。这个社会在改革开放后最大进步就在于，祛除了某种单一价值观而能够包容多元，拒绝用那种单一价值观的专断思维去衡量万事万物，并不要求紫罗兰发出与玫瑰一样的香味，"各美其美，美人之美，美美与共，天下大同"，人们可以免于受一种专断尺度的价值压迫，而在自己的价值王国中追求自由，且并行不悖。

可那种受单一价值观支配的道德专断思维，总像幽灵一样游荡于现实中，不时就冒出来恶心公众一下。比如，拿去世的张万年和姚贝娜进行对比，用市长的收入与姚明进行对比，在"关公战秦琼"的错乱思维中制造对立和混淆是非。

这些人以貌似正义的逻辑在追问，凭什么文化程度不高的娱乐明星却挣着比科学明星多千倍万倍的钱？凭什么为人类做出巨大贡献的科学家们却不如明星出名？凭什么媒体更愿意把关注资源浪费在娱乐明星身上？这些追问隐含的是这个社会的机制出了问题，好像当年"造原子弹的不如卖茶叶蛋的"的脑体倒挂。实际上这完全是错误的对比，"造原子弹的不如卖茶叶蛋的"确实见证着那个时代下社会分配体制的畸形，知识被贬低，知识分子得不到尊重，知识的力量得不到体现。而市场化改革后，知识已获得其应有的尊重和地位，"造原子弹的不如卖茶叶蛋的"脑体倒挂已成为历史。

"获诺奖的科学家没有娱乐明星收入高"则与"造原子弹的不如卖茶叶蛋的"不一样，完全属于正常现象。当下世界的那些正常国家，没有哪一个不是如此，霍金做出那么大的科学贡献，他的收入就是没汤姆·克鲁斯高，居里夫人的收入远远低于伊丽莎白·泰勒，好莱坞明星的名气远远高于那些诺奖得主——作为小众的科学明星永远比不上大众娱乐明星，这是规律。规律之下的比较是没有意义的，因为不能说明什么问题。没法做出这样的结论——明星收入远超科学家，是贬低了科学的价值；明星关注度远高于科学家，是媒体资源的浪费。两者的价值评判体系不一样，无法用金钱价值对比从而进行褒贬。

不能用"对人类社会的贡献程度"来分配收入和进行重要程度排序，作为娱乐明星的黄晓明给大众带来的价值，与屠奶奶的研究给人类带来的福祉，两种价值是不可比的。人有不同的需求，年轻的粉丝对着黄晓明欢呼尖叫，甚至根本不知道屠奶奶是谁，并不表明他们就不敬畏科学，并不影响他们从课本上看到屠奶奶的贡献后生出崇敬之心。这个社会的很多价值之间并无抽象的高低之分，排序的权利在于个体，不同的人、不同的语境、不同的时间下会做出不同的价值排序，对于一个患抑郁症的病人和一个患疟疾的病人，两者排序是不一样的。所以各领域有各自的激励方式，诺贝尔奖不会设诺贝尔娱乐奖，奥斯卡也不会设科学明星奖。

同样,不能用对比收入来衡量科学与娱乐的价值,明星那么高的收入是市场赋予的,见证着现代社会大众娱乐文化工业的发达;可科学研究是无法市场化的,如果屠奶奶的研究成果用市场化思维去经营,想治疟疾必须买她的专利,那屠奶奶靠卖她的研究就足以富可敌国,但如果这样,很多穷人就会死于疟疾。袁隆平如果垄断水稻专利而用于市场化变现,他的收入必然也会超过任何一个娱乐明星。科学的伟大之处,就在于这种超越个体功利而惠及人类的命运共同体意识。

收入不是通吃一切的评价标准,衡量尺度有很多。科学家的收入虽然没有娱乐明星高,媒体关注度也不及明星,但科学家的社会声望很高——他们的知识给他们带来了体面的收入,他们能从研究成果给别人带来的幸福中获得职业幸福感,这种幸福感不会低于明星享受粉丝掌声与鲜花时的职业成就感。有人说,科学家的收入和媒体关注度没有娱乐明星高,会误导年轻人,使孩子们都想当明星而不想当科学家。这显然是一个伪问题,那种把收入和媒体关注度看得那么重的人,本就不适合当科学家。科学就是小众的,永远没法通过让科学家比明星有钱来激励孩子去当科学家。

诺奖之后铺天盖地报道屠奶奶,这种关注度本就是反常的,而平时少人关注,这并没有什么问题。科学家本就是寂寞的,媒体整天盯着屠奶奶,她还能有那么高的成就吗?相比之下,媒体盯着娱乐明星倒是常态。别再进行道德绑架和脑残的对比了。

第十二讲

评论写作的论证与结构

很多评论初学者都认为,评论没啥话可说,找到一个论点之后,几句话就能讲完,然后呢?就没啥好说了,接着就是憋、编和挤,翻来覆去就那么几句话。问题出在哪里呢?——"之所以一两段就把全篇意思都说完了,就是因为他们在头两段文字里下判断太多了,以至于后面也就没什么可说了。"

> 什么是哲学？哲学就是"没有一拳可以击倒对方的论述"，这样，对话才可以不断继续下去。
>
> ——李金铨

说说如何让评论有话可说。很多评论初学者都认为，评论没啥话可说，找到一个论点之后，几句话就能讲完，然后呢？就没啥好说了，接着就是憋、编和挤，翻来覆去就那么几句话。问题出在哪里呢？塞缪尔·早川在《语言学的邀请》中也提到了这个现象，他的分析是："之所以一两段就把全篇意思都说完了，就是因为他们在头两段文字里下判断太多了，以至于后面也就没什么可说了。"

一、跳出道德判断陷阱，让评论有话可说

比如评论重庆公交坠江事故，文章前面急于说女乘客的耍泼毁了一车人的性命，不要让情绪的魔鬼附身，不讲规则会导致多可怕的后果，几句话就讲完，后面还能怎么说呢？没有给论证留下空间。

那种泛道德化的评论，也就是站在道德高地进行道德说教的文章，是最容易空洞而无话可说的。为什么呢？因为**道德是不需要论证的，本身就是一个简单的结论**——情绪化是不好的，抢司机方向盘和攻击司机是不道德的，泼妇骂街是应该被唾弃的——这些都是结论，没什么可论证、可讨论、可言说的空间。道德判断往往是二元对立的，非黑即白，

非善即恶，非美即丑，非是即非。所以，一般停留于道德说教的评论，为什么让人觉得空洞呢？因为道德判断几句话就能说清楚，但为了撑起一篇1000字的评论，不得不重复那些不需要论证的大道理，注入强烈的情绪，看似轰轰烈烈，实则空空洞洞，通篇都是不需要论证的结论。

不讲理是不好的——抢司机方向盘不好，泼妇骂街不好——这些需要论证吗？说一个不需要论证的道理，那也就不需要评论了，需要的是宣传和口号。所以，**跳出道德判断，才能让评论有话可说**——法律应该形成司机与乘客的隔离，让公交司机免受乘客攻击，这是法律层面；公交部门应该提升管理，让司机与乘客之间有一道物理隔离，保护司机免受干扰，这是管理层面；司机应该有职业精神，无论如何都不受干扰，无论如何都要把好方向盘，没什么比握紧方向盘对一辆车更重要的，这是制度层面。一件事只有从道德层面跳出来，延伸到法律、管理、制度，才能够有话可说。

道德判断会让人停留在一个很浅的思维层次，滑向了道德层面，也就陷入了不证自明的专断和霸道，封闭了其他可能性。"键盘侠"都是"道学家"，他们的武器就是道德，但"键盘侠"永远写不了评论，因为他们只会几句话，那几句话只够凑一篇跟帖。我很欣赏著名新闻史学家李金铨先生的一句话："什么是哲学？哲学就是'没有一拳可以击倒对方的论述'。这样，对话才可以不断继续下去。"道德判断、好人坏人、敌人朋友，都属于一拳把人击倒，结果只能是没啥可论证，没话可说。

还是继续来看重庆公交坠江事故。跳出对吵架女乘客简单的道德吊打，跳出"吵架是不对的"这种"一句话能说清"的"口水道理"，才能看到下面这些更重要的、更值得评论的道理：第一，比失控女乘客更严重的是失控的司机，这件事里好像最被大家痛恨的是女乘客，但仔细想想，最被痛恨的未必是最有责任的人，掌握方向盘的司机最应该保持清醒的头脑。第二，像这类失控的女乘客，在人性上是防不住的，道德说教是教不好的，只有诉诸法律和制度，防范司机受到干扰和攻击。这么一思考，不仅有话可说，有了论证的空间，而且更为深刻，问题也有解了。

想起一个故事：两个人争吵，其中一个人坚持认为二七等于十三，并且打赌说如果不等于十三，他宁愿断头。另一个人觉得断头比正解严重，于是就承认了二七等于一十三。这个故事的另一个版本是，县官宣判，坚持二七等于十三的人无罪，打了认为二七等于十四的人很多板子，原因是，跟坚持二七等于十三的人讨论问题，争论乘法得数，本身就是极大的愚蠢。这样的愚蠢，杖责之后有可能得到纠正，而坚持二七等于十三的人已经疯了，跟他说什么都没用。这故事告诉我们，选择跟谁讲道理是很重要的，评论所指向的对象决定了评论是否有话可说，以及所说的话是否有价值。

所以，写评论要克制道德判断的冲动，避免道德优越感。当一个人给一种现象或另一个人贴上不道德的标签后，便没有论证和讲理的耐心了——他是不道德的，他是没良心的，他是坏的，他是傻子，他是贱人——这些都是结论。面对一种不道德的行为，要追问的是，为什么明知道这是不道德的，还有那么多人要做？他们自己会意识到这样做是否道德吗？对结论多质疑几句，论证自然会深刻很多。

再来看山东临沂暴走团事件。"占据主路暴走，遭车冲撞致1死2伤。人人都知道占道暴走不对，是作死。""这些人，不出点事，总是觉得天是老大，他们是老二；出了事，哭天抢地，成了弱势群体。""社会的进步需要一代又一代人的死亡，建议上铁轨暴走，可以练平衡能力。"——网友的这些话已经骂得很狠了，你能骂得过这些网友吗？所以，需要站得更高一些来追问，我的评论题目是《怕的是"撞死活该"都吓不住一些践踏规则的心》）。

我在文章中提出了一个名词——作死周期律，我是这么说的："这次临沂暴走团，差不多是在舆论'总有一天会出事'的警告中出的事，所以更让人生气，好好地讲道理你不听，非得出事了才长记性吗？令人悲哀的是，很多人的规则意识需要一次次这样血的教训去警醒。于是，舆论形成了这样的'悲剧周期律'——隔段时间就会出一些这样的事，不出事，麻木不仁，出点事，才长点记性，可记性维持不了几天，很快就健忘了，又会通过新的悲剧去刺激。不想看到这种'作死周期律'，不想看到规则意识需要靠这种血的教训来维持。"

二、善用案例，避免一条新闻杠到底

导致"没话可说"的另一个因素，是一条新闻杠到底，一个道理挺到底，文章缺乏层次感。我喜欢的评论，是那种善于使用多种论证方式、多个方面案例的评论。比如，不仅需要道理，还需要支撑这个道理的正面案例；不仅需要正面案例，还需要反面案例；不仅需要反面案例，还需要过去的案例、国外的案例。这么一正一反、一纵向一横向，评论就丰富了，层次也就有那种层峦叠嶂的起伏感了——从这个层次到那个层次，既有说服力，读来也不那么枯燥僵硬，有灵动感。

举一个案例，题目叫《毒鸡汤丧文化泛滥的时代，感谢那些为读书点灯的人》的评论文章，评论的是一群北大保安逆袭的故事——有一群这样的保安，在北大听课，考上了名校，改变了命运。为什么想到"为读书点灯的人"呢？是因为新闻中提到，这些保安爱看书，但熄灯后只能在被窝里拿着手电看书，北大保安队长知道后，特批会议室可延长熄灯，爱看书的保安可以光明正大地学习。这让人很感动，这就是为读书点灯，点亮的何止是灯。

在这条新闻中，我还看到另外一个很温暖的故事："北大保安读书第一人张俊成讲到了触动他内心的一次经历。有一次他在北大西门站岗，远远看见一位老人骑车而来,临到门岗前时,老人下车,推车而行,并向他点头说,你辛苦了。这让他受宠若惊,他问师傅,这是谁啊?为什么这么尊重我们?师傅告诉他,这位老人是北大校长。这也点燃了他对知识的尊重和向往。"这不也是给读书点灯,点亮人们心中对知识的尊重吗?所以便写了那篇评论。

然而,如果仅仅就这条新闻来写,会很单薄,几句话就讲完了,空洞且没有说服力,所以必须有论证意识——由此及彼,用更多的材料支撑"给读书点灯"这个论点。我先举了另外一条和点灯相关的新闻,报道中也有一盏充满温暖的灯:"浙江乐清一个小女孩在夜色中,借着工厂车间透出的灯光,捧着一本书看得入迷,这一幕被邻居拍下来并传到网上,引来点赞。小姑娘说,爸妈还没下班,她没有家里钥匙,就在家门口看书等他们回来。邻居老伯于是找来工厂师傅,请求他们把厂里的灯全部打开,让小女孩能借到更多的光。"

我后来评论说,"我不知道夜色中这些柔和的灯光对小女孩有多大的触动,但可以肯定,以后她会更爱读书,正像北大保安队长'延长熄灯'的关怀中感受到的暖意一样"。你看,几个材料放在一起,互相支撑,这就是论证。在正面案例之外,我还提到了反例,"有人点灯,也有人灭灯,读书无用论,就是给人灭灯"。读什么书啊,某某读到博士还没找到工作;跟着"喷子"把教授贬低为"叫兽",把专家矮化成"砖家"——与点灯相对,这些都是灭灯。

有正面案例,有反面案例,在正反的支撑下,评论的逻辑才会强大,内容才会丰富,才会有话可说,不至于枯燥乏味。来看一个案例,北大自主招生结束之后,学校给那些没有通过选拔的落榜者写了一封信,珍视他们对北大的向往和热爱,鼓励他们的执着和自信。有一篇评论借此批判当下社会那种过于残酷、过于焦虑、过于看重竞争的社会达尔文主义。评论引用的正面案例有:哈佛大学的传统是给没有被录取的学生回一封信；马云当年给落榜生写的一封信；体育比赛中最让人动容的，可能不是领奖台，而是获胜者拥抱失利者的场景。

当然，评论也提到了反面案例——野蛮的社会达尔文主义，对被老虎咬死的人没有一点同情，而是认为"咬死活该"；有老师公开对学生说，"当你们40岁时没有4000万身价，就别来见我"；当身家数百亿的商人谈自己靠行贿挖到第一桶金时，台下一片掌声。这些反面的案例，让论证更加丰富和有力。因此，写评论时思维一定要打开，在不同层次的案例之间游刃有余，这样文章才有血有肉，层层递进。

再举一个案例，这篇评论的题目是《为什么底层人的善良尤其触动人心》，评论的新闻是《环卫工路边捡7万元，雨中站两个小时等失主》。论证的第一层次为，引用网友的话，"对这样的好人，我宁愿把做锦旗的钱给她而不是做锦旗"。第二个层次为，为什么底层人的善良尤其让人感动呢？因为底层人这样做，尤其需要一种超越物质层面的纯粹精神支撑。第三个层次为，有些穷人总带着一种"别人应该让着我、应该体贴我、我弱我有理"的优越感，但这位环卫工保持着一种自尊自爱。第四个层次为，扪心自问，我们这些生活无忧的人遇到这种情况，未必能做到这样，甚至觉得这样等着失主很傻。这四个层次，体现着论证过程。

一篇评论起码要有三个案例，多个角度的论证，才能把观点撑起来，让观点看起来很立体、很饱满、很有说服力。而且这三个案例最好不是同质化的，要从不同的侧面为观点"助攻"，正面的案例从正面助攻，反面的案例从反面助攻。

三、吸取俞敏洪教训，避免案例中的反向论证

当然，案例一定要举得好，恰当、典型、有代表性，才能取得正向的论证效果；否则，只会走向反面，引起误解，甚至让人反感。比如俞

敏洪曾就因为举例不当,得罪了一个群体,深陷舆论漩涡。其实,我个人是理解他的,他本来想夸女性,说女性对男人的影响力能引领这个社会的价值观,女性强则男人强,则国家强。如果女性素质高,母亲素质高,便能够教育出高素质的孩子。但俞敏洪为了追求现场的娱乐效果,举了一个反面案例——如果女生挑选男生的标准都是会赚很多钱,那么男人会拼命去赚钱;如果女性堕落,会导致整个国家的堕落。

这下既得罪了男性,又得罪了女性。谁说男性是这样的,男性没自己的价值观吗?谁说女性是这样的,女孩找男朋友不是经常说"他人好,就行了"?还把国家堕落的锅甩到女性身上,这很难不激起群体性的抗议。其实,他本来是想取悦女性的,认为女性进步会引领男性进步,进而使社会、国家得以进步。可他不会说话,缺乏论证的能力,引申不当,使论点效果走向了反面。

一句话差不多得罪了所有人,得罪了女性,还得罪了男性,凭什么说男性就是被女性引领的?这也是一个逻辑错误,男性与女性谈恋爱,是互相选择的结果,不是单向线性的关系,而是双向的、非线性的关系。男性的择偶标准,也会影响着女性,所谓女为悦己者容。很多人的逻辑都是这种单向的、线性的,缺乏互动的思维。

我还想起另外一个案例,也是论据不当,导致论点被人揪住,结果走向反面。中国移动总被大众批评,流量套餐凭什么月底就清零啊?我买的套餐,不是属于我的吗?中国移动的一名老总在接受媒体采访时回应,流量清零是国际惯例啊。他举了一个例子,流量套餐就和肯德基套餐一样,套餐一定是比单买要便宜,不能到肯德基买一份套餐,吃完薯条了,把鸡腿还回去吧?

这名老总这样来引申这个例子,非常不妥,得罪了肯德基。当晚,肯德基就发了一条微博狠狠地打了中国移动的脸:"肯德基的鸡腿肯定不会清零。吃不完可以打包、外带、与他人分享,还可以回家炖汤、烧菜,总之是你的，想咋用咋用！"

举例不当，论证就会走向反面，所以，好的案例、好的比喻才能提升一个论证，而坏的案例、坏的比喻，则会毁掉一个论证。其实，关于肯德基套餐这个案例是可以用的，关键看怎么说，比如可以这么来说——流量清零是国际惯例啊，流量套餐就跟肯德基套餐一样，套餐一定是比单买要便宜。但享受了套餐的低价，一定会受到一些约束，比如很多套餐是有时间限制的，中餐才供应或非高峰时段才供应。——如果这么来使用这个案例，就是一个很强有力的论证了。

我们经常评价一个人情商低，什么叫情商低，很大程度上是指不会说话，而不会说话的关键在于，不会论证，明明心里想的是这个，说出来的却指向那个，表达出来的意思违背了自己的想法，这叫作论证障碍。我们很多人都有论证障碍，但自己却没有意识到。学评论，学逻辑，不仅能提升写作，还可以改变自己嘴笨的毛病，让自己不被别人的逻辑碾压。

再举个案例，某家媒体宣传"八项规定"带来的变化。在"八项规定"发布之前，公款吃喝很严重，而在发布之后，这种风气得到了很大的遏制，报道是这么写的："我们省有这样一个厅级干部，快到中秋了，开着自己的私家车回乡下老家看望老人，自己掏钱给老人买月饼，自己花钱请老人在酒店吃了一顿饭。"那篇报道的标题是《父亲说，自己掏钱买月饼，这就对了》。结果网友奔走相告说，某某日报刊文称，副厅长开私家车自掏腰包吃饭。这不就把领导给黑了吗？

后来，我忍不住写了一篇评论，批判这种"高级黑"，题目是《像这种"生活终能自理"的进步还是悠着点儿夸》。相比之下，白岩松举的案例很有论证的力量，他在评论"八项规定"时举例说："我爱人是江苏人，前年中秋前回家看老人，请老人在外面吃饭，第一次敢在外面的海鲜酒店点螃蟹。"你看，这个案例就很有力量，以前公款吃喝抬高了螃蟹的价格，但在"八项规定"之后，没有了公款吃喝，价格就降下来了。两相比较，一个是"领导现在自己掏钱吃饭了"，一个是"敢在外面的海鲜酒店点螃蟹"，论证的力量天壤之别。

四、论证需要学会呼应，用呼应提高论证黏度

在进行评论的论证时，需要掌握一个技巧，那就是学会呼应，"瞻前顾后"——段与段、开头与结尾、题目与开头，形成呼应和照顾，这样的文章才能让人感觉有结构感，黏合度和融合度高，非常紧凑，拿掉哪一段都不行。呼应的过程，就是论证的过程，使文章有一种千丝万缕的联系，环环相扣，紧紧地嵌合在一起。读这种不断呼应的评论，不会走神，因为文章总会通过呼应，把可能走神的你拉回到作者想强调的核心观点来。

举个例子，前段时间我的一名学生写了一篇作业，涉及的新闻是，广州一个律师曝光说他被政法机关的人打了，后来官方回应，没有打人，是误解。这名学生写的评论题目是《女律师可能没挨打，但法治挨过打》，评论我们法治环境的恶劣。她在开头讲了一个故事："作为一个女性法学本科生，我经常听到的规劝，不仅来自家人，甚至来自法律从业者——不要去做刑事辩护，尤其是女孩子，太容易惹事了，会死人的；以后千万别做拆迁案子，有的是人挨打；千万别帮别人打离婚官司，有好多律师官司打赢了，回头就被自己的当事人或者她的前夫暴打一通。"

在开头讲了自己的经历，很有感染力和代入感，结尾处又很好地进行了呼应："这个女律师没有挨打是件好事。当妈妈忧心忡忡打来电话劝我别做律师时，我可以安慰她'没关系，新闻反转了，她没被打'。但挂掉电话，我真正知道的是，律师们挨过打，法治因此也挨过打。那以后呢，孙世华们还会挨打吗？法治还会被打吗？敢做律师的人会减少吗？"

这个呼应的过程，体现了"瞻前顾后"的论证意识。

从写作角度来看，这叫埋钩子。在构思结构的时候，要善于埋一些钩子，也叫包袱。在结尾处一抖包袱，既能出彩，也让文章结构有一种完整性和黏度。

再举一个例子，学者周濂曾写过一篇评论，针对的是校园的无名氏现象——"很多同学在当下的大学校园都处于无名状态，在偌大的校园里忙忙碌碌地出入于各个课堂，就像小马驹儿在没有路标的大草原上没头没脑地四处乱撞，却没有一个老师真正在意过他们的存在"。他在第三段写道："为求证这个现象是否普遍，我在校内网上挂了篇帖子，征询学生的意见，结果观点惊人地一致：'多数老师对学生漠不关心'，'回想大学，我就是无名氏'，'无名四年并继续无名地飘过'。"——这就是埋下了钩子。

在结尾处，周濂是这么写的："我在校内网挂出那篇帖子后不久，一个研一的孩子来找我，说了这样一个故事：某日他因故缺课，一周后，当他进入教室时，老师递给他一页纸，说：'你上周没有来，这是给你留的课程讲义。'这个孩子说，研究生这一年里，这是他第一次感觉自己不是'无名氏'。"——这就是呼应，即起钩子，让人想起开头的那个调查，回望整篇文章的观点，有一种余音绕梁、回味无穷的阅读快感。

呼应有很多方式，比如标题与开头呼应。重庆公交坠江事故之后，《中国青年报》记者写的那篇特稿《父亲上了22路公交》，感动了很多人。文章的第一句话是："儿子是一名救援队员。"——标题与开头形成了一种互文、呼应，构成了一个有冲击力的好故事，一下子就让人泪流满面了。"他是一名救援者，同时也是一名焦急的家属——他的父亲与这辆22路公交车一同坠入了江中——此前他已经被通知去辨认遗体。'我想救出他以后告诉他，我爱他。'这个43岁的男人这么说。"这真是勾动人心啊。

还有一种呼应的方式，是标题与结尾的呼应。来看我的前同事李方写的这篇评论《让狮子去老虎家学什么》，由头是中国派了很多官员去美国挂职，学习美国的行政经验，但李方觉得中美体制不一样，中国是下对上负责，而美国是上对下负责，没法学。李方用了一个比喻——你让狮子去老虎家学什么呢？他在结尾处进行了很巧妙的呼应，他说："倒是有报道讲，前不久哪里诞生了一只杂交的小狮虎兽，各方都很兴奋，可惜没两天就夭折了。"

很有意思的是，后来专栏作家薛涌写了一篇文章来怼李方的这篇评论，用的也是这个比喻——狮子怎么就不能跟老虎学呢？薛涌觉得还是学了不少东西的，他举了个例子："有个官员回来后讲了许多他学到的好东西，比如美国市长连请他吃几块钱的午饭都不敢，因为怕动用了公款。如果中国的市长都能认识到这一点的话，笔者倒是主张每个市长都应该出去培训一趟。"在结尾处他这样写道："狮子、老虎虽然不同，可都是要吃肉的呀！"很精彩的辩论，既点题，也是对标题的呼应，结构浑然一体。

五、论证不能扯得太远，善用典型论据

论证的另一个要求在于，由头跟论点之间一定要有较强的关系，论点不能脱离由头太远；如果太远，会让人觉得评论是"两张皮"。来看一个案例，一篇评论的题目是《为什么不能把爬华山的孕妇当成麻烦》，针对的是这条新闻："一怀孕五六个月的孕妇在爬华山途中身体不适，陕西华阴公安局执勤民警在接到求助后，接力'公主抱'，将她护送下山并送医就诊。为了生命，众游客让出一条道，警察接力'公主抱'的场景，场面很温馨。"显然，在赞美警察的同时，那个孕妇肯定会被骂，给警察和游客添麻烦了。

网友骂得很损，说："这纯粹是作死，你不该出现在华山，你应该现身喜马拉雅山下，珠穆朗玛才是你的舞台。"这篇评论觉得这种批评对孕妇不太公平，怀孕五六个月爬华山虽然不太理智，但不能太苛求她，甚至应该鼓励一下她这种"挑战当下对孕妇过度保护取向"的勇敢。生儿育女是人类的本能，人体没有我们想象得那么脆弱，如果生个孩子这么娇贵，人类可能早就灭亡了。多运动，对孕妇的心理健康、分娩和胎儿发育都有好处。

这篇评论说："听一个著名医生批评当下社会对孕妇的过度保护。怀上孩子后，差不多就被当成'生活不能自理'的人了。这不能吃那不能吃，这不能去那不能去，这运动不行那运动不行，好像只能吃饱喝足后躺在床上等着生孩子，不能出远门，不能工作，不能做体力活儿，恨不得走个路都得搀着，没有了自我而只剩下'生孩子'。过度保护，其实是一种剥夺女性自我的身体专断主义。"

这篇评论还举了几个论据："国外很多孕妇似乎并没有这些忌讳，怀孕后继续跑步、踢球，甚至参加国际比赛。2014年6月，28岁的美国田径女运动员阿莉西娅·蒙塔诺身怀34周大的胎儿，在美国全国田径锦标赛上以2分32秒13的成绩完成了800米热身赛；2012年伦敦奥运会期间，美国沙滩排球运动员沃尔什怀孕11周仍参加比赛，并夺得奥运冠军；2011年10月，美国一马拉松女将怀孕39周仍全程参加完芝加哥马拉松赛，赛后7个小时产下一女婴。"

你能赞同这篇评论的观点吗？我相信，你肯定能接受文章的观点，但同时又会觉得文章在逻辑上有点儿别扭，问题出在哪里呢？问题在于，观点是对的，但由头并不能支撑这个观点，由头是一个特别的案例，一个怀孕五六个月的孕妇在假期那么多人时爬华山，确实很不理智，不能提倡。评论针对的是"过度保护"，但爬华山属于孕妇冒险的过度运动。而他举的那些案例也不具有代表性，因为都是运动员，而不是普通人，普通孕妇没有经过培训，是不能参加类似比赛的。

所以，**只有当由头跟论点匹配，由头才是有代表性、典型性的论据，评论在论证上才有力**。由头本身说明的问题是"孕妇过度运动"，论点却去批评"孕妇过度保护"，这在逻辑上便已经断裂了。比如，明明是缺乏言论自由，文章却大谈言论自由会带来很多问题，评论就没有说服力。明明是腐败泛滥成灾，"苍蝇""老虎"到处飞，评论却说"没有一个国家可以根治腐败"，需要对腐败"适度容忍"，逻辑上就站不住脚。

六、在抽象与形象的阶梯上游刃有余

避免评论在论证上的"两张皮"，另一个很重要的方面在于，不能陷入抽象的概念游戏中，既要能够从事实上升到抽象的道理，又要能够从抽象的道理还原到鲜活的事实。从事实进入道理，再从道理回到事实，这才是好评论。也就是说，"摆事实"和"讲道理"水乳交融，道理和事实互相印证，不是空讲道理。

举一个案例，比如之前提到的周濂教授那篇《大学校园中的"无名氏"》，便是一篇"摆事实"与"讲道理"结合得非常棒的佳作。这篇评论没有哪一段完全是在空洞地讲道理，每一段都能够在抽象的阶梯上游刃有余，读着是一种享受。文章开头用一个好玩的故事来引出"无名氏"这个话题："前段时间，收到一个大一学生的来信，回复时我扫了一眼她的电邮，尾缀是'pooh'，便追问了句：'你喜欢维尼熊（Winnie the Pooh）？'我很快收到她的回信：'老师，你是第一个从我的邮箱看出来我喜欢维尼而且问我的！是第一个上大学以来问我叫什么名字的……'"

文章的每一段都把抽象与具象结合得很好，比如这一段："黑格尔说，每个人都追求'在他者中的自我存在'，这是一种独立性和依存性之间的微妙平衡。对于那些刚入大学的'小土豆们'，他们的个性与身份认同更多地依赖于教师的培育和关怀。事实上，有时学生并不奢求太多，只要教师在和他们交流的那一刻是真心实意地将他们作为一个有血有肉的活生生的人来对待，学生一定会接收到你的善意与真诚，并可能鼓舞起更多的信心和勇气。"

从黑格尔的话到大学的"小土豆"，过渡得很自然，没有像学究那样沉浸在抽象概念的分析中，沉浸到对黑格尔的掉书袋中，很快从黑格尔跳到有血有肉活生生的人。大家不妨训练自己的这种表达技巧，进得去，出得来——**从道理进去，从事实出来；从事实进去，从道理出来**。这样的评论是活的评论，深入浅出，八面玲珑。

有个著名作家，给媒体写了一篇评论，就太学究气了，读起来很难懂。评论题目叫《花季少女被掐死，我胸口发堵》，针对的新闻是：北京某路公交车上，年仅14岁的女孩被女售票员掐住脖子殴打，当场昏倒。女孩的母亲请求该车男司机把女儿送往医院，遭拒绝。女孩在好心路人帮助下送到医院时，已无生命体征，经抢救无效，宣告死亡。

这篇评论是这么说的："这诚然是一个偶然事件，但是，联系到当今社会上一些人对生命的冷漠态度，就不能不令人忧虑。随便翻翻报纸就可看到，残害生命的恶性事件屡有发生。每个人都只有一条命，每个人的生命都是独一无二、不可重复的。"然后，评论全围绕着抽象的概念，全是道理，后面一直没有回到开始提到的那条新闻。这样的评论是失败的，完全"两张皮"，道理是道理，事实是事实，没有对事实进行就事论事的分析。进入抽象的概念后，没有跳出来，评论便死在抽象的概念和大道理里面了。

塞缪尔·早川在《语言学的邀请》里主张，文章要能够在抽象的阶梯上来回游走。什么叫抽象的阶梯？当你在谈一个抽象的事物，感觉别人听不懂的时候，就"举一个案例"，比如，"我遇到过""我听说过""有一条新闻说""想起一件事""回忆起看过的一句话"。这表明，你意识到自己讲的大道理别人可能无感，那就找一个有感的故事或形象的表述，让人有感觉。

王思聪他爹说："定一个小目标，先赚一个亿。"一个亿是什么概念呢？对于普通人而言，"一个亿"很抽象。有一篇文章很有意思，开启了屌丝们对一个亿的想象力。赚一个亿需要多久呢？比尔·盖茨需要8小时，王健林需要12小时，马化腾需要72小时。如果是普通人在国内不同的城市，需要的时间就从小时变成了年，北京人需要901年，上海人需要929年，武汉人需要1316年，也就是差不多从唐朝到现在。这样来表述，是不是立刻对一个亿有了比较形象的概念了。

想起一个段子，央视记者问陕北放羊娃，放羊是为了啥？回答是为了挣钱，挣钱是为了娶媳妇，娶媳妇是为了生娃，生娃是为了放羊。这个段子除了说明穷人缺乏想象力之外，还从另一个方面说明了，没受过教育的人缺乏抽象的能力，他没有能力把羊看成财富，没有能力把娶媳妇抽象成爱情，没有能力谈论诗和远方。抽象的阶梯，就是要能够从羊抽象到财富，抽象到诗和远方。

学者崔卫平曾批评说，"中国现代文学史的战争诗之所以很少流传，原因之一在于缺乏对于死者平等的眼光，在把牺牲者提升为'英雄''烈士'之后，他们也就没有了人类生命的体温，不存在作为普通人对于生命的热切渴望"。[1] 其实，问题关键并不是在于"缺乏对于死者平等的眼光"，而在于"英雄""烈士"的抽象程度太高，没有还原为具象的、让庸常之人有感知力的人。

前《南方周末》记者傅剑锋谈到新闻写作时提到："语言要跃动在'大'和'小'之间，尤其是时政报道。'大'是指事件的某种大背景与意义，往往是新闻中比较硬的方面。'小'则指一个具体的细节，往往是新闻中

---

[1] 崔卫平：《正义之前》，北京：新星出版社，2005年，第16页。

比较软与有趣的方面。以'大'引出'小',以'小'证明'大','大'与'小'之间呈现出一种水乳交融的格局。这方面的典范之作,我认为是《光荣与梦想》,它把这种表述发挥到了极致,有趣且全景式地展现了1932—1972年美国社会的变迁以及背后的种种推动力。"[2] 傅剑锋所说的"大"与"小",其实就是抽象与具象的阶梯。

在这方面,《光荣与梦想》确实是典范。书中有一节写杜鲁门当上总统后,第一次胜利地处理了与劳工的关系,这一段是这样写的:"克拉克·克利福德后来对《纽约时报》的卡贝尔·菲利普斯说,我可以告诉你,从那时起,老头子大不一样了,他终于自己当家做主了。另一位总统助手说得更直截了当,他大摇大摆回到白宫去的时候,你可以听到他的两个睾丸碰得叮当地响。"在"大"与"小"之间,形成了一种生动而有意味的互文。

理解具象的内容比较简单、容易,而对抽象内容的理解则要困难和复杂得多,这是许多人大学毕业了,也很难完整读完一本书,却可以看很多电视、电影的原因,因为图像比文字更加具象。越高级的工作,需要越高级的抽象能力。多看书,看白纸黑字,才能培养自己的抽象能力;太过迷恋于图像和视频,会毁掉自己的抽象能力。

有些同学总是停留于很浅的碎碎念层次,这属于抽象的障碍。从学习和能力提升的效率来讲,需要多去读那些严肃的理论著作,而不是简化版、案例版、故事版。在评论中,抽象是"无",是"0",而具象是"有",是"1"。当"有"和"无"、"1"和"0"水乳交融时,才能构成一篇好评论。正如塞缪尔·早川所说,"有趣的谈话和写作,以及清晰的思想和随之而来的和谐心境,都需要高级抽象阶层与低级抽象阶层、语言与现实不停地互相发挥作用。能迅速优美地从高级阶层落到低级阶层,

---

[2] 《南方周末》编委会:《后台》,广州:南方日报出版社,2006年。

又能活泼敏捷地从低级上升到高级。他们的心智又活泼、又敏捷、又美丽，就像在树上飞来飞去的猴子一样。"

七、逻辑链条千万不能超过三个层次

评论的论证，还有一个特别重要的原则——逻辑链条千万不能太长，层次不能太多。如果链条或者回路太长的话，读者就跟不上你的思维，并且没有耐心；而且在推理的过程中，会出现漏洞，观点绕来绕去，逻辑线拉得太长，观点容易扯着。

比如，我前段时间在《读书》杂志上看到一篇评论，题目叫《谈谈美国的"衰落"》。文章在前面否定了流行的看法——"很多人觉得美国衰落了"，但他觉得并没有，他认为，美国的发展质量很高，看看美国这几年崛起的公司，微软、苹果、谷歌、脸书，体现了创造的活力，美国并没有衰落。但后面就转折说，从另一个角度看，美国又的确在衰落。他说的是美国的公德，在公共秩序方面，社会分裂，各行各业各方各派都不认同美国现有的体制，一个没有稳定的、多数人意志的民主政体是非常危险的体制。

本来以为作者会继续谈美国的衰落，没想到他很快又转折了，认为美国体制特性在很大程度上延缓了美国国力的衰落，"美国自己内部的活力和体制的灵活，将使美国在可见的将来仍然能够以压倒性的优势展现在世界面前"。我越看越糊涂，到底是衰落，还是没有衰落呢？绕来绕去，完全被绕晕了。这就属于文章中的层次太多，逻辑回路太绕，否定之否定之否定，不知道最后的落点在哪里。

某媒体曾有一篇评论《中国和平繁荣是"鹿晗"现象的沃土》，评论说，"经过几代人艰苦卓绝的努力，中国形成今天和平、稳定、繁荣的大框架，一些过去中国人不熟悉的现象正在这个大框架中形成、生长。娱乐业的繁荣就是其中之一，鹿晗等'小鲜肉'逐渐成为世界范围内现象级的娱乐明星。"这篇评论的想象力太丰富，逻辑跨得太大，读起来让人觉得生拉硬扯。

我们在构思观点时，如果逻辑链条不超过三个层次，论证效率会非常高。如果从由头到观点的层次太多，超过了三个层次，需要进行很多解释，读者才能明白，如果硬写的话，第一，估计会偏题；第二，逻辑会很生硬，强扭的瓜能甜吗？

当下的评论流行着一种反常识的"硬钻深度"癖好，梁文道曾批评过这种取向，"我时常感到国人今日颇有一种凡事都要往'深处'钻、议论总要谈'本质'的倾向。于是，明明在探讨'毒奶粉'的问题，偏偏觉得光是谈到信仰缺失还不够，一定要把'灵魂'也搬出来才算功德圆满。明明在点评志愿者的救灾行动，却不满足于研究民间集体动员的逻辑，硬是要扯到中西文化差异的'高度'，然后再结穴于华夏文化的'基因''本质'。"[3]

最有效的论证，总是试着得出最简单明了的结论。单一确定的结论总是最好的，而简要论证通常只有一个主题或一条线索。

---

[3] 梁文道：《常识》，桂林：广西师范大学出版社，2009年，序言部分。

第十三讲 评论写作的理性与思维

评论从业者的思维是什么呢？评论思维应该是一种怎样的思维？我想，最重要的应该是批判性思维——不满足于某个标准结论，多问几个"为什么"，敢于去挑战权威，敢于对主流观点说不。当自己站在主流一边时，能宽容少数派声音；当自己是少数派时，有坚持的勇气和韧性。

> 我们的头脑是一台非常了不起的解释机器,能够从几乎所有事物中分析出道理,能够对各种各样的现象罗列出各种解释。通过一种事后决定论的机制,我们会找到"原因",实际上,是我们需要的"原因"。
>
> ——塔勒布

每个学科、专业和行业都有各自行业的思维,以至于他们一旦把自己的思考以语言的方式表达出来时,我们就能从他们的思维表达窥探到他们的行业密码。

比如,当一个人嘴中不断冒出"成本"与"代价",言必称收益的时候,甚至能从狗屎中看到价值,他应该是一个经济学家,因为他流露出一种十足功利的经济学思维。

当一个人不断地把"利益"放在嘴里,不断地说"谁是我的敌人,谁是我的朋友",强调"没有永恒的朋友,只有永恒的利益"时,我们知道他是一个政客,因为他处处表现出了政客思维。

当一个人一直不断地重复着法律的格言,习惯用法律语言和法律条文说话,我们会知道,他是一个法律工作者,他的法学口音和法学思维暴露了他的身份。

当一个人看了某条新闻,就喜欢说"要让每个人知道真相"时,毫无疑问,他是一个记者。

所谓思维,学理上的理解是,高级生物的大脑对客观事物的本质和事物之间内在联系的规律性做出概括与间接的能动的反应。所谓能动的反应，很多时候是一种潜意识、下意识的习惯性反应，因为长期从事某个行业，受该行业的熏陶，固化为一种规律性的模式，以至于形成了带着这个行业浓厚特征的思考习惯：一看到某个事物，便会条件反射性地以这个行业习惯看待事物的方式来进行分析和评点。

那么，评论从业者的思维是什么呢？评论思维应该是一种怎样的思维？我想，最重要的应该是批判性思维——不满足于某个标准结论，多问几个"为什么"，敢于去挑战权威，敢于对主流观点说不。当自己站在主流一边时，能宽容少数派声音；当自己是少数派时，有坚持的勇气和韧性。评论从业者需要一种深刻的、怀疑主义的、非学术的、反教条和极端经验主义的天性。

一、从"全面看问题"的思维巫术中跳出来

曾辅导几个学生写评论，他们在思维上暴露出的问题很有共通性，值得说一下。

比如其中一个学生，他想写当时舆论热议的"唱国歌大闹曼谷机场"的话题，但他总想把两边的责任掰扯清楚，先是机场在服务上怠慢了乘客，然后乘客才去闹，要分清责任，老师不是总说"要全面客观地看待问题"吗？我给他的建议是，第一，要从"各打几板子"的思维里跳出来，宁要片面的深刻，也不要肤浅的全面，抓住一点，有所侧重地去评论。第二，不适合用"谁先错谁后错"的思维进行两边归咎，即便机场有问题，也是服务问题，可以投诉，闹事就是法律问题了。如果陷入"谁先错谁后错"的归咎，很容易推理出"后错"的正义性，从而推导出以暴制暴的正当性。第三，我们常说的"客观公正"不是厘清责任，各骂几句，而是要有基本的是非和原则。

另外一个学生想评论这条新闻《17岁少年出走留绝笔信：下辈子不做穷人家孩子》。他说，看到这条标题，就立刻感觉非常心酸，穷人真苦，这孩子真是穷怕了！可能很多从贫穷中走出来的孩子都有这种"下辈子不做穷人家孩子"的酸楚。他选择的评论角度是分析贫困带来的心理压抑，从而引向批判社会的贫富差距。

我给他的建议是，第一，不要被煽情的标题牵着鼻子走，需要仔细阅读新闻。其实读了新闻便会发现，他们家并不穷，只是父母在花钱上对他管得比较严，他离家出走可能是其他问题。第二，不要先入为主地带着这种自以为正义的"批判体制"的视角，需要基于事实，防范轻易进入一种悲情逻辑和悲愤的陷阱——这种绝笔信及表现出的取向，其实跟贫困关系不大，而是显示这孩子的教育和心理可能出现了问题。"下辈子不做穷人家的孩子"，这首先是一种需要批判的病态心理，这是一种病，得治，评论不能跟着"病人"一起犯病。也就是说，这不是一个批判贫富差距的论据，而是一种需要治疗的心理疾病。或者说，这本是一个教育问题，不要引向其他问题。评论需要传递理性，而不是自以为正义地跟着病态思维走。以前还有过这样的新闻，精神病人制造血案，然后称是受到不公对待后报复社会，评论员还真进入了精神病人的思维，跟着去批判社会和体制。跟着"病人"的思维走，这也是一种评论病。

还有一个学生，他想评论这条新闻《调查显示55岁以下丧偶博士学历男公务员最幸福》。我建议，不要被这种伪议题所误导，这些貌似很有新闻点的议题，如丧偶、学历、性别之类与幸福的关系，是被问卷所设问题诱导出来的。为了让学生明白这种结论是怎么以貌似"科学"的方式得来的，我讲了一个段子："为了证明蜘蛛的听觉在脚上，专家做了一个实验，先把一只蜘蛛放在实验台上，然后冲蜘蛛大吼了一声，蜘蛛吓跑了！之后把这只蜘蛛又抓了回来，将蜘蛛的脚全部割掉，再冲蜘蛛大吼一声,蜘蛛果然不动了!于是专家发表论文称,事实证明了蜘蛛的听觉在脚上。"

这几个学生在看待时事和做判断时所暴露出的思维问题,并不是个案,在很多年轻人身上常能看到。

他们每天从新媒体上接触到很多新闻信息,有很多想法,却缺乏理性思维,容易被一些似是而非、自以为正义的逻辑牵着鼻子走。他们在很多问题上具有起码的同情心,充满了正义感,有基本的专业知识,却缺少透过表象看本质的思辨能力。与他们交流时,他们嘴里充斥着诸如"为弱者说话""坚守良知""新闻理想""道德权利""民主自由"之类的流行大词,迷恋谈论一些抽象的善和宏大的观念,似乎对那套民主理论很熟悉,沉浸于宏大概念中却不善于就事论事地分析问题,不习惯从实际问题和实践经验谈起。说起大道理时能高谈阔论,但落到对具体问题和新闻事实的分析上时,却经常容易发生判断偏差。或者生搬硬套地用抽象的观念去"套"事实,或者不顾具体的事实而空谈大道理,或者用简单的中西对比去分析,难免会出现下笔千言、离题万里的过度阐释。

比如,"全面看问题"常常变成了"面面俱到却没有重点","一分为二地看问题"变成了"没有是非没有立场"的庸俗辩证法,"当鸡蛋与石头发生碰撞的时候,永远站在鸡蛋那一边"变成了没有原则地认为"弱者代表正义"。这些套路思维,已经成为窒息人的独立思考的思维巫术。杨绛先生批评当下很多年轻人"读书不多而想得太多",实在击中要害。不少人接受的多是从网络和媒体上得到的碎片化知识,或是快餐化的阅读中获得的碎片理论,没有系统和架构,没有对完整理论的深入认知,多是一些名词泡沫和学术概念,还没有深入理解就生吞活剥地拿来分析问题,难免发生偏差。

在碎片化的阅读和快餐式的评论中,常常不自觉地进入那些陷阱而不能自拔。写时事评论实际上是一个杀毒过程，对自身思维中逻辑谬误的杀毒，对媒介环境中带毒信息的杀毒，对网络上那些伪正义的杀毒，评论者不能失去这种基本的问题意识。

二、尊重真相，抵制简单化思维的诱惑

把简单的事情说得很复杂，是哲学家常做的事；而把复杂的事情简单化，则是媒体人爱做的事，因为很多时候传媒面对的是没多少耐心、不愿动脑子、厌恶复杂的大众。在信息海洋中，偷懒的读者总希望能耗费最少的时间和最小的理解力去读懂一个可能很复杂的事物，简单化便成了一种媒体追求。但过度简单化的报道思维，会扭曲事实和真相。《南方周末》记者陈明洋有句名言："我们的报道应该避免下简单的结论，而要努力呈现复杂的真实。"

比如曾引起舆论争议的一条新闻，就是"简单化"惹的祸。媒体报道称，北京患白血病的5岁男孩帅帅去世，2011年8月，帅帅查出得了急性双表型白血病，通过骨髓移植才有可能康复。其父母做完配型检查后，双方都能移植，但首选为父亲。2012年5月，因帅帅父亲拒绝做骨髓移植，并中断每月给孩子的生活费，帅帅母亲以孩子的名义将这位父亲告上了法庭。因"拒捐骨髓相救"，此前这个父亲就一直陷于舆论谴责的漩涡中，孩子的去世，更点燃了舆论的愤怒，这个父亲一时成为千夫所指。

媒体这样的叙述，确实容易激起愤怒，新闻很简单地将父亲描述成了一个冷血的人，甚至连自己的亲生儿子都不救，拒绝承担医疗费，拒绝捐骨髓救儿子，简直"禽兽不如"。这种报道的叙述逻辑非常简单——这个父亲就是一个敌人、一个恶人，他置5岁孩子的生死于不顾，他的心比铁还硬。这样的愤怒控诉，自然极有感染力，很容易激起公众的愤

怒。在当下浮躁的传播语境下，吸引眼球是很简单的事：不复杂的迫害情节，加上一个"敌人"，就能让站在道德高地的人们群情激愤。

可事实真的这么简单吗？一个父亲果真会无情到那种地步吗？事情的善恶和是非真像媒体描述的那么简单吗？即使这个父亲真的"拒绝骨髓移植"，又是怎样一种力量使一个本该倾力救孩子的父亲变得这么无情？从一些新闻报道中，看不到这种深入的调查，听不到那个父亲的声音，只有对"一个不可理喻的狠心父亲"形象的简化描述。帅帅离世后，有媒体采访到那个父亲，尽可能还原了事实和听取了双方当事人的描述，让公众看到了一个远远超越"狠心父亲"这个简单漫画的复杂事实，看到了这个家庭一直以来的矛盾，还有对孩子救治过程中的冲突。这个家庭复杂的纠葛，孩子的有病不治，远非一个"狠心"可以概括。

在每天各大媒体生产的新闻中，充斥着类似简单化的叙述。这种简单化已经形成一种新闻叙事的模式——一个有着弱势身份标签的受害者，一个无恶不作的坏人；或者是一个"跟我们一样的底层人"，一个垄断着各种资源的强者；或者是一个强势的政府部门，一个求告无门的"受欺凌者"——这样的简单新闻占着媒体报道的很大部分，很容易唤起一种共同的"受害"感觉，形成热点。当然，判断的逻辑也是非常简单的——二元对立并虚假两难，非黑即白，非善即恶，底层就代表着正义，弱者就代表着道德优势，权力就是恶的，体制就是罪恶的代名词。

当记者和评论员不是站在"事实高地"和"逻辑高地"，而是站在"道德高地"上激情澎湃地演讲时，叙事的简单化、思维的简单化，加上判断的简单化，便生产出一条条远离了事实真相的新闻。这些简单化的新闻和评论，虽然因为符合公众的期待、迎合了舆论的情绪而广为传播，却扭曲了事实，误导了舆论，还会在消费公众情绪的同时酝酿着社会的戾气。当大家都在正义凛然地讨伐那个被简单地贴上"狠心父亲""禽兽父亲"标签的人时，传递的不是正气，而是可怕的戾气。

"一个手拿锤子的人看什么都像钉子"，媒体人需要警惕这种简单化。简单化虽然方便叙述者，方便传播，方便形成热点，方便没有耐心的大众接受和理解，方便滋养"道学家"的批判欲，却失去了新闻最核心的东西——真实。在微博最火的时候，曾有对复杂和冗长深恶痛绝的同行建议，媒体应该多写"微博化新闻"，即用尽可能短的语言去写新闻，利于在微博中传播，也是读者的福音。当时我是竭力反对的，新闻当然应该简洁，但不能简化，文字应该以叙述事实的需要为中心，而不是长短。新闻微博化的结果是，新闻都写成了段子，而新闻的段子化，正是当下媒体的一大弊病。

学者崔卫平曾写道："米奇尼克笔下的小说家托马斯·曼，是一个对复杂的人性洞若观火的人，深谙人类处境的复杂晦涩，知悉人类命运所拥有的含混模糊，每一种表达都存在与其相反的表达，每一种权利都有与其相反的权利；在相悖的立场中，不排除各自有其中肯的价值，因而每一个结论都是一个过于简单的东西。"[1] 这种对简单结论的防范，对于时事观察非常重要，当下舆论场最大的问题，可能就在于简单化所造成的撕裂、暴力和粗鄙。

三、标签化思维泛滥与评论的退化

一些记者"用脚采访、挖掘真相"的能力在退化，坐在电脑前编名词、贴标签、造概念的本领却见长，每天都能看到记者创造的不少名词和概念，今天这个"族"，明天那个"代"。几天不看新闻，就落伍了，完全跟不上这些由新标签、新概念编织的虚拟现实。

---

[1] 崔卫平：《正义之前》，北京：新星出版社，2005年，第87页。

比如近日的新闻中，我起码看到了两个新标签。一个是某媒体创造的"蚁硕"，即读了硕士后，还没有找到工作，蚁居在城市的那些人。他们的就业率不如本科生，有报道称，一个研究生毕业回家种地，伤不起的老父气绝服毒。另一个标签叫"摊二代"，是指以摆摊作为生活收入主要来源的城市摊贩子女，媒体称其是被城市遗忘的孤独人群。

这两个标签还算比较贴切，确实反映了某种社会现象或问题。然而，有时媒体创造的标签，则过于牵强附会。比如某些地方的超市发现方便面常被人捏碎，媒体记者便发挥想象力，将个案上升为普遍现象，给捏方便面的人贴了一个叫"捏捏族"的标签，称当下很多都市白领工作和生活压力太大，于是到超市去捏方便面以释放压力。这种生拉硬扯的标签让人哭笑不得。即使真有这种捏方便面的人，也是个案，完全上升不到"族"的层面。狗咬人不是新闻，人咬狗才是新闻，当没有"人咬狗"时，便臆想出一群"狗咬人"，硬凑成"某某族"，制造出一条新闻。

我并不想探讨和分析标签的命名术，教人创造一个生动贴切的标签，而是想说，无论多么贴切，标签化和概念化都不是一个好习惯，无节制地使用标签，会使媒体的报道能力发生退化。

很多标签在初现之时，尚能够贴近地描述某种社会现象，然而，随着标签无节制地滥用，标签变成了"标签化"，便逐渐脱离了原初定义而异化为一个刻板的概念。比如，现在媒体滥用的"官二代""富二代""独二代""农二代""屌丝"等，从新闻标题到身份定位，再到新闻的叙事话语，各种各样的标签泛滥成灾。一篇报道，经常很少看到具体的人，而充斥着各种流行的标签——一个"官二代"恃强欺弱的故事、一个"富二代"利用关系挤掉"农二代"的故事、一个"屌丝"的奋斗史、一个民间"烈女"反抗"淫官"的经历。

这种标签化主要带来了以下恶果。第一，预设着立场，传递着偏见，将先入为主的刻板认知嵌入新闻事实中,影响读者的判断。这些标签在定义和命名的时候,本身都已经融入了命名者的价值判断和倾向。比如,"富二代"就是一个贬义词,而"摊二代"这个标签则满含悲情和同情,对应着被抛弃被欺凌被遗忘,社会欠他们的,它一"出生"就带着某种道义上的优越性。每当我们使用这种标签的时候,预设的立场便会植入事实的描述中,新闻也就无法保持客观了,因为当记者报道说一个"富二代"与"摊二代"发生冲突时,已经有了明显的倾向。

第二,左右着公众的判断,使公众放弃了对具体新闻事实的关注。面对一堆由各种标签描述的新闻,人们不再关心现实中具体发生了什么,而是会根据标签的想象去编织"事实"。看到了"官二代"这个标签,他们就不再关心这个人在具体现实里是怎样一个人,他在这起事件中到底做了什么,只会根据该标签去想象:他一定是飞扬跋扈的,一定是不讲理的,一定是倚仗权力横行霸道,一定不是个好人。有了这种想象,再多的事实都听不进去,只会相信由想象拼凑的碎片,而拒绝接受客观的描述。

标签往往都是成双成对的,它对应着一种二元对立的是非善恶观——飙车的"富二代",受害的一定会是一个"凤凰男";无助的"摊二代",一定遇到一个凶神恶煞、妖魔化般的城管。更重要的是,习惯的标签化会形成对一些群体的妖魔化,比如这些新闻——《国企员工强奸15岁侄女获刑5年》《52岁公务员灌醉会所服务员后趁机强奸》等。从新闻看,这些禽兽行为与公务员的身份实际并没有关系,标题中强化这一标签,纯粹是为了吸引眼球而放大"新闻点"——一般的强奸不是新闻,"公务员强奸"才是新闻,这种新闻如果扎堆出现,很容易让人将公务员与这些负面标签联系在一起。舆论场中对公务员形象的污名化,与种种负面新闻里对"公务员"这个符号的刻意强化有很大关系。

第三,标签方便着公众的认知和记忆,即复杂的事物似乎用一个简单的标签和概念就可以说清,然而实际上却影响着对事物的全面和客观的认知。媒体的报道,恰恰应该去标签,当公众用标签化的思维看待现实中的冲突时,媒体应该就事论事,去除覆盖在事实上的种种标签迷雾。常说媒体的职责是还原真相,之所以需要媒体"还原",是因为事件在传播中已经被贴上了无数误导公众的标签。

第四,标签化还破坏着公共空间的交流,在观点的交锋中,不是就观点展开论点,而是互贴标签,你骂我"公知",我骂你"五毛",结果是斯文扫尽的互吐口水,无法形成理性的讨论。

不过,很多时候,标签化是我们自作自受的产物,是一个自挖的陷阱。每个人都喜欢对自己有利的标签,而反感不利的标签。一名国人在国外做了一件好事,比如用精湛的医术救了一位外国大妈,我们会在宣传时大张旗鼓地贴上"中国好人""中国温度"之类的标签,并觉得心安理得。可如果是一件坏事——一个中国游客在国外旅游时乱扔垃圾被曝光,报道称"中国游客在外旅游如何不文明"时,我们便会觉得这种以点代面的标签是在妖魔化中国人。如果我们反感负面标签,也应该谨慎地使用那些对自己有利的正面标签。

第五,标签不仅使评论退化,有时还会害死人。创业者茅侃侃自杀后,一名记者对茅侃侃之死的反思,值得记者和评论人思考,他的那篇文章《生于80年代》将茅侃侃等"80后"创业者作为一种现象推上舆论舞台,文章提出:"伴随计算机和互联网长大的'80后'善于打破常规,他们可能将要接管世界。这个概念迅速被引爆。在连续四档央视栏目报道之后,'80后'创业和这几个人成了全社会的热点。"周鸿祎曾提醒这名记者:"你不要捧杀他们。"他的意思大概是,"这几个二十出头的年轻人根基未稳,还不是足够强,需要坐冷板凳苦练内功的时候,却被媒体贴上标签扮成偶像接受膜拜,他们的心理和实力承受不了那个光环和压力,捧之即是杀之。"

在美国对医疗改革进行辩论时，一些反对全民医疗保健的人宣称，"那些支持全民医疗保健的人想要设立'死亡小组'，来评估每一个入院就医的老年人，并决定此人是应得到治疗还是被处死"。[2] 这不仅是一种稻草人谬误，也是一种贴标签污名化的方式。

四、脑残病因在于脑补思维

先看一则报道："淮北一青年骑车时遭遇车祸无人报警，最后倒地的小伙子自己打 120 自救。"有图有真相！新闻配着一张照片，车祸现场，一个小伙子躺在地上在打电话，旁边都是围观者。报道出来后，果然网络上又是一片"人心不古，何其冷漠"的感慨和愤怒。然而，记者调查时发现事实并非如此，围观群众中不少人都报警了，司机也立即打了 120。

新闻发生了反转，昨天还愤怒地把矛头指向路人的一些网友，开始把矛头指向误导公众的媒体了。我怀疑报道这条新闻的记者，根本没有采访当事人和当时的路人，仅仅根据那篇网帖和那张照片——这个唯一的信源，就回去脑补出一条完整的新闻，习惯性地把"路人"想象成一群冷漠冷血的旁观者。更应该受到谴责的是那个拍照发网帖、批判冷漠路人的人，他可能根本没有了解完整的过程，仅仅根据那张照片就怒气冲冲地编了一篇谴责路人的网帖。

拍照者也是耐人寻味的，急于拍照上传到网络去谴责路人，却不报警和施救。那句话说得果然很经典："义愤填膺的都是网友，冷漠无情的都是路人。"到底是路人不上网，还是网友都不上街？

---

[2]　[美] 布鲁斯·N. 沃勒：《优雅的辩论：关于 15 个社会热点问题的激辩》，杨悦译，北京：中国人民大学出版社，2015 年，第 8 页。

很有脑补诱惑力的一张照片，配上一篇解说这张照片的网帖，加上一个不负责任地把网帖搬到新闻中的记者，就完成了一场全民脑补。拍照者、记者和一些网友都沉浸在对这张照片的脑补中，于是，一个冷漠无情的路人群像立刻跃然纸上，好有冲突性的现场，好有卖点的新闻，好符合对"路人无情"的想象，也好方便很多人站在道德高地上发一通"道德沦丧"的愤慨，表演一场廉价的正义感。可事实是，年轻小伙子称，当时他听到有人报警，于是用手机拨打了自己家人的电话。

批评一个人没脑子，人们常用的词是"脑残"。而之所以脑残，有很多原因，一个最重要的原因正是"脑补"，即不去看一句话的具体语境，看到只言片语便根据习惯的想象去脑补；不去看静态图像背后的事实，迷信有图有真相；不尽力去看完整的事实，而是根据缺少新闻要素、缺少前因后果的"残缺图像"去脑补——结果自然是脑残的结论。

再看另外一条新闻《4 岁女童横穿泳道被外国男子举起扔到水中》："北京某游泳馆内，一名 4 岁女童横穿泳道时，碰到一名正在游泳的外国男子。该男子称被孩子吓了一跳，就一把将小孩高举过头后，扔至隔壁泳道，小女孩被吓得不停哭泣。事发 3 天后，男子称他十分后悔，希望得到女童及其母亲的原谅。"这条新闻背后附上了事发当时的视频。如果仅看这样的描述，再据此去脑补，一个"野蛮老外"的形象跃然纸上。"老外"的标签也很容易激发很多民族主义的愤怒——"外国人竟然欺负中国小孩！""别迷信外国人多有素质，竟然欺负一个小孩，还这样'扔'孩子！"——事实上，一开始大众的情绪也确实被这种描述牵着鼻子走。

不过，后来舆论发生了反转，看了完整视频的人都明白，被媒体标题所营造的脑补想象误导了。事实是，小孩违反泳池规则横着游，大人也不管，正在游泳的老外被吓了一跳，然后不满地抱起小孩放在旁边的泳道，然后继续游。由于动作可能大了一些，把小孩吓哭了。一个网友评论说："家长放任孩子不守规则，错。大人随意扔小孩，不管你是'老外'还是'老内'，错。管理人员失职，没管好泳池秩序，错。一个公平合理的社会规则和秩序多么重要啊，不遵守必定吃亏。"瞧，如果不去脑补，而去看完整的事实，便不会得出脑残的结论了。

五、评论要有"同情的理解"的思维

很多人对评论的理解就是"批评"，对评论员的印象就是"啥事都评，啥事都批评"。甚至有人调侃说，要想成为评论员，心理得足够阴暗，这种阴暗能使其从任何事情中挑出毛病。

将评论简单化为"批判"，当然是很肤浅的。这种肤浅的认知，来自人们对于一些评论的印象——看多了喷子式评论，自然很厌烦那种"见啥骂啥"的恶劣文风。所谓喷子式评论属于典型的"网络式乱骂"：房价高骂开发商，看不起病骂医院，上学贵骂大学，航班延误骂空姐，产品不合格骂代言人，道路拥堵骂开车的人多，治安不好骂外地人，贫富差距大骂改革，油价涨了骂市场，道德滑坡骂金钱，官员做事骂炒作，腐败横行骂贪官……见啥骂啥，以骂来塑造斗士和批判的姿态，然而，他们很少扪心自问，骂得对吗？骂得符合逻辑吗？

虽然我觉得时事评论在社会分工和文体定位中确实是一种批判的文体，有太多的人在做歌功颂德的工作，时评就是要挑刺。但批判不等于乱骂，需要有批判的耐心。我一向觉得，批判是很容易做的事，张口就来，但难的是，批判要以逻辑和论证赢得别人的认同，如果一种批评能让被批评对象心服口服，就能充分体现论证的力量。

前些年的时候，有网友在微博爆料湖北来凤县一高中为考上清华的学生立塑像，雕像下有长长的碑文，介绍出生年份、高考时的分数，还称"他开创了来凤教育的新篇章，书写了平民教育的神话"。该爆料引来网友无数吐槽。这事儿确实有不少可以吐槽的地方,简直是一场滑稽的闹剧。考上清华就立塑像,显得过于功利和急躁;为大活人立塑像,显然过于愚昧和夸张。一时间,网上对来凤一片讨伐。

我写评论时有一个习惯,不仅看记者写的报道,还会通过信息搜索看看相关背景资料,避免被记者和网络牵着鼻子走。我查了一下来凤县,发现"湖北省扶贫办"对这个地方的介绍是:"来凤县属国家重点贫困县之一,2010年,农民人均纯收入3240元,仅相当于全国平均水平的54%,农民人均纯收入低于2300元的贫困人口11.34万人,低于1196元的贫困人口10.0565万人。来凤县农村贫困发生率达到42%,比全国平均高出25个百分点。来凤县地处山区,大部分地区靠天收,来凤县的大部分乡镇处在山大沟深的边远山区。"

当一名评论员了解到这一背景,读到这段对这个国家重点贫困县的描述后,便不会带着强烈的优越感肆意地嘲讽"当地为考上清华的状元立塑像"这种看似疯狂的行为了。在一个发达城市,不会把考上清华、北大太当回事,毕竟每年太多学生进入这些学校了;在一个发展机会很多的地方,也不会如此崇拜高考状元和迷恋清华,经商、求学,人们有很多向上流动和改变命运的通道。我在评论中写道:"那些正在星巴克里喝着咖啡、浏览着网页、时而发出笑声的朋友,这是一个国家重点贫困县,这是一个农民人均纯收入仅相当于全国平均水平一半的地方,这里大部分人靠天吃饭,设身处地想一想,也许就能想到他们寄望于考上名校改变命运的急切,理解他们'书写平民教育神话'的迫切。"

我举了这样一个案例来说明我们需要学会"同情的理解",需要尝试站在别人的立场去思考:"一名记者在中国一贫困山区采访时看到孩子的母亲给孩子泡方便面,记者对那个母亲说,以后尽量让孩子少吃这些油炸的速食垃圾食品。孩子的母亲说:'没关系,不经常吃。但是每年都会给孩子煮一次,因为今天是孩子的生日,其实我们根本舍不得吃'。"

站在一个道德高地上去批评，是很容易做到的事，但理解却需要能力，评论员不能失去这种"同情的理解"的能力。理解并不是为了妥协，不是让批评虚无化，降低批评的尖锐，而是让批评建立在一个有人情味的基础上，没有情怀的批判是只会毁坏人心和激发对抗的冷漠。

我与不少被我批评过的对象最后都成了好朋友，他们觉得我的评论不是那些胡说八道、为骂而骂的恶评，而是说到了真正的痛处，触及了实际问题，他们愿意接受批评。其实，很多官员和地方政府并不排斥批评，他们怕的不是批评，怕的是那些不了解情况就乱下判断的瞎评乱评，这些瞎评往往在网上有很高的人气，让他们头疼。

"同情的理解"，能让评论超越肤浅的情绪消费而成为有深层次的思考，比如《新京报》的这篇评论《谁来擦去剧团团长脸上的泪水》，就让人眼前一亮，评论的新闻是："日前，随着一篇名为《四家企业向河南文化教育事业捐助2亿元》的新闻热传，河南省剧协主席、豫剧二团团长、国家一级演员李树建的一句话引起社会关注。李树建说：'卢书记到河南之后，我们河南文化界的春天就到了。我们每天激动万分，以泪洗面。'"在一片质疑中，"以泪洗面"走红网络。

网民和评论基本都在嘲笑这个"以泪洗面"，但《新京报》的这篇评论超越了肤浅的戏讽，看到了背后的问题："这个词用来表达感恩似乎用错了地方。当然，很少有人会相信李树建真的会天天'以泪洗面'，不过，去掉其中夸饰的成分，这种激动和泪水背后，倒是'极度忧伤悲痛'地反映了一些传统戏曲从业者窘迫的生存困境。李树建后来接受记者采访时说，他做过22年的团长，以前的工资水平很低，在六七年前，团里全年人均工资才5320元，作为团长，他'经常像个乞丐一样出去找企业拉赞助'。"

这篇评论的观点落脚于对传统艺术"同情的理解"——"传统艺术从业者本应该和其他行业一样'诚实劳动，体面生活'，他们本不应该为感恩而激动不已,也不应该为穷困而泪流满面。在'以泪洗面'事件的背后,或许更值得继续追问:谁能让传统的戏曲从业者不再因接受救济而'激动',谁来擦去剧团团长脸上的泪水?'以泪洗面',无论是错位的'感恩',还是真的生存困难,都不是好事。谁能擦去这看起来令人同情的泪水?只能是自己。改革开放已经30多年了,有多少人都在走着市场之路,干嘛还宁愿'以泪洗面'而不愿意走向外面的世界?"

"同情的理解"提升了评论的气质和品质,让观点更有感染力和说服力。柴静在《看见》中说:"宽容不是道德,而是认识,只有深刻地认识事物,才能对人和世界的复杂性有了解和体谅,才有不轻易责难和赞美的思维习惯。"[3]

这种"同情的理解",也能拓展报道和评论的深度,从正常中看到反常,从反常中看到正常。一名著名记者曾反思说,"大家都在骂《无极》的时候,我不知道之前有没有人冷静地采访过陈凯歌,拍这样一部片子,他是怎样考虑的,他背后的投资方是怎样考虑的,他们为什么觉得这样的片子值得投资。要弄清楚这些,你所需要的,仍然是,好奇心,而不是简单地急着评判,它反而会使你的心态更平和,所了解的材料更纵深。"[4]

一个成熟的人往往发觉可以责怪的人越来越少,人人都有自己的难处。而一个成熟的评论员也会发现,面对一个新鲜事物,不能开口就喷就批评,其背后可能有某种复杂的逻辑。道义不等于道理,骂人是智力的懒惰,评论尖锐的力量不在于骂,而在于用逻辑之刀剔出背后被忽略的问题。

---

[3] 柴静:《看见》,桂林:广西师范大学出版社,2013年。
[4] 《南方周末》编委会:《后台》,广州:南方日报出版社,2006年。

六、带毒新闻大行其道，评论要有杀毒思维

为什么新闻和评论会中毒？正如牛奶被添加了三聚氰胺一样，新闻和评论在生产、传播和接受的过程中，也会被添加各种毒素。"信息毒素"是在以下这三个环节被添加的：

第一，新闻生产过程——媒体和记者让新闻中毒。媒体和记者由于利益追求或知识缺陷，会有意无意地往新闻中添加"三聚氰胺"。著名记者卢跃刚曾说过，大陆新闻媒体与世界其他国家媒体一样，有着共同的"两面性"属性，概括有三："既是社会公器，又是商业机器；既是利益集团的监督者，又是独立的利益集团；既被管制，又享有特权。稍不谨慎，便会堕入另外一面。"当媒体成为商业机器，为了吸引眼球会不择手段；当媒体作为利益集团的身份凸显时，新闻就远离了客观和真相。

记者的利益追求和知识局限也是新闻中毒的重要因素。一方面，记者得对很多专业性很强的公共事务进行报道，如果缺乏对专业的敬畏，新闻很容易违反专业常识。另一方面，记者为了制造新闻轰动效应，会刻意放大和渲染细节，误导公众。

比如《河南六成受访公务员想过辞职，但无一人实践》这条新闻，就是"带毒"的新闻，很容易误导公众。该新闻的背景是在从严治官和"八项规定"下，公务员的很多福利被压缩，有声音说公务员已经形成辞职潮，但也有声音说，不会有辞职潮，公务员的隐性福利虽然被压缩了，但相比其他群体还有很多看不见的福利。公务员工作不好干，其他工作就好干吗？各种声音都有，于是有媒体做了一个小调查，调查结果如新闻标题所说："六成受访公务员想过辞职，但无一人实践。"该新闻貌似传递了一个信息：对于辞职，公务员只是想想，没有人会真的辞职。其实，这条新闻有一个很大的问题，就是样本的错误，屏蔽了那些辞职者——采访在岗的公务员，当然没有一个人辞职，因为辞职的人，记者

都没有采访。再比如，调查春运火车票是不是难买，应该去车站的购票窗口，而不能到火车上去采访乘客。

第二，新闻传播过程——网络二次三次传播使新闻中毒。由于网络编辑的没节操、没底线，使新闻经过网络的二次三次传播后，很容易变得面目全非。很多时候，网络传播的过程就是一个屏蔽很多关键新闻要素或添油加醋的过程。比如某网站这条新闻《媒体称儿童性侵案45%施暴者系公职人员》，看了这标题，你会觉得公职人员是多么无耻。然而，搜索一下转载来源便会发现，传统媒体的原标题是这样的：《儿童性侵公开报道案例中，45%施暴者系公职人员》。该新闻在传播过程中丢掉了一个关键新闻要素——"公开报道案例中"，这表明数据并非来自警方第一手资料，而是从媒体的公开报道案例中总结的，这样的数据当然有问题。

第三，新闻接受过程——受众的浮躁使新闻带毒。比如《情侣买不起房相约殉情，女子死亡男子获刑》这条新闻，标题就预设了一个直接的逻辑关系——因为买不起房，所以相约殉情。新闻是这样描述的："在广州，有一对年轻的情侣爱得死去活来。可是因买不起房，女方父母不同意。于是这对情侣相约一起自杀，两人拿刀互捅，又打开了煤气。结果，女子死了，男子活了下来。法院以故意杀人罪判男子13年有期徒刑，而女方的父母希望判男子死刑。"

新闻标题所预设的逻辑诱导，加上新闻的描述，人们很容易顺着这个逻辑将矛头指向当下的高房价，认为是高房价逼出的悲剧，然后去控诉高房价。网上的跟帖确实都习惯性地把高房价当成了靶子，可是，细看这起悲剧中的因果关系，真的是高房价导致殉情自杀吗？不是，是两个极端人格的相遇导致的悲剧，不能把账算到高房价上。

有人会说，高房价起码可以算是一个间接诱因。高房价让年轻人买不起房，没房丈母娘不同意结婚，可两人又爱得很深，于是相约自杀。

怎能说高房价不是原因呢？差矣，从逻辑上讲，原因的原因的原因，它就不是原因了。这世界很小，再陌生的人，通过几个人的关系网，总能扯上关系；逻辑也是如此，再不相关的两件事物，通过长长的逻辑链条总能扯上关联。

七、克制正义感的"静静思维"

克制我们身上冲动的正义感，警惕我们身上亢奋的道德优越感。很多时候，我们之所以做出情绪化的判断，正是这两个因素在起作用：一个是自以为是的正义感，另一个是道德优越感。

教新闻和做新闻的，常把"正义感"这个词挂在嘴上，新闻教育和新闻理想都是围绕"捍卫社会正义"这个价值目标去谈的，于是"正义感"成了记者和评论员自诩的职业使命。我觉得，都说今天我们的新闻和评论教育需要改革，而最需要改的，就是弱化那种"正义感"的自诩，克制我们身上过剩的正义感，使新闻和评论回归对专业主义的尊重。

正义恰恰存在于对正义感的克制中。当下中国社会存在着一个问题，很多罪恶的发生并不是我们缺乏正义感，而恰恰是我们身上的那种自以为是的正义感太多了。从现实生活中弥漫的戾气，到网络上充斥的敌意和对抗，很多都来自每个人身上自以为是的正义感，胡适先生称之为"正义的火气"。

我们身边那些让我们触目惊心的罪恶，有哪一种不是带着正义感去做的呢？钓鱼岛冲突中，很多"愤青"跑到街上砸日系车，他们自以为是在作恶吗？当然不是，而是觉得在做一件正义无比的事，充满着"向日本示威""报复日本"的爱国热情。可你生日本人的气，为什么砸中国人自己的车啊？很多报复社会的案件——从冲进幼儿园砍孩子，到跑到公交车上去纵火——如此惨无人道的暴行，施恶者有罪恶感吗？没有，而是充满报复的正义感，觉得自己受到了不公正的对待，有权利对社会进行报复。

我在一篇评论中曾这样写道："人的专横和残暴，很多时候并不表现在干坏事的时候，而是表现在自以为是在做好事的时候，而且当集体陷入这种'我们一起做好事'的狂热的时候，就更加专横和残暴了。"

在信息爆炸的新媒体时代，尤其需要克制我们身上的正义感，因为在这个时代，很多时候我们跟公共事件之间没有了距离感。在过去，公众与很多新闻事件和新闻当事人之间是有距离的——远离新闻现场，与新闻当事人隔着很远的距离，无法从第一现场得到消息，只能依赖媒体记者的报道，通过报纸或电视这些"媒介"来了解事实和真相。而新媒体的崛起则打破了这种传统的信息传播格局，在很多事件上，公众无须依赖"媒体"这一"中介"便可以直接接收各种信息，公众与新闻事件之间越来越没有了距离感。

很多事件，都是源于微博的策动，话题和线索从微博发起——起于微博，兴于微博；以微博为主战场，新闻当事人和主角都通过微博发布信息，网民也通过微博围观、推动事件的进程。在这样的自媒体传播格局中，传统媒体的存在似乎变得多余了，因为微博就是第一现场，公众在围观中可以直接看到当事人的诉说和事件的进程，而无须多此一举地再借助传统媒体的报道。典型如微博上的一系列反腐事件，传统媒体的报道多跟着微博走，人们在微博上可以看到比传统媒体更直接和丰富得多的信息。

公众与新闻现场和当事人没有了距离感，这是新媒体赋予公众的一大福利，但对公众的媒介素养也是很大的考验。起码考验着公众在无距离地面对一个让自己义愤填膺的信息时，该如何克制激情和冲动而做出理性的判断。

哲人说，距离产生美；网友调侃说，距离产生第三者；我想说的是，距离还产生作为旁观者应有的客观和理性。在很多事情上，我们都期待着近距离的接触，以为距离越近，靠得越近，甚至零距离接触，身临其境近在眼前，才能看到更多和更真实的信息。然而，有些时候，距离越近，反而越妨碍我们看到事件的全貌；听新闻当事人在自己眼前诉说，反而影响我们做出客观的判断。没有了距离，也就没有了理性判断所需要的时间和空间，容易被情绪和激情所感染而远离真相。

当一个新闻当事人在微博上诉说着自己某种受迫害经历时，比如拆迁受到不公平待遇，遭到当地官员的打压，被逼得家破人亡，这样的诉说非常符合我们的想象，也击中了我们的同情心和对强权的怨恨，因此我们会轻易地被这样的诉说牵着鼻子走，而忘记了去审慎地判断他说的到底是不是真的。当少数网友利用人们对某种现象的痛恨，制造一些故意找骂找抽的信息来吸引人气时，网民们也非常容易急吼吼地跳进炒作者设置的话题陷阱，而失去了理性的判断力。新媒体上充斥着类似信息，它总能在某个"点"刺激你的道德神经，或让你义愤填膺，或让你暴跳如雷，或让你目瞪口呆。

因为我们与这些信息之间没有任何距离感，没有防火墙，没有过滤器，没有传统媒体这一"媒介"，我们很容易被这些信息操纵者所植入的情绪感染，冲动地做出非理性的判断。所以，作为法国著名社论家的雷蒙·阿隆，一直主张做一个"公正的旁观者"，拥有一个冷静的旁观立场，不带感情。评论家鄢烈山概括为："就像一个科学家研究某一个对象，你是研究动物、植物，研究细菌的，你不能带着感情来研究，应该是旁观的介入者的态度。"[5]

桑德尔在《公共哲学》中提到一个场景，"在对俄克拉荷马爆炸案的主犯进行审判时，法官理查德·麦奇一边允许一些受害者作证，一边排

---

[5] 引自鄢烈山的演讲《中国近10年来时评发展状态》，南方网，2008年4月25日。

除使用带有情感因素的证据,如诗、结婚照片和一个妈妈在爆炸中丧生的 9 岁小孩的证词。法官痛苦地排除那些可能引发或激发陪审团对所造成的巨大悲痛的复仇或同情的情感证词,他说,这些情感'对被告是否应被判死刑做出一个恰当的、深思熟虑的判断,是不合适的'。"[6]法官的这种审慎,对于那些热爱用一些煽动性词语的评论员是一种警醒。

在这方面,李普曼堪称典范,他总是相信,"当一个新闻记者在他的热情受到控制之前,一直都不应该动笔。有一次他还告诫约翰·米勒(另一个评论员),在自己正确的时候要克服不必要的激情。在李普曼生涯中,他以一个冷静的观察者的身份同大权在握的人说话,这个观察家有时也有强烈的见解,但是他表达得稳健温和。"[7]李普曼不仅与激情保持着距离,也在与政治人物保持着既能成为可靠信源又不影响理性判断的距离。他一直认为,"在高级官员和报人之间必须要有一定的距离,倒不是说要有一道墙壁或者一道藩篱,但是要有一个空间上的距离。"[8]

八、时评写作中常用的几种思维

接下来,我将介绍几种时评写作中常用的思维。

(一)逆向思维

逆向思维跟跳跃思维有点类似,都是拒绝被记者的报道牵着鼻子走,拒绝被常态的理解所困扰,而尝试一种新的观察角度。逆向思维可能比

---

[6] [美] 迈克尔·桑德尔:《公共哲学:政治中的道德问题》,朱东华、陈文娟、朱慧玲译,北京:中国人民大学出版社,2013 年,第 94 页。

[7] [美] 罗纳德·斯蒂尔:《李普曼传》,于滨、陈小平、谈锋译,北京:中信出版社,2008 年,第 501 页。

[8] 同上书,第 486 页。

跳跃思维更好掌握，因为跳跃思维通常不知道往什么方面跳，需要偶然的灵感，而逆向思维则有明确的方向——往相反的方向去思考。

一般人常态的思维都是正向思维，会沿着某种既定的和常情常理常识的思考次序去看待事物，这样的文章，千人一面，往往难以有新的思想突破和认知价值。而如果反向去思考一下问题，就会有许多新的发现。

比如心理学家塞里格曼的著名实验"习得性无助"，他把狗分为两组，一组为实验组，一组为参照组。第一个程序：实验者把实验组的狗放进一个笼子里，狗无处可逃。笼子里面还有电击装置，给狗施加电击，电击的强度能够引起狗的痛苦，但不会伤害狗的身体。实验者发现，狗在一开始被电击时，拼命挣扎，想逃出笼子，但经过再三的努力，发觉仍然无能为力，便基本上放弃挣扎了。第二个程序：实验者把这只狗放进另一个笼子，该笼子由两部分构成，中间用隔板隔开，隔板的高度是狗可以轻易跳过去的。隔板的一边有电击，另一边没有电击。当把经历前面实验的狗放进这个笼子时，实验者发现除了短暂时间的惊恐外，狗一直卧在地上，接受着电击的痛苦。在这个原本容易逃脱的环境中，狗连试一下的愿望都没有了。然而，有趣的是，当实验者将参照组的狗，即那些没有经历第一个实验的狗直接放进后一个笼子里，却发现它们都能逃脱电击，轻而易举地从有电击的一侧跳到没有电击的另一侧。

那只"习得性无助"的狗，陷入惯性和套路思维——眼前有一扇可以逃脱的门，可就是看不见。

在微博上流传着一个关于逆向思维的段子，也能帮助我们认识逆向思维："大爷挑了三个西红柿放到秤盘里，摊主说：'一斤半，三块七。'大爷说：'我就做个汤，用不着那么多。'说完，去掉了个儿最大的那个西红柿。摊主迅速又瞧一眼秤：'一斤二两，三块。'正当我看不过去，想提醒大爷注意摊主的秤时，大爷从容地掏出了七毛钱，拿起刚刚去掉的那个大的西红柿，扭头走了。"

（二）联系思维

很多时候，时事评论都是在考验评论员将不同的新闻事件联系在一起的能力。每天都会发生很多新闻事件，事件之间往往都有着某种联系，或者是具有某种共性，或者有某种隐秘的因果联系，或者联系在一起谈能揭示出某种规律，或者有着非常强烈和鲜明的对比……什么叫意义，意义其实就是一种联系，如果这件小事跟那件大事之间产生联系，那么，这件小事就有了意义。

揭示某个事物的意义，往往是靠这种联系思维展示出来的。将表面上看起来并不相关，甚至完全是两回事的事件联系起来，凸显出某种道理或意义，这是一种能力。

时评写作中最常用的思维应该是联系思维，因为评论员每天都关注着时事，他们的大脑中储备着非常多的时事，当他们看到今天发生的某个新闻时，会自然地想到某天发生的另一件相似或者相反的新闻，自然会联系起来并产生一种观点。

我在写作中也经常使用联系思维，比如《容纳尖锐批评，笑纳"真帅真快"才有意义》一文，运用的就是联系思维。宁波钟公庙派出所破获了一起医院内的盗窃案件，成功将嫌疑人抓获。受害人事后送来了一面锦旗，上书八个大字"长得真帅，办案真快"。媒体还梳理了一系列相关新闻，背后都有着温暖的故事："破案神速，救我狗命"——一个市民丢了狗，值班民警很快帮其找到，市民送了这面锦旗。有民警收到过一面群众通过快递寄来的锦旗，上面一连用了六个"好"字赞誉当事民警。还有民警的妻子"怒"送"生日快乐"旗——某天，民警孙警官收到一面锦旗和一束鲜花，这次送锦旗和鲜花的不是一般群众，是他的妻子。原来，昨天是他的生日，在家准备了一桌菜的妻子收到他要加班的通知，

"一气之下"定制了这份特殊的礼物送到派出所!

看到宁波的这条新闻,我立刻想到了"相反"的一些新闻。比如,《华商报》曾报道,某地交警大队门前出现一名男子,他在鞭炮声中将一面锦旗交给民警,上写"胡乱作为,以权谋私",引来不少人围观。起因是当事人不满一起交通事故的处理。另一个案例是,有人认为当地环保局治污不力,给相关部门送"不作为"锦旗。此外,还有"村民心中最不作为奖""违法乱纪先锋""损人利己"等锦旗。

我将这些新闻联系在一起,这样评论道:"比起'长得真帅,办案真快',这些打脸的锦旗确实打脸打得火辣辣的。'长得真帅,办案真快'被当作佳话广为宣传,可那些刺耳刺眼的锦旗呢?很少有被当事部门笑纳的,送'锦旗'者下场多很惨,多被以各种罪名拘起来了。虽然锦旗上的批评不一样,但罪名大同小异,有的是扰乱单位秩序,有的是寻衅滋事。送的都是锦旗,但表达都比较另类,褒扬的被大肆宣扬,批评的拒之唯恐不及,还报复性地执法,这种对比让人心里很不是滋味。"

在评论的后面,我做了这样的抽象提升:"容忍批评,笑纳表扬才有意义;坦然面对'最差'评价,'最帅''最牛'才更凸显出价值。总觉得有些部门的'批评耐受力'越来越差了,被'自拍美颜'惯出了坏毛病,越来越娇气,碰一下就不得了,动辄对民众批评上纲上线。老百姓在微信群里发一句牢骚,就事论事批评一下相关部门的执法,又没形成传播和造成恶劣影响,竟然被拘起来。光拣好听的,只爱马屁体,把自己关进表扬的温床,关进舒服的信息茧房,把自己与真实的民意隔离起来,耳朵舒服了,心灵却封闭了,民意堵塞了。"

这样的联系和对比,产生了一种非常强的批判效果。

(三)归纳和提炼思维

时评写作中的归纳思维,就是对一段时间以来发生的类似新闻、类似事件进行归纳，或对某种带着共同问题的社会现象进行提炼，总结为某种现象。这种思维，考验的是评论者的归纳和提炼能力。

归纳，不能生硬地将一堆新闻放到一起，它们之间得有联系。提炼，要能精辟和恰如其分地反映其共性，而不是生搬硬套、牵强附会。

我写过一篇文章《中国式年底政治经济学》，运用的便是归纳和提炼思维："'年底'，不仅是一个简单的时间概念，它更成为一种官场现象，勾勒出极具中国特色的'年底政治经济学'，把我们的一些政治陋习和官场痼疾暴露得淋漓尽致。而这个'年底政治经济学'的核心在于，万恶的任务指标化和完成率。因为年底要进行考核，各部门要赶着完成任务，如警察的罚款指标、财政部门的花钱指标、法官的办案指标、政府的GDP目标……在这样的指标指挥棒下，有了中国官场独特的'年底政治经济学'。"

我的另一篇文章《"被"字一语风行后的权利焦虑》，运用的也是归纳和提炼思维。我将一系列"被字句"归纳起来——被就业、被捐款、被统计、被代表、被失踪。我从"被"字的一语风行中，看到了这个别扭的被动语态描述着中国人作为一个公民别扭的被动现实。以"被"字为前缀的词组，它实质上描述的是一种"受人摆布"的不自主状态，一种弱势的权利受强势的权力任意玩弄的被动状态。

（四）对比思维

对比思维其实属于联系思维的一种，但因为对比思维经常被使用，所以将其单列开来谈。正像当白色与黑色放在一起时，能更反衬出一种颜色的纯正，让人更感受到颜色的鲜明特征，说理也是如此，通过对比思维，人们更能加深对某个道理的理解。

比如，我写过的评论《那些站着的小孩，那些坐着的大人》《富人的保险和穷人的保障》《平民的门可以敲，领导的门谁敢敲》《不明真相的群体与眼睛雪亮的群众》等,运用的都是对比思维。

(五)辩证思维

辩证思维也就是我们常说的辩证法,即用辩证的眼光看问题,从看起来不太好的事情中,看到好的一面;从好事中看到隐忧,敏锐地捕捉到硬币的另一面。常人看问题,因为利益所系和见识所限,常常习惯于只看到问题的某一面,偏好了片面评价,习惯了非黑即白的二元思维。写评论时,如果能辩证地分析问题,常能做出让人耳目一新的判断。

比如我的文章《体贴"穷人的无奈之恶"是一种善》,遵循的就是辩证思维:"像占道经营之类的行为,穷人的无奈之恶,也是恶,可如果政府能体贴这种恶,体贴他们的无奈,在治理中有意忽略穷人的这种无奈之恶,算得上是一种善行。"此外,我还写过《对有些恶放弃干预,有时也是一种法治》:"法治并不是致力于消除每一种恶,当成本过高,或根本无法用法律的途径去解决时,法律放弃干预,认识到法律的局限,这也是一种法律思维。"这些都是对辩证思维的运用。

(六)发现思维

发现思维是对评论员的较高要求,要求你不是跟着记者的新闻报道走,不是对别人提供的新发现、挖掘出的新问题进行阐释,而需要以敏锐的洞察力,去发现隐藏在社会表象中的问题。评论员不仅要去追逐热点,还要通过自己锐利的观察,去发现问题,提起一个议题,并使该议题成为公众关注的热点。

这需要评论员在日常生活中对社会有深入的观察,并带着思考和问题去观察。比如,在一次交罚款的经历中,我就发现了一个公众从未关注过的问题——行政规章中有一个很有趣的小秘密,政府部门要求老百姓履行某个义务时,使用的一般都是"天";而规定政府部门向老百姓履行某种义务时，用的都是"工作日"。15个工作日，是三周，即21天；而15天，只有两周，即10个工作日。

这个发现使我认识到：政府部门对老百姓的义务以"工作日"计量，而老百姓对政府部门的义务，则以"天"计量。"天"与"工作日"的差别，就是官民不平等最隐秘、最形象的体现。当我将这个"发现"写出来之后，引起了网民和读者强烈的共鸣。类似这种隐秘的不平等，在生活中每天都存在着，但很少有人能关注到，一旦说出来，大家立刻会产生恍然大悟之感。

九、警惕闭合思维

闭合式的逻辑链是指，以先入为主的结论封闭自己的思维。比如，看到一篇评论，谈"北大哲学系被公认为'长寿系'的启示"，文章分析北大哲学系高龄教授多，认为学哲学更长寿。这便是属于一个闭合思维的判断，顺着这个结论可以找到很多支撑的理由，那些理由其实都是"找"出来的解释而已，而不具有逻辑上的强论证效力，因为闭合思维屏蔽了那些相反的案例。

塔勒布在《黑天鹅》中批判了人类在迫切总结规律时所形成的思维封闭，扭曲了事物，他说："作为灵长类中的人类，我们十分渴求规律，因为我们需要把事物简化，好让它们进入我们的头脑，或者说我们可以将它们挤进自己的头脑。信息越具有随机性，事物越复杂，因而越难以概括。你越概括，让事物越有条理，随机性就越低，因此，正是我们的简化行为使我们以为世界的随机性比实际上小。"[9]

---

[9] [美]纳西姆·尼古拉斯·塔勒布：《黑天鹅》（第3版），万丹译，北京：中信出版社，2011年，第70页。

人脑是很有欺骗性的，研究人脑的专家告诉我们：人类的头脑是一台非常了不起的解释机器，能够从几乎所有的事物中分析出道理，能够对各种各样的现象罗列出各种解释。通过一种事后决定论的机制，我们会找到"原因"，实际上，是我们需要的"原因"。确实，柴静在《看见》中也反思了，"人往往出于防卫才把立场踩得像水泥一样硬实"。

评论应该有一种开放的视野，帮助读者打开思维，而不是封闭读者的思维。塞缪尔·早川曾谈道："在写给大众看的杂志里，极少会有作者依赖读者自己的能力让他们自动获得结论。为了不让读者'费心''劳神''伤脑筋'，作者总是直接就替他们做出判断，越是低级的杂志，这种现象也就越明显。反之，高级杂志的走向却是更多地依赖读者自己进行思考，当事实看上去一目了然的时候，他们就不下判断，或者每下一个判断，必定会提供相当多的事实，以便读者若是愿意，完全可以自由地另下判断。"[10]

---

[10] [美]塞缪尔·早川、[美]艾伦·早川：《语言学的邀请》，柳之元译，北京：北京大学出版社，2015年。

第十四讲 评论写作中的因果判断

评论最简捷最常用最直观的分析工具,就是因果判断。虽然简单直接,但最容易出问题的就是因果判断,因为很多人对因果判断的思维都存在着一种单向、单一、线性的认知模式,而看不到问题的多元性、复杂性、条件性和矛盾性,看不到两个事物之间双向、多元、耦合、非线性的复杂关系。

> 街上一个酗酒肇事的司机,被一个深刻的警察遇到,他不去抓这个司机,却听信辩护律师的深刻辩解,去追捕酒店老板,追捕酿酒的厂商,直至追捕一千年前第一个发明酿酒的人。
>
> ——悉尼·胡克

梁启超认为:"天下之理,不外因果。"我们看待事物之间的关系,最直观的理解,是寻找它们的因果关系。道理跟因果密切相关,讲道理,就是找一个原因,或者分析某个原因所导致的结果。而人类理性化的过程,是把关系纳入因果分析的过程。人类思维中有一种根深蒂固的因果癖好,人们觉得,只有清楚地掌握了一个事物发生的机制,看到因果关系,才了解、看透并掌握了这个事物。因果分析垄断了评论判断的绝大部分,堪称"因果帝国主义",因此可以说,评论最简捷最常用最直观的分析工具,就是因果判断。

虽然简单直接,但最容易出问题的就是因果判断,因为很多人对因果判断的思维都存在着一种单向、单一、线性的认知模式,而看不到问题的多元性、复杂性、条件性和矛盾性,看不到两个事物之间双向、多元、耦合、非线性的复杂关系。比如,关于原因,有的是看得见的现实近因,有的是看不见的历史远因;有的是强相关的原因,有的是弱相关的原因;有的是单因多果,有的是多因单果;有的是原因的原因的原因,有的是结果的结果的结果;还有,并不是每一件事情都有原因,比如马航失联,原因是什么,也许永远是个谜。

塔勒布在《反脆弱》中分析过一种叫"副现象"的因果错觉。"当你站在船上的驾驶台或舰长室，面前放着一个大罗盘时，你很容易形成一种印象，以为罗盘在指引船只行进的方向，而不仅仅是反映船只前进的方向。我们看到富裕和发达国家的学术研究水平很高，这让我们不加批判地认为，研究能创造财富。在一个副现象中，当你看到 A 时，通常都会看到 B，所以你很可能认为，是 A 引起了 B，或 B 引起了 A。人们很容易掉进这个陷阱，副现象引发社会行为，事后又为行为寻找合理化的解释。"[1]在分析历史事件时，最容易陷入这种假性因果的陷阱。

塔勒布的这个见解击中了很多直观认知的要害，他说："理论和实践之间的重要区别恰恰在于对事件顺序的观察，并在记忆中保留那种顺序。如果生活是向前的，而记忆是向后的，那么，正如叔本华观察到的，书籍会加剧这种效果——我们自己的记忆力、学习能力和本能都有内启的顺序。毫无亲身经历的人站在今天的时点上回顾过去，往往会在因果关系上产生错觉，主要是打乱了事件本身的顺序。"[2]

比较一下这两句话："国王死了，王后也死了。""国王死了，接着王后死于悲伤。"小说家福斯特做的这个比较，说明了信息的简单罗列与情节的差别。塔勒布说，"虽然第二句话中增加了信息，但实际上减少了整体复杂性，第二句话读来更为轻松和易于记住"。[3]然而，在"易于记住"的同时却可能扭曲了事实。因果关系的强迫症使人们用单向线性去理解时间，历史和事实因此被扭曲。

我们在做因果判断时，一定要学会还原，还原到具体场景中，考虑

---

[1] [美]纳西姆·尼古拉斯·塔勒布：《反脆弱：从不确定性中获益》，雨珂译，北京：中信出版社，2014年，第160页。
[2] 同上书，第161页。
[3] [美]纳西姆·尼古拉斯·塔勒布：《黑天鹅》（第3版），万丹译，北京：中信出版社，2011年，第70页。

到多元复杂的关系，才能做出不扭曲事实和逻辑的因果分析。先确认是有关系的，再分析是什么关系，否则，很容易陷入思维的荒谬中。

一、防范假性因果的新闻诱惑

某次浏览某网站新闻，看到该网站汽车频道的头条新闻——《司机高速摆剪刀手调戏监控，被扣 12 分》。这个标题让人觉得很难理解，在高速上摆剪刀手调戏监控，虽然不太雅，但也不至于扣 12 分吧。不是提要"依法治国"吗？交警怎么能这么情绪化执法？被调戏后就报复性地扣 12 分，这完全是非法处罚啊。

细看新闻才知道，又被"标题党"误导了。事实根本不是"摆剪刀手调戏监控被扣 12 分"，而是此人为了逃避电子监控的抓拍，把号牌遮起来，经过电子监控时，觉得自己不会被查到，就很得意地对着监控做了一个 V 字形手势。警察从监控中看到后，对其进行了拦停处理，并对其遮挡号牌的违法行为，依法处以"罚款 200 元、记 12 分"的处罚，并扣留其机动车驾驶证。

细读新闻之后，才能识别这种故意误导公众的"标题党"。然而，如今细读新闻的人太少了，不知多少人被该标题误导并痛骂警察霸道。

想起之前看到的另一条新闻——《一游客看风景眼球转动太快，致视网膜脱落》。标题也非常吸引人，可细读新闻便会生出很多疑问，把可能的相关性当成了因果关系。首先，是不是"看风景"与"眼球转动太快"有因果关系？其次，是不是"看风景眼球转动太快"与"视网膜脱落"有因果关系？事实上，医生也没说视网膜脱落是看风景导致，而是此人眼睛一直有问题，碰巧是在旅游看风景时视网膜脱落了。"看风景眼球转动太快，致视网膜脱落"，纯粹是记者的想象。

网络"标题党"有很多吸引人注意的骗术，如靠悬念、靠耸人听闻，靠诱导想象，靠贴标签，而使用得最多的就是这种屏蔽关键事实的假性因果。就像前两条新闻，如果没有"摆剪刀手调戏监控""看风景眼球转动太快"这种噱头，以及诱导的因果关系，仅仅是"遮挡车牌被扣12分""旅游时视网膜脱落"，根本不算新闻。为了制造新闻，不惜扭曲事实和屏蔽关键事实。

因此，当我们在网上一看到某个反常识的奇闻时，千万不要立刻开骂和吐槽，首先要去细读新闻，是不是记者屏蔽了某个关键事实，或为了叙述的简单而省略了关键信息，或为了营造冲突而屏蔽了中间的链条。这种虚构因果的"标题党"，迎合和利用的正是受众的浮躁——只看标题不读内容，只看猎奇不看事实，偏爱简单回避复杂。看新闻时浏览标题一闪而过，思维很容易中毒。

然而，做这类无节操标题的"标题党"似乎还有很道理——不做这样的标题，谁还看这样的新闻，点开看内容不就明白新闻事实了？——其实，这已经涉嫌制造假新闻了，因为标题也是新闻的一部分，标题如果反事实，关键新闻要素也就违背了事实，就是假新闻。另外，虽然那些点开标题看内容的读者了解了事实，但一定会回过头来骂"标题党"。因此，"标题党"贡献的不是阅读率，而是伤害了媒体的公信力，毒害了新闻的品质。

网上的很多段子，都是利用假性因果的逻辑谬误而制造的"笑果"。比如这条段子："钓鱼岛对峙的关键时刻，薛蛮子嫖娼了；马航失踪的关键时刻，文章出轨了；越南排华的关键时刻，黄海波嫖娼了。"一个热点覆盖另一个热点，很多时候都是自然的先后发生，如此进行生硬的关联，很容易诱导公众进入阴谋论思维，去想象背后的人为操纵。

歌手萧敬腾的"雨神"传说也是一样。据说，他在各地出席活动时遇雨概率高达83.3%！"雨神"真的这么神吗？中国气象局官网正儿八经统计了一次，发现在"雨神"43天的出行中，共有26天遇到了降雨，占总数的60.46%。——其实，如果样本足够大，时间是平均的，遇雨率也有一个回归平均的过程，跟"雨神"一点关系都没有。偶然因素伴随不断的关注而让人觉得是一个普遍现象，就像当人怀孕了更容易发现孕妇，开着奔驰车的人也更容易看到路上的奔驰。

经济学家丹尼尔·卡尼曼认为，"人们有一种因果癖好，常常会夸大所见事物的相容性和连贯性"。他举了一个例子，"'二战'期间，火箭弹在伦敦密集地轰炸，人们普遍相信爆炸不可能是随机的，一些人猜测没有被炸的地点住有德国间谍。对不明显的原因进行随机调查必定是劳而无功。人们常常会被偶然随机的结果所误导，被诱引着去寻找原因"。[4] 这种假性因果思维，会导致我们走向强迫症，强硬地在两个不相关的事物间构建一种联系，轻则成为强迫症患者，重则沦为盲从和迷信。

掩耳盗铃的逻辑，多难兴邦的误解，一些地方把治安变差归咎于媒体报道，把人们对食品安全的抱怨归咎于媒体报道……这些都陷入了假性因果的误区。

二、简单的单一归因，粗暴却无力

先看看这个案例："甘肃农妇杀子案震惊了舆论，母亲先残杀四个孩子，后自杀，几天后丈夫又自杀。短短八天时间，一家六口离奇死亡，人伦惨案完全突破了公众的想象力。"离奇的惨案让舆论陷入了压抑和沉闷，沉重得让人窒息，让人喘不过气来，不敢想象那血腥和残忍的一幕，无法想象是什么原因让一个母亲将斧头挥向自己的四个孩子，无法想象是怎样一种绝望和病态才让一个人做出这样的疯狂决断，惨绝人寰，让

---

[4] [美]丹尼尔·卡尼曼：《思考，快与慢》，胡晓姣、李爱民、何梦莹译，北京：中信出版社，2012年。

人不敢正视。

舆论对这起让人感觉匪夷所思的惨剧有很多评论，有的感慨他们是"盛世中的蝼蚁"，用文艺抒情逻辑臆想出一个强大而无形的施害者，称"他们被毫无怜悯地刻意甩下、遗弃，甚至无情碾压"。有的反思贫穷，有的批判盛世与惨剧的格格不入，有的急于撇清政府的责任，有的则批判舆论的滥情。自媒体太多，事实不够用，各种观点粉墨登场，舆论的撕裂和阶层的对立，在对此惨案的反思中再一次淋漓尽致地表现出来。

各方的观点，都带着一个鲜明的特征，即对悲剧进行归因——如此突破人性常情的惨剧的根源，到底在什么地方？都在归因，只不过矛头指向不一样；都在归因，而且这些归因都有一个共同点，就是"单一归因"——努力寻找一个单一、强大、简单、清晰的原因去解释，指向一个矛头，得出一个结论。自以为是的单一归因，就是舆论场上纷争、撕咬、混乱、对抗的逻辑之源。

具体来看看这些单一归因。很多人把问题归因于贫穷——贫穷导致极端悲剧，似乎是顺理成章的悲情逻辑，甚至有人悲愤地感慨"朱门酒肉臭，路有冻死骨"；从新闻报道看，确实穷得让人心酸心痛。有人归因于绝望，比贫穷更可怕的是看不到任何希望，被最后一根稻草压倒了。有人归因于愚昧、封闭，导致极端非理性的举动。有人归因于农村妇女的心理贫困，分析农村的自杀现象。有人谈失去低保后的郁闷，有人谈家庭矛盾引发的危机，还有人把问题归咎于倒插门女婿、邻里矛盾、精神病等。

一直关注几大媒体对这起惨案的报道，记者都在采访中追问原因，可从几篇报道来看，困惑的记者们都非常谨慎，没有给出原因，原因仍是一个谜，无从知晓那个母亲的动机。现场采访、掌握着很多事实的记者表现得很谨慎，而远在千里之外的自媒体和评论家们却都无比自负，仿佛事实和真相在握，斩钉截铁地做出很多单一归因。

面对农妇杀子惨案，任何一种单一归因可能都是苍白无力的，也许并不是某一个原因制造了悲剧，而是多重原因累积在一起，从而压垮了人的内心。贫穷并不必然导致问题，绝望并不必然指向极端，邻里矛盾、家庭矛盾、丈夫常年在外打工、倒插门因素、愚昧、失去低保，等等，没有一个单一原因会让人做出如此残忍的举动。很多时候，这样极端的个案是多种原因纠缠在一起的，直接原因与间接原因、环境原因与人格内因、长期原因与短期诱因、主要原因和次要原因，诸多原因互相激发、互相强化、互为因果。贫穷和贫富差距是大环境，这是无法回避的，如果任何个案都简单地归因于这个"大原因"，站在道德高地，但思维却很偷懒，会在宏大抽象的批判中忽略了"可解决"的真实问题。

人们习惯迫切和单一地归因，简单粗暴，一个解释，一目了然，手持简单的原因，就仿佛掌握了事实全貌和发展逻辑。批判了贫穷，抒发了"盛世的蝼蚁"，就觉得自己已履行了正义的使命；谈完了绝望，就感到已经可以得出结论了；骂完了体制，就认为已触及最深层的原因；把政府部门批判一番，就觉得自己已完成了一次壮举；评了愚昧无知，谈了可能的精神病理，抓住了一个方面，就觉得已经终结了话题。手持单一原因，排斥其他原因，坐井观天，作茧自缚，关进了自设的逻辑牢笼，陷入了思维的盲区，越想越有道理，其实离复杂的事实越来越远。

每一个事件中，基本都会有这种用一个强大的单一原因阐释复杂事实的企图，因为适合传播，便于找一个矛头去批判，简单的结论也便于公众接受，还显得很深刻。我们应该克制这种单一原因的逻辑诱惑，以免被单一原因自误、误人。起码从既有报道看，甘肃农妇杀子案的原因不是单一的。

每个人都固执于自己臆想的单一原因，站在道德高地和逻辑高地，自然就没有了交集，谁也说服不了谁。世上本来有真相，但是在各种单一原因的自我强化中，真正的事实被抽象的讨论虚化了。抛开单一归因的逻辑，贴近事实层面去讨论，也许才更能找到原因，从而让问题变得有解。

丹尼尔·卡尼曼曾提到一个案例："三十岁到四十岁之间的公共汽车司机，100人里有90人患有胃病。这似乎传递了强因果关系，司机容易得胃病，但能做出这样的判断吗？我们没有理由得出'开公共汽车与胃炎之间有某种特殊联系'的结论。我们还需要知道在三十岁到四十岁之间的非公共汽车司机的人中的胃病发病率。在进行后一种人取样的时候，既要有从事相近职业的，也要有迥异职业的。"[5]

很多事物的关系中都有诸多变量，但人们往往只看到几个定量就仓促进行因果分析。比如，著名的德拉赫腾效应告诉我们，"管制行人过马路要比允许行为随意穿过马路导致的死亡人数更多，为什么呢？一个变量在于，驾驶员需要由危险感带来的紧张和压力帮助提高他们的注意力和风险控制力，这不是增加外部监管可以替代的。有人用荷兰小镇做实验，所有的道路标志都拆除了，这种放松管制的做法反而提高了交通安全状况，证实了人们注意力系统的作用。没有对这种变量的认知，仅仅做单一线性的因果判断，是会出人命的。……生活中削足适履的典范莫过于简化非线性事物，使之呈现出线性。这种简化扭曲了事实。"[6]

三、原因的原因的原因，不是原因

重庆公交坠江悲剧发生后，舆论也在习惯性地归因，到底是什么原因导致了这个悲剧？有人指向那个跟司机吵架、抢司机方向盘的女乘客，

---

[5] [美]丹尼尔·卡尼曼：《思考，快与慢》，胡晓姣、李爱民、何梦莹译，北京：中信出版社，2012年。

[6] [美]纳西姆·尼古拉斯·塔勒布：《反脆弱：从不确定性中获益》，雨珂译，北京：中信出版社，2014年。

批评她"错过的只是一站,而其他22个人则错过了一生"。有人指向司机,认为无论如何,司机这个掌握方向盘的人应该承担最大的责任。还有人指向了那些乘客,认为是乘客的冷漠促使了悲剧发生,如果有人劝一下架,或者阻止一下那个女乘客,悲剧就不会发生。当然,还有把矛头指向公交管理部门,为什么在司机与乘客间不设隔离栏,还有人质疑大桥栏杆的标准,为什么这么不经撞?这些都是尝试进行因果分析,进行归因,谁才是罪魁祸首。

马少华的一篇评论谈到了一个很有意思的归因现象:"最可恨的人,并不是那个最有责任的人。"当然,两个吵架的人,对这起事故负有直接责任,官方的通报也做了这样的认定:"乘客刘某在乘坐公交车过程中,与正在驾车行驶中的公交车驾驶员冉某发生争吵,两次持手机攻击正在驾驶的公交车驾驶员冉某,实施危害车辆行驶安全的行为,严重危害车辆行驶安全。冉某作为公交车驾驶人员,在驾驶公交车行进中,与乘客刘某发生争吵,遭遇刘某攻击后,应当认识到还击及抓扯行为会严重危害车辆行驶安全,但未采取有效措施确保行车安全,将右手放开方向盘还击刘某,后又用右手格挡刘某的攻击,并与刘某抓扯,其行为严重违反公交车驾驶人职业规定。因此,乘客刘某和驾驶员冉某的互殴行为与危害后果具有《刑法》意义上的因果关系,两人的行为严重危害公共安全,已触犯《刑法》第一百一十五条之规定,涉嫌犯罪。"

在这个事故中,乘客刘某与司机争吵,并攻击司机,司机还击,最后导致公交车失控坠江。乘客刘某是公交车坠江"原因的原因",靠得很近,也很直接,这一原因是强相关的,所以从法律角度看,女乘客的行为也危害了公共安全。但把矛头指向乘客,就不对了。没有乘客劝架,导致的结果是两个人吵架不断升级,这是有因果关系的。但吵架不断升级,最后导致公交坠江,这是其他乘客所无法预期的,不能把公交坠江跟乘客不劝架扯上关系,让乘客为悲剧负责。那篇《22路公交车上没有一个冤魂》的评论文章完全是胡扯，所谓"雪崩的时候，没有一片雪花是无辜"，用在这里，属于胡搅蛮缠。

原因的原因的原因，不是原因，也就是说，随着推理和延伸的层次越来越远，其间的关系越来越弱，弱到最后不相关了。

比如这条新闻《人没了，药还在路上》："10月9日，杭州王先生买了10支救命药'申捷针'，选择某品牌快递送回老家，并强调：'这是抢救病人的急需药。'快递员承诺4天内可送达。随后，却发现药品被运到了昆明。13日，王先生的亲戚被医院宣布脑死亡，而快递还在路上。媒体从快递客服处了解到，可能是人工分拣失误，导致本该发往四川的快递发到了昆明。"

"人没了，药还在路上"——这样的描述很有新闻戏剧冲突效果，在"人没了"与"药还在路上"之间构建了一个很强的因果链条，暗示快递要为晚送的后果负责，实际上这个链条是不存在的。从逻辑上来看，原因的原因的原因，不是原因；后果的后果的后果，不是后果。

第一，"药晚送了"跟"人死了"，到底有没有直接的因果关系，或者是不是死亡原因之一？从新闻看，显然不是，"救命药"是夸张的说法。第二，即使这药真是救命药，快递变成慢递，耽误了救命，要不要为病人的死亡负责呢？从法律角度看，显然也不需要，医生都承担不了这种责任，何况快递。快递是收费送东西的，却要承担救命的责任，这不太公平。

消费者与快递之间是基于"在一定时间内把东西送到"所形成的契约关系，最晚多长时间要送到，在条款中是有约定的。就拿这件事来说，快递约定是4天内送到，如果快递因自身原因（人工分拣导致的失误）延误了，那么可以据此索赔；如果寄丢了，可按保价进行索赔。从法律角度看，快递只能承担相应的时效责任，而不对时效性做无限连带责任，这是什么意思呢？也就是说，不能"因为没有及时送到所导致的后果"

向快递索赔,这个后果是你在选择快递时应该自己去衡量和判断的,而不能推给快递。

比如说你坐飞机,航班如果因为机械故障延误了,航空公司是要赔偿乘客的,但这个赔偿只是对延误的赔偿。不能说,本来要到广州谈一桩大生意,航班延误导致一个亿的生意黄了,让航空公司来赔,这属于耍无赖。航空公司收取的是交通运输的费用,只能承担相应的赔偿责任——无论你是去广州谈一个亿的生意,去广州开重要的学术会议,还是去旅游,跟延误赔偿没有关系,航空公司只对延误承担协议的赔偿责任,而对"后果的后果的后果"不承担责任。付什么样的费用,就享有与付费相对称的权利。

作为消费者和公众,人人常常对自己所付的费用有一种不切实际的单方期待,比如到医院看病,有些人觉得付钱了,医生就得把病看好,治不好就去闹,这便是对关系的一种错估。买了飞机票,就觉得飞机得把自己"准时"送到目的地,这种错误期待也制造了很多冲突。只有了解了付的是什么样的钱,买的是什么样的服务,厘清了权利与义务的清晰关系,才不会犯浑。当下很多消费者的过度维权,动辄把自己当大爷,动辄对服务员呼来喝去,问题就出在没摆正权责关系定位。

既然是救命药,应该选择那种能够保障救命的绝对靠谱方式,比如自己坐飞机送过去,或者托信得过的熟人带过去,付出相应成本,确保万无一失。而选择快递这种方式,就要预期各种可能出现的失误,承担各种可能被耽误的风险。

看看这条微博《济南私家车没有避让救护车遭怒斥,患者不幸死亡》:"2月28日济南一辆救护车鸣笛示意让路,一辆私家车不但没有让路,甚至故意阻挡急救车。当天救护车上严重创伤的病人经抢救无效死亡!现场一段非常短的监控视频曝光。看完可能会非常心塞,为生命让一条路不好吗?"标题里也隐含着一种因果判断——私家车没有避让救护车,患者不幸死亡。私家车没有避让救护车，当然应该受到谴责，但"患者不幸死亡"是不是私家车不避让导致的，需要医生诊断后做判断，不能构建直接的因果关系。

再看另一篇评论《刻章救妻的悲剧不要再发生了》，评论的新闻是："2007 年，廖丹的妻子被查出尿毒症，因没钱给妻子治病，廖丹找人私刻了医院的收费章，以免去高额透析费。多年未被发现，事发时涉案金额高达 17.2 万余元。廖丹以涉嫌诈骗罪被判处有期徒刑 3 年，缓刑 4 年。2016 年 5 月 16 日，廖丹的妻子去世了。廖丹表示感谢大家帮助：'不要像我一样做违法的事'。"应该说，这个话题中的因果关系很清楚，直接原因是廖丹在一念之差下犯罪了，背景原因是"穷病"。

然而，这篇评论进行了这样的归因，就有问题了，评论说："最值得追问的是医院的财务制度。为什么仅仅凭借当事人私刻的收费章，就可以不缴高额透析费，而且这一行为持续数年之久不被发觉？医院财务处每个月的账是如何核对的？类似的烂账事件难道仅此一例？如果没有发现，医院如何填补此类烂账的漏洞？更进一步说，如果医院能够在事件之初发现并及时止该行为，借助社会力量参与帮扶，而不是冷漠地旁观，廖丹违法犯罪的念头可能在一开始就被掐灭。"如此归因，就是对医院的苛求了。

四、相关性与因果性

很多事情只有相关性，而无因果关系。比如，一篇题为《媒体人频繁自杀背后的媒体转型困境》的评论，背景是那段时间好几位媒体人自杀。评论称："这背后折射出的是新媒体替代传统媒体的大势下媒体人的生存困境。面对时代变革，操盘者所获与其贡献甚不匹配，面对一场终归要失败的跳高比赛，内心怎能不煎熬。"这种评论是有问题的，因为那几位媒体人的自杀之间并没有联系，各有原因，有的是抑郁，有的是个人原因，不能生硬地跟"媒体转型困境"联系在一起。可能跟媒体转型压力有一定的关系，但至多只有相关性，而不是因果关系。

另一篇题为《法学家英年早逝和他们的长期郁闷》的评论，犯的也是这个逻辑错误："11月27日上午，中国人民大学法学院教授、《中国法学》主编、中国法学会民事诉讼法学研究会会长陈桂明先生，因病医治无效在北京去世，终年50岁。这是继54岁的蔡定剑教授之后，又一位中年法学家因为癌症英年早逝。很多知名法学家的确有郁闷的一面，因为他们对于法治水平的期待更高，对法治困境认识得更透彻，所以忧虑也就要更多一些。"法治水平低与几位法学家英年早逝之间是什么关系呢？如果当成因果关系，就有些瞎扯了。

来看一篇媒体报道《高校发布研究成果：成绩好的学生更有可能吃早点》："团队研究成果发现，成绩比较好的学生，整体上更有可能去食堂吃早点。尤其在温度偏低的日期，成绩好的学生有更大可能坚持去食堂吃早点。"人们很容易被报道标题所误导，在"吃早点"与"成绩好"之间形成一种因果关系，其实并非如此，这个研究只是用数据描述一种相关性，成绩好的因素有很多，吃早点跟成绩好的关系到底是什么？可能存在一定的相关性，但如何相关，需要更多数据去证明，到底是因为成绩好的学生起得早，所以有吃早点的时间（不像学渣熬夜打游戏，早上起不来，一般早上第一节课根本不去上），还是因为生活规律？

再看一个故事。一名推销员来到乡下，对当地人说："你们得买个防毒面具。"当地人不明白："空气这样清新，要它干什么？"没多久，附近盖起了工厂，有毒气体从大烟囱里冒了出来。于是大家找推销员买防毒面具，并称赞他预言准。当问到冒烟工厂生产什么时，推销员说："就是生产防毒面具的。"这个故事里的问题出在哪里？——先后关系对因果判断的误导。有时候把先后关系弄颠倒了，逻辑就会乱，因此，在判断、批判前，我们需要捋一捋，把逻辑关系捋清楚，还原事理的真实关系。当地人需要防毒面具，是因为生产防毒面具的过程制造了很多污染，而不是推销员的预言。

五、避免过度阐释特殊个案中的因果关联

屠呦呦获得诺贝尔医学奖，这本是大好事，但在国内互联网上却引发了一场纷争，因为屠呦呦身上被赋予了过多的价值阐释和批判意义，除了各种搭便车炒作之外，还有微信朋友圈和微博的各种撕咬——各色人等都把屠呦呦当成论证自己观点和立场的论据。之所以引发撕咬，是因为屠呦呦身上被贴上了这些标签——"中国大陆第一个自然科学领域诺贝尔奖""女科学家""土生土长未出国不会英语的科学家""未获院士的科学家""研究工作没有发表过SCI论文（国际期刊）的科学家""中医科学家"……还有人强调，她的主要学术成果诞生于"文革"期间。

于是，每个平常以这些标签自居的人，都把获得诺贝尔奖的屠呦呦当成了论证这些标签和立场的坚硬论据，把这些标签当成了屠呦呦能够获奖的最重要原因。用她的"三无"却获得诺贝尔奖去羞辱当下的科学评选制度，仿佛会英语、有院士身份、发过SCI论文反倒成了丢人的事，仿佛那些在各领域做出巨大贡献、白发苍苍的中国院士在诺贝尔奖面前变得一文不值了。

这显然是一种"迫切归因"——事情刚发生，事实还很不清楚时，就迫切地进行归因，把事情的发生归咎于某个原因。比如，韩国"岁月号"灾难发生后，有报道称听话的孩子都等在船舱里被淹死了，不听话的孩子跑到船舱外抽烟，反而逃过了一劫，有人以此反思儒家价值观的问题。

这些都属于迫切归因的思维谬误。发生一件事，原因可能有很多，有深层有表层，有直接有间接，还有些只是结果而不是原因，迫切归因实则是在事实不清下的胡乱联系。比如这样的问题就属于错误归因："男人为什么不喜欢真正对他好的女人，却喜欢事儿多耍性子的女人？"实际上，并不是男人喜欢事儿多耍性子的女人，而是因为男人喜欢女人，女人才事儿多耍性子。

屠呦呦获奖，这是一个结果，这个结果是一个个案，具体是什么原因使得她获奖？需要仔细分析，而不能根据一些表象特征和偶然因素就进行迫切归因。她的"三无"——无院士身份、未出国不会英语、没发表过SCI论文——只是一种个性和个案特征，这甚至是缺点，与获奖只是偶然相关，并无必然联系，不能推翻"有院士身份、留洋会英语、发表过SCI论文能做出更高科技贡献"的基本认知。正如不能因为比尔·盖茨退学成了亿万富翁，就得出结论：中学退学比读博士更能成才。全世界那么多诺贝尔奖得主，屠呦呦只是一个偶然的、不可复制的个案；屠呦呦是大陆第一位自然科学诺贝尔奖得主，可能还会有第二位、第三位，不能刚出现一位就立刻进行排他的归因。

屠呦呦获诺贝尔奖的一大"撕点"是，她不是院士——能获得世界性的诺贝尔奖，却当不了中国院士，似乎证明了中国院士制度的弊端——这种逻辑是不对的。获得诺贝尔奖，表明得到一个世界大奖评委会的认同，但评委眼光并不代表全部，不能因此否定其他。屠呦呦之所以未评上院士，综合此前报道来看，有很多原因，比如牵涉成果属于个人还是集体，还有中西医之争，这些都是可以讨论的，并不一定就反衬出院士评选之弊——中国院士制度确实有很多问题，但不能以"能得诺贝尔奖却不能评上院士"推理出来。

还有人以此批评中国的中小学教育。屠呦呦获奖后，微信朋友圈里立刻疯传着另一消息《屠呦呦获奖之际重温北大名教授郑也夫论断：在中国读完中小学便与诺奖无缘》："在中国受过 12 年中小学教育的人不会获诺奖，因为 12 年中小学教育把人修理成一个考试机器。"这也是跟风胡扯，中国中小学教育确实有大问题，但别拿屠呦呦和获不获诺贝尔奖说事儿，两者缺乏逻辑关联。屠呦呦 1930 年出生，诺贝尔奖得主平均年龄 59 岁，存在问题的中小学年教育是从哪一年开始的呢？从人才成长规律和科研出成果的规律看，那些受过 12 年中小学教育的人，在年龄上看还没机会获诺贝尔奖，起码目前无法证实与是否获诺贝尔奖的关系。诺贝尔奖评委会之所以把奖颁给三十多年前屠呦呦的研究成果，是耐心地观察其研究成果的长期效果。

相比之下，屠呦呦一获奖，立刻涌现各种浮躁的归因，看到几个标签便立刻去归因、去批判、去撕咬、去生产各种励志的"心灵鸡汤"，如"190 次失败造就的成功""'三无'却能成就伟大"……一个个假装都成了人生哲学家。"鸡汤哲学家"的一大特点是，喜欢盯着成功人物的缺点，然后把缺点美化为成功的原因去误导年轻人，迎合失败者自欺的思维模式，迎合浮躁的成名期待，对成功个案进行过度阐释。

六、跳出逻辑上的"幸存者偏差"

2018 年高考作文全国卷的考题挺有意思，考的就是逻辑，相关的阅读材料是："'二战'期间，为了加强对战机的防护，英美军方调查了作战后幸存飞机上弹痕的分布，决定哪里弹痕多就加强哪里。然而统计学家沃德力排众议，指出更应该注意弹痕少的部位，因为这些部位受到重创的战机，很难有机会返航，而这部分数据被忽略了。事实证明，沃德是正确的。"

这个故事反映的是著名的"幸存者偏差"现象，指的是当取得信息的渠道仅来自幸存者时（因为死人不会说话），此信息可能会存在与实际情况不同的偏差。这个规律也叫作"沉默的数据"或"死人不会说话"。这要求评论员在评论时,要善于透过现象看本质,看到数据背后的数据,看到数据的另一面。有时候,决定因果关系的不是看得见的表象数据,而是"沉默的数据"。你能不能看到沉默的、缺席的数据,考验的是你的逻辑深度。比如,我的一个学生曾写过一篇关于家暴问题的评论,就看到了问题的另一面:"人们常常关心看得见的男性对女性的家暴,看到了90%这个数字,而忽略了10%。"她是这样引出这个数字的:

> 近期蒋劲夫事件将家暴话题提上了公众议程,人们也重新关注起在中国比例巨大的受家暴女性群体。为她们忧心之余,我回想起不久前爆出的"张雨绮砍伤丈夫"一闻。此新闻后期也有反转,但当时这句话引起了网友的狂欢,大家纷纷点赞:"社会我绮姐""好样的"。当时我就觉得有些不对劲,为什么"张雨绮砍伤丈夫"爆出时没人提到"家暴"一词?为什么蒋劲夫事件后被疯狂转发的几篇家暴受害者报道中受访者都是女性?确实,女性家暴受害者受到的伤害通常比男性更严重、更频繁。据反性别暴力组织"白丝带"披露,我国90%的家暴受害者都是女性,但这剩下的10%也不容忽视。

非常敏锐的视角,看到了"沉默的数据"。这篇评论举了这样的案例:

> 前NBA明星后卫杰森·基德于2007年与妻子离婚,原因是不堪忍受家暴。离婚书中提到了妻子对他的众多肢体暴力和跟踪行为。著名主持人王自健也曾自爆常遭妻子殴打,他在社交网站上晒出的受伤照片令人心寒。美国疾控中心2010年公布的调查显示,美国有

28.5% 的男性曾在亲密关系中遭受肢体暴力、强奸或盯梢。2017 年 4 月日本警察厅公布的数据显示，过去一年全日警察掌握的家暴事件有 69908 起，其中 10496 起为男性受害。社会学家风笑天 2010 年在对中国妇女地位调查研究中发现，22.8% 的男性曾在婚姻中至少一次遭受过不同形式的暴力。

她看到了这背后的深层问题：

> 女权主义者们视为大敌的"父权文化"不只是对女性，也是对男性的压迫。在父权社会中，人们对"男性气质"和社会角色存在根深蒂固的想象：坚强、情感内敛粗糙、进攻性。他们在社会化过程中会逐渐内化这种价值，极力扮演符合期待的角色。无怪男性家暴受害者成为一个更沉默的群体。

她建议：

> 所以在援助数量庞大的女性家暴受害者同时，我们也应关注男性遭受的"暴力"——家暴和更深层的隐形暴力。2010 年，瑞士建立了首家向遭受家暴男性开放的庇护中心，而在英国此类机构超过 20 所。我们或许不用照搬其机构设置，但对男性受害者的重视值得我们借鉴。毕竟外在的帮助不能治本，从观念上还应该让公众接受：女权主义不是"恨男主义"，性别不平等的受害者不止一方。性别的平等应该是对两性的共同解放。

跳出"幸存者偏差"，视野就会非常开阔，这篇评论让人眼前一亮，柳暗花明又一村。

七、关于因果的一些错觉 [7]

（一）警惕被媒体误导的感觉谬误

1. 中风致死的数量几乎是所有意外事故致死总数的 2 倍，但 80% 的受试者却判断意外事故致死的可能性更大。

2. 人们认为龙卷风比哮喘更容易致死，尽管后者的致死率是前者的 20 倍。

3. 人们认为被闪电击中致死的概率比食物中毒要小，不过，前者致死率却是后者的 52 倍。

4. 得病致死是意外死亡的 18 倍，但两者却被认为概率相等。

5. 意外死亡被认为是糖尿病致死率的 300 倍，但真正比率却是 1 比 4。

（二）警惕信息的错觉——信息可得性

1. 你可以很轻松地回想起引起自己注意的突出事件。好莱坞明星的离婚事件和政客的性丑闻事件格外引人注目，想到这些实例并不难。因此，你很容易夸大好莱坞事件和政客性丑闻事件的频率。

2. 一个大事件会暂时提高此类事件的可得性。飞机失事事件会有媒体来报道，这也会暂时改变你对飞行安全的看法，接着你又看到路旁有辆汽车着火了，于是这些事故会暂时盘踞在你的脑海中，你会觉得这个世界此时充满更多难以预料的事。

3. 亲身经历、生动的图片和鲜活的例子比发生在别人身上的事、单纯的文字或是统计数字更容易让人回想起来。一个与你相关的判决错误会逐渐削弱你对司法体系的信任度，其影响程度比你在报纸上读到类似事件的影响更深。

---

[7] 此节内容来自作者对丹尼尔·卡尼曼《思考，快与慢》（中信出版社）一书中的观点梳理和总结。

4. 因为上个月发生了两架飞机相撞事件，她现在更愿意坐火车。这真是愚蠢，风险其实并没有真正降低，这就是可得性偏见。

5. 我们常常低估室内污染的风险，因为媒体对此报道极少。这是可得性的影响，我们应该看些统计数据。

（三）警惕被诱导性信息所误导

问题一："你最近觉得幸福吗？"

问题二："你上个月有多少次约会？"

这两个问题的答案的关联度几乎为零。对另一组学生问同样的问题，但次序相反。

问题一："你上个月有多少次约会？"

问题二："你最近觉得幸福吗？"

遇到较难、较抽象的"目标问题"时，如果脑海中马上出现了一些与之相关联且容易回答的"启发性问题"的答案，我们很容易被此信息所误导，采用替代问题的答案。

（四）警惕锚定效应

1. 人的判断力容易受到没有任何信息价值的数字的影响。

2. 一旦要考虑某个数字是否会成为一个估测问题的可能答案，这个数字就会产生锚定效应：

世界上最高的红杉树是多高？

世界上最高的红杉树是高于1200英尺，还是低于1200英尺？

世界上最高的红杉树是高于1800英尺，还是低于1800英尺？

（五）警惕拟态环境

1. 伊斯特布鲁克曾说过，美国人被杀人狂谋杀的可能性，比被雷电击中的可能性还要低。可媒体上充斥的都是杀人狂的坏消息，而对雷电击人关注甚少，营造出一种"杀人狂谋杀比雷电击人更多"的感觉谬误。

2. 媒体特别青睐于一些关于食品安全方面的负面报道，比如砷中毒、汞中毒、添加剂可能致癌等。可实际上，许多危险是微乎其微的，仅仅是没有科学依据的担忧，或者是根本没有必要的担忧。如果完全尊重科学的话，转基因食品对人类可能造成的危险远远低于人类在户外跑步时可能猝死的危险，但媒体只会报道转基因食品是多么危险，而不会报道户外跑步时猝死的危险有多么的大。

3. 对死亡原因的估测会因为媒体报道而有所改变，报道往往偏向新鲜和尖锐的事。我们脑海中的世界并不是真实世界的准确反映，我们对事件发生频率的估测会受到自己接触这些信息和频率与个人情感强烈程度等因素的影响。

（六）警惕生活中的其他错觉

1. "看见"不等于"看到"。当人们把自己全部的视觉注意力集中到某个区域或物体时，他们会忽略那些他们不需要看到的东西，尽管有时那些他们不需要看到的东西是很明显的。

2. "记得"不等于"记得准"。人们的记忆信息并不是现实的复制品，每次回忆都是一个信息重新整合的过程，这个过程还要受到个体主观意识的制约。记忆真的没有想象的那么可靠。

3. "自信"不等于"能力强"。

4. "知道"不等于"明白"。通过学习确实可以内化一部分知识，但是知识错觉又会误导他们，让他们分不清"熟悉知识"与"掌握知识"。

5. "相关"不等于"因果"。

6. "有潜力"不等于"无限的"。

附：

关于性侵，几种不要脸的逻辑
曹林

反性侵之火从高教圈烧向公益圈，继"长江学者"这个词被毁掉后，"公益名人"又成笑话。最新的热点是，一知名媒体人被曝涉性侵丑闻，当事人长文讲述遭性侵经历，此后几名女记者也实名举报曾遭此人性骚扰。网帖是否属实，需要进一步证实，但诸多女记者的实名举报，有较高的可信度。虽说做新闻和评论这一行深知"信任不能代表求证"，但很难相信几名有一定知名度的女记者会以自己的名誉为代价去诬蔑一个跟自己没有利害冲突的人。

且不说此次性侵案的具体事实，就说说在这次性侵问题上，几种厚颜无耻不要脸的狡辩逻辑。

第一，有人煞有介事地说，近来一系列反性侵事件有人操纵，是为了转移疫苗事件的视线。说得有鼻子有眼，仿佛洞若观火掌握确凿证据，你看，在火爆的性侵案舆论下，对疫苗的关注是不是渐渐冷了？这种阴谋论，当段子扯扯还可以，笑一笑就行，但竟然有很多人一本正经地说，还有很多人一本正经地信了。疫苗问题确实很重要，但其他热点、其他问题，就不能追问了？为什么不能一边追疫苗问题，一边追性侵问题呢？这两者对立吗？活在阴谋论中的人，不坏，主要是蠢。

第二，"摸一下怎么了，摸你时你又没反抗，又没有直接和明确地表达反对。你不直接说，怎么知道你是接受还是反对呢？"——这样的狡辩充满了直男的腐朽逻辑，为什么非得让女性"直接和明确地反对"，女性没有直接反对就可以摸？这里适用的不是"法无禁止即可为"，而是"法无规定即不可为"，在与女性交往的尺度上，女性没有表达可以，就是不可以，而不是，女性没有表示不可以，就是可以。

第三，"一个女的，大晚上跟人出去喝酒，还跟人坐上出租车，竟然还跟着一起去茶楼了，肯定也不是什么好女人。"——这是性侵者常用的"洗地"逻辑，将对方污名为"坏女人"，在转移视线中为自己推脱责任，这种人习惯把自己打扮成"被勾引"的无辜者角色。记得在丽江游客被打毁容案中，也有类似"三个女的半夜3点多在外吃烧烤，你不觉得有问题吗？"的网帖在带节奏。

关于这个问题，有一篇文章总结得很到位："我撩头发不是对你的性暗示；我咬嘴唇不是对你的性暗示；我吃冰激凌吃香蕉不是对你的性暗示；我答应和你一起吃饭不是同意和你上床的意思；朋友聚会我喝酒很爽快，不是邀请你灌醉我然后去开房的意思；喝完酒打了一辆车只能代表我们回家顺路，没有一起开房的意思；你摸我大腿我没说话闪开了是给你留面子，不是暗示你再摸一次的意思。"——总结得很棒，即使穿着性感，那是女性的权利，她可以"骚"，你不可以"扰"，拒绝物化女性，这就是基本的现代文明。

第四，"真被性侵了？那去报警啊，干嘛上微博发文章来制造舆论压力，用舆论把人名声搞臭的用心太歹毒了。"——这个逻辑也站不住脚，遭遇性侵，采取何种方式维护自己的权利，这是当事人的选择自由——可以去报警，可以选择自媒体曝光，可以选择其他法律途径。你说发网帖是诽谤，是侵犯名誉，那可以对簿公堂啊，没有哪一条法律规定不可以用这种方式维权。

第五，"搂一下抱一下摸一下，多大的事儿，这是某些圈的社交方式，大家不都这样吗？"——我不知道哪个圈哪个行业的社交方式是这样的，可以不顾别人的感受搂搂抱抱，可以随便去摸人家的大腿。想起某明星当年被曝光出轨后说过的一句经典名言："我犯了一个所有男人都会犯的错。"有些人自己犯错，甚至犯罪，还把一个群体甚至整个圈子都拉来给自己垫背，真够无耻的。"文人"不是可以风流的代名词，人家是参加社交而不是性交。

第六,"性骚扰是私德问题,不要拿到公共领域中来进行舆论审判。"——性骚扰还真不是私德问题,不只是道德和作风问题,还是法律问题、公共问题,有必要拿到舆论中来讨论。性骚扰虽然面临着取证难的问题,但无法掩盖这是一个违不违法的问题,而不能当成道不道德的"小事儿"轻描淡写。

第七,"这是要把某个群体搞臭的节奏啊?"——动辄"搞臭谁谁谁",同样属于阴谋论,一两个人代表不了一个群体,一两个人的事不要让一个群体为之背锅。不要让判断超过证据所允许的限度,有一分证据做一分判断,有三分证据做三分判断。"吃瓜群众"可能会被带节奏,但无论如何,黑的不能被说成白的,干净的不能被污名为脏的,要有对事实和法律的自信。

这些都属于最基本的讨论常识,属于逻辑的 ABC 问题。如果在常识问题上混淆是非,就不只是"三观"和理解力的问题了,更让人怀疑其心术和品质。是的,那句话说得很好:"如果你母亲说她爱你,先核实一下再接受。"——对于性侵的事实判断,需要客观和谨慎,需要耐心等待"实锤",不能陷入"渣男框架叙事"中轻易站队,不能被单方叙述逻辑牵着走,不能让评论跑在新闻事实的前面,基本的逻辑和价值问题不能被扭曲。

老虎咬人事件归因中种种喷子逻辑

曹林

八达岭野生动物园内老虎咬人导致一死一伤,成为网络热议的焦点,监控拍下了女子在园区下车后遭扑咬的经过,传出的视频使舆论争议更加激烈。延庆区宣传部通报称,动物园已停业整顿。最新报道显示,巡逻车曾提醒女子勿下车,当事游客签订过相关责任书,涉事动物园已停业整顿,警方也已介入调查。

人们热爱归因,越是外围、不在场的人,越热爱归因,而且有一种"迫切归因"的癖好——事情刚发生,就凭着一些道听途说的碎片化信息迫切地得出一个结论,原因出在哪里,问题根源在何处,责任在谁,这个锅应该由谁来背。不仅迫切地归因,而且还喜欢"单一归因",抓住某个不确定的局部细节,就以为掌握了全部的事实真相,攻其一点不及其余,无视其他可能的原因,把可能的单一原因当成绝对真理,以不容置疑的口吻说出来。

放眼望去,在老虎咬人事件的归因中,随便可见迫切归因、单一归因的喷子逻辑。

比如,有人将问题归因于那名女子的易怒,并以网红式的极端口吻断言"别跟易怒的人恋爱结婚"。这种满嘴跑火车、语不偏执死不休、不顾逻辑断裂而向一个哗众结论狂奔的自媒体评论,越来越泛滥成灾了。谁告诉你那女子下车是因为夫妻吵架的?那只不过是最开始的网传,只是网友对当时场景的推测,并没有靠谱的信源。从媒体最新报道看,事件中的男方正接受心理治疗,他并没有说吵架。伤者的亲友接受采访时称,两人感情和睦,肯定不是因为两口子吵架。即便当时吵架了,又如何能推出是女子"易怒"?

结论不能超越证据所允许的程度,有一分论据说一分理,有三分论据说三分理,不能有一分论据却说十分理。从既有的信息来看,虽然这件事让人觉得惨痛,但并不能得出太多的"深刻教训"——不能为了显得深刻和与众不同而无视事实,评论永远不能跑在事实的前面。目前能得出的教训只能是:在这种情况下必须严格遵守公园的管理规定,无论如何都不能下车。这样的教训看起来并不"深刻",甚至是人人皆知、无须多言的"正确废话",但目前的事实只能判断到这样的程度。结论往前、往深处再走一步，就需要更多的事实和论据。比如要调查清楚，当时车里发生了什么，到底那名女子当时为何突然开车门出去，是因为她不清楚公园的规定，还是误以为已经驶出危险区域，还是因为吵架一怒之下开车门出来与丈夫理论？

可以确证的事实是，她在不应该开门的地方开了车门，这个原因导致了她被老虎扑咬——这是可以归因的，但她为什么开车门，原因需要事实的确证。在事实不清之下就下判断，这里存在两个断裂的逻辑链条。其一，女子是不是因为在吵闹中发怒而失去理性并开车门的？不能凭着自己的脑补而想象她"怒气冲冲跑到驾驶位要丈夫下来"。"怒气冲冲"不是事实，而是旁观者在迫切归因中的臆断。其二，即使这名女子跟丈夫吵架了，但能不能就此判断她是一个"易怒的女人"？从具体场景下的愤怒到性格上的"易怒"，是需要论证的。事实不清之时就迫切归因、单一归因，正应了一句话：对事实知道得越少的人，越容易形成判断，而且越容易义愤填膺地形成强烈的、单纯的、霸道的、自以为真理的道德判断。

李方老师也写了一篇题为《八达岭野生动物园缺乏安全管理冗余，必须追究责任》的评论，谈到了公园的管理责任，他的核心观点是：事故的根源是野生动物园没有尽到管理责任，未能提供安全冗余。我是人，我有可能犯错误。在你的地盘，在你的管理责任范围内，你应该想方设法让我少犯错误，这才是正道。李方老师有这样的判断，让我觉得很惊讶，一个有过传统媒体理性训练积累的资深媒体人，不应该犯那种键盘写作者常犯的想当然错误——凭一个截屏就大谈公园的管理责任，难道不需要更多现场信息吗？起码从既有报道来看，公园已经尽了充分的提醒责任，签了责任书，公园里处处可见"不能下车"的提醒，巡逻车也对推门下车的女子进行了提醒，不能苛求公园当上帝去预判一切意外。向公园强加无限责任，掩藏着一种很危险的坏逻辑，这种坏逻辑会导致对自由的剥夺。

在谨慎和克制中用事实与逻辑去说服,可以大胆假设,但必须小心求证。一分论据说一分理,这种评论美德不能被营销性自媒体、网红和喷子们所谋杀。

第十五讲 评论写作的逻辑

很多人一听到「逻辑」就头疼，觉得纠结于逻辑问题很「烧脑」，这是对逻辑的误解。其实日常说理所需要的逻辑并不复杂，不像数理逻辑那样需要通过复杂的算式和符号进行演算和推理。评论是一种公共表达文体，面对大众讲理，言说常识常理常情，所需要的逻辑是最低限度的常识逻辑。

你以为躲起来就找不到你了吗？没有用的，你是那样拉风的男人，不管在什么地方就好像漆黑中的萤火虫一样，那样的鲜明，那样的出众，你那忧郁的眼神、唏嘘的胡茬、神乎奇乎的刀法，还有那杯 Dry Martine，都深深地迷住了我。不过虽然你是这样的出色，但是行有行规，不管怎么样，你要付清昨晚的过夜费呀！叫女人不要给钱吗？

——电影《国产零零漆》中的台词

很多人一听到"逻辑"就头疼，觉得纠结于逻辑问题很"烧脑"，这是对逻辑的误解。其实日常说理所需要的逻辑并不复杂，不像数理逻辑那样需要通过复杂的算式和符号进行演算和推理。评论是一种公共表达文体，面对大众讲理，言说常识常理常情，所需要的逻辑是最低限度的常识逻辑。就像面对由普通人组成的陪审团，你跟他们讲复杂的法理和抽象的概念，是没有用的，而要诉诸经验可以理解的常理。

常识并不神秘和晦涩，它是在人们社会化的过程中自然获得的一种是非判断力，而逻辑就是建立在这种常识理性的基础上。普通的形式逻辑包括演绎推理和归纳推理，评论写作其实只要坚守演绎推理中基本的"三段论"——大前提、小前提、结论，逻辑就不会出现什么毛病。对普通人来说，最常识的逻辑就是"三段论"，对此，最通俗的表达是：

> 大前提——借钱还钱，天经地义。
>
> 小前提——你借了我的钱。
>
> 结论——所以你要还我的钱。

还记得电影《国产零零漆》中的一句台词吗？——"你以为躲起来就找不到你了吗？没有用的，你是那样拉风的男人，不管在什么地方就好像漆黑中的萤火虫一样，那样的鲜明，那样的出众，你那忧郁的眼神、唏嘘的胡茬、神乎奇乎的刀法，还有那杯 Dry Martine，都深深地迷住了我。不过虽然你是这样的出色，但是行有行规，不管怎么样，你要付清昨晚的过夜费呀！叫女人不要给钱吗？"

对于不给钱，可以编出很多理由，看你怎么认死理了。逻辑是一套使说话时前后一致的规则。

有一篇评论题目叫《解救格斗孤儿也应尊重他们自己的意愿》，这篇评论可以还原成一个简单的"三段论"——大前提：应该尊重每个人的意愿；小前提：那些格斗孤儿也有自己的想法；结论：解救格斗孤儿也应尊重他们自己的意愿。这篇评论的问题出在哪里？出在大前提上，"尊重每个人的意愿"并不是无条件的，而应有约束。比如，未成年人对自己的很多事情并不能像成年人那样决断，得由监护人决断，如果监护人缺位，政府得承担起相关责任，让他们完成基本的义务教育。

正确的大前提加上正确的小前提，才能推出一个正确的结论，这是最基本的道理。然而，日常生活中人们在交流时，道理并不会以"三段论"的简单和纯粹的形式表达出来，会省略或扭曲基本的形式，或偷换，或修辞，或诉诸情绪，把"三段论"搅乱，让人失去是非判断。保持常识逻辑思考力的人，总有一种"认死理"的能力，在充斥着修辞和偷换的话术里还原为最基本的"三段式死理"。在"歪理"盛行的传播语境中，需要这种"认死理"的逻辑定力。下面将以"借钱"为例，来看看基本的道理在反逻辑话术中是怎么被扭曲的。

一、流氓逻辑

> 凭本事借的钱，凭什么要还啊？

大家别觉得不可思议，网络上还真有这样不要脸的逻辑，毫无道理却硬摆出讲理姿态的狡辩逻辑和无赖嘴脸。明明耍流氓，却一副理直气壮的样子。"凭本事"是好事，借钱也确实需要"凭本事"，但"凭本事"不能推向"不还"，借了钱就得还，凭本事借的钱，得凭本事去还。

二、站队逻辑

> 绝不还钱，看到我的偶像这么流氓，我就放心了。

"借钱不还"从常理上是说不过去的，但如果诉诸利益身份，变成一场站队，道理就很无力。这个借钱不还的人是我的偶像、我们的朋友，而借钱的对象是我们的敌人、对我们不利的人，自己人不管做什么都是对的，对付敌人不管用什么手段都是正当的，这实际上是诉诸盲目、没有原则的认同，即圈子中对内的忠诚，圈子利益至上，对外不讲理，不惜伤害圈外人的利益。在敌我对立思维下，将圈子忠诚凌驾于常识逻辑之上。

打上敌我标签，便很容易失去是非判断——在"最大限度地毁灭敌人"的正义幻觉下做出最疯狂的举措，为最残暴的行为鼓掌。

三、"脑残粉"逻辑

> 你们只知道揪着他"欠点钱没还"这点小事不放,你们知道他有多努力吗?你们见过北京凌晨四五点的街道吗?

"你们知道他有多努力吗?"这是明星"脑残粉"的万能逻辑,无论你批评他什么问题,他都回一句"你们知道他有多努力?"用"努力"似乎可以一俊遮百丑地回避一切质疑,似乎"努力"了就不能被批评。这些"脑残粉"面对自己偶像时总是热泪盈眶,然后那泪水都流到脑子里去了。

四、意图伦理逻辑

> 是的,他确实欠了你的钱没还,但你知道吗?他用那些钱干什么了?他资助了5名失学儿童,他自己每天吃着咸菜馒头,他从来没有给自己的孩子买一件儿童节礼物,可每到儿童节的时候给那5名失学儿童每人寄了一件礼物。

这是典型的意图伦理逻辑,即用目的反证手段正当。面对这种站在道德高处的动人演说,会让人觉得跟这样的好人讨债真是一件太无耻的事。可是,不管你为了什么借钱,借钱总是要还的啊。

评论员面对一个复杂人物或事件时,常常会受到这种意图伦理逻辑的诱惑,把一堆事混在一起谈,然后是非被搅乱。一码归一码,一事归一事,借钱的归借钱,慈善的归慈善,把本不相关的事搅在一起谈,就是耍流氓。动机和目的都是主观的,你想什么,为了什么,别人不可知;而"手段"却是客观、看得见、可评判的,事实是"你借了别人的钱",

评论只能基于这个客观事实做判断。

很多话题之所以陷入口水战，都源于这个问题——对客观事实视而不见，热衷于围绕那些不可判断的主观方面喋喋不休地讨论，评判不可知、无共识的动机。

我常常说，当一个人开始煽情的时候，说明他开始准备不讲逻辑了——以笑饰非，以泪掩过，以卖萌遮盖错误，以愤怒掩饰无理，以修辞遮掩事实和逻辑的苍白无力。

面对诱人的意图伦理，昆德拉在《玩笑》中无奈地说："世人受到乌托邦声音的迷惑，他们拼命挤进天堂的大门。但当大门在身后砰然关上之时，他们却发现自己是在地狱里。这样的时刻使我感到，历史是喜欢开怀大笑的。"

五、个案统计

> 我知道，你借给王某很多钱，你没有要他还，为什么却要让我还？
>
> 我借王某的钱，也没有还，人家也没有跟我要，你为什么总让我还？
>
> 王某欠别人更多的钱，没有还，为什么我要还？

所谓个案统计，就是用个案否定普遍规律。借给王某很多钱，我没有要他还，是因为他是我亲戚；你借王某的钱，王某没有跟你要，是他不好意思开口；王某欠别人钱没还，那是他要无赖，你借了别人的钱，就应该还啊。个案背后有很多特殊原因，不能因此推翻应遵守的一般规律。

以偏概全也属于个案统计谬误，归纳须有足够多、足够有代表性的案例，不能仅仅根据极少数不具代表性的个案就做出推论。斯泰宾在《有效思维》中曾说："有效思维的障碍之一是，我们有时候没有认识到我们的结论建立在不完全的数据之上。"

比如，一篇题为《"高知"人群已成为大额诈骗的重点对象》的文章，便犯了这个错误。这篇文章说，"高知"人群已成为大额诈骗的重点对象，"低智商"才被骗是一种认知误区。调查表明，事业单位职工、无业和离退休人员是高发人群，很多被骗者的文化水平都比较高。该报的调查表明，单单是复旦大学，平均每周至少有1—2起金额在500元以上的诈骗案发生。

这篇文章的问题在于，"高知"人群成为大额诈骗对象，其数据来源是媒体的报道，而媒体的报道是具有选择性的，普通人被诈骗了，很难成为新闻，因为人们对诈骗已经习惯了，而"高知"人群被骗，才会成为大新闻，成为媒体报道的对象，这导致出现了媒体上的诈骗案例，多跟"高知"人群相关，而无数普通人被诈骗的案例，没有成为新闻，也就没有进入媒体的统计范畴。

"中国人民大学校友伍继红流落山村成了农妇"——高材生成农妇的新闻，又让公众感慨"读书无用"，这也属于个案统计。舆论总是习惯对个案进行过度阐释，总有一种把某种极端个案描述为某种现象的职业习惯。其实不必放大伍继红现象的悲情，名校毕业不如意者、未如公众期待那样成材者，一定有很多，但如伍继红这样不仅未能改变命运反而滑向社会最底层者，肯定是极端个案，不是读大学导致的，而是个人性格和生活的悲剧。不能因为这种极端遭遇，而否定高考和大学教育对当下中国社会阶层流动的制度性功能。

然而，越是落后和封闭的地方，越容易被个案所影响。他们对"读书改变命运"抱有强烈的期待，但也越容易走向另一个极端，一旦身边出现"读书没有改变命运"的个案，便会互相传染消极情绪。"读书改变命运"的人都走出去了，他们不知道那些人过得多么好，而"没有改变命运、反被命运碾压"的人都回来了，他们能看到那些人过得多么糟。在信息封闭的偏远山区，在外人看来只是极端个案的事情，在他们看来也许就是"命"。

报纸上充斥着很多类似迎合公众偏好的个案统计，比如《研究发现吃货不易出轨》——美国最新研究发现，吃货不易出轨。调查显示，与"想吃就吃"的人相比，能够控制食欲的参试者更容易接受浪漫约会或给对方电话号码。可见，屈服于美味之人可能更不易出轨，想吃就吃的人更可能保持稳定的婚姻关系。

再比如《人社部官员谈大学生起薪低于农民工：个案比较欠妥》——针对有人把大学生起薪和农民工相比，并提出"农民工逆袭"，人社部有关负责人认为这种比法并不合适。数据显示，2015年我国农民工月均工资刚刚迈过3000元门槛，起薪要更低。如果盯着个案，农民工中的确存在月薪近万乃至更高的人，但高校毕业生中更不乏用人单位抢着要、开出几十万年薪的事例。

六、不当类比

"窃钩者诛，窃国者侯！"你看银行那么多不良贷款，都借给谁了？不都借给了地方政府，庞大的地方债不都是政府借钱不还？其实最大的老赖就是政府，我们小老百姓欠这点钱算什么啊。有些人很多时候就是抓小放大，转移矛盾。

这也是常用的一种诡辩逻辑——某某犯罪了，你怎么不去逮他？某某也犯罪了，你怎么也不去逮他？某某的错不是更严重吗？你怎么不去逮他？凭什么总盯着我。——即使别人也有错，甚至有错者未受到惩罚，但并不能推出"你有错就可不受追究"。此外,很多错不是同一种类型的错,不能放一起类比。

这就涉及类比的限度,类比需要两者有本质的相似性,不能把两个本质上有巨大差别的事物放在一起比较。学者刘瑜写过一篇评论叫《其实不一样》,指向的正是那种动不动就"其实都一样"的比烂思维:

> 据说战国时期有一个学派叫"合同异",认为"天与地卑,山与泽平",万物看起来不同,其实都一样。这个伟大的"辩证法"可了不得,谁要是熟练掌握了它,辩论就能无往而不胜。请看:
>
> "你不也吃肉吗?有什么资格批评归真堂活取熊胆?其实都一样。"
>
> "我们这公款消费几千亿,但有报道称奥巴马全家度假也花费公款几百万。官员乱花钱,其实都一样。"
>
> "看守所神秘死亡和刑讯逼供是存在的,但是美军的伊拉克监狱虐俘案呢?监狱虐待犯人,其实都一样。"
>
> ……
>
> 一句话,我站在粪坑里,所以我脏;你手里有泥巴,所以你脏。我们都脏,本无不同。"天与地卑,山与泽平",哦耶。

刘瑜在评论中论证了"其实不一样"。

类比更像是一种修辞,而不具备强论证功能,毕竟,所比较的事物很难证明属于"本质上有相似性",很容易陷入转移话题和偷换命题的谬误中。法律学者一般很少使用类比去推理,而评论员则偏爱这种"用形象事物说明陌生事物"的方法。比如,马少华就在乌木归属一案中比较了法学家思维和评论员思维。

针对河道中发现的乌木，到底是归发现者，还是归国家，法学家梁慧星说："天然孳息，由所有权人获得，既有所有权人又有用益物权人的，由用益物权人取得。而该乌木既不属于化石矿产，也不属于文物，法院判决时可类推为天然孳息。另外，村民在河道中发现乌木，河道属于国家所有，乌木就应同河道所有权人国家取得。"——这属于严谨的专业思维，每一判断都有法条依据。

而时评家邵建先生则评论称，诉诸自然法，洛克关于财产权所有权形成的原理，自然加劳动。他说："我不太理解梁教授这种解释，按此逻辑，河道属国家，河道里打捞出的鱼也属于国家吗？固然物权法有'矿藏水流海域属于国家所有'，可是渔民出海打鱼，那鱼只能属于渔民自己。"——邵建先生使用了类比思维，存在两个问题：其一，自然法在中国并不是法律，只是一种理念，无法作为判决依据。其二，用河道中的鱼类比河道中发现的乌木，并没有本质上相似性，鱼有明确的归属，而乌木跟鱼不一样。

还有邓玉娇案中对正当防卫的舆论分析，也存在不当使用类比的情况。很多评论将被刺死对象的错误和罪过与法律中明确界定的条文进行类比，来证明邓玉娇属于正当防卫。他们知道，如果纯粹从正当防卫的法条和要件来看，将邓玉娇的杀人说成正当防卫，是非常牵强的。因为正当防卫要求防卫者"不要超过必要的限度"，从当时的情境来看，杀人显然超过了防卫的必要限度，避免被伤害并没有必要置人于死地，法律规定"对正在进行行凶、杀人、抢劫、强奸、绑架以及其他严重危及人身安全的暴力犯罪，采取防卫行为，造成不法侵害人伤亡的，不属于防卫过当，不负刑事责任。"

可邓玉娇案当时的情况，似乎不属于"对正在进行行凶、杀人、抢劫、强奸、绑架"，于是许多人使用了类比逻辑——"强迫提供异性陪浴服务"跟强奸有什么区别呢?陪浴的终极目的是为了发生性行为。自愿异性陪浴属于色情服务,而强迫提供这种服务不就跟强奸一样了?——听起来很有道理,但法律其实最忌讳的就是这种类比。成文法国家特别强调严格尊重明文法条的字面意思,法律说是什么就是什么,罪刑法定,反对进行类比。

学者周濂曾在文章中分析过"不就是"与"又怎样",也是不当类比的逻辑谬误。他说:"我有一个朋友,喜哲学思辨,最常用的口头禅有两个,一为'不就是',二为'又怎样'。这两个说法看似平凡无奇,其实杀伤力超强,前者消解一切理论差异,后者取消所有行动的意义,双枪在手,连环出击,无往而不利。"[1]回想一下在我们生活中,常用这种口头禅的人比比皆是,都在用不当类比消解差异。

七、以喻代证

> 兄弟如手足,女人如衣服。我们兄弟,谁跟谁啊,就像左手右手,左手跟右手借点儿钱,还要右手还吗?不至于,太伤感情了。

比喻只具有修辞功能,让人形象地了解一个陌生的、不容易了解的事物,并不能推出一个结论。

我们来看这一段的观点:"恐怖分子其实就像一只苍蝇,想要摧毁一家瓷器店。苍蝇力气那么小,连一只茶杯都动不了,怎样才能如愿?最好的办法就是找头公牛,飞进它的耳朵,开始嗡嗡作响,让这头公牛因恐惧和愤怒而发狂,在瓷器店里横冲直撞。这正是'9·11'事件后的情景,恐怖主义分子刺激了美国这头公牛在中东这家瓷器店横冲直撞。现

---

[1] 周濂:《你永远都无法叫醒一个装睡的人》,北京:中国人民大学出版社,2012年,第15页。

在，恐怖分子在一片废墟之中怡然自得。其实，世界上像美国这样容易发怒的公牛实在不少。"[2]

这一段其实不是论证，而是一段漂亮的修辞，把恐怖分子比喻成苍蝇，把美国比喻成易发怒的公牛，用苍蝇与公牛这种人们生活中熟悉的事物，比喻陌生的大国关系和恐怖分子，让抽象的道理变得更容易"理解"，而不是一次从论据推到某个结论的论证。

张泉灵曾说："新闻发言人就像一件超薄紧身衣，身材不好想靠它混过去是门儿都没有的。出了事儿的时候，只靠新闻发言人来撑着，更像超薄紧身衣湿了水，连烂疮都隐约可见。这时候赶来揭烂疮，看到你还拿件破衣服遮遮掩掩，自然怒不可遏。如今，骂声不绝，换件衣服，身材不好还是不好，烂疮还是烂疮。"

她说得很精彩，但这只是一个漂亮的比喻，是一个很好的想法，想要对新闻发言人做出评价，还需要进行论证。

八、滑坡谬误

其实现在纠结于这点儿钱真没意思，眼光要长远一点。不要小看任何一个人，也许借过你钱的人就是另一个马云。我把这钱当本钱，现在去做生意，等我这笔生意成了，我就去创业，我创业成功了，公司会上市，你想想，公司上市了，我会百倍万倍地回报你。你看马云，孙正义借他那笔钱让他挖到了第一桶金。如果当年孙正义立刻让马云还钱，就没有现在的马云了。

声称某事之后将会发生一连串结果，却并无充分证据支撑该推论。

---

[2] [以]尤瓦尔·赫拉利：《人类简史》，林俊宏译，北京：中信出版社，2018年，第151页。

这样的推论断定，如果再往前一步，踏上"滑坡"，必定会一路滑跌到沟底，亦即假定我们不可能中途停住。这需要论证的每一步都要看到成立的前提，每一步都需要限定前提，而有些论证，会忽略一些重要的条件而无限论证。"雪崩时，没有一片雪花是无辜的"，就属于这种滑坡谬误思维。

"假如潘金莲不开窗户，不会遇上西门庆；不遇上西门庆，就不会出轨；不出轨，武松不会上梁山；武松不上梁山，方腊不会被擒，可得大宋江山；进而不会有靖康耻、金兵入关，不会有大清朝，不会闭关锁国，不会有鸦片战争、八国联军。中国会成为唯一超级大国，其他都是浮云。小潘呀，闲着没事你开什么窗户？"网上这个段子，也属于典型的滑坡谬误。

"丢失一个钉子，坏了一只蹄铁；坏了一只蹄铁，折了一匹战马；折了一匹战马，伤了一位骑士；伤了一位骑士，输了一场战斗；输了一场战斗，亡了一个帝国。"这个民谣讲的是，在一次生死存亡的战争中，一位将军因为不耐烦等待马夫钉上最后一个马钉，而匆匆率领军队上了战场，结果一连串的失误导致全军溃败。一件看似微乎其微的事情，却带来了惨重的损失。这个民谣本质上属于修辞，为了强调细节的重要而推出一个可怕的结果。

从一个极端的个案，推理出一个大的、严重的社会问题，或者是一个可怕的结果，中间缺乏必要的逻辑桥梁和推理过程。比如，一个同学写的评论，论证同性婚姻的危害："假如人人是同性婚姻，那人类就灭亡了。"其实，根本不可能出现人人都实践同性婚姻的场景，任何时候这都是一种非主流的、小众的、边缘的行为。在重庆公交坠江事故中，有评论把矛头指向没有劝架的乘客，认为是冷漠导致了悲剧，也属于滑坡谬误。

九、偷换概念

"习近平主席在联合国发展峰会上宣布，中国将免除对有关最不发达国家、内陆发展中国家、小岛屿发展中国家截至 2015 年底到期未还的政府间无息贷款债务。"——国家都能免除穷国的债务，你干嘛追着我这点小钱。

你太虚伪了，经常在公开场合宣称自己多热心公益慈善，经常给穷人捐钱。我才欠了这点钱你就要我还，好虚伪。

这属于典型的偷换概念，诡辩经常用这种方法，悄悄地转移话题。逻辑推理需要概念同一性，前面的概念跟后面的概念要一致。上述的"免除"，针对的是国家债务，是国家之间的关系；而借钱还钱属于私人之间的债权债务，八竿子打不着。

举一个案例。每年暑假，舆论都会为"北大应不应该对游客开放"吵一番，每每有这样的新闻出现的时候，舆论便会有这样的批评声："北大是全国人民的北大，清华是全国人民的清华，为什么要限制外人，凭什么限制？"

为什么不能限制呢？大学不是旅游景点，不是菜市场，不是广场大街，是学生学习、教师科研的地方，以教学为中心，一切服务于师生，当然可以有自己的管理安排。我一直挺疑惑，难道有人会真以为"北大是全国人民的北大""清华是全国人民的清华"？然后觉得自己作为"全国人民的一分子"，可以理直气壮地"占领"北大清华校园？一直以来，每当这些名校出台某个改革或管理措施，比如"限外"之类，就有人以主人心态拿这种话语来宣示"主权"。

实际上，"北大是全国人民的北大"并不是共识或者常识，只是占据多数优势的舆论在精神上的某种一厢情愿，是一种自以为是的舆论想象，这种一厢情愿很蛮不讲理。北大就是北大,首先是北大师生的北大,不是别人的北大,所有资源首先要服务于北大师生。外人可以分享名校的教育资源,可以感受大学的风貌,但必须是在首先满足学校师生的前提下,不影响校园秩序,不破坏校园清净,不对教学带来干扰。那些排队的游客多是父母带着孩子,可有哪个父母希望自己的孩子在那种连一张安静课桌都放不下的嘈杂校园中读书呢?

"北大是全国人民的北大",这种判断源于这样一种认知——北大这样的公立大学使用的是政府投资,而政府投资来自全民纳税,所以属于全国人民。作为"投资人"中的一部分,难道连进去参观一下的权利都没有吗?——这在逻辑上是大错特错。确实,北大、清华使用的是政府投资,可"公共投资"在逻辑上推出的结论是:大学经费的使用应该接受公众监督,每一分钱都应置于阳光之下受到苛刻的审视,而不是"我可以随便进出大学,随便干预大学管理,随便享用教学资源"。

公立大学的公共性体现在,大学向社会输送人才,大学成为每个人向上流通行的通道,大学为每个人通过知识改变命运提供了平等的机会,大学通过科研和创新改变人们的生活,大学作为一个社会的知识高地向社会输送知识和价值观——这些是作为公立大学之"公"的核心内涵。作为"投资人",公众是从这些"不朽的大学价值"中获得精神和价值回报,而不是通过"我可以随便进出参观校园"这种可以变现的物质占有和经济学算计。

如果非要说"北大是全国人民的北大",它表达的也应该是这种公共性,而不是物质和管理上对外无条件的开放,不是"大锅饭"那种闹哄哄、没有产权界限的占有。在这里,"全国人民"只是一个集合和抽象概念,不能偷换为"个体概念",变成"每个人都是有权占有大学的一分子"。毕竟,这是一所大学,大学应该有自主和自治空间,虽然产权上是公立国有，但管理上应该尊重大学自主。投资教育和大学是每个国家的义务，作为投资者的纳税人自然会从大学中获益。作为投资人，面对大学时应该是谦卑的，权力只应限于"监督经费使用"，而不是事无巨细地介入大学管理的每一个环节，以投资者的自负去干扰大学。

在这一案例中，前面的推理和论证，运用的就是逻辑的同一律，公立大学的"公"是什么意思？"全国人民的北大"是什么意思？不能偷换概念。

再看一个案例中的论点，逻辑错在哪里？"由于不同物种交配所生的后代不具繁殖能力，因此物种永远不会融合。大猩猩无法与黑猩猩融合，长颈鹿无法与大象融合，狗也无法与猫融合。"显然，这个判断把"融合"跟"交配"概念混在一起了，不能交配的物种就无法实现交流与融合吗？"融合"不是变成一种东西，而是和而不同。

有一篇评论分析的是"歧视"这个话题——如何正确地歧视。作者的观点是："我对所谓的歧视没有恶感。每个人做选择时，都是在歧视。你开个公司，无法按照你真实的偏好选择员工，那公司就不是你的，产权就无法保障，市场不复存在。你发现自己内心有歧视，别害怕，这不说明你是坏人，这是你的权利。"

这个观点在论证中，就进行了概念偷换，把"选择"和"歧视"当成了一回事，也把"偏好""偏见"和它们等同起来。后来我的一个学生是这么点评的："他首先就事论事地谈公司招聘问题，认为'善于歧视的公司，不动声色地接下所有简历，按内心的歧视标准拒人'。作者又把筛选、拒绝和歧视做了等价替换。按作者的逻辑，不歧视的公司大概只能接下所有的简历、录取所有的面试者。而实际上，就业歧视指的是劳动者由于非经济特征而被拒绝。学历、专业技能和地域、爱好等显然不是同类特征和筛选标准。用人单位如果招聘平面设计师，当然可以把审美能力、软件操作技术等作为筛选标准明确提出，但公开声明'不要简历丑的'，是一种不恰当的表达，而针对与设计能力和艺术品位等无关的职位招聘，这种招聘信息是意见和表达的双重不正确。"

我后来专门让学生进行一次概念厘清训练，让大家分清以下这几个概念——选择、偏好、偏见、歧视。

（一）选择基于理性并寻求最优解；偏好基于感动，强调最爱；偏见是冥顽不灵的刻板印象；歧视是有了偏见不反思反而大张旗鼓地用偏见去打击别人。

（二）选择和偏好是站在自己这一边看的，偏见和歧视是从别人的角度看的。

（三）我进到菜市场，种类琳琅满目，想买什么都可以买，这叫选择；我买了香菜，这叫偏好；我觉得喜欢臭豆腐的都是脑子进水的，这叫偏见；我觉得只有乡下人因为穷才会吃蒸双臭，这叫歧视。

（四）选择是客观行为，其他三个是主观状态。偏好是积极评价，与偏见和歧视不同，偏好表达双方关系，不仅是评价，还带有因主观思想产生某种长期的连续的行为。偏见指对被评价者的感知和评价给予消极评价。

（五）我想干嘛就干嘛，叫选择；我只想干这个，叫偏好；我觉得这个好，那个不好，叫偏见；我觉得干这个的都很低级，叫歧视。

（六）偏好是一种可能性，是在个体选择存在时的优选项；偏见是个体内心的一种无须理性验证的信念；而歧视则是这种信念在外在言行的表现。简言之，偏好是选项，选择是动作；偏见在内，歧视在外。

（七）选择是中性词，偏好是根据自己主观判断选择，偏见是不了解真实情况或别人认为你不了解真实情况下的偏好，歧视是把偏见表达出来。

十、诉诸权威

全球闻名的大慈善家、美国钢铁大王卡耐基曾经说过,"有钱人在道义上有义务把他们的一部分财产分给穷人,因为所有超过家用之外的个人财产都应该被认为是让社会受益的信托基金"。——你作为一个有钱人,借我这点钱还让我还,太吝啬了。

权威的话只能在"你有理有据"时增添论证分量,而不能在你没理时成为论据。权威的话也需要接受质疑,而不能享受天地不义、不证自明的举证豁免权。在论证的基础上,再加上权威引言,会更力;单纯诉诸权威,反而会暴露自身的逻辑乏力。再说了,谁知道权威是个什么东西,现在朋友圈"名人鸡汤"泛滥,十有八九都是伪权威。

十一、虚假两难

我就这点儿钱,还给你了,我就活不下去了。

营造一个虚假的两难困境,其实根本不存在两难,而可以有多元的选择。"要社会主义的草,还是要资本主义的苗?""要民主,还是要发展?""要有一点腐败但经济发展,还是要没有腐败也没有经济发展?"——设置二元对立,逼你在两者之间选择,非黑即白,非是即非。

有一篇评论曾引起很大争议,问题就出在虚假两难的逻辑谬误上——在"要自由还是要强奸"上构建了一个错误的对立:

最近一个有视频有真相的例子,是深圳的一起强奸案。女事主丈夫就在现场隔壁的杂物间,据说能听到房间发生的一切,甚至床摇动的声音，可是他没有冲过去。之后，现场的视频在网络上流传，网民们都看到了恶人是如何作恶的。

数十万的视频，没能杜绝罪恶。但是，安装更多的视频，显然是有关部门坚定不移的策略。《一九八四》的世界，或许迟早要到来。到那个时候，就不会再有强奸案了，就像杨喜利，如果知道一举一动都在视频镜头下，他一定不会轻易解下裤带。

强奸可能是没有了，可是，自由也没有了。和自由相比，强奸算得了什么呢？至少，对我来说，宁愿冒被强奸的危险，也不要永远生活在老大哥的注视下。

这样的评论，显然是让人无法接受的。

学者刘瑜在《诸善之间》一文中提到这样一个观念："每一种观念似乎都有它的道理，未必导致相对主义。它只是提醒我们，在这个世界上构成冲突的未必仅仅是'善恶'之间，一种'善'和另一种'善'也可能构成紧张关系。权利和福利之间，'绝对命令'和'人之常情'之间，平等和效率之间，自由和安全之间，常常存在着取舍关系。我们尽可以根据自己的观念，论证哪种取舍更合理或更合乎时宜，但是如果有人告诉我们存在着一种没有代价的选择，那也许我们就需要提高警惕。"

善恶之间是如此，人与人之间的权界也是如此，很多权利都不是天然的，中间有交界点，需要博弈和协调。人们习惯为自己生产权利，其实权利很多时候不是天然的，而是在冲突中互相协商出来的。比如大妈们跳广场舞与业主休息形成冲突，业主的休息权并不比大妈们的健身权更优先，这时就需要协商——哈尔滨某区业主与大妈们就订立了一个公约，约定了广场舞的时间和音乐的分贝，形成了各自的权界。从历史主义角度看，很多权利是协商出来的，通过协商形成各自的权界，在权界中各美其美，而不是不证自明。

我们还需要防范二元对立的叙述框架。来看这个案例,"比起鹿晗表白,这位老人捐出一生积蓄420万,更值得刷爆朋友圈!"——赞美科学家没问题,但为什么要踩鹿晗表白呢?这属于人为制造的二元对立。如塞缪尔·早川所言:"二元价值观点差不多总是以表现情感的姿态出现。在辩论赛上,正反两方都以夸张自己的主张和藐视对方的主张为主要工作,因此,双方辩论的结果往往对于增进知识并无多大益处。"[3]

李普曼也厌恶那种非黑即白的判断,他当年主笔《世界报》时甚至因此受到读者抱怨:"习惯于严词痛斥的读者们抱怨《世界报》趋向于对问题采取骑墙态度,而不是果断地站在其中一方。李普曼不像科布(另一个当红评论员)那样把世界看成是黑白分明的,而是把它看成是层次不同的灰色组合体,因此《世界报》的社论调子开始变得不那么刺激,而是更为理智,在观点上的差别更为细微。"[4]

著名评论员丁永勋曾写过一篇评论,题目很有意思——《不是每个英雄故事里都有"坏人"》,所评论的话题是:"'最美司机'吴斌的故事仍在感动着国人。伴随着这种感动,有一个谜底也一直在等待揭开,那就是造成这次事故的原因是什么,伤害吴斌的铁块来自哪里?经过警方十来天的调查取证,涉事车辆和当事人终于被确认,击中吴斌的铁块,系对向开过的一辆货车的制动毂残片。警方同时表示,该事故定性为一起意外事故,肇事车辆的车主和司机不必承担刑事及行政责任。"

评论针对的是那种从"最美司机"的另一面寻找"最坏司机"的逻辑:"不是每个英雄的故事里,都有一个坏人。在这次意外事故中,虽不能说

---

[3] [美]塞缪尔·早川、[美]艾伦·早川:《语言学的邀请》,柳之元译,北京:北京大学出版社,2015年。

[4] [美]罗纳德·斯蒂尔:《李普曼传》,于滨、陈小平、谈锋译,北京:中信出版社,2008年,第187页。

涉事司机也是受害者，但至少他不是站在英雄对立面的那个人。事故处理的正确方向，是查清原因，消除隐患，防止悲剧再次发生，而不是致力于挖出一个'坏人'，甚至找一个没有过错的人顶缸道歉。在'最美司机'这个故事里，不能因为吴斌的善，而放大其他人的'恶'；也不应把吴斌的行为拔得高不可攀，而把社会普遍道德标准贬得很低，放纵舆论演变成道德绑架和感情强迫。"

十二、以人为据的谬误

你自己不都说过嘛，对穷人要有悲悯和宽容之心，即使欠你钱，也不要步步紧逼。我才欠你这点钱，你就不断催我，你这人也太说一套做一套了吧。

以人为据具体表现为，判断一个观点正确与否，不看观点本身，而看发表这种观点的人。在证明或反驳一个论题时，以提出论题的人的身份、地位、品质为论据，而这些论据和论题本身的真假并没有必然的联系。例如，在证明一个论题时说，这是某某权威人物讲的，以此作为论据；在反驳一个论题时说，这是某某不可信任的人讲的，以此作为论据。不去论证论题本身，而去评价提出这个论题的人，也就是以攻击或颂扬对方的个人品质去代替对论题的逻辑证明。

再如，一边抽烟一边说抽烟有很多害处——抽烟，可能会降低当事人说"吸烟有害健康"的说服力，但不能证明这话是错的。一边骂美国一边往美国跑，一边批评高房价一边买了很多套房，也同样适用这种推理。

如何看待言行不一？虽然降低了"言"的说服力，但不能说明"言"

是错误的，不能因此否定其行为的正当性，进而论证其行为的不正当性。在进行论证时，不能用某某"曾经说过什么"来否定其行为的正当性。

十三、复杂问题谬误

复杂问题谬误是指，在一个向别人提出的问题中，悄悄地置入自己的倾向和结论。它常常出现在"诱导式采访"中，来看几个案例。

"《人民的名义》中你最喜欢哪个角色？"这个问题隐含的逻辑是，你必须得喜欢一个，但我一个都不喜欢，可以吗？刘翔夺冠后，总有一个女记者在跑道尽头拿着话筒等着向他提问，"这时你最想感谢谁？"其实刘翔只想喝口水，被诱导说一句感谢这个感谢那个。复杂问题谬误是让倾向和结论先行，回答了问题，就掉进了倾向和结论的陷阱。

某次高层新闻发布会，记者提问："我是某网记者。最近，社会上非常关注一个案件，就是浙江吴英案，您个人觉得吴英到底该不该被判死刑？同时，您怎么看当前民间资本投融资难的问题？谢谢。"这个问题真是坑领导人，吴英案还没有判，如果官员在这时表态，无论是支持或反对，都会被看成是干预司法独立审判，从法律角度看，是不宜这么向官员提问的。

知名大V"急诊科女超人"于莺曾在微博里讲述了一次接受记者采访时被复杂问题谬误诱导的经历："某TV要我做一期医患关系的访谈，编导不停地诱导我往苦大仇深方向扩展。他问：上班累吗？我说：还行！他问：压力大吗？我说：不大！他问：你最累的时候什么样子？我说：回家洗洗睡！他说：你还有没有更累的时候？我逗他：你是说累晕过去啊？编导兴奋地说：对呀！我说：嘿嘿，这个真没有！"

十四、稻草人谬误

稻草人谬误也就是树立"假想敌",常常出现在观点交锋中——设立一个根本不存在的靶子进行批判。对手的观点明明是 A,但为了自己批评的方便,将对手的观点推向某个极端或贴上某个标签,说成是 B,然后对着 B 观点大加批评。

比如《拉平退休待遇将对公务员产生新的不公》这篇评论,其论点是:"一般来说,能考上公务员的,文化程度较高,读书时间长、教育投资大。非要让公务员的养老金和蓝领工人水平一样,对寒窗苦读十几载的公务员来说,是否不公平?"于是得出结论,"在养老金待遇上不能搞简单的'一刀切',如果要一味拉平公务员与企业职工的退休待遇,以'平均主义'偷换'公平'的概念,将会对公务员产生新的不公。"

这属于典型的稻草人谬误,因为根本没有人说"要拉平公务员和其他群体的退休待遇",公众真正的诉求是并轨,打破过去不公平的双轨制,都一起拉到市场化的框架中公平地缴养老金和领养老金。公众提倡的不是平均主义,而是市场主义。评论盯着"平均主义"去批评,就是稻草人谬误。

还有这篇题为《禁止群租是在保护承租户吗?》的评论,针对的是这条新闻:"近日,住房和城乡建设部出台了《商品房屋租赁管理办法》。在新规中,对于分割出租行为有明确规定:出租住房应当以原设计的房间为最小出租单位,人均租住建筑面积不得低于当地人民政府规定的最低标准。如果出租人违反了上述规定,由当地主管部门责令限期改正,逾期不改正的,可处以 5000 元以上、3 万元以下罚款。"

评论的观点是:"这实际上是禁止群租。同时还规定地下储藏室不允许出租……这样做的目的,应该是为了让承租人保持基本的体面和尊严,不居住在过于窄小的空间里。但它的实际效果,可能会使房屋供应更为紧张,加剧了供不应求的市场局面,从而助推房租的上涨。"这个观点也属于稻草人谬误,因为官方并没有禁止群租,只是规定了租房的最小面积,对着"禁止群租"这个稻草人批判,就转移了话题。

再看《先污染后治理无法避免》这篇评论,其指向很明显:"对于环保的大道理,人们都懂,可利益驱动下,就是做不到,很多时候只有付出了代价才会明白,不见棺材不掉泪,身陷问题中,认识才会到那个层次。就像马斯洛需求层次,在贫穷的层次,只会想着发展,不会想着环保。"这种观点很容易在传播中被误读为"竟然支持污染",这也属于稻草人谬误。

提到爱国主义时,最明显的稻草人谬误如下:"如果你批评你的国家,你就不支持你的国家,或者甚至更加极端,你讨厌你的国家。这会让任何国家每一个有思想的人都失去当爱国者的资格,因为任何国家都不是完美的,任何国家都会受到批评。"[5]

十五、"鸡汤"逻辑

逻辑的一大重灾区是,段子与"鸡汤"。经常喝着喝着,逻辑就中毒了。比如这条"鸡汤":"(两份名单)第一份:傅以渐、王式丹、毕沅、林召堂、王云锦、刘子壮、陈沅、刘春霖。第二份:李渔、顾炎武、金圣叹、黄宗羲、吴敬梓、蒲松龄、洪秀全、袁世凯。第一份名单你知道多少人名?第二份哪个人名你不知道?第一份名单全是清朝的科举状元,第二份全是当年的落第秀才。送给即将参加考试的你。"

一到每年考试季,这条"鸡汤"就会在考友圈刷屏,其实根本经不

---

[5] [美]布鲁斯·N.沃勒:《优雅的辩论:关于15个社会热点问题的激辩》,杨悦译,北京:中国人民大学出版社,2015年,第286页。

起逻辑推敲，也根本不能这么比较。第一，状元里也有名人，但列举的都是不太有名的人，而落榜列举的都是名人；第二，状元就那么几个，而落榜者有无数，无数人中列举几个成名的，这样的比较无意义；第三，不看比较基数和平均数，仅拿几个特殊个案来比较，不具说服力；第四，拿学术界的名气跟江湖名气比较，也没什么意义，名气有时不能说明什么。

再看这条"鸡汤"——《你连体重都控制不了，还想掌控自己的人生?》："有人拒绝你，不只是因为肥胖，而是那种既肥胖又看起来很懒散、对任何事情都了无兴趣的态度。对自我没有一点高要求，举手投足间呈现的都是对自我懒散的宽容和对生活的将就。管理好自己的饮食、身材和时间。请相信：能够把控自己的人，才能把握人生。"体重跟掌控自己的人生有多少关联性？胖子的人生都是失败的？

十六、话题漂移

话题漂移，也叫转移话题，在现实论辩中很常见。有网友形象地总结为："你跟他讲道理，他跟你耍流氓；你跟他耍流氓，他跟你讲法制；你跟他讲法制，他跟你讲政治；你跟他讲政治，他跟你讲国情；你跟他讲国情，他跟你讲接轨；你跟他讲接轨，他跟你讲文化；你跟他讲文化，他跟你讲老子；你跟他讲老子，他跟你装孙子；你跟他装孙子，他跟你讲道理。"

再如，明星不管犯了什么错——家暴、吸毒、嫖娼、酒驾，"脑残粉"都会辩解说"你知道他有多努力吗？"这也属于典型的话题漂移。

十七、同义反复

同义反复是指在同一个概念上不断进行自我循环。比如，你问我为什么对你进行限制，我说对你进行限制是符合法律规定的。问是根据哪个规定，反正我又没有违法，我们都应该遵守法律，如果我做的事情违法，你可以去告我啊。——这就是同义反复。

有一篇评论，题目叫《"左派""右派"都是想过好日子》。该评论本想弥合"左派""右派"的分歧，其实弥合不了，因为并没有面对双方的分歧，双方当然都想过好日子，只不过对"什么是好日子"存在巨大的分歧。"都想过好日子"，这话等于没说。

此外，一些正确的废话，也属于同义反复。如"骑车不要太快也不要太慢"，"吃喝不要吃太烫也不要太凉"。

十八、俗语谬误

俗语谬误是指把俗语当成论据，但俗语是一种约定俗成的说法，往往只具有修辞效果，并无规范和规则意义。徐贲曾说："箴言是一种讨巧、便捷的说明手段，如果运用得当，可以是一种不错的说服方式，但也可能被误用或滥用，造成说理谬误，甚至成为一种狡黠的说辞和欺骗花招。"[6]

有人总结了以下这些俗语，正说反说都有理，说明了世俗文化的功利性和实用性。选择符合自己需要的俗语，总有一句适合自己，正如伯特兰·罗素所说："不用盲目地崇拜任何权威，因为你总能找到相反的权威。"

    俗话说：兔子不吃窝边草；可俗话又说：近水楼台先得月！
    俗话说：宰相肚里能撑船；可俗话又说：有仇不报非君子！
    俗话说：男子汉大丈夫，宁死不屈；可俗话又说：男子汉大丈

---

[6]　徐贲：《阅读经典：美国大学的人文教育》，北京：北京大学出版社，2015年，第63页。

夫，能屈能伸！

俗话说：打狗还得看主人；可俗话又说：杀鸡给猴看！

俗话说：知无不言，言无不尽；可俗话又说：交浅勿言深，沉默是金！

俗话说：车到山前必有路；可俗话又说：不撞南墙不回头！

俗话说：人不犯我，我不犯人；可俗话又说：先下手为强，后下手遭殃！

俗话说：买卖不成仁义在；可俗话又说：亲兄弟，明算账！

俗话说：人往高处走；可俗话又说：爬得高，摔得重！

俗话说：亡羊补牢，未为迟也；可俗话又说：亡羊补牢，为时已晚！

俗话说：瘦死的骆驼比马大；可俗话又说：拔了毛的凤凰不如鸡！

俗话说：宁为玉碎，不为瓦全；可俗话又说：留得青山在，不怕没柴烧！

俗话说：人不可貌相，海水不可斗量；可俗话又说：人靠衣裳马靠鞍！

俗话说：浪子回头金不换；可俗话又说：狗改不了吃屎！

俗话说：苦海无边，回头是岸；可俗话又说：开弓没有回头箭！

俗话说：退一步海阔天空；可俗话又说：狭路相逢勇者胜！

俗话说：三百六十行，行行出状元；可俗话又说：万般皆下品，唯有读书高！

俗话说：书到用时方恨少；可俗话又说：百无一用是书生！

俗话说：金钱不是万能的；可俗话又说：有钱能使鬼推磨！

俗话说：出淤泥而不染；可俗话又说：近朱者赤，近墨者黑！

俗话说：贫贱不能移！可俗话又说：人贫志短，马瘦毛长！

俗话说：青出于蓝而胜于蓝；可俗话又说：姜还是老的辣！

俗话说：后生可畏；可俗话又说：嘴上无毛，办事不牢！

俗话说：得饶人处且饶人；可俗话又说：纵虎归山，后患无穷！

俗话说：善有善报，恶有恶报；可俗话又说：人善被人欺，马善被人骑！

俗话说：小心驶得万年船；可俗话又说：撑死胆大的，饿死胆小的！

俗话说：日久见人心；可俗话又说：人心隔肚皮！

俗话说：邪不压正；可俗话又说：道高一尺，魔高一丈！

十九、诉诸无知的谬误

"因为你提不出反驳我的证据，所以我赢了。因为你无法证明我是错的，所以我是对的。"没有证据证明某种东西存在或者不存在，所以，它就是存在或者不存在的，这属于诉诸无知的谬误。

在方舟子质疑韩寒代笔事件中，方舟子和韩寒都陷入了诉诸无知的谬误——你没有充分证据证明我是代笔，我是不是就不是代笔？你没有证据证明你不是代笔，所以你就是代笔？

对此，马少华是这么评论的："从逻辑上说，韩寒也不能以别人不能举出自己'代笔'的证据来论证自己'没有代笔'。但是，这一逻辑原则就需要特别小心地适用了，因为它其实可以适用于所有人。在逻辑上，所有人都不能以别人不能举证自己作假来论证自己没有作假，否则，在形式上，就符合'诉诸无知的谬误'。那么，为什么在日常生活中大家不把这看作一种'谬误'呢？因为，这正是一种普遍的社会规则，它叫作'信任优先'，就是在没有证据证明为假的情况下，我们首先'应当相信'为真。否则，所有人都会处于不被信任之中，每个人要为自己的真实性付出许多论证成本，社会心理就没有安定的一天了。"[7]

哲学层面是怎么处理这种诉诸无知的谬误呢？有这样一个原则：如果我们无法证明某一种东西的存在，且它的存在并不会使我们对某些事物有更好的解释，那么我们就先假设它不存在。因为一个事物如果不存在，那么我们就永远都无法证明它存在了。

---

[7] 马少华：《诉诸无知的谬误与举证责任的规则》，《新闻与写作》，2012年第3期。

第十六讲

融媒体时代坚守评论的传统基因

传播的方式、读者阅读习惯的改变,使传统媒体面临挑战。但这个社会总得有一些东西是不能变的,也是不应该变的,评论作为一种讲理的文体,一种凝聚社会价值观的文体,一种推进时事进程的文体,在媒介环境发生变化和价值观摇摆的语境中,不要随波逐流,不要被一些时代病所感染,不要被信息海洋所干扰,应该坚守评论的本性。

第十六讲　融媒体时代坚守评论的传统基因

> 当一个人在路上走的时候,如果他突然要回想起什么事情,就会机械地放慢脚步。反之,如果他想要忘记刚刚碰到的倒霉事儿,就会不知不觉地加快走路的步伐,仿佛要快快躲开在时间上还离他很近的东西。慢的程度与记忆的强度直接成正比;快的程度与遗忘的强度直接成正比。
>
> ——米兰·昆德拉

在这个什么都在变的时代,评论需要坚守一些品质。虽然评论人经常"掐架",但作为一种"文体共同体",在很多方面还是有共识的,毕竟都是以"讲理"为业的人。虽然在一些问题上立场和判断不一样,但只要讲理就好办,评论人在"如何讲理"上凝聚着一些基本共识。

媒体转型期的评论该何去何从?从这个问题可以看到当下媒体人和评论人的焦虑、茫然、不知所措,潜台词是——传统媒体面临着前所未有的危机,作为依附于传统媒体的我们,应该怎么办?这个问题隐含着一个判断:评论需要变化,以适应这个转型的时代。

我觉得,我们需要跳出这个"一切都在变化,所以评论需要变化"的话题陷阱,也许我们身处的媒介环境在发生剧变,传播的方式、读者阅读习惯的改变,使传统媒体面临挑战。但这个社会总得有一些东西是不能变的,也是不应该变的,评论作为一种讲理的文体,一种凝聚社会价值观的文体,一种推进时事进程的文体,在媒介环境发生变化和价值观摇摆的语境中,不要随波逐流,不要被一些时代病所感染,不要被信息海洋所干扰，应该坚守评论的本性。

评论该怎么写，还是怎么写，坚持用事实和逻辑来说话，这就是评论的本性。也许载体会发生变化，价值立场会发生变化，但这种"评论本性"是不能变的。这听起来好像是"正确的废话"，不过我是有所针对，是带着鲜明的"问题意识"来提出这个问题，因为当下的媒介环境中，干扰时评作者"用事实和逻辑"来说话的因素越来越多。

一、时效压迫下守住事实这个评论生命

首先说说媒介环境对"事实"的干扰。事实不仅仅是新闻的生命，也是评论的生命。对于评论员，媒体转型时代，或者说是新媒体时代的一大福利是，"新闻由头"和"选题来源"的途径越来越丰富。过去都是依赖传统媒体，比如选《中国青年报》《新京报》《南方都市报》的新闻，作为评论的由头，但现在的由头来源越来越丰富，新媒体提供了丰富的新闻资源和评论话题。

新闻由头来源多元化，拓展了选题和话题资源，这是好事，但也给评论员"对由头真实性的判断"提出了挑战。在过去，选那些有公信力的传统媒体的新闻作为由头，可以放心使用，不必担心新闻是假的，因为传统媒体严格的核实程序已经替你在事实上进行了把关，但现在很多新闻来自网络，没有了传统媒体这道核实程序，就需要评论员先对由头和选题的真实性进行判断。

而且时事的节奏越来越快，时效的要求越来越紧迫，这对评论员产生了一种"压迫感"，看到一件事，需要迅速判断，由不得你有太多的思考，否则就赶不上判断的时效了。过去，传统媒体还有一天的时效，网络也给评论员留下了判断的时间，但新媒体时代，立刻判断的时效压力越来越大，很多客户端和自媒体往往能第一时间就推出评论。

在时效的压迫感下,"事实判断"很容易出问题。时事评论的判断有三个层面,分别是事实判断(事实如何,是真的还是假的)、价值判断(是非善恶)、利害判断(利弊,对谁有利对谁有害)。首要的判断应该是事实判断,因为所有的判断都要建立在你所要依赖做出的判断基础"是否是事实",以及"是否是完整的事实"。

我们注意到一个现象——如今乌龙新闻和反转新闻越来越多,所谓反转新闻,即今天的事实是这个,明天新闻就发生大逆转,出现了完全相反的事实。评论员如果缺乏判断力,缺乏等待事实的耐心,很容易被这种反转新闻牵着鼻子走,根据昨天的事实做出的判断,被今天相反的事实打脸了。

这需要我们在面对海量的话题资源时,一定要有事实判断的定力。第一,评论永远不能跑在新闻的前面,耐心地等待完整的事实。第二,当看到新闻只有单方叙述的时候,一定要警惕,因为另一方的叙述可能完全相反。第三,特别要克制"有图有真相""有视频有真相"的迷信,最有欺骗性和迷惑性的就是图像和视频了。宁愿慢一拍,也不能在事实不清时抢先一步去做判断。

二、避免被网痞和爆款逻辑干扰

第二点要说的是逻辑,也就是好好讲理,把道理讲漂亮了,讲得有说服力,这是评论员的看家本领。当下,评论的逻辑受到了很多干扰和诱惑,需要我们这个共同体来保卫评论的本性。

防范哪些干扰和诱惑呢?第一是防范沾染"文革"文风,防范上纲上线、贴大字报的棍棒文风。第二是防范网痞文风,网络降低了表达的门槛,让每个人都有了麦克风,也让少数缺乏讲理训练、不学无术的人有了"出位"和"上位"的机会。他们不是把评论当成说服方式,而是当成骂战工具。那种网瘾式的简单粗暴判断在网络上比比皆是——"总批评城管，那你当几天城管试试。""觉得这个社会不好，那你干嘛不滚？"第三是防范某些奇葩文风，用绕来绕去的表达和不知所云的语言去掩盖论证的形式，掩盖逻辑上的无法自圆其说，或者是用别人无法正常反驳的"绝对正确"，形成一种话语霸权。还有一些评论，只要结论看起来很"正能量"，可以根本不顾论证过程是不是合理，不顾所使用的论据是不是假数据。

这些评论如今在舆论场中大行其道，都属于评论中的"三聚氰胺"，简单粗暴，不讲逻辑，没有论证。我之所以说这些评论对当下的评论界形成干扰和诱惑，是因为这种反智、反理性、反逻辑的评论，利用浮躁媒介环境和网络传播对逻辑要求的降低，利用一些网民的不动脑子，有着很高的传播效率，常能获得病毒式传播。如此一来，很容易形成一种效仿的效应，助长不讲事实和逻辑的恶劣文风在网络上泛滥成灾。

说服需要论证的耐心，下面通过一个案例来说明什么叫上纲上线，什么叫讲道理。过去很多人对《人民日报》评论有一些偏见，其实近年来，《人民日报》评论的文风有很大的变化——弱化宣传而强调说理，弱化说教而强化说服，让党报评论更回归评论的本性。

喜剧演员贾玲演绎花木兰曾引起风波，她在小品中把花木兰演成一个胸大无脑、爱好男色、贪生怕死之辈，引起很多人不满，觉得如此恶搞花木兰是在消解我们的民族精神。其实，很多人并不喜欢贾玲恶俗的表演，但也不喜欢无限上纲上线——"这是在消解民族的文化符号，颠覆我们的集体记忆"——这种评论，并没有说服力。《人民日报》那篇题为《请相信起立鼓掌的力量》的评论就非常好，既站在主流立场对贾玲进行了批评，又没有怒气冲冲地上纲上线，而是尝试去论证和说服、讲理：

贾玲道歉了，围绕"恶搞花木兰"而来的争论，却仍在继续。不过，且让我们先放下这些纠葛，看一看在《欢乐喜剧人》中与贾玲同台的另一个节目。

这出叫《小偷在哪儿》的哑剧，致敬的是喜剧大师卓别林。城市列车上，戴礼帽、拿手杖的小丑，与伺机而动的小偷斗智斗勇，满车乘客却漠然旁观。全程无声、黑白配色，以肢体语言演绎人情冷暖。这出"简单、搞笑"的作品，获得了观众全体起立鼓掌，并在当期节目中胜出。这样的结果，回报了表演者沈腾团队，也让更多喜欢喜剧的人松了一口气：观众的眼睛毕竟是雪亮的，好的作品不会被埋没。

回到贾玲恶搞的花木兰。为好作品欢呼的观众，应该也不会让伪劣产品招摇过市。那种以"木兰啃烧鸡"续接"唧唧复唧唧"的所谓戏谑，那种看到军营肌肉男而躁动流鼻血的所谓幽默，难言内涵，甚至流于低俗，不被认同也是必然。不管是网友的嘲讽还是舆论的施压，都可以理解成观众对作品质量的判断——正如他们把最高分贝的掌声献给了《小偷在哪儿》。

从这个角度看，我们应该相信更加成熟的观众，也相信更加成熟的市场。即便可能有看走眼的时候，他们也会对自己的时间，以及钱包负责。这么多年来，从马三立《家传秘方》这样的传统相声，到《超生游击队》这样的晚会小品；情景喜剧《我爱我家》《武林外传》风靡荧屏，还有创下票房奇迹的"开心麻花"……这些成为时代经典的优秀作品，莫不是观众与市场挑选的结果。相信市场和观众，其实也就是相信他们有辨别优劣的能力。

我自己被这篇苦口婆心的评论说服了，因为它没有任何道德和标签大棒，用的是事实和逻辑的力量——观众起立鼓掌进行投票，市场做出了判断，相信观众和市场辨别优劣的能力。这，就是讲理。评论员永远不能迷恋权威、口号、教条和答案，不被流行的浮躁所干扰和诱惑，坚守评论规律，坚守这种"摆事实，讲道理"的评论自信。

三、教育的"蓝翔化"和新闻的"民工化"

一名学新闻的学生给我写了一封信，表达了自己的困惑：

> 平时很喜欢看您的评论，觉得您特别有思想，我最喜欢您的暖评。很抱歉打扰您，因为有些问题一直困扰我和我的同学，所以就想请教您。我读大二，现在学了采访和写作课程，我们学写消息、特稿，但是发现如今新媒体盛行，新媒体的"文风"和传统媒体差别又很大，我们努力去学的都是传统媒体写作方式，毕业后岂不是还要从头再学新媒体的写作方式？当初进入这个专业就是希望能进报社，不过看现在的形势，毕业后很难进入传统媒体。在学校学的东西很多都以报纸为例，很多东西都不适用现在的趋势，有些人说新媒体的一些技能集中培训几个月就会了，那我们新闻系的优势又在哪里呢？比起其他专业的学生，我们是不是只有一些"过时"的"坚持"呢？我知道这么想挺功利主义和实用主义的，但是对于我们这些将毕业的学生来说还挺实际、挺重要的。我在这个专业学了一年多，有时觉得很迷茫，老师教的东西和在新闻上看到的根本不是一回事，这也许就是"理想"和"现实"的差距吧！该如何去理解、接受这种差距呢？希望曹老师能看明白我这些混乱的问题，并且有空指点迷津，谢谢老师。

我是这样回复她的：

总害怕自己学的东西"过时",迷恋新的"文风"、新的写作方式,这完全是一种"蓝翔化"思维。在蓝翔技校学挖掘技术,得密切跟踪挖掘机领域的最新技术——斗容量、总功率、工作重量、液压正铲、掘进力、破碎力、斗杆挖掘等——掌握最新技术,活儿好,才能开好最新型的挖掘机,在挖掘机领域保持竞争优势。新闻教育跟挖掘机教育不一样,虽说采写编评也是技术活,但技艺思维只占很小一部分。所以,不能以蓝翔技校思维来看待新闻教育,不要把自己所学的东西给"蓝翔化"。

就拿新闻摄影来说,你以为新闻摄影是一门技术吗?会按快门,掌握最先进的技术,把照片拍得很好看,光影效果完美结合,就可以成为一名很牛的摄影记者吗?当然不是,《中国青年报》著名摄影记者贺延光说过一句话:"这个时代按快门成了一件最简单的事,而什么时候按,成了最复杂的事。"贺延光记录的这个时代并产生了巨大影响的那些新闻摄影作品,无论是《两党一小步,民族一大步》《小平您好》,还是《SARS病房》《民主进程》等,之所以触动人心并被作为经典写进新闻史教科书,都跟技术关系不大,而是敏锐的新闻洞察力,包含着记者的独到观察和问题意识。贺老师经常对学生说:"如果你是一名摄影记者,照相机并不是最重要的,最重要的是你的脑力、眼力和体力。当一名合格的摄影记者,你要习惯去研究社会、关注别人,要懂得生活常识,富有同情心,还得有韧劲儿。"

"蓝翔化"教育也许能教你拍出一张很美的照片——现在人人有手机,人人都会用手机拍照,美颜功能更能调出你想要的任何效果。可是,新闻摄影却需要超越技术的专业教育,会拍照只是最末的,关键是新闻判断。新闻摄影如此,采写编评都是如此,不要迷恋那些新媒体技术,那只是雕虫小技而已,新媒体、自媒体只是一种传播渠道和技术表现,而不是内容。这么多年来,新媒体技术更迭几代了,只是技术层面的迭代,对传统的新闻内容生产过程并没有产生什么冲击,并没有带来增量,并没有贡献新的知识。采写编评还得按传统媒体的流程来,你不能说,在新媒体、自媒体上,就不要采访了,就不要核实了,就不要遵循基本的新闻写作规律了,就不要多条信源交叉印证了;你也不能说,在新媒体时代,深度新闻就不用像过去那样"用脚采访用笔还原"了,用个无人机,要个机器人,就可以完成一篇深度调查。还是得像传统媒体那样,深入新闻现场,离现场近些再近些,通过多方采访进行核实。

这些过时了吗?当然没有。如果你看到新媒体做深度调查和新闻采访时不是这么做,不去新闻现场而是靠打电话,只看了网帖就仓促下笔,不加求证就迅速弹出新闻,诱人的标题下并无新闻内容——那我告诉你,不是你的老师教错了,而是新媒体做错了;技术再更迭,传播平台再更新,但基本的新闻内容生产会保持着不变的规律和逻辑。再过五十年、一百年,采写编评新闻生产的基本学问都不会过时。变的可能是浅层次那10%的表现手法,不变的是那90%深层次的基本生产逻辑。就像新闻评论写作,再过五十年,新闻评论也不能不讲逻辑。今天的新闻评论跟一百多年前的新闻评论在写作上有多大差别吗?没有,这种基本面不会变的。像网红那样的评论表达,只不过是语言表达的问题,而不是评论核心文体特征的变化。

说实话,如果用这种害怕"过时"的心态去学习,永远学不好。媒体新技术的发展速度太快了,隔段时间就会出现一种新技术,没几天就会生产出一批新名词、新概念。你跟得上吗?你学的时候还是新的,可到你工作的时候,早就过时了。再新的东西,诸如浸媒体、人工智能、AR、VR,到你工作的时候可能都过时了。新闻行业沉沦的一个标志,就是越来越多离新闻很远、不知所云的新术语、新概念充斥于各种装得很高端的论坛，新术语对应的不是进步和变革，而是肤浅和浮躁的象征。

常常有人用"新闻民工"这个词来自嘲自黑，本意是想抱怨自己工作很辛苦，工资又低，社会地位也越来越不体面，是个体力活。我倒觉得可以从另一个角度来看。说实话，"新闻民工"这个词跟"新闻教育的'蓝翔化'"是对应的，同构共生，当你完全以技术化的思维来看待新闻工作，把评论当成码字，把编辑当成复制粘贴，把采访当成简单记录，把摄影当成拍照，而没有思想的投入，没有更多的关怀，没有跟这个大时代的命运联系在一起的关怀和理想，那就是技术活，自己的工作也就"民工化"了。新闻教育源头上的"蓝翔化"，自然会带来从业的新闻民工化。

不是新闻无学，而是教新闻的不学无术，学新闻的无术无学。新闻是有"学"的，我在很多场合都讲过，也专门写过文章，它的"学"不是表现在像经济、法律、社会那样一套理论化、系统化、框架化、学术化的体系，而是一套思维，是多学科交叉积累所形成的一套还原事实、看待社会的思维方式，以客观还原事实为中心，学生在经济、法律、社会、历史等多学科的学习中养成一套多元视角，敏锐地洞察到社会的微妙变化并把它记录下来，多学科的交叉融合，使你具备了这样的思维：多角度看待，保持客观；多角度审视，能发掘到单一角度看不到的新东西——这就是新闻学的核心学问，这就是学科的核心优势，这种优势不是靠在媒体实习几天可以习得的，也不是有其他学科背景的人立刻能具备的。

不要好高骛远，读书太少却想那么多——新媒体文风啊，过时啊，学的东西有什么用啊，新闻理想跟现实的距离啊——这些问题不是你需要想的。人在每个阶段应该做在那个时候应该做的事，你读新闻系，刚大二，就应该好好读书，读一些看起来没用的书，多去听其他专业的课，不要急于实习，不要让自己过度社会化，不要急于想就业的事。读书时不好好读书，想工作，工作时不好好工作，想回学校读书，这个阶段想那个阶段的事，永远学不好也做不好。

四、警惕"一句一段"带节奏的新媒体评论文风

常有"90后"的新媒体编辑朋友笑我说："跟你说过多少次了，公众号上写文章，段落不需要空格，最好能够"一句一段"，哪能像你那样乌央乌央地一段写那么多字。"惭愧，这个"新媒体表达技巧"我一直都没学会，还是习惯传统的写作方式，打开文档，习惯性空格，习惯把一个意思讲完整后再另起一段。

注意了一下，正经写评论的同行，没有一个以"一句一段"的方式来写文章，而都坚守着传统的书写方式。不是我学不会，而是心里一直对那种剥夺读者思考力的带节奏的写作方式，有一种本能的抵触。

不要小看文章的分段方式，传统评论文本的分段方式，体现着"逻辑至上"的评论追求。诗歌是"一句一段"，因为诗的思维是形象和情感的，不是靠逻辑去说理，而是用情感的铺陈去生产想象，"一句一段"服务于诗的想象结构。而评论是讲理的文体，结构要为逻辑服务，怎么分段，要服务于逻辑的过渡与转换。一个观点表达清楚了，有完整连贯的逻辑，转到另一个逻辑层次去论证时，再另起一段，这就是观点的起承转合。

比如，《中国青年报》那篇经典的评论《国旗为谁而降》，其中一段讲的是下半旗的精神凝聚作用，作者是这么写的："事实上，国旗不仅是国家主权和民族尊严的象征，也是民族精神和民族凝聚力的体现。而下半旗正是一种由中央政府以全体国民的名义举行的哀悼仪式。它不但能给予死难者的亲人以莫大的精神慰藉，再次体现抗洪斗争中全民族的强

大凝聚力，而且更有助于增强每个公民的国家观念和爱国情感，使人真切地感受到自己是祖国大家庭的一员，从而激发为国奋斗的热情。"

这段话讲了一个完整的意思，读者一般以段为单位进行阅读，通过段落层次去理解文章逻辑，边读边思考，分段给了读者一个思考缓冲的时间。在讲完降半旗的凝聚作用后，作者另起一段，谈到"遗憾的是，我国还从未有过为一般民众下半旗的先例"，讲了《中华人民共和国国旗法》的相关规定。接着，再另起一段，引出核心观点："但从目前实践和人们的观念看，下半旗的对象还仅限于逝世的国家重要领导人，其他几类对象尚未予以充分重视。比如，在洪灾刚过的9月21日，我国依法为不幸因病逝世的杨尚昆同志下半旗志哀；而3656名普通民众在洪灾中死难则几乎与此同时。"

逻辑环环相扣，通过每一段的逻辑提示词，能清楚地把握作者的论证思路。这种逻辑结构就好像一件紧身衣，清楚地反映着文章的身材，是胡说八道，还是"摆事实，讲道理"，"段落紧身衣"暴露无遗。

而"一句一段"的新媒体评论格式和文风，在消灭文章结构的同时也消灭了逻辑，把文章的论证形式隐藏起来，从而可以肆无忌惮地不讲逻辑。面对"一句一段"的表达，你根本看不到逻辑层次，看不到论证推进，看不到结构关系，感受到的只有迅速被代入的情绪节奏感。

比如，某网红作者用"一句一段"讲她遇到的一个"贱人"："上来就说，我喜欢你。——还没等我回答，就开启了传销模式。——我只好打断她，不好意思我帮不上忙。——她就怒了，她真的怒了。——她直接训斥我，没想到你这么冷漠，我对你太失望了。"然后，开始声讨这个"贱人"。如果把这个故事放在一个段落里，立刻会觉得故事很假，根本不合常识，经不起逻辑推敲。然而，"一句一段"的形式，带着强烈的情绪节奏感，逻辑被打碎打乱，使人根本来不及去思考逻辑，很容易被代入对"贱人"的强烈憎恨中。

"一句一段",用简单粗暴的情绪节奏消灭了逻辑论证,剥夺了读者的理性思考,甚至根本不用思考,跟着节奏就行了。这种文章读多了,智商必然不断降低。

最近看到的一篇网络文章也是采取这样的结构,题目叫《当高铁屡屡被阻,你们又要求警察强硬了?对不起……》,文章根本经不起推敲,偷换概念、转移话题、滑坡谬误、稻草人谬误、个案统计、类比谬误……我能想到的逻辑谬误,这篇文章都犯了。如果没有逻辑防范力,跟着那"一句一段",很容易被带节奏。

斯泰宾在《有效思维》中曾说:"我们使用带感情色彩的语言和绕来绕去的说法,这样会把我们论证的形式掩盖起来了。""一句一段"通过碎片化的表达打乱了逻辑的可辩性,消灭了论证形式,在泛滥的情感修辞中用荒唐的论据推出根本得不出的结论。

对付"一句一段"的最好方式是段落还原,还原其论证形式,论据是什么,逻辑是什么,结论是什么,逻辑是否存在谬误,论据是否靠谱,大前提是什么,小前提是什么。只要简单地进行一下还原,便能戳穿其漏洞。

五、没有交互性,则没有融媒体评论

当下,"融媒体评论""新媒体评论"的概念很火,不挂上"融媒体""新媒体"的符号,都不好意思说自己是评论员。那么,所谓的"融"应该体现在哪里呢?既有的分析,基本都是从载体、技术、渠道角度来谈,仿佛做个视频、开个直播、把文字变成影像、将观点弄得很花哨就叫"融媒体评论"了。我想从与读者的关系角度谈"融合"的概念,我理解的"融媒体评论"主要不是一个技术概念,而是作者与受众的关系。传统的评论生产逻辑是绝对以作者为中心和主导的,而"融媒体评论"的生产,则需要将受众的视角融入并代入其中，带着读者一起玩儿。

新媒体最大的变化在于，传播权力越来越从生产者转移到大众手中，评论的生产也要适应这种变化。简单一点说，就是评论生产逻辑中一定要体现与受众的交互性，善于融合受众视角。我现在很少在传统媒体写评论了，逐渐把阵地转移到新媒体，如微信公众号、微博和各种新媒体平台。

（一）选题过程的受众视角

过去在报纸写评论，基本是看新闻做判断。如今养成了这样的习惯——不仅看新闻，更要看新闻后面的评论。常常有这样的感觉，看新闻很温暖，看评论却很崩溃，因为没想到网友评论会是这样的。

比如，曾看到《感动！如果监控没拍下，你不会知道医护们有多拼！》这样一条暖新闻："这是最近山东栖霞市人民医院住院部6楼监控拍下的一幕：一名市民突发脑出血，心内二科护士王亚萍及现场医护人员全力抢救，最终挽回他的生命。救死扶伤，争分夺秒，他们守护着每个人的健康。善待医护，就是善待自己！"

如果你只看新闻，会沉浸于新闻所营造的感动和温暖中，而去赞美医生、歌颂白衣天使。实际上，这样的评论并没有什么价值，因为新闻本身已经表达了这种倾向。传统评论生产往往喜欢陶醉于这种"舆论引导"的精英自负中，自说自话，自以为是，总想站在某个高处去引导受众。

当看了这条新闻之后的网友评论，你会发现，读者根本没有跟着新闻走，而是有自己的逻辑。比如，我惊讶地发现，很多身份为医生的网友并没有陶醉于新闻的赞赏逻辑中，而是认为："并不希望人们对医生有多高的赞美，把医生捧成'天使'，而是希望能更多地理解医生的工作状态。"一名医生在留言中说，他不敢享受这些能彰显医生品质的"正能量新闻"下面对医生毫无保留的赞美。捧得越高,他越觉得不安,因为他知道,这些赞美是靠不住的,网民情绪很容易摇摆。今天看到这条有关医生的正面新闻,人们会用世界上最美的词来形容医生,可有一天如果媒体报道了一条关于医生的负面新闻,便会看到人们用最恶毒的词去咒骂医生,仿佛医生是世界上最邪恶的群体。

这些评论启发了我的思维,我后来写了一篇评论《你知道医生为何那么怕媒体高调赞美吗?》。在这篇评论中,谈到了这样的观点:"人们需要摆脱这种过山车式的情绪化,而应该对医生保持一种不被个案所摇摆的信任。这种信任基于这样一些判断:医生救死扶伤的天职,医生比你了解你的病情,医生掌握着专业知识,你只能毫无保留地信任医生。保持这种不被个案所摇摆的信任,保持对这个职业群体的尊重,看到保持着职业精神的大多数,无须捧到天上,更不能踩到脚下,医患关系的困境也许才能找到突破口。"

这篇评论后来被很多医生转发,为什么呢?因为我在评论中融入了受众和医生的视角,没有一看到新闻就仓促下笔。新媒体的"新"就"新"在"传播"压倒"生产",围观者实现对生产者的逆袭,网友有着强烈的介入意义、舆论、走向的冲动,用身份介入、颠覆生产者所致力塑造的那个意义。如果忽略新闻后面的网友评论,还像过去那样端着架子写评论,觉得自己比受众和网友聪明,那么,你就没有掌握新媒体的真谛。

我的很多评论都是从"社交媒介跟帖"中发掘问题意识的,比如《讨论"23 救 95 值不值"很猥琐,总得有一些价值免于功利计算》,针对的是《消防员为救老太而牺牲》新闻后面有代表性的评论,看到了值得探讨的问题,并进行了分析。还有《比奥迪二手车广告更烂更 Low 的是花式"洗地"》,总结了新闻跟帖中的各种"洗地"逻辑,批评了这些有代表性的坏逻辑。

（二）生产过程中的众筹思维

在新媒体时代，评论员不能坐在电脑前空想，要有"众筹评论"的思维。前段时间，我特别想批评当下新媒体传播中的"标题党"，但总觉得自己的观察视野很有限，绞尽脑汁，靠一个人开脑洞，很难穷尽既有的"标题党"类型，于是便在公众号推送了一篇题为《说说你最反感的新媒体标题吧，我帅我先说》的文章，发起众筹请求，动员粉丝参与。

我在引言中是这么说的："新媒体颠覆了传统媒体的文风，可很多时候也陷入一种令人生厌的新媒体八股，尤其是标题，那种为了吸引读者阅读文章而无所不用其极的吃相太难看了——'震撼''出事了''紧急通知''速速扩散''你知道吗''一定要看''深度好文''看后秒懂'……当然，这些都属于低端八股。还有一些稍微高级的八股，滥用咪蒙式毒舌（如《致贱人》），滥用悬念（如《山东62岁环卫工上了央视只因为他做了这个动作》），滥用性联想（如《一对男女光天化日之下竟公然吹箫》），滥用抒情文艺腔（如《感谢你无数次游过那么悲伤的水域》）等。我准备写一篇批判新媒体八股标题的评论，众筹此类素材，都来说说你们讨厌的新媒体标题吧。"

看来读者都对"标题党"忍够了，纷纷留言谈自己看到的"标题党"和感受，留言很快达到数千条。我对这些留言进行分类，然后写了文章《远离脸上写满"10万+"欲望的嗜血者》。一个人的角度总是有很大局限性和很多盲区，众筹素材，众筹角度，众筹观点，会让评论更有包容性。九寨沟地震后，由媒体众筹的故事《九年后，我还是没有跑出去》，感动了无数人。

众筹，就在生产过程中体现交互融合思维，不是把读者当成观点的单纯接受者，而是利用社交平台把他们融入生产过程中，把他们变成内容的一部分。这样的生产逻辑，会让受众对评论更有归属感。

(三)后生产过程的交互思维

在传统媒体时代,对于作者来说,生产完评论,就结束了,是好是坏,完全由读者判断,传播脱离了作者。但在新媒体时代,评论进入传播链条,这只是开始,意义的生产和观点的完善还要体现在作者与读者的互动中。有时候,评论区中的互动比评论文本本身更重要。

我很享受文章发表后在评论区与读者交流的感觉,跟一些公众号作者只放出"吹捧和支持性观点"不一样,我会经常把不同的观点,甚至骂我的声音放出来;当然,也会就不同的观点与读者进行讨论,甚至激烈地交锋。实际上,这些留言和不同的观点已经成为评论文本不可或缺的一部分,没有留言的评论文章是很奇怪的,受众无法参与其中,就会变成作者一个人玩的文字游戏,评论不会有包容的黏性。

新华社那条标题只有九个字的新闻《刚刚,沙特王储被废了》,之所以产生现象级的传播效果,其实跟文本本身关系不大,既不是独家,也没有专业上的闪光点,亮点在于小编与网友的有趣互动中。小编的评论气场,点燃了受众参与评论的热情,网友奔走相告,排队争着与小编互动。可以看到,那些做得好的融媒体评论、火爆的公众号,都具有一个特点,即编辑非常善于与粉丝和读者交流,在交流中实现价值融合。

六、理想能让我走得更远更出类拔萃

让人尴尬的是,媒体人安身立命且引以为豪的"新闻理想",已经成为不少从业者羞于、怯于,甚至耻于提起的词。不仅不提,还去进行诋毁和恶搞,有人在离开这个行业时,恨恨地说一句:"去你的理想,姐赚钱去了。"有人在经历挫折后郁闷地说:"我被新闻理想撞得头破血流。"在很多人眼中,谈新闻理想是一件很做作的事,谈情怀是"骗子"做的事。

曾经看过好几条类似的新闻——"对从事新闻充满向往的优秀年轻人向前来采访的记者咨询媒体从业状况，记者说：'还是别报新闻系了。'"这种现身说法自我矮化，让关于新闻的理想和情怀成了笑话。加上传统媒体的生存困境，不少媒体精英纷纷离开了新闻行业，在生存压力下，更让谈论理想和情怀成为奢侈品。

"我们是一群不死的理想主义者。"——这句宣言已经成为遥远时代的记忆，今天回荡在很多从业者心中的似乎是充满自嘲自黑的"理想已死，有事烧纸"。

今天的新闻业可以不要理想和情怀了吗？当然不是，越是在这个行业受到冲击，甚至面临生存危机的时候，越需要理想来滋养我们的职业自信；越是在弥漫着怀疑、焦虑、矮化的时候，越需要理想让我们挺直腰杆。带着理想，才能让我们走得更远，更出类拔萃。在充满怀疑的时代，需要对理想的执着追求，才能坚定我们的信仰。

对于新闻从业者来说，理想不是虚空和抽象的概念，而有着深刻的内涵。它包含着当事实真相被掩盖的时候，冲破一切阻力，锲而不舍地去发掘真相；当谎言、谣言和漂亮的流言充斥于舆论空间时，勇敢地说出真话，客观地记录事实；当很多人充满恐惧地后撤时，勇敢地冲往新闻现场；当面临种种利益诱惑时，选择坚守底线和原则。

如果这样说还觉得很抽象的话，那就像汤计那样，用报道推进社会的进步，为呼格吉勒图奔走九年，坚信一定能等到正义；像白岩松那样，坚持在主播台上冷静地评论时事，相信做新闻不必指望一时的光辉灿烂，但要在万籁俱寂时安静守夜坚守；像胡舒立那样，在很多人遇到阻力后充满悲观时，她说在中国做记者是幸运的，因为新闻素材取之不尽；像王和岩那样，能潜心大半年做一篇深度调查，在流行肤浅阅读的时代为深度调查赢得尊重；像贺延光那样，用"不作假，不为历史留下空白"的职业坚守，留下一个个经典、沉重、标志性的历史瞬间。

理想和情怀不是用来自我催眠、自我美化、自我取媚的，它们能够让我们在新闻的路上走得更远。如果一份工作仅仅是谋生的饭碗，而没有理想和价值的支持，那是很易碎和易变的，在遇到挫折和诱惑时很容易就放弃了——在一篇舆论监督稿件遇到阻力时放弃，在充满善意和理性的评论遇到莫名批评时放弃，在某一次充满激情地报道却没有收到任何预期的反响时放弃，在所报道的问题多年未得到解决而不得不重复地把旧闻当新闻报道时放弃，在听到社会普遍唱衰这个行业、看到一个个同行离开岗位时放弃，在网络上被非理性的网友攻击为"妓者"时放弃，在收入不足以支撑房贷而另一份工作却可以让生活更体面时放弃。

而燃烧在我们心中的新闻理想和职业情怀，则可以让我们站得更高看得更远，从而走得更远。在遇到挫折时用理想疗伤，在承受委屈时用理想打气，在感觉职业性的无力时用理想让自己满血复活。这不是让人只为自己的理想而无视房贷，还房贷很重要，供孩子上学很重要，但谁说职业理想和体面生活是不能兼得的呢？像其他职业一样，只有让自己足够优秀了，各方面才会变得好起来。新闻理想不是让人在贫穷中悲情地保持斗士的姿势。

保持新闻理想和情怀，能让我们抵制各种利益的诱惑，守住底线。记者被贬称为"妓者"，与这个行业出了不少害群之马有关。记者常被称为"无冕之王"，这种美称一方面体现的是责任，另一方面是权力——记者常常抱怨自己是弱势群体，其实手中掌握着不小的话语权。如果没有约束，这种权力很容易异化为与贪官滥权一样的腐败——敲诈勒索、权力掮客、有偿新闻，层出不穷的新闻腐败见证着权力异化的现实，"社会公器"沦落为"商业机器"，让这个职业蒙羞。约束这种权力，既需要外在的法治，更需要头顶上灿烂的星空和内心的道德法则，对于记者来说，这就是理想情怀。

保持新闻理想和情怀，能让我们保持职业初心。走得太远，很容易忘记初心，一个忘记新闻理想初心的媒体人，很容易变得非常世俗，甚至庸俗。媒体从业经历能让一个人获得很多积累，去过很多地方，认识很多人，积累很多人脉，掌握很多资源。这些资本应该用于做更优秀的新闻，可如果缺乏理想信念的引领，很容易为个人谋利，将采访获得的人脉和接触政商的机会，当成自己向上爬或得到一个更好工作的机会，不是奔走于新闻现场，而是游走于各种官商饭局，成为官商勾兑的掮客。身上没有一点新闻从业者的正气，而是满嘴"给钱就替你摆平"的江湖气。

保持新闻理想和情怀，也能让我们保持专业的激情，并用专业去克制那种可能冲昏我们头脑的激情。一个客观报道事实真相的媒体人，不仅常受到金钱和权力的诱惑，还会经常受到一些伪正义的干扰，从而扭曲客观和公正。"忠实还原真相"的情怀能时时提醒我们排除外界的干扰，用脚采访，用笔还原，从正常中看到反常，从众口一词中看到不同，从众声喧哗中看到疑问，从道德迷彩里看到反常识的东西，不盲从，不迎合，用专业主义的尺度去衡量新闻。

新闻理想还能让我们有所敬畏，敬畏那些高远的东西，避免苟且和犬儒。让我们保持公心，保持用新闻推动社会进步的热情。所谓"怕什么真理无穷，进一寸有一寸的欢喜"。

七、到传统评论岗位完成自己的代表作

我在 2019 年北大新闻评论课第一堂课上，主要讲了这样的观点："不要被媒体行业流行的'转型话语'转晕了头，在大学新闻系学习新闻的人，没有资格谈什么'转型'，因为自己还没有定型，还没有建构基本的新闻知识体系，还没有完成自身职业资本的原始积累，谈何'转型'？不要觉得报纸不行了，广播电视衰落了，传统媒体日薄西山，还学什么'调

查报道'和'新闻评论'啊。这些文体是你们在新闻这个行业闯出自己江湖地位的资本，不从这些基本内容开始写，一开始就想着变现，想着新媒体的'10万+'，在这个行业肯定不会有什么出息。"

我过去一直强调"学新闻的第一份工作最好别去新媒体"，而是到传统媒体的采写编评岗位上去闯荡一番。为什么要闯荡？只有在传统媒体的岗位上，一个新闻人才能完成自己在这个行业的代表作。什么叫代表作？叫好像《回家》之于林天宏，《永不抵达的列车》之于赵涵漠，《小平您好》之于贺延光，《国旗为谁而降》之于郭光东，《东方风来满眼春》之于陈锡添，《实践是检验真理的唯一标准》之于胡福明。确实，在媒体转型和融合的权力转移背景下，新媒体分走了传统媒体的很多影响力，甚至在某些方面取代了传统的渠道位置，但一个学新闻的学生要想成长为真正的媒体人，要想在这个行业闯出声名，必须要在传统媒体完成自己的代表作。

一个记者或评论员有了自己的代表作，表明自己的写作得到了行业和市场认可，提起一个事件就能想到那篇作品，提起那篇作品就能想起那个作者的名字。最高层次的代表作如陈锡添的《东方风来满眼春》，这是时代级的，与一个时代连在一起。较高层次的如郭光东的《国旗为谁而降》，每次只要发生灾难涉及降国旗时，都会提起当年发表在《中国青年报》的这篇评论；还有新华社记者汤计的呼格吉勒图案件的报道，直接推动了事件的发展，并在现象级传播中带动类似问题的解决。一般的代表作如《永不抵达的列车》《山西繁峙矿难》，不仅让作者捧得各种大奖，收获业界尊重，同时也让作者名字与报道连在一起，树立了自己的风格。

当然，很多代表作不一定具有行业级、全国性的影响，但也能在单位、小圈子内短时间形成影响，例如写了某篇具有代表性的报道后，能让其他同事觉得你不再是新人了，你不再是老同志和社编辑眼中的"无名氏"了。代表作不只属于新闻行业里那些最牛的编辑、记者和评论员，普通记者也可以有自己的代表作，不同于日常的"工分写作""鸡零狗碎"，不是流水线上应付工作赶出来的稿子，而是真正投入了专业、关怀、兴趣，投入了超越文字和热度的新闻追求。你可能会焦虑于报道被毙，你可能会在签版之后对第二天的报纸充满期待，当你看到自己的报道面世的时候，会有一种久违的职业兴奋感——那可能就是你的第一篇代表作。

一个新闻人如果没有代表作，在行业里就是"空心人"，处于没着没落的悬浮状态。没有代表作，跳槽时就没有谈判的资本；没有代表作，就无法定义自己在行业的位置；没有代表性，说明还没有成"型"。当别人谈"转型"的时候，自己连"转型"的资格都没有。是的，主动转型是需要资格的，只有具有代表作才能掌握主动性，换一家媒体，换一个平台，换一种活法，换一种体制去感受内容创业，都需要有代表作。代表作意味着，换单位时不必带简历，说几篇报道或作品的名字就行了。

我在另一篇文章中说过，新闻界的人才结构有三个层次——人手、人才和人物。如果没有代表作，在单位里只是人手，处于一个谁都可以替代的位置；有了代表作，就成了人才；而如果你的代表作是现象级的，创造了一种叙事文体，推动了一个事件，记录了一个时代，那你就成为这个行业的人物，可以在行业中的任何一个专业位置获得职位，甚至被"阿里""头条""腾讯"等航母级平台"盯上"。新闻行业的收入差不多也是"按代表作分配"，以"收入后面加个零"的方式递进。

我为什么一直强调第一份工作要去传统媒体？因为那里才有空间和资本让一个新闻人完成自己的代表作，闯出自己的江湖位置。多数新媒体岗位都没有采编权，不在传统的采编位置待过，不去做真正的新闻，很难生产出代表作。"内容生产的故乡和源头"是创作代表作的最好土壤，越到生产末端，越难拿出具有专业主义含量的作品。另一个重要原因是文化和氛围，传统媒体作坊式的生产方式拥有鼓励写出代表作的氛围，而在很多新媒体岗位，只是传播工业链条上的一个零件，缺乏创造性的机会，更缺乏孕育的空间。传统媒体可以提供空间让记者一个月跑一篇深度报道，精雕细琢，精致打磨，追求公共性和社会价值，没有盈利压力。而对于自媒体创业来说，巨大的生存压力，使流量悬在头上，每天都有"10万+"的焦虑。在这种商业机制下，只有流水化的产品，而很难产生带着个人标签的代表作。

号称"作为助理月薪5万"的咪蒙弟子杨某某，虽然在"标题党"方面深得咪蒙真传，但她知道，要想在这个行业闯出江湖地位，必须要有像她老师《致贱人》那样的代表作。她似乎很努力，在"才华有限青年"公众号上写了一篇现象级的《一个出身寒门的状元之死》的刷屏代表作。——可惜，如此胡编滥造的代表作，"代表"了作为一个营销号写手的厚黑、欺骗和无耻，"代表"了营销号"毒鸡汤"的下限。

后记

笛卡儿在怀疑前心里装着一个大千世界

敲完这本书的最后一个字,是在福州的出差途中。事实上,这本书的很多文字,都是在飞机和高铁上完成的。这几年工作的很大一部分,是给各地媒体同行和党政机关做新媒体传播方面的培训,不同的工作生生把我切成了四块:评论写作、新闻教学、值班把关、专业培训——生活就是一篇评论接着另一篇评论,一场讲座接着另一场讲座,一个课堂接着另一个课堂,一周的值班接着另一周的值班。

还好,这些工作之间都有着紧密的联系,都与新闻评论相关,互相补充和成就。评论写作能让我打通舆论与课堂的距离,保持评论教学的激情和评论案例的新鲜度。评论教学,面对思想活跃的学子和中国最优秀的一群年轻人,逼着我必须不断充电,对自己的评论写作进行反思,让自己配得上"评论课老师"这个身份。给党政机关讲舆情课和新媒体传播,让我能从另一个角度看问题,在与官员的交流中更深刻地了解中国社会,从而让自己的评论更接地气。

这份工作很有趣,影响年轻人是一件特有成就的事。前段时间给浙江一家著名媒体的新入职员工做培训,下课后,一个小伙儿拿着《时评中国》找我签名,他笑说自己是"挖矿的"(大学学的是矿业),看过我的很多评论文章,对新闻很感兴趣,毕业后就选择进了媒体。我跟他说："我们前总编、著名媒体人'川总'（陈小川），当年做过煤矿工作，常常笑称自己是'挖煤出身'；新闻工作就是挖掘事实真相的工作，采访如采矿，挖真相如挖矿，所以你是专业对口的。"在朋友圈发这段趣事时，我是很骄傲的，评论能影响一个年轻人，甚至能影响他的择业，是一件多欢喜的事啊。

让我自豪的是，我教过的不少学生都走上了新闻或评论之路，受到我的影响，第一份工作都选择了传统媒体，到传统媒体岗位去完成作为一个媒体人的原始积累，完成自己的代表作。评论写作成了他们择业时的优势，或者影响了就业时的选择。一个学生原先可能不是太自信，但她的评论在全国大学生评论大赛中获得大奖后，评论写作和评委认同让她有了信心，她给我发短信说："突然觉得自己还是有希望的，要好好努力。"我回复说："你要学会发现自己的优秀，保持写作习惯，不能浪费自己这方面的才华。"

这本书主要教给学生的是方法论，而不是技巧和套路；是一套有实践活性的思维方式，而不是可以模仿和套用的现成模板；是实战的经验，而不是应试的教条；是浓缩着学术思考和理论梳理的职业之"道"，而不只是"爆款爽文"之术。我希望读者能从中学到一种看待问题的方法，跳出自己的舒适区，探索"从另一个角度思考"的可能，具备批判性思考的能力。

那么，什么是批判性思考呢？有人觉得"批判"就是"质疑"，批判性思考就是跳出固化的框架，保持不断怀疑，这种理解是错误的。批判性思考的关键不是质疑，而在于你有没有质疑的"思想资本"，你有没有让自己具备质疑的资格。批判性思考，不是对什么都说一句"我不信""我怀疑""你说谎"，不是朦胧诗般的"告诉你吧，世界，我—不—相—信"，不是无知无畏地怀疑一切，而是在有所信仰之下的怀疑。

首先需要有一个坚定的信仰，然后你才能批判地思考。

这很关键，你得有所信仰，然后那种怀疑才有意义。就像北大才女、《人民日报》评论部前主任卢新宁在那篇著名的演讲中说过的，在怀疑的时代更需要信仰。你凭什么怀疑，凭什么解构，凭什么打破别人的认知框架？除非你有一个更强大的框架，有充分的事实依据，有自己强大的逻辑。如今很多年轻人在喊着"我怀疑"的时候，心灵是封闭的，他们不是经过审慎思考和深思熟虑而决定"质疑"，而只是一种消极的虚无主义态度，愤世嫉俗，人云亦云，轻浮地去否定和拒绝，认为一切坚固的东西都已烟消云散。

很多年轻人嘴里的"怀疑"，只是一种流行的无知姿态，背后是"关你屁事""关我屁事"式的虚无，缺乏深刻可靠的知识论基础。

每次结课给学生上最后一课时，我都会给大家推荐一本书——美国道德哲学家艾伦·布卢姆的《美国精神的封闭》，这本书对美国年轻人中盛行的相对主义和虚无主义进行了猛烈的抨击。布卢姆说："我们的开放意味着我们不需要别人，可见，大肆张扬的大开放其实是大封闭。"他批评美国年轻人"看重的是鼓吹接受不同的生活方式，却毫不关心它们的真实内容"，他一针见血地指出："实际上，今天的美国青年只有一种不切实际的意识，即存在着多种文化，以及从这种意识中产生的甜美道德观：大家应该和睦相处，何必争来争去。"

布卢姆批评了一种虚无主义的开放观，那种开放实质是心灵的封闭，是一种泯灭自我和特性的无原则"包容"：

> 开放有两种形式，一种是冷漠的开放，它受到双重意图的推动，贬抑自己的知识自豪感，使自己成为想成为的任何人——既然我们不想成为求知者。另一种开放则鼓励我们探索知识的确定性，历史和各种文化为此提供了有待审察的各种辉煌范例。这种开放激励着探索的欲望，它使每一个严肃的学生生气勃勃，兴致盎然。我要搞

清楚什么对我是好的，什么能让我幸福。而前一种开放则阻滞了这种欲望。如今人们所理解的开放，是对任何强大事物的屈从，或是对世俗成功的崇拜，同时又摆出一副讲原则的样子。真正的开放指的是把那些让我们安于现状的迷惑拒之门外。

谈起"偏见"，很多人都觉得这是一个贬义词，我们都想消除别人的"偏见"，布卢姆却鼓励"偏见"，他是这么说的：

> 当我还是康奈尔大学的青年教师时，曾就教育问题跟一位心理学教授有过一番辩论。他说，他的职责就是去除学生的偏见，他像打保龄球一样把它们打倒。于是我开始犯嘀咕了，他拿什么东西来取代这些偏见？他对偏见的对立面是什么好像没有多少想法。他让我想起一个小男孩，他在我四岁那年郑重其事地对我说，根本就没有圣诞老人，他希望我沐浴在真正的灿烂阳光之中。这位教授是否清楚这些偏见对学生来说意味着什么？去除这些偏见会造成什么效果？他是否相信存在着一些真理，能像他们的偏见一样指导他们的人生？他可曾考虑过如何让学生爱真理，以便寻求没有偏见的信仰？向我透露没有圣诞老人的那个孩子，只是在炫耀自己，是想表明他比我高明。他没有为了供人批驳而编造一个圣诞老人。想想我们从相信圣诞老人的信仰中学到的关于世界、关于心灵的一切吧。相比之下，仅在方法论上把诸神和英雄投射在洞穴岩壁上的影子从想象的心灵中抹去，并不能促进人们对心灵的认识，这只会抽掉其精髓，削弱其力量。

多深刻的洞见，你得先有"偏见"，然后才会有看待世界的方式，每一种认知框架，可能都是一种"偏见"，这种"偏见"构建起了我们对世界的系统认知。

布卢姆关于圣诞老人的隐喻,让我想起《新闻的历史》中提到的一篇著名社论,也跟圣诞老人相关。1897年《纽约太阳报》,评论作者弗朗西斯·P.丘奇收到女孩弗吉尼亚的来信:"亲爱的编辑,我今年8岁。有的小朋友说,圣诞老人不存在。爸爸说,如果《纽约太阳报》说有圣诞老人,那就真的有。请告诉我真相,圣诞老人真的存在吗?"

丘奇以回信的方式写了一篇社论:"弗吉尼亚,你的朋友错了。他们染上了时下流行的怀疑一切的习性,只相信眼睛看得到的东西,以为一切事物都可以用他们的小脑袋去理解。但是,弗吉尼亚,所有的头脑,大人也好,孩子也好,都是非常小的啊。在无限广阔的宇宙中,与无穷无尽的世界相比,与能够掌握全部真理与知识的智慧相比,人类的理解力只不过是一条小虫、一只蚂蚁而已。是的,弗吉尼亚,圣诞老人是存在的。他与爱、慷慨和风险一样,确确实实存在。你也知道它们到处存在,让你的生命充满美好和欢乐。哎呀!假如没有圣诞老人,世界该多么令人沮丧啊。"

当然,我并不相信圣诞老人,但我相信很多美好和神圣的事物。我有自己的信仰,这种信仰,在别人看来,可能就是一种"迷信"。但当你有了一种信仰,你才有了真正去批判性思考的能力,否则,没有"相信",你拿什么去批判呢?

布卢姆接着说:

> 为了回应那位心理学教授,我试图亲自教给学生一些偏见,因为他的做法现在已经大获全胜,学生们甚至在没有任何信念以前,学会了怀疑一切信念。缺了我这号人,他也许会无事可干的。笛卡儿在系统地提出激进的怀疑观点之前,心里装着一个大千世界,里边有各种古老的信念、前科学的体验和有关事物秩序的表述,他坚

定地甚至是痴迷地持有这些信念。人们为了能够享受解放的狂喜，必须先体验真正的信仰。从一开始就毫无偏见的头脑是空洞的，它只能由一种方法塑造出来，即意识不到辨别偏见之为偏见是何等困难。苏格拉底通过毕生不懈的努力之后，才意识到自己的无知，而现在每个高中生都懂得这个道理。我们是否过分简化了灵魂，以致它不再难以解释了？在教条的怀疑主义看来，自然本身，虽有千姿百态的表现，可能也是一种偏见。我们用一张灰蒙蒙的批判概念之网罩住了它。

大段引用了这么多，是因为布卢姆说得太精彩了。没有思考，就怀疑别人的思考；没有证据，就去否定别人的确信；没有思想，就说别人禁锢自己的思想；头脑空空，没读过几本书，没有某种恒定的世界观，张口就是"这世界没有什么绝对真理""一切都是相对的""任何观点背后都有某种意识形态""要辩证地看问题"，这些人云亦云的怀疑，不是深刻，而是一无所知的肤浅，跟屁虫式的盲从。

先有见识，再去质疑他者的偏见。我希望我的读者在读完这本书后，不是把"我怀疑"摆在嘴上，而是能够先以开放的心灵去学习，先去相信，再去怀疑，这才是批判性思考的精髓。这样，评论的"三观"才不会被扭曲。

这是一本迟到的书，五六年前就应了丽娉编辑这本书稿，但每一学年讲完课之后，总觉得思考还不够成熟，总想更成熟一点，对读者更负责一点，给年轻人多一点干货。当然，上面说的那些理由很冠冕堂皇，其实呢，就是懒，根深蒂固的拖延症。在《时评中国》系列和《北大熏出来的评论》三本书的合作中，感受到了北大出版社在业内的口碑和丽娉编辑的专业精神，还有对作者的尊重。因了这种愉快的合作，我们不仅合作了好几本书，还做了很多书之外的尝试，讲座进校园、视频直播，效果都很好。

感谢我的老师吴廷俊、蔡雯、胡百精、王润泽、赵振宇、杨保军、何锡章、徐泓、陈昌凤、陆绍阳、祝华新等教授以各种方式给我的思想启迪，感谢我的学生王昱、谭影子、努尔沙吾列、程曼祺、冯慧文、靳子玄、张东兰、张卓雅、完颜文豪、宋思静、裴苒迪、赵霖萱等同学在"教学相长"中给我带来的思考和快乐，这个名单其实可以写很长，原谅我省略了很多，与这些优秀的年轻人为伍，是吸引着我从事这份职业的最大诱惑。感谢我的朋友徐卫东、史斌、冯雪梅、杨耕身、杨国炜、潘多拉、孟雷、刘文宁、齐东向、易艳刚、徐汉雄、李鸿文在专业上给我的帮助。评论员有一个小共同体，我们经常聚会，抱团取暖，把酒言欢，言无不尽，那是一个常给人温暖和慰藉的家。

英国诗人华兹华斯说诗歌是"一切知识的气息和更纯净的精神"，柯勒律治说诗歌是"最好的字按照最好的次序排列而成"，那评论是什么呢？笛卡儿在怀疑前心里装着一个大千世界，评论就是你在别人停止思考的地方多想30分钟、多写1500字，用最简单的字眼按最清晰的次序去表达最深刻的思想，就这样。

2019年8月26日于万米高空